JN441509

구속사의 관점에서 본

신명기 파노라마

유 도 순 목사 지음

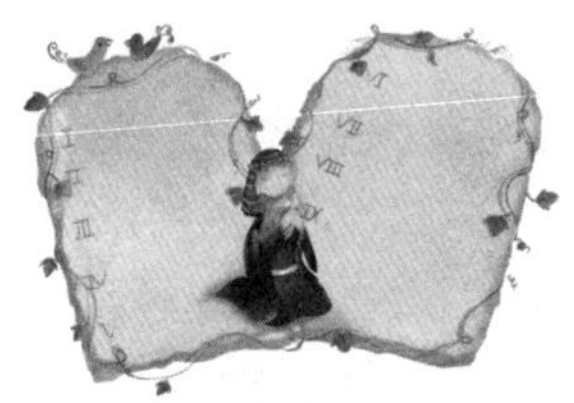

도서출판 머릿돌

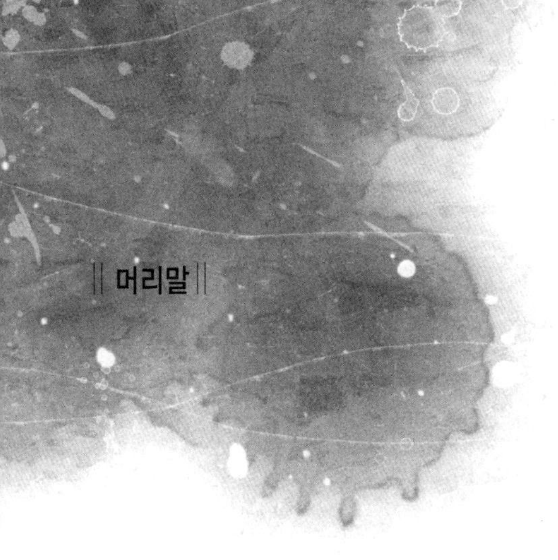

머리말

저는 겸손해 하는 말이 아니라,

"미련하고, 약하고, 천하고, 멸시받고, 없는", 지극히 작은 자보다 더 작은 종입니다. 그런 제가 두려운 줄도 모르고 겁도 없이, 하나님의 말씀 66권의 강해를 마치게 되었습니다.

그것은 오직 하나님의 주권과, 예수 그리스도의 구속의 은총을 증거하고자 하는 열망에서였습니다. 제 책을 읽으시게 되면 이점을 아시기 될 것입니다.

저는 의도적으로 신명기를 맨 마지막으로 남겨두었습니다.

그것은 모세가 신명기를 마지막으로 기록하고 느보산에 올라 멀리 약속의 땅을 바라보면서, "그리스도를 위하여 받는 능욕을 애굽의 모든 보화보다 더 큰 재물로 여겼던"(히 11:26) 생을 마감함과 같이, 그동안 제가 선한 싸움을 싸웠던 성령의 검 곧 하나님의 말씀과, 붙잡고 달음질하던 복음의 바톤을 젊고 충성스러운 동역자들에게 넘겨주고자 하는 마음에서입니다.

하나님이 짝을 지어주셔서 동역하게 하셨던 아내 "노월분" 자매는,

마치는 것을 보지 못하고 신명기 4장을 강해할 때에 하나님의 부르심을 받았습니다. 제가 구속사의 무대에서 떠나게 되면 함께 묻히게 될 아내의 묘비에는, "나의 나 된 것은 하나님의 은혜로라"(고전 15:10) 하고 씌어져 있습니다. 이것이 천 번, 만 번이라도 외칠 저의 고백이기도 합니다. 이 "신명기 파노라마"를 제 아내였던 자매를 그리스도의 신부로 맞이해주신 주님께 바칩니다.

제게 강권적으로 역사하사 성경 66권을 "구속사의 관점"에서 강론하게 하신 하나님께서, 이 책들을 "의의 병기"로 사용하시어 영광을 나타내시고, 영광을 받으시게 되기를 엎드려 간구할 뿐입니다.

주후 2010년 1월 우리교회 원로목사 유 도 순

Contents

Contents

신명기 파노라마

주제 : 마음을 다하고 성품을 다하여 네 하나님을 사랑하라

신명기는 요단강을 건너 약속의 땅에 들어가기 직전(直前) 모압 평지에서 모세가 행한 세 편의 설교로 되어 있습니다. 모세는, "구하옵나니 나로 건너가게 하사 요단 저편에 있는 아름다운 땅, 아름다운 산과 레바논을 보게 하옵소서" 하고 간구하였으나, 하나님께서는 "그만 해도 족하니 이 일로 다시 내게 말하지 말라"(3:25-26) 하고, 허용이 되지 않았던 것입니다. 그러므로 신명기는 모세가 죽기 약 두 달 전에 마지막으로 행한 유언과 같은 설교입니다.

신명기 앞에 놓여있는 민수기에는, "이스라엘 중에 무릇 20세 이상으로 능히 싸움에 나갈만한 자를 계수하라"(민 26:2) 하고, 두 번째 인구조사를 명하시는 말씀이 있습니다. 왜냐하면, "가데스 바네아에서 떠나 세렛 시내를 건너기까지 38년 동안이라 이때에는 그 시대의 모든 군인(軍人)들이 여호와께서 그들에게 맹세하신 대로 진중에서 다 멸절되었기"(2:14) 때문입니다.

그러므로 두 번째 계수함을 받은 군인(軍人)들은 1차 계수 때에는 들지 못한 어린아이들과, 광야 40년 동안에 새로 태어난 제2세대들이라는 점입니다. 이들은 하나님께서 친히 강림하셔서 십계명을 주시고 언약을 맺게 하신 시내산 언약(言約)에는 참여하지 못한 자들입니다. 그런데 이들이 가나안을 정복하고 정착해야할 주역(主役)들이고, 모세는 떠나야 할 처지에 있는 것입니다. 모세는 이들에게 죽기 전에, 약속의 땅에 들어가서 준행해야할 하나님께 받은 율례와 법도를 전수해주어야 할 필요를 느꼈던 것입니다.

그러므로 신명기 안에는, "네 하나님 여호와께서 네게 기업으로 주사 얻게 하시는 땅에 네가 들어가서 거기 거할 때에(26:1), 내가 오늘날 명하는 모든 명령을 너희는 지켜 행하라"(8:1) 하는 말씀이 반복적으로 나옵니다. 이것이 모세가 신명기를 기록하게 된 동기(動機)입니다.

그러면 신명기의 내용은 어떻게 구성이 되어 있는가? 첫 번 설교(1:1-4:43)는, 1세대들이 약속의 땅에 들어가지 못하게 된 원인(原因)을 2세대들에게 일깨워주는 내용이고, 두 번째 설교(4:44-26:29)는 신명기의 본론(本論)이라 할 수가 있는데, 2세대들이 약속의 땅에 들어가서 준행해야할 율례와 법도들입니다. 그리고 마지막 세 번째 설교(27:1-34:12)는 결론(結論)부분인데, 2세대들을 하나님의 언약과, 맹세에 참여시키면서, 예언적인 경고와 축복으로 되어 있습니다.

첫 번 설교(1:1-4:43)는, "호렙산에서 세일산을 지나 가데스 바네아까지 열하루"길이었더라"(1:2) 하고 시작(始作)이 됩니다. 그리고 이어지기를, "제 40년 11월 그 달 초 1일에"(1:3), 모세가 이스라엘 자손들에게 신명기를 말씀하기 시작했다는 것입니다. 그러니까 1장 2절과 3절 사이에는 38년의 간극(間隙)이 있는 것입니다. 가데스 바네아는 12족장을 정탐꾼으로 파송한 곳입니다. 그렇다면 "열하루"면 들어갈 수 있는 것을, 38년이나 광야에서 방황하게 된 원인을 2세대들에게 말해주고 있는 것입니다.

그 원인이 어디에 있는가? "너희 열조 아브라함과 이삭과 야곱에게 맹세하사 그들과 그 후손에게 주리라 하신 땅이 너희 앞에 있으니 들어가서 얻을 지니라"(1:8) 하고 명했으나, "그러나 올라가기를 즐겨 아니하고 하나님 명을 거역하며 원망하여 이르기를 여호와께서 우리를 미워하시는 고로 아모리 족속의 손에 붙여 멸하시려고 애굽 땅에서 인도하여 내셨다"(1:26-27) 하고 불순종했기 때문이라는 것입니다. 민수기에 보면 "한 장관을 세우고 애굽으로 돌아가자"(민 14:4) 말하고 있는데, 이는 명백한 반역(叛逆)이었던 것입니다. 결론은 너희는 1세대들처럼 불순종하지 말라는 경계인 것입니다.

두 번째 설교(4:44-26:19)는, 2세대들이 약속의 땅에 들어가서 준행해야할 "율례와 법도"입니다. 가나안은 비어 있는 땅이 아닙니다. 소돔 고모라와 같이 죄악이 관영하여 심판을 당하게 된 땅입니다. 마치 전염병(傳染病)이 창궐하는 지역으로 들어가는 것과 같아서 전염될 위험성이 있었기 때문에, 같은 말씀을 여러 방면으로 반복적으로 강조하고 있는 것을 보게 됩니다.

모세는 크게 해야 할 것과 해서는 아니 될 두 가지를 말씀합니다. 행해야할 점은 한마디로 주님께서 "크고 첫째 되는 계명"이라 하신, "너는 마음을 다하고 성품을 다하고 힘을 다하여 네 하나님 여호와를 사랑하라"(6:5)는 말씀입니다. 그러므로 두 번째 설교 중에는 "잊지 말라"는 말이 12번, "기억하라"는 말이 15번 이상 등장합니다. "너는 조심하여 너를 애굽 땅 종 되었던 집에서 인도하여 내신 여호와를 잊지 말고"(6:12), "너는 광야에서 (1세대들이) 네 하나님 여호와를 격노케 하던 일을 잊지 말고 기억하라"(9:7) 하고, 거듭거듭 권면을 합니다.

그러면 해서는 아니 될 치명적(致命的)인 일이 무엇인가? 그것은 한마디로 "다른 신", 즉 우상을 숭배하지 말라는 말씀입니다. 이점에서 유념해야할 점은 "우상숭배"를 십계명의 1-2계명을 범한 것인 양, 점(點)으로 여겨서는 아니 된다는 점입니다. 이를 구속사(救贖史)라는 선(線)으로 보면 어떤 의미가 되는가? 우상숭배는 아브라함에게 세워주신 메시아언약에 대한 배신(背信)행위라는 점에 확고해야만 합니다. 하나님은 아브라함의 자손으로 그리스도를 보내셔서 천하 만민이 복(福)을 받게 하시려는데, 저들은 우상을 통해서 복을 받으려했던 것입니다. 그래서 신약성경은 "탐심은 우상숭배니라" 하고 말씀합니다. 즉 기복신앙은 우상숭배와 같다는 뜻입니다. 이것이 두 번째 설교의 요점입니다.

세 번째(27:1-34:12) 설교의 핵심은 2세대들을 하나님께서 세워주신, "언약과 맹세"에 참여시키는데 있습니다. "호렙에서 이스라엘 자손과 세우신 언약 외에, 모압 땅에서 또 그들과 세우신 언약의 말씀이 이러 하니라"(29:1) 합니다. 즉 제2세대들은 시내산 언약에는 직접 참여하지 못한 자들입니다. 모세는 그들을 소집해놓고, "다 너희 하나님 여호와 앞에 선 것은 너의 하나님 여호와의 언약에 참여하며, 또 맹세에 참여하기"(29:12) 위해서라고 말씀합니다.

먼저 확실히 해두어야 할 점은 "언약과 맹세"가 무엇을 가리키는가 하는 점입니다. 그것은 십계명, 즉 율법이 아닙니다. 언약과 맹세에 참여시키는 목적(目的)이 어디에 있는가를 보십시오. "열조 아브라함과 이삭과 야곱에게 맹세하신 대로 오늘날 너를 세워 자기 백성을 삼으시고 자기는 친히 네 하나님이 되시려 함이니라"(29:13) 합니다. 여기 중요한 요점 둘이 나타나는데 그것은 "자기 백성과, 맹세"입니다.

바로의 종이었던 자들이 하나님의 백성이 되는 것은 시내산 율법으로 가능해지는 것이 아닙니다. 그것은 하나님께서 아브라함에게 주권적으로 세워주신 메시아언약 안에서만이 가능한 것입니다. 또한 "맹세"란 보증(保證)의 의미가 있는데 율법은 "맹세"로 주어진 것이 아닙니다. "내가 나를 가리켜 맹세하노니(창 22:16), 내가 나의 거룩함으로 한번 다윗에게 맹세하였은즉 다윗에게 거짓을 아니할 것이라"(시 89:35) 하고 아브라함과 다윗에게 세워주신 "메시아언약"과 결부되는 것입니다. 그러므로 히브리서에서는 "언약과 맹세"를 가리켜서 "이 두 가지 변치 못할 사실"(히 6:18)이라고 말씀합니다. 그러나 돌비는 깨졌고 율법은 폐하여졌던 것입니다.

이런 맥락에서 모세가 2세대들을 "언약과 맹세에 참여"시키려는 목적에는, 신학적(神學的)인 면과 윤리적(倫理的)인 의미가 있는 것입니다. 먼저 아브라함의 언약에 근거하여 "언약백성, 하나님의 백성"이라는 정체성(正體性)을 확고하게 세워줌과 동시에, 하나님의 백성답게 살아가도록 시내산 언약에도 참여시키고 있는 것입니다.

이런 맥락에서 신명기는 서두(序頭)에서 "너희의 열조 아브라함과 이삭과 야곱에게 맹세하사 그들과 그 후손에게 주리라 하신 땅"(1:8)으로 시작(始作)하여 마지막 장 결론(結論)에 이르러, "내가 아브라함과 이삭과 야곱에게 맹세하여 그 후손에게 주리라 한 땅이라"(34:4) 하고 마치는 구도(構圖)라는 점을 명심해야만 합니다. 그리고 그 중간(中間)에는 "열조에게 맹세" 한 것이라는 말이 무려 30회 정도 등장합니다. 그리고 하나님께서 아브라함에게 언약하시고 맹세로 보증하여주신 것은 가나안 "땅"만이 아니라, 핵심은 그의 자손(子孫)으로 그리스도를 보내주시겠다 하신 "메시아언약"이라는 점을 명심해야만 합니다.

모세는 신명기를 말씀하는 내내 결코 이 "언약"을 망각하거나 놓치고 있지 아니합니다. 모세는 십계명에 근거해서 마지막 유언을 하고 있는 것이 아니라, 아브라함에게 세워주신 메시아언약에 입각해서 이것을 명하노라 하고 말씀합니다. 가나안은 메시아가 탄생하실 장소를 준비하심이었던 것입니다.

그러므로 신명기는 동떨어진 "교훈 집"이 아니라, 창세기에서 열조에게 언약하시고, 출애굽기에서 언약하신대로 유월절 어린양의 피로 구속하여 내시고, 레위기에서 "구속교리"를 5대 제사(祭祀)와, 3대 절기(節氣)를 들어서 계시해주시고, 민수기에서는 시내산을 출발하여 모압 평지까지 인도(引導)하시고, 여호수아서에서 열조에게 언약하신 대로 약속의 땅을 주어 안식(安息)하게 하시는 문맥 안에서 주어진 것이 신명기입니다.

다시 강조합니다만 준행해야할 "율례와 법도"가 무엇인가? "십계명"이라 말하겠습니까? 하나님은 시내산에서 십계명만을 주신 것이 아닙니다. 만일 그랬다면 구약의 성도들은 한 사람도 구원(救援)에 참여할 수가 없었을 것입니다. 왜냐하면, "율법의 행위로 그의 앞에 의롭다함을 얻을 육체가 없느니라"(롬 3:20) 하고 말씀하기 때문입니다. 이를 우리들보다도 잘 아시는 하나님은 "성막식양"도 주셨던 것입니다. "성막"은 임마누엘의 모형이요, 번제단에서 드려지는 제물은 그리스도께서 단 번에 드려주실 대속제물에 대한 그림자로 주어진 것입니다. 유월절 어린양의 대속이 아니었다면 바로의 노예에서 구원 얻을 수가 없었을 것이요, 속죄제를 드릴 번제단이 주어지지 않았다면 죄를 해결할 방도가 없었을 것입니다.

그러므로 신구약시대를 막론하고, "다른 이로서는 구원을 얻을 수 없나니 천하 인간에 구원을 얻을 만한 다른 이름을 우리에게 주신이 일이 없다"(행 4:12)는 점에 확고해야만 합니다. 다른 점이 있다면 구약의 성도들은 그림자로 주어진 제사제도를 행함으로 앞으로 오실 그리스도를 믿었고, 신약의 성도들은 잊지 않기 위해서 성찬을 행하면서 이미 오신 그리스도를 믿는다는 차이뿐입니다.

이런 맥락에서 약속의 땅에 들어가서 준행해야할 "율례와 법도"는 십계명만이 아니라, 실체(實體)가 오시기까지 메시아 언약을 대망(待望)케 하는 제사제도를 올바로 준행해야 하는 것이 포함이 되어 있었던 것입니다. 그런데 구약교회는 어떻게 되었는가? 남북으로 갈리어 북이스라엘은 앗수르에 의해, 남쪽 유다는 바벨론에 의해서 멸망을 당하고야 말았던 것입니다. 그 결정적인 원인은 "윤리"에 있는 것이 아니라, 메시아 언약을 우상과 바꿔치기를 했기 때문인 것입니다.

신명기 마지막 부분에 보면, "내가 그들의 열조에게 맹세한바 젖과 꿀이 흐르는 땅으로 그들을 인도하여 들인 후에 그들이 먹어 배부르고 살찌면 돌이켜 다른 신들을 섬기며 나를 멸시하여 내 언약을 어기리니"(31:20) 하고, 저들이 메시아언약을 배신할 것을 하나님은 아시고 계셨던 것입니다. 그런데 "심판, 멸망"이 끝이 아니라, "네 하나님 여호와께서 마음을 돌이키시고 너를 긍휼히 여기사 네 포로를 돌리시되 네 하나님 여호와께서 너를 흩으신 그 모든 백성 중에서 너를 모으시리니, 모으실 것이며, 이끄실 것이라, 돌아오게 하사"(30:3, 4, 5) 하고 말씀하십니다.

심판을 당하고 추방을 당하게 되는 것은 인간의 행위 때문이지만, "돌아오게" 하심은 공로나 자격이 있어서가 아니라 전적인 하나님의 은혜, 다시 말하면 그리스도의 구속으로 말미암아 가능하여진다는 점을 명심하시기 바랍니다.

그러므로 신명기는 구약의 성도들에게는 약속의 땅에 들어가서 살아가는 동안, 메시아언약을 잊지 않고 준행해야할 "율례와 법도"요, 신약의 성도들에게는 복음을 보수하면서, "우리를 양육하시되 경건치 않은 것과 이 세상 정욕을 다 버리고 근신함과 의로움과 경건함으로 이 세상(世上)에 살고 복스러운 소망과 우리의 크신 하나님 구주 예수 그리스도의 영광이 나타나심을 기다리게 하셨다"(딛 2:12-13) 한, 주님의 재림 때까지 성별된 삶을 살아야 할 지침들인 것입니다.

끝으로 증거할 말씀이 남았습니다. 신명기에서는 그리스도가, "너와 같은 선지자 하나를 일으키리니"(18:18) 하신 중보자로 계시가 되어 있습니다. 오순절 성령강림 후에 베드로는 이 약속이 그리스도에게서 성취가 되었음을 증거(행 3:22)하고 있습니다. 그러면 "너와 같은"이라 하셨는데 모세와 그리스도는 어떤 점이 같은가?

"중보자"라는 점입니다. "하나님은 한 분이시오 또 하나님과 사람 사이에 중보도 한 분이시니 곧 사람이신 그리스도 예수라"(딤전 2:5) 합니다. 그러면 어찌하여 하나님도 한 분이시고, "중보도 한분"이라 하는가? 형제는 참 중보자의 역할이 무엇인지 알고 있습니까? 그것은 죄 값으로 팔린 자들의 "죄를 대속"해주는 일입니다. 모세는 죄를 깨닫게 하는 "율법"을 주었을 뿐 대속할 자격이 없었던 것입니다. 그리하여 모세는 백성들을·약속의 땅으로 들어가게 할 수가 없었고, "예수"를 예표하는 여호수아에게 인도(引導)하고, 구속사의 무대에서 퇴장을 했던 것입니다.

1장

열 하룻길과, 40년 11월 1일

3제 사십년 십일월 그 달 초일일에 모세가 이스라엘 자손에게 여호와께서 그들을 위하여 자기에게 주신 명령을 다 고하였으니.

신명기는 모세가 요단 동편 모압 평지에서 죽기 약 두 달 전에 행한 세 편의 설교로 되어 있습니다. 모세의 첫 번 설교(1:1-4:43)는 광야생활 40년을 회상(回想)하는 내용입니다. 서두를 “호렙산에서 세일산을 지나 가데스 바네아에까지 열 하룻길이었더라”(2) 하고 시작된 설교는, “제 사십년 십일월 그 달 초일일에”(3상) 하고, 현재의 시점(時點)으로 이어지고 있습니다. 즉 요단 동편 모압 평지에서 모세가 “이스라엘 무리에게 말씀을 선포”(1)한 시점입니다. “가데스 바네아”는 다름 아닌 12 정탐꾼을 가나안으로 들여보낸 곳(19, 민 13:26)입니다. 그렇다면 통상적으로 11일간이면 들어갈 수 있는 가나안 길을, 40년을 광야에서 방황했다는 말이 되는 것입니다. 그 원인(原因)이 무엇인가? 모세는 40년이

지난 이제 죽기 전에 그 원인을 제2세대들에게 말씀해줌으로 경계로 삼게 하려는 것입니다. 이를 네 단원으로 나누어 상고하겠습니다.

첫째 단원(1-8) **주리라 하신 땅으로 들어가서 얻으라**
둘째 단원(9-18) **백성들을 군대조직으로 편성함**
셋째 단원(19-33) **무리가 정탐꾼을 보내기를 구함**
넷째 단원(34-46) **여호수아 갈렙 외에는 못 들어감**

첫째 단원(1-8) 분석도표
주제 : 주리라 하신 땅으로 들어가서 얻으라

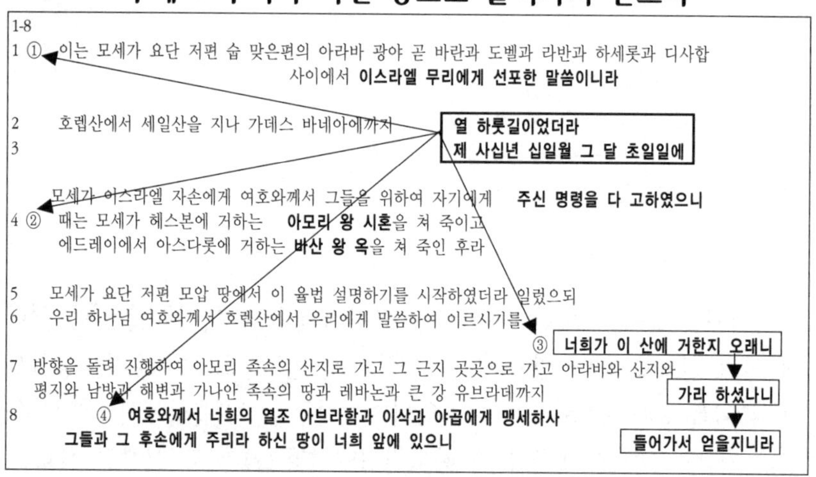

첫째 단원은 서론적인 말씀인데 도표를 보시면, "열 하룻길이었더라, 제 40년 11월 1일에"를 중심으로, ① "이는 모세가 요단 저편에서, 선포한 말씀이라", ② "때는 아모리 왕 시혼을 쳐 죽인 후라", ③ 하나님께서 "너희가 이 산에 거한지 오래니 가라", ④ "열조에게 주리라 한 땅이 너희 앞에 있으니 들어가서 얻으라" 하고 말씀하셨다는 것입니다.

첫째 단원(1-8) 주리라 하신 땅으로 들어가서 얻으라

첫째 단원의 중심점은 서론에서 언급한 대로 하나님께서, "너희가 이 산에 거한지 오래니→가라→들어가서 얻으라" 하신데 있습니다. 그런데 이 명령에 불순종했기 때문에 40년을 방황하게 되었다는 말을 하려는 것입니다

① "이는 모세가 요단 저편 숩 맞은편의 아라바 광야 곧 바란과 도벨과 라반과 하세롯과 디사합 사이에서 이스라엘 무리에게 선포한 말씀이니라"(1).

㉠ 첫 절은 모세가 이스라엘 백성들에게 말씀을 선포한 위치(位置)를 알려주고 있는데, "요단 저편"이란 요단강을 건너기 전의 모압 평지(5)의 낮은 지대를 가리킵니다.

㉡ "호렙산에서 세일산을 지나 가데스 바네아에까지"(2) 라고 말씀하는데 이점을 19절에서는, "우리 하나님 여호와께서 우리에게 명하신대로 우리가 호렙산에서 발행하여 너희의 본바 크고 두려운 광야를 지나 아모리 족속의 산지 길로 가데스 바네아에 이른 때에" 하고 재차 강조하고 있습니다. 호렙산에서 가데스 바네아까지 "열 하룻길"이었다는 것입니다. 이렇게 말씀한 후에, "제 40년 11월 그 달 초일일에"(3상) 합니다.

㉢ "호렙산"은 시내산의 별칭인데 민수기는, "호렙산에서 발행"한 시기를, "제 2년 2월 20일에 구름이 증거막에서 떠오르매"(민 10:11) 하고 말씀합니다. 그렇다면 2절과, 3절 사이에는, "가데스 바네아에서 떠나 세렛 시내를 선너기까지 삼십 팔년 동안이라"(2:14) 한, 38년의 간극(間隙)이 있는 것입니다. 이것은 무엇을 깨닫기를 원하고 있느냐 하면, 열 하루면 들어갈 수 있는 가나안 길을 40년을 방황했다는 점을 드러내기 위해서인 것입니다.

㉣ 40년이 지난 "제 40년 11월 1일"에 "모세가 이스라엘 자손에게 여호와께서 그들을 위하여 자기에게 주신 명령을 다 고하였다"(3하) 하고 말씀합니다.

② "때는 모세가 헤스본에 거하는 아모리 왕 시혼을 쳐 죽이고 에드레이에서 아스다롯에 거하는 바산 왕 옥을 쳐 죽인 후라"(4) 하고, 배경(背景)을 말씀해줍니다.

㉠ "아모리 왕 시혼과, 바산 왕 옥"은 이스라엘이 가나안에 입성(入城)하는 것을 저지하려고 한 마지막 대적입니다. 그러므로 만일 이들을 정복하지 못했다면 약속의 땅에 입성하는 일은 또다시 가나안의 문턱에서 좌절되고 말았을 것입니다. 그래서 시편에서는, "아모리인의 왕 시혼을 죽이신 이에게 감사하라 그 인자하심이 영원함이로다 바산 왕 옥을 죽이신 이에게 감사하라 그 인자하심이 영원함이로다"(시 136:19-20) 하고, 찬양하는 것입니다. 이는 모세가 가나안에 들어갈 수 있는 마지막 준비(準備)를 마쳐놓고, "요단 저편 모압 땅에서 이 율법 설명하기를 시작하였음"(5)을 드러내고 있는 것입니다. 이는 무엇을 말씀해주고 있느냐 하면, 율법의 대명사인 모세의 사명(使命)이 여기까지임을 나타내고 있는 것입니다.

③ "우리 하나님 여호와께서 호렙산에서 우리에게 말씀하여 이르시기를 너희가 이 산에 거한지 오래니"(6) 한 것은, 시내산에 약 1년을 머물면서 성막을 제작한 것을 가리킵니다.

㉠ "방향을 돌려 진행하여 아모리 족속의 산지로 가고 그 근지 곳곳으로 가고 아라바와 산지와 평지와 남방과 해변과 가나안 족속의 땅과 레바논과 큰 강 유브라데까지 가라 하셨나니"(7) 합니다. 7절 한 절 안에는 1년간 머물던 시내산을 떠나, "가라"는 말이 세 번이나 반복적으로 강조되어 있는데 이를 구속사의 맥락에서 보면 의미심장한 말씀인 것입니다.

㉡ 이점을 복음이 밝히 드러난 신약성경에서는, "너희의 이른 곳은 만질만한 불붙는 산과 흑운과 흑암과 폭풍과 나팔소리와 말하는 소리가 아니라" 하고 말씀합니다. 즉 "시내산"이 목적지(目的地)가 아니라는 말씀입니다. 왜냐하면 "그 소리를 듣는 자들은 더 말씀하지 아니하시기를 구하였으니 이는 짐승이라도 산에 이르거든 돌로 침을 당하리라 하신 명령을 저희가 견디지 못함이라"(히 12:18-20) 합니다. 시내산은 율법을 주신 곳입니다. 이는 율법 하에 있는 자의 두려움을 나타내고 있는데, 하나님께서 죄인들을 (율)법을 통(通)해서 보신다면 모두가 두려워 떨 수밖에 없다는 것입니다. 그래서 모세까지도, "그 보이는 바가 이렇듯이 무섭기로 모세도 이르되 내가 심히 두렵고 떨린다 하였다"(히 12:21)는 것입니다. 그래서 머물러 있을 곳이 아니라 떠나 "가야" 하는 곳입니다.

㉢ 그러면 어디로 가야 하는가? "그러나 너희가 이른 곳은 시온산과", 즉 "시온산"으로 가라 하시는 것입니다. 왜냐하면 그곳에는 "살아계신 하나님의 도성인 하늘의 예루살렘과 천만 천사와 하늘에 기록된 장자들의 총회와 교회와 만민의 심판자이신 하나님과 및 온전케 된 의인의 영들과 새 언약의 중보이신 예수와 및 아벨의 피보다 더 낫게 말하는 뿌린 피니라"(히 12:22-24), 즉 시온에 있는 갈보리 십자가로 가라 하시는 것입니다. 이점을 시편에서는 "구원이 시온에서 나오기를 원하도다"(시 14:7) 말씀하고, 복음서는, "율법은 모세로 말미암아 주신 것이요 은혜와 진리는 예수 그리스도로 말미암아 온 것이라"(요 1:17) 하고 말씀합니다.

④ 그 곳은 "여호와께서 너희의 열조(烈祖) 아브라함과 이삭과 야곱에게 맹세하사 그들과 그 후손에게 주리라 하신 땅"(8상)이라고 말씀합니다.

㉠ 이는 하나님께서 아브라함과 이삭과 야곱에게 세워주신 "언약"을

상기시키는 것으로 "원리, 기초, 근거"가 되는 중요한 말씀입니다. 얼마나 중요하냐 하면 신명기는 "아브라함과 이삭과 야곱에게 맹세하사"(1:8)로 시작하여, "이는 내가 아브라함과 이삭과 야곱에게 맹세하여 그 후손에게 주리라 한 땅이라"(34:4) 한 약속으로 마치고 있는 것입니다. 그리고 앞으로 보게 될 것입니다만 모세는 신명기를 기록하는 내내 열조에게 하신 "맹세", 즉 언약을 계속적으로 붙잡고 놓지를 않고 있습니다. 신명기 안에는, "열조(烈祖)에게 맹세", 즉 언약하신 땅이라 하는 말이 30회 정도나 등장합니다.

ⓛ 그래서 하나님께서 주신다고 약속하신 땅이 "너희 앞에 있으니 들어가서 얻을 지니라"(8하) 했다는 것입니다. 그런데 중요한 것은 앞에서 말씀드린 대로 "땅"이 아니라, 그 곳에 가야만 "새 언약의 중보이신 예수 그리스도"를 만날 수 있기 때문이라는 점을 잊지를 말아야만 하는 것입니다. 그래서 "주리라 하신 땅으로 들어가서 얻으라" 하시는 것입니다.

ⓒ 이것은 옛날이야기가 아니라, 오늘의 우리들의 문제입니다. 신약의 성도들이 가서 정복해야할 것은 무엇인가? 부활하신 주님은, "하늘과 땅의 모든 권세를 내게 주셨으니 그러므로 너희는 가서 모든 족속으로 제자를 삼으라"(마 28:18-19), 즉 복음으로 정복해나가라 명하십니다. 이것이 "주리라 하신 땅으로 들어가서 얻으라"의 뜻입니다.

둘째 단원(9-18) 분석도표

주제 : 백성들을 군대조직으로 편성함

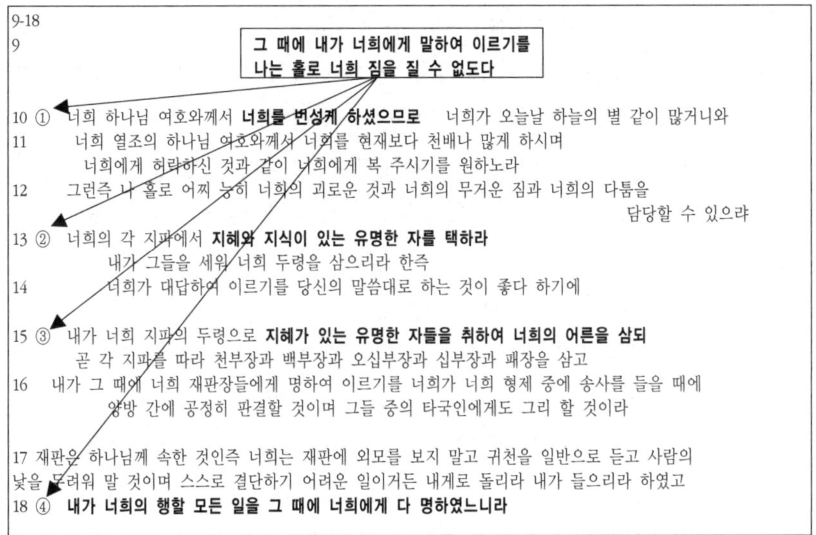
9-18
9 **그 때에 내가 너희에게 말하여 이르기를 나는 홀로 너희 짐을 질 수 없도다**

10 ① 너희 하나님 여호와께서 **너희를 번성케 하셨으므로** 너희가 오늘날 하늘의 별 같이 많거니와
11 너희 열조의 하나님 여호와께서 너희를 현재보다 천배나 많게 하시며
너희에게 허락하신 것과 같이 너희에게 복 주시기를 원하노라
12 그런즉 나 홀로 어찌 능히 너희의 괴로운 것과 너희의 무거운 짐과 너희의 다툼을
담당할 수 있으랴

13 ② 너희의 각 지파에서 **지혜와 지식이 있는 유명한 자를 택하라**
내가 그들을 세워 너희 두령을 삼으리라 한즉
14 너희가 대답하여 이르기를 당신의 말씀대로 하는 것이 좋다 하기에

15 ③ 내가 너희 지파의 두령으로 **지혜가 있는 유명한 자들을 취하여 너희의 어른을 삼되**
곧 각 지파를 따라 천부장과 백부장과 오십부장과 십부장과 패장을 삼고
16 내가 그 때에 너희 재판장들에게 명하여 이르기를 너희가 너희 형제 중에 송사를 들을 때에
양방 간에 공정히 판결할 것이며 그들 중의 타국인에게도 그리 할 것이라

17 재판은 하나님께 속한 것인즉 너희는 재판에 외모를 보지 말고 귀천을 일반으로 듣고 사람의
낯을 두려워 말 것이며 스스로 결단하기 어려운 일이거든 내게로 돌리라 내가 들으리라 하였고
18 ④ **내가 너희의 행할 모든 일을 그 때에 너희에게 다 명하였느니라**

둘째 단원은 백성들을 군대조직으로 편성한 내용인데 도표를 보시면, "나는 홀로 너희 짐을 질 수 없도다"를 중심으로, ① "하나님이 번성케 하셔서 별같이 많아졌다", ② "각 지파에서 지혜와 지식이 있는 자를 택하여 두령을 삼으리라", ③ 그리하여 "1000부장, 100부장" 등을 삼고, ④ "행할 모든 일을 명하였다" 합니다.

둘째 단원(9-18) **백성들을 군대조직으로 편성함**

"그 때에 내가 너희에게 말하여 이르기를 나는 홀로 너희 짐을 질 수 없도다"(9) 하고 말했다는 것입니다. 첫째 단원에서, "들어가서 얻을 지니라" 한 후에, "두령을 세웠다"는 점을 말씀하는 의도는, 12명의 정탐꾼이 어떻게 해서 선택된 누구들인가를 말하기 위해서인 것입니다.

① 어찌하여 백성들을 군대(軍隊)조직으로 편성을 해야만 했는가? "너희 하나님 여호와께서 너희를 번성(繁盛)케 하셨으므로 너희가 오늘날 하늘의 별 같이 많게"(10) 해주셨기 때문이라는 것입니다. "야곱의 집 사람으로 애굽에 이른 자의 도합이 70명이었더라"(창 46:27) 했는데, 장정만 60만이 넘는 민족으로 번성했던 것입니다.

㉠ "너희 열조의 하나님 여호와께서 너희를 현재보다 천배나 많게 하시며 너희에게 허락하신 것과 같이 너희에게 복 주시기를 원하노라 그런즉 나 홀로 어찌 능히 너희의 괴로운 것과 너희의 무거운 짐과 너희의 다툼을 담당할 수 있으랴"(11-12),

② 그러니 "너희의 각 지파에서 지혜(智慧)와 지식(知識)이 있는 유명한 자를 택하라 내가 그들을 세워 너희 두령을 삼으리라"(13) 했다는 것입니다.

㉠ 그랬더니 "너희가 대답하여 이르기를 당신의 말씀대로 하는 것이 좋다 하기에 내가 너희 지파의 두령으로 지혜가 있는 유명한 자들을 취하여 너희의 어른을 삼되 곧 각 지파를 따라 천부장과 백부장과 오십부장과 십 부장과 패장을 삼았다"(14-15)는 것입니다.

㉡ 그리하여 "내가 그 때에 너희 재판장들에게 명하여 이르기를 너희가 너희 형제 중에 송사를 들을 때에 양방 간에 공정히 판결할 것이며 그들 중의 타국인에게도 그리 할 것이라 재판은 하나님께 속한 것인즉 너희는 재판에 외모를 보지 말고 귀천을 일반으로 듣고 사람의 낯을 두려워 말 것이며 스스로 결단하기 어려운 일이거든 내게로 돌리라 내가 들으리라"(16-17) 하였다는 것입니다. "재판(裁判)은 하나님께 속했다"는 뜻은, 궁극적인 재판자(심판주)는 하나님이시오, 그러므로 재판관은 하나님의 대리자임을 명심하라는 의미입니다.

③ 이렇게 "내가 너희의 행할 모든 일을 그 때에 너희에게 다 명하였느니라"(18) 합니다.

㉠ 그렇게 해서 세워진 두령들이라면, "곧 그들이 여호와의 명을 좇

아 진을 치며 여호와의 명을 좇아 진행하고 또 모세로 전하신 여호와의 명을 따라 여호와의 직임(職任)을 지켰어야"(민 9:23) 마땅한데 결과는 어찌 되었는가? 이것이 "백성들을 군대조직으로 편성함"입니다.

셋째 단원 분석도표

주제 : 무리가 정탐꾼을 보내기를 구함

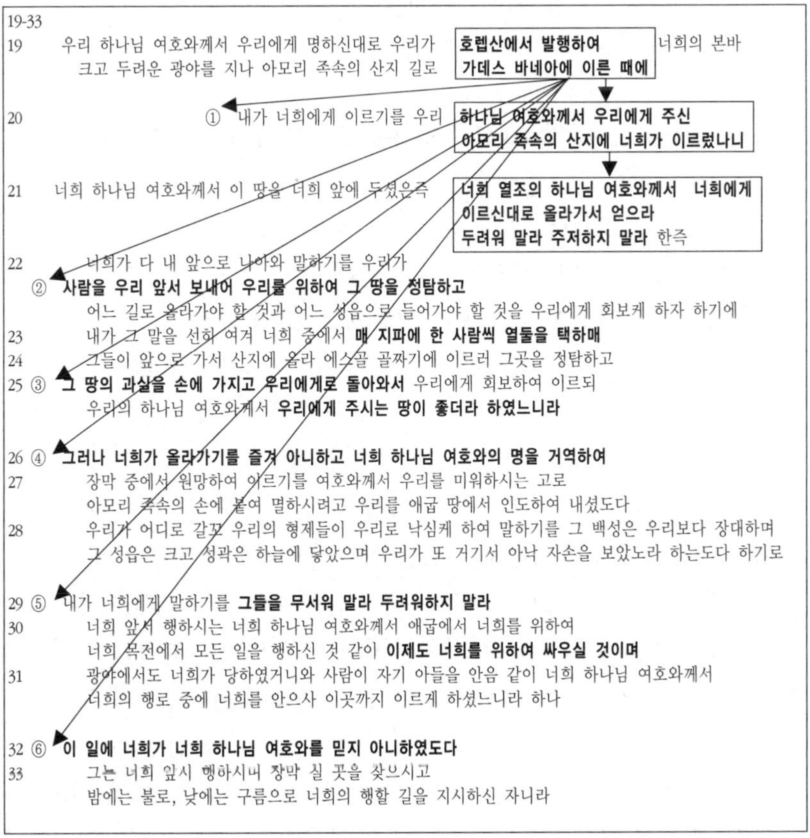

19-33
19 우리 하나님 여호와께서 우리에게 명하신대로 우리가 크고 두려운 광야를 지나 아모리 족속의 산지 길로 **호렙산에서 발행하여 가데스 바네아에 이른 때에** 너희의 본바
20 ① 내가 너희에게 이르기를 우리 **하나님 여호와께서 우리에게 주신 아모리 족속의 산지에 너희가 이르렀나니**
21 너희 하나님 여호와께서 이 땅을 너희 앞에 두셨은즉 **너희 열조의 하나님 여호와께서 너희에게 이르신대로 올라가서 얻으라 두려워 말라 주저하지 말라** 한즉
22 너희가 다 내 앞으로 나아와 말하기를 우리가
② **사람을 우리 앞서 보내어 우리를 위하여 그 땅을 정탐하고**
어느 길로 올라가야 할 것과 어느 성읍으로 들어가야 할 것을 우리에게 회보케 하자 하기에
23 내가 그 말을 선히 여겨 너희 중에서 **매 지파에 한 사람씩 열둘을 택하매**
24 그들이 앞으로 가서 산지에 올라 에스골 골짜기에 이르러 그곳을 정탐하고
25 ③ **그 땅의 과실을 손에 가지고 우리에게로 돌아와서** 우리에게 회보하여 이르되
우리의 하나님 여호와께서 **우리에게 주시는 땅이 좋더라 하였느니라**

26 ④ **그러나 너희가 올라가기를 즐겨 아니하고 너희 하나님 여호와의 명을 거역하여**
27 장막 중에서 원망하여 이르기를 여호와께서 우리를 미워하시는 고로
아모리 족속의 손에 붙여 멸하시려고 우리를 애굽 땅에서 인도하여 내셨도다
28 우리가 어디로 갈꼬 우리의 형제들이 우리로 낙심케 하여 말하기를 그 백성은 우리보다 장대하며
그 성읍은 크고 성곽은 하늘에 닿았으며 우리가 또 거기서 아낙 자손을 보았노라 하는도다 하기로

29 ⑤ 내가 너희에게 말하기를 **그들을 무서워 말라 두려워하지 말라**
30 너희 앞서 행하시는 너희 하나님 여호와께서 애굽에서 너희를 위하여
너희 목전에서 모든 일을 행하신 것 같이 **이제도 너희를 위하여 싸우실 것이며**
31 광야에서도 너희가 당하였거니와 사람이 자기 아들을 안음 같이 너희 하나님 여호와께서
너희의 행로 중에 너희를 안으사 이곳까지 이르게 하셨느니라 하나

32 ⑥ **이 일에 너희가 너희 하나님 여호와를 믿지 아니하였도다**
33 그는 너희 앞서 행하시며 장막 칠 곳을 찾으시고
밤에는 불로, 낮에는 구름으로 너희의 행할 길을 지시하신 자니라

셋째 단원은 정탐꾼을 보내게 된 동기와 그 결과를 말씀하는 내용입니다. 도표를 보시면 "호렙산에서 발행하여, 가데스 바네아에 이른 때

에"를 중심으로, ① "하나님께서 우리에게 주신 산지에 이르렀나니, 올라가서 얻으라" 한즉, ② "사람을 우리 앞서 보내어 그 땅을 정탐하게 하자" 하고 말하므로, ③ "매 지파에 한 사람씩 열둘을 택하여" 회보케 했더니, ④ "그러나 올라가지 않고, 여호와의 명을 거역하므로"(26), ⑤ "그들을 무서워 말라, 애굽에서 인도하여 내신 하나님이 이제도 너희를 위하여 싸우시리라" 하고 격려했다는 것입니다.

셋째 단원(19-33) 우리가 정탐꾼을 보내기를 구함

"우리 하나님 여호와께서 우리에게 명하신대로 우리가 호렙산에서 발행하여 너희의 본바 크고 두려운 광야를 지나 아모리 족속의 산지 길로 가데스 바네아에 이른 때에"(19) 하고, 다시 역사적인 분기점이 되었던 "가데스 바네아"에 이른 때에 있었던 일을 회상시킵니다.

① "내가 너희에게 이르기를 우리 하나님 여호와께서 우리에게 주신 아모리 족속의 산지에 너희가 이르렀나니"(20),

㉠ "너희 하나님 여호와께서 이 땅을 너희 앞에 두셨은즉 너희 열조의 하나님 여호와께서 너희에게 이르신 대로 올라가서 얻으라 두려워 말라 주저하지 말라"(21) 하고 말했다는 것입니다. 이점에서 모세가 계속적으로 "하나님 여호와"라고 부르고 있는 구속사적 의미를 한 말씀드려야만 하겠습니다. 천지를 창조하시는 창세기 1장은 모두가 "하나님"으로 되어 있습니다. 그러므로 "하나님"이란 호칭은 창조사역과 결부되는 것이요, "여호와"는 출애굽과 결부하여 비로소 계시하신 이름(출 6: 2)입니다. 그러므로 "열조(烈祖)의 하나님 여호와"라 함은, 아브라함, 이삭, 야곱에게 언약을 세워주신, 언약의 하나님이라는 고백(告白)과 같은 뜻입니다.

② 그러나 "너희가 다 내 앞으로 나아와 말하기를 우리가 사람을 우

리 앞서 보내어 우리를 위하여 그 땅을 정탐하고 어느 길로 올라가야 할 것과 어느 성읍으로 들어가야 할 것을 우리에게 회보케 하자"(22) 했다는 것입니다.

㉠ 그런데 병행구절인 민수기 13:1-2절에서는, "여호와께서 모세에게 일러 가라사대 사람을 보내어 내가 이스라엘 자손에게 주는 가나안 땅을 탐지하게 하되 그 종족의 각 지파 중에서 족장 된 자 한 사람씩 보내라" 하셨다고 말씀합니다. 이 두 말씀을 결부시켜보면, 백성들의 요구를 하나님이 허용(許容)하셨음을 알게 됩니다. 사무엘 당시에 장로들이, "우리에게 왕을 세워 달라" 하고 말했을 때에도, "백성이 네게 한 말을 다 들으라"(삼상 8:5, 7) 하셨습니다. 백성들의 요구는 악한 것이었으나 이를 허용하신 것은 "악을 선으로 바꾸사" 계시하시려는 바가 있기 때문인 것입니다. 그 점을 다음 단원에서 깨닫게 될 것입니다.

③ 그래서 "내가 그 말을 선히 여겨 너희 중에서 매 지파에 한 사람씩 열둘을 택하여"(23) 보내게 되었다는 것입니다.

㉠ 그러면 매 지파에서 누구를 대표자(代表者)로 보냈단 말인가? 둘째 단원에서, "지혜와 지식이 있는 유명한 자를 택하여 두령을 삼으리라"(13) 한, 족장(族長)들을 보내었던 것입니다. "지혜와 지식이 있는 유명한 자", 즉 족장들을 정탐꾼으로 보낸다면 틀림없이 백성들을 격려하고 용기를 주는 회보(回報)를 기대했기 때문일 것입니다. 이것이 "내가 그 말을 선히 여겨" 라는 말에 함의되어 있습니다.

㉡ "그들이 앞으로 가서 산지에 올라 에스골 골짜기에 이르러 그곳을 정탐하고 그 땅의 과실을 손에 가지고 우리에게로 돌아와서 우리에게 회보(回報)하여 이르되 우리의 하나님 여호와께서 우리에게 주시는 땅이 좋더라"(24-25) 하였다는 것입니다. "우리에게 주시는 땅이 좋더라" 했다는 말은, "모세에게 보고하여 가로되 당신이 우리를 보낸 땅에 간즉 과연 젖과 꿀이 그 땅에 흐르고 이것은 그 땅 실과니이다"(민 13:17) 한

말을 가리킵니다. 정탐꾼들은 가나안 땅이 나쁘다 한 것이 아닙니다. 좋기는 한데 취(取)할 수가 없는 그림의 떡이라고 말했던 것입니다.

④ 이점이 "그러나 너희가 올라가기를 즐겨 아니하고 너희 하나님 여호와의 명을 거역하여"(26),

㉠ "장막 중에서 원망하여 이르기를 여호와께서 우리를 미워하시는 고로 아모리 족속의 손에 붙여 멸하시려고 우리를 애굽 땅에서 인도하여 내셨도다 우리가 어디로 갈꼬 우리의 형제들이 우리로 낙심케 하여 말하기를 그 백성은 우리보다 장대하며 그 성읍은 크고 성곽은 하늘에 닿았으며 우리가 또 거기서 아낙 자손을 보았노라 하는도다"(27-28) 한 말에 나타납니다.

⑤ 그래서 "내가 너희에게 말하기를 그들을 무서워 말라 두려워하지 말라"(29),

㉠ "너희 앞서 행하시는 너희 하나님 여호와께서 애굽에서 너희를 위하여 너희 목전에서 모든 일을 행하신 것 같이 이제도 너희를 위하여 싸우실 것이라"(30) 하고 말했다는 것입니다. 한 절 안에 "너희를 위하여" 라는 말이 두 번 강조되어 있는데,

㉮ "그들을 무서워 말라 두려워하지 말라",

㉯ "너희 앞서 행하시는 너희 하나님 여호와께서",

㉰ "애굽에서 너희를 위하여 모든 일을 행하신 것 같이",

㉱ "이제도 너희를 위하여 싸우실 것이라"

㉡ 그들이 바로의 노예에서 해방될 수 있었던 것이 자신들의 능력으로 했단 말인가? 그리고 "광야에서도 너희가 당하였거니와 사람이 자기 아들을 안음 같이 너희 하나님 여호와께서 너희의 행로 중에 너희를 안으사 이곳까지 이르게 하셨느니라"(31) 하고 격려했으나,

⑥ 그러나 "이 일에 너희가 너희 하나님 여호와를 믿지 아니 하였도다"(32) 합니다.

㉠ 여기 결정적(決定的)인 말이 나타나는데 그것은, "너희가 너희 하나

님 여호와를 〈믿지 아니〉 하였도다" 한, 불신앙(不信仰)입니다. 이점을 신약성경에서는, "하나님이 누구에게 맹세하사 그의 안식에 들어오지 못하리라 하셨느뇨 곧 순종치 아니하던 자에게가 아니냐" 하고 "불순종"을 말씀하면서, "이로 보건대 저희가 믿지 아니하므로 능히 들어가지 못한 것이라"(히 3:19) 하고, "불순종과, 불신앙"을 동일한 것으로 말씀합니다.

ⓛ 그들을 애굽 바로의 노예에서 유월절 어린양의 피로 구속하여 내신 하나님, "그는 너희 앞서 행하시며 장막 칠 곳을 찾으시고 밤에는 불로, 낮에는 구름으로 너희의 행할 길을 지시하신 자"(33)이신 대도 말입니다. 이것이 "무리가 정탐꾼을 보내기를 구함"입니다.

넷째 단원(34-46) 분석도표

주제 : 여호와수아 갈렙 외에는 못 들어감

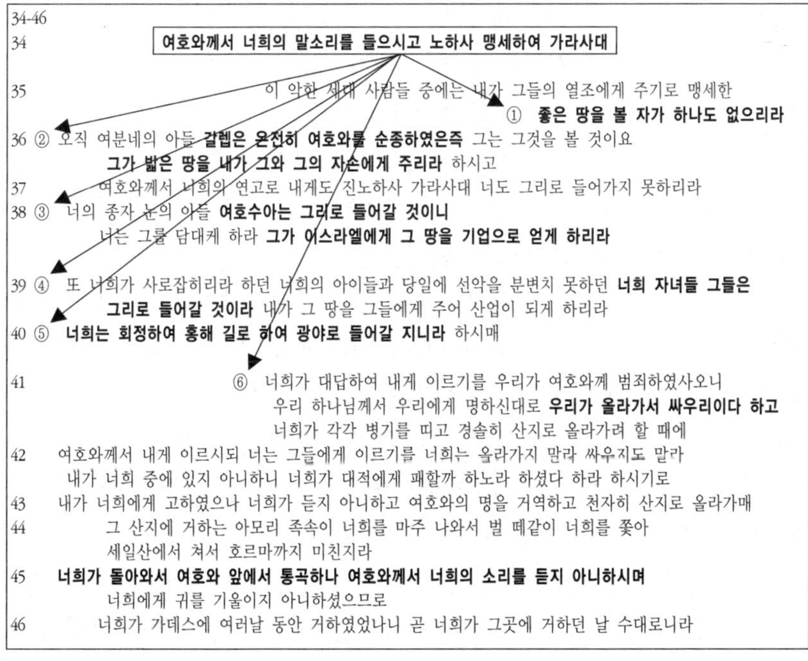

넷째 단원은 저들의 불신앙에 대한 여호와 하나님의 선고(宣告)하신 내용입니다. 도표를 보시면, "여호와께서 너희의 말소리를 들으시고 노하사"를 중심으로, ① "이 악한 세대 사람들 중에는, 좋은 땅을 볼 자가 하나도 없으리라", ② "갈렙은 순종하였은즉 그는 볼 것이요", ③ "여호수아는, 이스라엘에게 그 땅을 기업으로 얻게 하리라", ④ "사로잡히리라 하던 아이들은 들어갈 것이라", ⑤ "너희는 회정하여 광야로 들어갈 지니라" 하십니다.

넷째 단원(34-46) **여호수아 갈렙 외에는 못 들어감**

"여호와께서 너희의 말소리를 들으시고 노하사 맹세하여 가라사대"(34),

① "이 악한 세대 사람들 중에는 내가 그들의 열조에게 주기로 맹세한 좋은 땅을 볼 자가 하나도 없으리라"(35) 하십니다.

㉠ 그냥 좋은 땅이라 하시지 않고, "그들의 열조(烈祖)에게 주기로 맹세한 좋은 땅"이라 말씀함을 유념해야만 합니다. 그리고 명심할 점은, 열조에게 맹세하신 언약은 "좋은 땅"만이 아니라, "네 자손(子孫)으로 말미암아 천하 만민이 복을 얻으리라" 하신 "메시아언약"이라는 점입니다. 그러므로 가나안을 주리라 하심은 1차적으로는 출애굽한 하나님의 백성들이 거할 땅이지만, 궁극적으로는 메시아가 탄생할 땅을 준비(準備)하심이었던 것입니다. 이런 구속사의 맥락으로 보면 순종치 아니하고 믿지 아니하여서 약속의 땅에 들어가지 못한 원인(原因)이 "메시아언약"을 믿지 않았기 때문이라는 것이 되는 것입니다.

② 이점이 "오직 여분네의 아들 갈렙은 온전히 여호와를 순종하였은즉 그는 그것을 볼 것이요 그가 밟은 땅을 내가 그와 그의 자손에게 주

리라"(36) 한 말씀에 함의되어 있습니다.

㉠ 순종한 것은 갈렙만이 아니라, 여호수아도 온전히 순종한 것입니다. 그런데 어찌하여 "그가 밟은 땅을 내가 그(갈렙)와 그의 자손에게 주리라" 하시는가? 이점에서 "갈렙"은 유다 지파 족장임을 유념해야만 합니다. 그리고 그리스도는 유다 지파를 통해서 오실 것이 예언이 되어 있고, 그러므로 "그의 자손에게 주리라" 한 땅, 다시 말하면 유다 지파가 분배받게 될 땅이 어디인가를 주목해야만 하는 것입니다. 미가 선지자는, "베들레헴 에브라다야 너는 유다 족속 중에서 작을지라도 이스라엘을 다스릴 자가 네게서 내게로 나올 것이라"(미 5:2) 하고 예언하고 있습니다. 악을 선으로 바꾸시는 하나님은 이를 계시하시기 위해서 정탐꾼 보내기를 허용(許容)을 하셨던 것입니다.

㉡ "여호와께서 너희의 연고로 내게도 진노하사 가라사대 너도 그리로 들어가지 못하리라"(37) 하셨다는 것입니다. 이는 "가데스 바네아"의 불순종과 직접적으로 연관이 되는 것은 아닙니다. 그러나 그 사건도 동일하게 "너희의 연고", 즉 백성들의 패역으로 인하여 촉발이 되었고, "들어가지 못하리라"는 동일한 결과를 가져왔던 것입니다. 그런데 이점을 여기서 언급하는 것은 이어지는 38절에서,

③ "너의 종자 눈의 아들 여호수아는 그리로 들어갈 것이니 너는 그를 담대케 하라 그가 이스라엘에게 그 땅을 기업으로 얻게 하리라"(38) 한 말씀 때문입니다.

㉠ 이는 두 마디로 되어 있는데, ㉮ "여호수아는 그리로 들어갈 것이다", ㉯ "그가 이스라엘에게 그 땅을 기업으로 얻게 하리라", 즉 모세의 후계자가 되어서 백성들을 인도하게 되리라 하셨다는 것입니다. 그러니까 그리스도가 나실 곳과, 백성들을 약속의 땅으로 들어가게 하는 것은 "예수"를 예표하는 여호수아라는 점을 계시(啓示)하기 위해서 정탐꾼을 허용하셨다는 것이 됩니다.

④ "또 너희가 사로잡히리라 하던 너희의 아이들과 당일에 선악을 분변치 못하던 너희 자녀들 그들은 그리로 들어갈 것이라 내가 그 땅을 그들에게 주어 산업이 되게 하리라"(39) 하셨다는 것입니다.

㉠ 이는 무엇을 말씀해주느냐 하면, 메시아언약을 믿지 아니하는 자들은 들어갈 수 없지만, 하나님의 구원계획은 결코 중단(中斷)되는 것은 아니라는 점을 드러내고 있는 것입니다.

⑤ 결국 "너희는 회정하여 홍해 길로 하여 광야로 들어갈 지니라"(40) 하는 명령이 떨어집니다.

㉠ "회정"(回程), 그렇습니다. 이로부터 40년의 방황은 시작이 되었던 것입니다. "40년 방황"은, 정탐한 40일을 하루를 1년으로 계산한 햇수지만, "좋은 땅을 볼 자가 하나도 없으리라" 한 말씀과 결부시키면, 불순종 곧 불신앙한 자들이 죽기를 기다리는 기간이라는 것이 됩니다. 이점을 2:14절에서는, "38년 동안이라 이때에는 그 시대의 모든 군인들이 여호와께서 그들에게 맹세하신 대로 진중에서 다 멸절되었나니" 합니다.

⑥ 하나님의 선고를 듣고야, "너희가 대답하여 내게 이르기를 우리가 여호와께 범죄하였사오니 우리 하나님께서 우리에게 명하신대로 우리가 올라가서 싸우리이다 하고 너희가 각각 병기를 띠고 경솔히 산지로 올라가려"(41) 했다는 것입니다.

㉠ 그래서 "여호와께서 내게 이르시되 너는 그들에게 이르기를 너희는 올라가지 말라 싸우지도 말라 내가 너희 중에 있지 아니하니 너희가 대적에게 패할까 하노라 하셨다 하라 하시기로 내가 너희에게 고하였으나 너희가 듣지 아니하고 여호와의 명을 거역하고 천자히 산지로 올라가매"(42-43),

㉡ "그 산지에 거하는 아모리 족속이 너희를 마주 나와서 벌 떼 같이 너희를 쫓아 세일산에서 쳐서 호르마까지 미친지라 너희가 돌아와서

여호와 앞에서 통곡하나 여호와께서 너희의 소리를 듣지 아니하시며 너희에게 귀를 기울이지 아니하셨으므로 너희가 가데스에 여러 날 동안 거하였었나니 곧 너희가 그곳에 거하던 날 수 대로니라"(44-46) 합니다.

㉢ 이번에도 "여호와의 명을 거역"했다는 점과, 통곡하나 듣지 아니하셨다"는 점을 유념하시기 바랍니다. 이점을 시편에서는, "그러나 저희가 입으로 그에게 아첨하며 자기 혀로 그에게 거짓을 말하였으니"(시 78:36) 하고, 입에 발린 통곡이었다고 말씀합니다. 그리고 신약성경은 경계하기를, "그러므로 우리는 두려워할지니 그의 안식에 들어갈 약속이 남아 있을지라도 너희 중에 미치지 못할 자가 있을까 함이라 저희와 같이 우리도 복음 전함을 받은 자이나 그러나 그 들은바 말씀이 저희에게 유익되지 못한 것은 듣는 자가 믿음을 화합치 아니함이라"(히 4:1-2) 하십니다. 이것이 "여호수아 갈렙 외에는 못 들어감"입니다.

⑦ 묵상해보겠습니다.

㉠ "열 하룻길과, 40년 11월 1일"에 대해서,

㉡ "주리라 하신 땅으로 들어가서 얻으라"는 말씀의 적용에 대해서,

㉢ 그 땅은 갈렙에게, 입성은 여호수아라 하시는 구속사적 의미에 대해서.

2장

오늘부터 천하 만민으로 너를 두려워하게 하리라

[25]오늘부터 내가 천하 만민으로 너를 무서워하며 너를 두려워하게 하리니 그들이 네 명성을 듣고 떨며 너로 인하여 근심하리라 하셨느니라.

2장은 38년 동안의 방황을 끝내고 재차 가나안에 입성하기 위한 진군(進軍)을 명하신 대목을 회상하는 내용입니다. "가네스 바네아에서 떠나 세렛 시내를 건너기까지 38년 동안이라 이때에는 그 시대의 모든 군인(軍人)들이 여호와께서 그들에게 맹세하신 대로 진중에서 다 멸절되었나니"(14) 합니다. 이는 출애굽 1세대들의 시대는 지나고, 2세대의 시대가 개막이 되었다는 분기점이 되는 말씀입니다. 하나님께서는 2세대들이 진행함에 있어서 통과하게 될 에서 자손의 지경, 모압 족속, 암몬 족속을 괴롭게 말라 하시고, 반면 "아모리 사람 시혼과 그 땅을 네 손에 붙였은즉 싸워서 그 땅을 얻으라"(24) 하십니다. 여기에는 어떤 의미가 있는가?

첫째 단원(1-23) **에서, 모압, 암몬 자손을 괴롭게 말라**

둘째 단원(24-37) **아모리 사람 시혼을 네 손에 붙였노니**

첫째 단원(1-23) 분석도표

주제 : 에서, 모압, 암몬 자손을 괴롭게 말라

에서자손을 괴롭게말라	1-8 1 우리가 회정하여 여호와께서 내게 명하신대로 **홍해 길로 광야에 들어가서 여러 날 동안 세일산을 두루 행하더니** 2 ① 여호와께서 내게 고하여 이르시되 3 너희가 **이 산을 두루 행한지 오래니 돌이켜 북으로 나아가라** 4 너는 또 백성에게 명하여 이르기를 너희는 세일에 거하는 너희 동족 ② **에서의 자손의 지경으로 지날진대** 그들이 너희를 두려워하리니 너희는 깊이 **스스로 삼가고** 5 그들과 다투지 말라 그들의 땅은 한 발자국도 너희에게 주지 아니하리니 이는 내가 세일산을 에서에게 기업으로 주었음이로라 6 너희는 돈으로 그들에게서 양식을 사서 먹으며 돈으로 그들에게서 물을 사서 마시라 7 네 하나님 여호와가 너의 하는 모든 일에 네게 복을 주고 네가 이 큰 광야에 두루 행함을 알고 네 하나님 여호와가 이 사십년 동안을 너와 함께하였으므로 네게 부족함이 없었느니라 하셨다 하라 하시기로 8 우리가 세일산에 거하는 우리 동족 에서의 자손을 떠나서 아라바를 지나며 엘랏과 에시온게벨 곁으로 지나 행하고 돌이켜 모압 광야 길로 진행할 때에
모압자손을 괴롭게말라	9-15 9 ③ 여호와께서 내게 이르시되 **모압을 괴롭게 말라 그와 싸우지도 말라** 그 땅을 내가 네게 기업으로 주지 아니하리니 이는 내가 롯 자손에게 아르를 기업으로 주었음이로라 10 (옛적에 엠 사람이 거기 거하여 강하고 많고 아낙 족속과 같이 키가 크므로 11 그들을 아낙 족속과 같이 르바임이라 칭하였으나 모압 사람은 그들을 에밈이라 칭하였으며 12 호리 사람도 세일에 거하였더니 에서의 자손이 그들을 멸하고 대신하여 그 땅에 거하였으니 이스라엘이 여호와의 주신 기업의 땅에서 행한 것과 일반이었느니라) 13 ④ 이제 너희는 일어나서 세렛 시내를 건너가라 하시기로 우리가 세렛 시내를 건넜으니 14 가데스바네아에서 떠나 **세렛 시내를 건너기까지 삼십 팔년 동안이라 이 때에는** **그 시대의 모든 군인들이 여호와께서 그들에게 맹세하신대로 진 중에서 다 멸절되었나니** 15 여호와께서 손으로 그들을 치사 진 중에서 멸하신고로 필경은 다 멸절되었느니라
암몬자손과 다투지말라	16-23 16 모든 군인이 사망하여 백성 중에서 진멸된 후에 17 여호와께서 내게 일러 가라사대 18 네가 오늘 모압 변경 아르를 지나리니 19 ⑤ **암몬 족속에게** 가까이 이르거든 그들을 괴롭게 말라 **그들과 다투지도 말라** 암몬 족속의 땅은 내가 네게 기업으로 주지 아니하리니 이는 내가 그것을 롯 자손에게 기업으로 주었음이로라 20 ⑥ (이곳도 르바임의 땅이라 하였었나니 전에 르바임이 거기 거하였었음이요 암몬 족속은 그들을 삼숨밈이라 일컬었었으며 21 그 백성은 강하고 많고 아낙 족속과 같이 키가 크나 여호와께서 암몬 족속 앞에서 그들을 멸하셨으므로 암몬 족속이 대신하여 그 땅에 거하였으니 22 마치 세일에 거한 에서 자손 앞에 호리 사람을 멸하심과 일반이라 그들이 호리 사람을 쫓아내고 대신하여 오늘까지 거기 거하였으며 23 또 갑돌에서 나온 갑돌 사람이 가사까지 각 촌에 거하는 아위 사람을 멸하고 그들을 대신하여 거기 거하였었느니라)

첫째 단원은 먼저 이스라엘 백성들이 정복해서는 아니 될 족속을 말씀함에 있습니다. 이 말씀을 하시는 의도가 무엇인가? 가나안 정복의 정당성(正當性)을 옹호하기 위해서입니다. 하나님은 아무 나라나 무조건 정복하라 하신 것이 아닙니다.

도표를 보시면 "여러 날 동안 두루 행하더니, 여호와께서 고하여 이르시되"를 중심으로, ① "너희가 이 산을 두루 행한지 오래니 돌이켜 북으로 나아가라", 즉 이제까지는 방황을 했으나 전진(前進)하라는 것입니다. ② 그러시면서, "너희 동족 에서의 자손의 지경으로 지나게 될 터인데, 스스로 삼가고", ③ "모압을 괴롭게 말라 그와 싸우지도 말라" 하시는데, ④ 그 때는 "여호와께서 그들에게 맹세하신대로 모든 군인들이 다 멸절된" 시점임을 밝히면서, ⑤ "암몬 족속에게 가까이 이르거든 그들을 괴롭게 말라" 하시고, ⑥ 그들이 그 기업을 어떻게 해서 얻게 되었는가를 말씀합니다.

첫째 단원(1-23) 에서, 모압, 암몬 자손을 괴롭게 말라

2장은, "우리가 회정하여"(1상), 이렇게 시작이 되는데, "회정"(回程)이란, 전진(前進)과는 반대되는 말입니다. 믿음은 전진하게 하나, 불신앙은 회정하게 만들고, "뒤로 물러가 침륜에 빠지게"(히 10:39) 합니다.

㉠ "여호와께서 내게 명하신대로 홍해 길로 광야에 들어가서 여러 날 동안 세일산을 두루 행하더니"(1하), 이것이 방황입니다. 민수기에 의하면 그들은 38년 동안을 개미 체 바퀴 돌 듯 하다가 원점인 가데스바네아로 되돌아오는 것(민 20:1)을 보게 됩니다.

① "여호와께서 내게 고하여 이르시되"(2),

㉠ "너희가 이 산을 두루 행한지 (38년 동안) 오래니 돌이켜 북으로

나아가라"(3) 하고, 드디어 제자리걸음이 아닌 전진하라는 명이 떨어집니다. 1:6절에서도, "너희가 이 산에 거한지 오래니" 하고 말씀하셨습니다. 여기에 인간은 믿지 않고 순종하지 않을지라도, 계획하신 바를 기어코 이루시고야 만다는 하나님의 결의가 나타납니다. 이점을 사도 바울은, "어떤 자들이 믿지 아니하였으면 어찌하리요 그 믿지 아니함이 하나님의 미쁘심을 폐하겠느뇨 그럴 수 없느니라 사람은 다 거짓되되 오직 하나님은 참되시다 할지어다"(롬 3:3-4) 하고 선언합니다.

② 그러시면서 "너는 또 백성에게 명하여 이르기를 너희는 세일에 거하는 너희 동족 에서의 자손의 지경으로 지날진대 그들이 너희를 두려워하리니 너희는 깊이 스스로 삼가고"(4),

㉠ "그들과 다투지 말라 그들의 땅은 한 발자국도 너희에게 주지 아니하리니 이는 내가 세일산을 에서에게 기업으로 주었음이로라"(5) 하십니다. 이는 "이에 에서 곧 에돔이 세일산에 거하니라" 한 창세기 36:8절을 상기시키는 말씀입니다. 그 뿐만이 아니라 우리가 믿는 하나님은 힘이 있다고 약한 자들을 닥치는 대로 정복하는 폭군과 같은 분이 아니심을 나타냅니다. 그러므로 "에서, 모압, 암몬 자손을 괴롭게 말라" 하시는 말씀은, 간접적으로나마 이제 가나안 족속들을 멸하여 이스라엘 백성들에게 주는 것의 정당성(正當性), 즉 가나안 심판에 대한 하나님의 "의롭고 참되심"(계 15:3)을 옹호하는 뜻이 있는 것입니다.

㉡ "너희는 돈으로 그들에게서 양식을 사서 먹으며 돈으로 그들에게서 물을 사서 마시라"(6) 하십니다. "너희는 깊이 삼가라" 하시면서, 양식은 물론 물까지도 돈을 주고 사서 마시라 하시는 의도가 무엇인가? 이점을 사도 바울은, "사랑은 무례(無禮)히 행치 아니하며"(고전 13:5) 합니다.

㉢ 그러시면서, "네 하나님 여호와가 너의 하는 모든 일에 네게 복을 주고 네가 이 큰 광야에 두루 행함을 알고 네 하나님 여호와가 이

사십년 동안을 너와 함께하였으므로 네게 부족함이 없었느니라 하셨다 하라 하시기로"(7), 어떻게 함께 하셨고, 복을 주셨는가? "40년 동안 너희를 인도하여 광야를 통과케 하셨거니와 너희 몸의 옷이 낡지 아니하였고 너희 발의 신이 해어지지 아니하였다"(29:5) 하고 말씀합니다. 한마디로 징벌을 당하는 동안에도 매일 아침 "만나"는 내렸던 것입니다.

㉣ "우리가 세일산에 거하는 우리 동족 에서의 자손을 떠나서 아라바를 지나며 엘랏과 에시온게벨 곁으로 지나 행하고 돌이켜 모압 광야길로 진행할 때에"(8),

③ "여호와께서 내게 이르시되 모압을 괴롭게 말라 그와 싸우지도 말라 그 땅을 내가 네게 기업으로 주지 아니하리니 이는 내가 롯 자손에게 아르를 기업으로 주었음이로라"(9) 하셨다는 것입니다.

㉠ 그리고 설명을 가하기를, "(옛적에 엠 사람이 거기 거하여 강하고 많고 아낙 족속과 같이 키가 크므로 그들을 아낙 족속과 같이 르바임이라 칭하였으나 모압 사람은 그들을 에밈이라 칭하였으며 호리 사람도 세일에 거하였더니 에서의 자손이 그들을 멸하고 대신하여 그 땅에 거하였으니 이스라엘이 여호와의 주신 기업의 땅에서 행한 것과 일반이었느니라)(10-12) 합니다.

㉡ 무엇을 말씀하시려는가? 10-12절은 이스라엘 백성들을 부끄럽게 하는 말씀입니다. 왜냐하면 지혜와 지식이 있고 존경받는 족장들로 구성된 정탐꾼들은 하나님께서 주시리라 약속하셨음에도 불구하고, "거기서 아낙 자손을 보았노라" 하고 백성들을 낙심하게 했는데, 모압 자손들은 "아낙 족속 같은 (거인) 르바임"을 정복을 하고 그 땅을 기업으로 차지했다는 것입니다. 마치 "이스라엘이 여호와의 주신 기업의 땅에서 행한 것"처럼 말입니다. 얼마나 부끄러웠을 것인가?

④ "이제 너희는 일어나서 세렛 시내를 건너가라 하시기로 우리가 세렛 시내를 건넜으니"(13),

㉠ 세렛 시내가 분기점(分岐點)입니다. 왜냐하면, "가데스 바네아에서 떠나 세렛 시내를 건너기까지 삼십 팔년 동안이라"(14상) 하고 말씀하기 때문입니다. 그리하여 "이 때에는 그 시대의 모든 군인들이 여호와께서 그들에게 맹세하신대로 진중(陣中)에서 다 멸절되었나니 여호와께서 손으로 그들을 치사 진중에서 멸하신 고로 필경은 다 멸절 되었느니라"(14상-15) 하고 말씀하는 것입니다.

㉡ 이처럼 "모든 군인이 사망하여 백성 중에서 진멸된 후에 여호와께서 내게 일러 가라사대 네가 오늘 모압 변경 아르를 지나리니"(16-18) 하신다면 이제부터의 기사는 제2세대들이 경험한 기사가 되는 것입니다.

⑤ 이번에는 "암몬 족속에게 가까이 이르거든 그들을 괴롭게 말라 그들과 다투지도 말라 암몬 족속의 땅은 내가 네게 기업으로 주지 아니하리니 이는 내가 그것을 롯 자손에게 기업으로 주었음이로라"(19) 하고 말씀하셨다는 것입니다.

㉠ 그리고 10-12절에서와 같이 또다시 암몬 족속들이 그 땅을 차지하게 된 경위를 설명하고 있는데, "(이곳도 르바임의 땅이라 하였었나니 전에 (거인) 르바임이 거기 거하였었음이요 암몬 족속은 그들을 삼숨밈이라 일컬었었으며 그 백성은 강하고 많고 아낙 족속과 같이 키가 크나 여호와께서 암몬 족속 앞에서 그들을 멸하셨으므로 암몬 족속이 대신하여 그 땅에 거하였으니 마치 세일에 거한 에서 자손 앞에 호리 사람을 멸하심과 일반이라 그들이 호리 사람을 쫓아내고 대신하여 오늘까지 거기 거하였으며 또 갑돌에서 나온 갑돌 사람이 가사까지 각 촌에 거하는 아위 사람을 멸하고 그들을 대신하여 거기 거하였었느니라)"(20-23) 하고 설명을 가하고 있습니다. 이처럼 "에서, 모압, 암몬" 족속들이 아낙 자손과 같은 거인들을 물리치고 기업을 받았다는 사실을 거듭 언급하고 있는 것은, 이제 가나안을 정복해야할 신명기의 1차 독자들인

제2세대들에게 큰 격려와 도전이 되었을 것입니다. 이것이 "에서, 모압, 암몬 자손을 괴롭게 말라"는 말씀입니다.

둘째 단원(24-37) 분석도표
주제 : 아모리 사람 시혼을 네 손에 붙였노니

24-37
24 너희는 일어나 진행하여 아르논 골짜기를 건너라 내가 헤스본 왕 아모리 사람

시혼과 그 땅을 네 손에 붙였은즉
비로소 더불어 싸워서 그 땅을 얻으라

25 ① **오늘부터 내가 천하 만민으로 너를 무서워하며 너를 두려워하게 하리니**
그들이 네 명성을 듣고 떨며 너로 인하여 근심하리라 하셨느니라

26 ② 내가 그데못 광야에서 **헤스본 왕 시혼에게 사자를 보내어 평화의 말로 이르기를**
27 나를 네 땅으로 통과하게 하라 내가 대로로만 행하고 좌로나 우로나 치우치지 아니하리라
28 너는 돈을 받고 양식을 팔아 나로 먹게 하고 돈을 받고 물을 주어 나로 마시게 하라
나는 도보로 지날 뿐인즉
29 세일에 거하는 에서 자손과 아르에 거하는 모압 사람이 내게 행한 것 같이 하라
그리하면 내가 요단을 건너서 우리 하나님 여호와께서 우리에게 주시는 땅에 이르리라 하나

30 ③ **헤스본 왕 시혼이 우리의 통과하기를 허락지 아니하였으니** 이는 너의 하나님 여호와께서 그를
네 손에 붙이시려고 그 성품을 완강케 하셨고 그 마음을 강퍅케 하셨음이라 오늘날과 같으니라
31 때에 여호와께서 내게 이르시되 내가 비로소 시혼과 그 땅을 네게 붙이노니
너는 이제부터 그 땅을 얻어서 기업을 삼으라 하시더니

32 ④ 시혼이 그 모든 백성을 거느리고 나와서 **우리를 대적하여 야하스에서 싸울 때에**
33 우리 하나님 여호와께서 그를 우리에게 붙이시매 우리가 그와 그 아들들과 그 모든 백성을 쳤고
34 그 때에 우리가 그 모든 성읍을 취하고 그 각 성읍을 그 남녀와 유아와 함께
하나도 남기지 아니하고 진멸하였고
35 오직 그 육축과 성읍에서 탈취한 것은 우리의 소유로 삼았으며

36 우리 하나님 여호와께서 그 모든 땅을 우리에게 붙이심으로 아르논 골짜기 가에 있는
아로엘과 골짜기 가운데 있는 성읍으로부터 길르앗에까지 우리가 모든 높은 성읍을
취하지 못한 것이 하나도 없었으나
37 오직 암몬 족속의 땅 얍복강 가와 산지에 있는 성읍들과 무릇 우리 하나님 여호와께서
우리의 가기를 금하신 곳은 네가 가까이 하지 못하였느니라

둘째 단원은 정복해야할 대상, 즉 "아모리 사람 시혼과 그 땅을 네 손에 붙였다" 하신 내용입니다. 이점에서 유념해야할 점은 "헤스론 왕 시혼"과, 다음 장에서 상고하게 될 "바산 왕 옥"과의 싸움이 2세대들에

게는 첫 싸움이라는 점입니다. 그래서 "오늘부터 내가 천하 만민으로 너를 무서워하며 두려워하게 하리니"(25) 하시는 것입니다.

도표를 보시면 "아모리 사람 시혼과 그 땅을 네 손에 붙였은즉"을 중심으로, ① "오늘부터 내가 천하 만민으로 너를 두려워하게 하리니" 하시기로, ② "헤스본 왕 시혼에게 사자를 보내어 평화의 말로" 일렀으나, ③ "통과(通過)하기를 허락지 아니하고", ④ "시혼이 그 모든 백성을 거느리고 나와서 우리를 대적함으로" 진멸하게 되었다는 것입니다.

둘째 단원(24-37) 아모리 사람 시혼을 네 손에 붙였노니

"너희는 일어나 진행하여 아르논 골짜기를 건너라 내가 헤스본 왕 아모리 사람 시혼과 그 땅을 네 손에 붙였은즉 비로소 더불어 싸워서 그 땅을 얻으라"(24) 하십니다.

① 그리고 보장해주시기를, "오늘부터 내가 천하 만민으로 너를 무서워하며 너를 두려워하게 하리니 그들이 네 명성을 듣고 떨며 너로 인하여 근심하리라 하셨느니라"(25) 하십니다.

㉠ "오늘부터" 라는 말씀이 중요합니다. 이는 제2세대들에게, 1세대들이 실패한 전철을 밟지 말고 재도전하라는 의미가 되기 때문입니다. 모세가 죽은 후 하나님은 요단강을 건너야할 여호수아에게, "내가 오늘부터 시작하여 너를 온 이스라엘 목전에서 크게 하여 내가 모세와 함께 있던 것같이 너와 함께 있는 것을 그들로 알게 하리라"(수 3:7) 하십니다. 포로에서 귀환하여 성전을 재건하다가 반대에 부딪쳐서 중단하고 있다가 선지자의 말에 격려되어 다시 시작하자, "오늘부터 내가 너희에게 복을 주리라"(학 2:19) 하십니다. 그러므로 하나님의 백성들에게 "오늘"은 새롭게 시작하는 도전(挑戰)의 날인 것입니다.

② "내가 그데못 광야에서 헤스본 왕 시혼에게 사자를 보내어 평화(平和)의 말로 이르기를"(26),

㉠ 하나님께서 "시혼과 그 땅을 네 손에 붙였다"(24) 하심은 무조건 공격하라는 그런 뜻이 아님을 모세는 인식했던 것입니다. 그래서 "나를 네 땅으로 통과하게 하라 내가 대로(大路)로만 행하고 좌로나 우로나 치우치지 아니하리라 너는 돈을 받고 양식을 팔아 나로 먹게 하고 돈을 받고 물을 주어 나로 마시게 하라 나는 도보로 지날 뿐인즉 세일에 거하는 에서 자손과 아르에 거하는 모압 사람이 내게 행한 것 같이 하라 그리하면 내가 요단을 건너서 우리 하나님 여호와께서 우리에게 주시는 땅에 이르리라"(27-29) 하고 평화적(平和的)인 협상을 했다는 것입니다.

③ 그러나 "헤스본 왕 시혼이 우리의 통과(通過)하기를 허락지 아니하였으니 이는 너의 하나님 여호와께서 그를 네 손에 붙이시려고 그 성품을 완강케 하셨고 그 마음을 강퍅케 하셨음이라 오늘날과 같으니라"(30) 합니다.

㉠ 주목해야할 점은, "통과(通過)하기를 허락지 아니하였다"는 말입니다. 가나안의 길목을 막고 통과하기를 허락지 않았다면 그것은 약속의 땅에 들어갈 수 없다 하고 저지하는 것과 같은 것입니다. 그런데 하나님께서 "마음을 강퍅케 하셨다"는 말은, 강퍅한 상태로 버려두셨다는 뜻입니다.

㉡ 그래서 "때에 여호와께서 내게 이르시되 내가 비로소 시혼과 그 땅을 네게 붙이노니 너는 이제부터 그 땅을 얻어서 기업을 삼으라"(31) 하시는 것입니다. "비로소, 붙이노니" 하시는 것은, 그들에게도 화친하여 살 수 있는 기회를 주었으나 이를 스스로 배척했음을 나타냅니다.

④ 이점이 "시혼이 그 모든 백성을 거느리고 나와서 우리를 대적(對敵)하여 야하스에서 싸울 때에"(32) 한 반응에 나타납니다.

㉠ 통과하기를 허락지 아니한 것만이 아니라 적극적으로, "대적"(對

敵)을 했다면, "우리 하나님 여호와께서 그를 우리에게 붙이시매 우리가 그와 그 아들들과 그 모든 백성을 쳤고 그 때에 우리가 그 모든 성읍을 취하고 그 각 성읍을 그 남녀와 유아와 함께 하나도 남기지 아니하고 진멸하였고 오직 그 육축과 성읍에서 탈취한 것은 우리의 소유로 삼았으며"(33-35),

ㄴ "우리 하나님 여호와께서 그 모든 땅을 우리에게 붙이심으로 아르논 골짜기 가에 있는 아로엘과 골짜기 가운데 있는 성읍으로부터 길르앗에까지 우리가 모든 높은 성읍을 취하지 못한 것이 하나도 없었으나"(36),

ㄷ "오직 암몬 족속의 땅 얍복강 가와 산지에 있는 성읍들과 무릇 우리 하나님 여호와께서 우리의 가기를 금하신 곳은 네가 가까이 하지 못하였느니라"(37) 합니다. "하나도 남기지 아니하고 진멸하였다" 한 34절과, "금하신 곳은 가까이 하지 못했다"는 37절은 대구(對句)를 이루고 있습니다. "가까이 하지 말라" 하심은 해하지 말라는 뜻입니다. 그러므로 헤스본 왕 시혼과, 3장에서 상고하게 될 바산 왕 옥, 그리고 가나안 7족속에 대한 심판은, 홍수심판, 소돔 고모라에 대한 심판 같은 특수한 예로, 최후심판에 대한 예표라는 맥락에서 인식해야만 하는 것입니다. 이것이 "아모리 사람 시혼을 네 손에 붙였노니"입니다.

ㄹ 이점을 신약성경에서는, "우리의 싸우는 병기는 육체에 속한 것이 아니요 오직 하나님 앞에서 견고(堅固)한 진(陣)을 파하는 강력이라 모든 이론을 파하며 하나님 아는 것을 대적하여 높아진 것을 다 파하고 모든 생각을 사로잡아 그리스도에게 복종케 하니 너희의 복종이 온전히 될 때에 모든 복종치 않는 것을 벌하려고 예비하는 중에 있노라"(고후 10:4-6) 하고 말씀합니다. 이것이 바울이 싸운 선한 싸움이요, 이 싸움은 주님의 재림의 날에야 "여자의 후손"의 승리로 끝나게 될 선한 싸움인 것입니다. 이것이 "아모리 사람 시혼을 네 손에 붙였노니"입니다.

⑤ 묵상해보겠습니다.

㉠ 모압, 암몬 등을 괴롭게 말라 하신 점에 대해서,

㉡ 헤스본 왕 시혼을 붙여주심과, 진멸했다한 점에 대해서,

㉢ 구약시대의 전쟁이 신약시대에는 어떻게 적용이 되는가에 대해서.

3장

바산 왕 옥을 정복한 것과, 모세의 간구

[22]너희는 그들을 두려워하지 말라 너희 하나님 여호와 그가 너희를 위하여 싸우시리라 하였노라

3장은 바산 왕 옥을 정복한 것과, "나로 건너가게 하사 요단 저편에 있는 아름다운 땅을 보게 하옵소서" 한 모세의 간구로 되어 있습니다. 다른 사건들은 이 두 주제와 연관이 되는 것들인데, "르우벤, 갓, 므낫세 반 지파"가 요단강을 건너가지 않고 이편 땅, 즉 모압 평지를 자신들의 기업으로 구한 것은, "건너가게 해 달라" 한 모세의 간절한 간구와 날카롭게 대조되는 것으로 등장합니다. 그렇다면 그들의 요구를 어떻게 볼 것인가?

첫째 단원(1-11) **바산 왕 옥을 네 손에 붙였으니**

둘째 단원(12-20) **그 땅을 두 지파 반에게 줌**

셋째 단원(21-28) **건너가게 하사 보게 하옵소서**

첫째 단원(1-11) 분석도표

주제 : 바산 왕 옥을 네 손에 붙였으니

1-11
1 ① 우리가 돌이켜 바산으로 올라가매 바산 왕 옥이 그 모든 백성을 거느리고 나와서
우리를 대적하여 에드레이에서 싸우는지라 2, 여호와께서 내게 이르시되 그를 두려워 말라

내가 그와 그 모든 백성과 그 땅을 네 손에 붙였으니

네가 헤스본에 거하던 아모리 족속의 왕 시혼에게 행한 것과 같이 그에게도 행할 것이니라 하시고
3 ② 우리 하나님 여호와께서 **바산 왕 옥과 그 모든 백성을 우리 손에 붙이시매** 우리가
그들을 쳐서 한 사람도 남기지 아니하였느니라
4 그 때에 우리가 그들에게서 빼앗지 아니한 성읍이 하나도 없이 다 빼앗았는데
그 성읍이 육십이니 곧 아르곱 온 지방이요 바산에 있는 옥의 나라이라
5 그 모든 성읍에 높은 성벽이 둘려 있고 문과 빗장이 있어 견고하며
그 외에 성벽 없는 고을이 심히 많았느니라
6 우리가 헤스본 왕 시혼에게 행한 것과 같이 그 성읍들을 진멸하되 각 성읍의 남녀와 유아를 진멸하였으나
7 오직 모든 육축과 그 성읍들에서 탈취한 것은 우리의 소유로 삼았으며
8 그 때에 우리가 요단강 이편 땅을 아르논 골짜기에서부터 헤르몬산에까지
아모리 족속의 두 왕에게서 취하였으니
9 (헤르몬산을 시돈 사람은 시룐이라 칭하고 아모리 족속은 스닐이라 칭하였느니라)
10 우리의 취한 것은 평원의 모든 성읍과 길르앗 온 땅과
바산의 온 땅 곧 옥의 나라 바산의 성읍 살르가와 에드레이까지니라
11 ③ (르바임 족속의 남은 자는 바산 왕 옥뿐이었으며 **그의 침상은 철 침상이라 지금 오히려**
암몬 족속의 랍바에 있지 아니하냐
그것을 사람의 보통 규빗으로 재면 그 장이 아홉 규빗이요 광이 네 규빗이니라)

첫째 단원은 바산 왕 옥을 정복한 내용인데 이는 2장에서, "헤스론 왕 시혼과 그 땅을 네 손에 붙였은즉 비로소 더불어 싸워서 그 땅을 얻으라"(2:24) 하신 계속입니다. "헤스론 왕 시혼과, 바산 왕 옥"은, 가나안 땅을 자기 백성들에게 주시려는 하나님의 계획을 최후로 대적한 왕들입니다.

도표를 보시면 "그 모든 백성과 그 땅을 네 손에 붙였으니"를 중심으로, ① "바산 왕 옥이 그 모든 백성을 거느리고 나와서 우리를 대적하니, 여호와께서 내게 이르시되 그를 두려워 말라 내가 그와 그 모든 백

성과 그 땅을 네 손에 붙였다" 하고 말씀하십니다. ② 그리하여 "그들에게서 빼앗지 아니한 성읍이 하나도 없었다" 말하면서, ③ "바산 왕 옥의 침상은 철 침상이라" 하고 설명하는 것은 그가 장대한 거인(巨人)이었음을 나타내기 위해서인데, 이는 바산 왕 옥을 정복할 수 있었던 것이 전적인 하나님의 역사임을 드러내기 위해서인 것입니다.

첫째 단원(1–11) 바산 왕 옥을 네 손에 붙였으니

① "우리가 돌이켜 바산으로 올라가매 바산 왕 옥이 그 모든 백성을 거느리고 나와서 우리를 대적하여 에드레이에서 싸우는지라"(1).

㉠ 바산 왕은 헤스본 왕 시혼이 정복당했다는 보고를 받고 만반의 준비를 하고 대항하러 나왔을 것입니다. "여호와께서 내게 이르시되 그를 두려워 말라 내가 그와 그 모든 백성과 그 땅을 네 손에 붙였으니 네가 헤스본에 거하던 아모리 족속의 왕 시혼에게 행한 것과 같이 그에게도 행할 것이니라 하시고"(2),

② "우리 하나님 여호와께서 바산 왕 옥과 그 모든 백성을 우리 손에 붙이시매 우리가 그들을 쳐서 한 사람도 남기지 아니 하였느니라 그 때에 우리가 그들에게서 빼앗지 아니한 성읍이 하나도 없이 다 빼앗았는데 그 성읍이 육십이니 곧 아르곱 온 지방이요 바산에 있는 옥의 나라이라"(3-4).

㉠ "그 모든 성읍에 높은 성벽이 둘려 있고 문과 빗장이 있어 견고하며 그 외에 성벽 없는 고을이 심히 많았느니라 우리가 헤스본 왕 시혼에게 행한 것과 같이 그 성읍들을 진멸하되 각 성읍의 남녀와 유아를 진멸하였으나 오직 모든 육축과 그 성읍들에서 탈취한 것은 우리의 소유로 삼았으며"(5-7) 합니다.

㉡ 다시 한번 강조합니다만 "시혼과 옥"을 진멸한 것은 잔인한 살상이 아니라, 천하 만민을 구원하시려는 하나님의 구원계획을 무산시키려 한 대적자에 대한 심판이었다는 점입니다. 어찌하여 그들의 진멸만을 생각하고, 천하 만민의 구원문제는 생각하지 않는단 말인가? 이점을 사도 바울은, "내가 사람의 말하는 대로 말하노니 진노를 내리시는 하나님이 불의(不義)하시냐, 결코 그렇지 아니 하니라 만일 그러하면 하나님께서 어찌 세상을 심판(審判)하시리요"(롬 3:5-6) 하고 변증합니다. 그러므로 "네 하나님 여호와께서 네게 붙이신 모든 민족을 네 눈이 긍휼히 보지 말고 진멸하고 그 신을 섬기지 말라 그것이 네게 올무가 되리라"(7:16) 한 말씀은 이런 맥락에서 이해되어야만 하는 것입니다.

㉢ 이는 이방인들에게만 해당이 되는 경고는 아닙니다. "너희는 이 모든 일로 스스로 더럽히지 말라 내가 너희 앞에서 쫓아내는 족속들이 이 모든 일로 인하여 더러워졌고 그 땅도 더러워졌으므로 내가 그 악을 인하여 벌하고 그 땅도 스스로 그 거민을 토하여 내느니라, 너희도 더럽히면 그 땅이 너희 있기 전 거민을 토함같이 너희도 토할까 하노라"(레 18:24-25, 28) 하고, 선민 이스라엘 백성들에게도 해당이 되는 하나님의 공의입니다.

㉣ 성경을 상고해 보면 "시혼과 옥"을 정복한 사실에 굉장한 비중을 두고 있음(1:4, 2:24, 3:2, 4:46-47, 29:7, 시 136:19-20)을 보게 됩니다. 왜냐하면 이는 하나님의 백성들로 하여금 약속의 땅에 들어가지 못하도록 최후로 저지한 대적자의 마지노선과 같았기 때문입니다. 여호수아 2장에 보면 여리고 성의 기생 라합이, "너희가 요단 저편에 있는 아모리 사람의 두 왕 시혼과 옥에게 행한 일 곧 그들을 전멸시킨 일을 우리가 듣고, 너희 앞에 간담이 녹았다"(수 2:9-10) 하고 말하는 것만 보아도 그 중요성을 짐작할 만 합니다.

③ 이점이, "(르바임 (거인) 족속의 남은 자는 바산 왕 옥뿐이었으며

그의 침상은 철 침상이라 지금 오히려 암몬 족속의 랍바에 있지 아니하냐 그것을 사람의 보통 규빗으로 재면 그 장이 아홉 규빗이요 광이 네 규빗이니라)"(11) 하고 설명을 부가해주고 있는 것만 보아도 알 수가 있습니다.

㉠ 옥이 사용하던 철재 침대의 규격과, 그 침대가 기념비적이라고 말하는 것은 그가 얼마나 장대한 거인이었음과, 이를 정복한 것은 이스라엘의 능력이 아니라, 하나님께서 붙여주셨기 때문임을 드러내기 위해서인 것입니다. 만일 두려워하여 "시혼과 옥"을 정복하지 못했다면 가나안 정복은 문턱에서 또다시 좌절되고 말았을 것입니다. 이점이 1세대들과 다른 점이요, 이것이 "바산 왕 옥을 네 손에 붙였으니"의 의미입니다.

둘째 단원(12-20) 분석도표

주제 : 그 땅을 두 지파 반에게 줌

12-20
12 ① **그 때에 우리가 이 땅을 얻으매** 아르논 골짜기 곁에 아로엘에서부터 길르앗 산지 절반과
그 성읍들을 **내가 르우벤 자손과 갓 자손에게 주었고**
13 길르앗의 남은 땅과 옥의 나라이었던 아르곱 온 지방 곧 온 바산으로는
② 내가 **므낫세 반 지파에게 주었노라** (바산을 옛적에는 르바임의 땅이라 칭하더니
14 므낫세의 아들 야일이 그술 족속과 마아갓 족속의 경계까지의 아르곱 온 지방을 취하고
자기의 이름으로 이 바산을 하봇야일이라 칭하여 오늘까지 이르느니라)
15 내가 마길에게 길르앗을 주었고
16 르우벤 자손과 갓 자손에게는 길르앗에서부터 아르논 골짜기까지 주었으되
그 골짜기의 중앙으로 지경을 정하였으니 곧 암몬 자손의 지경 얍복강까지며
17 또는 아라바와 요단과 그 가요 긴네렛에서 아라바 바다 곧 염해와 비스가 산록에
이르기까지의 동편 지경이니라
18 ③ 그 때에 내가 이 땅을 받은 너희에게 명하여 이르기를 너희의 하나님 여호와께서
이 땅을 너희에게 주어 기업이 되게 하셨은즉 **너희 군인들은 무장하고 너희의 형제**
이스라엘 자손의 선봉이 되어 건너가되
19 너희에게 육축이 많은 줄 내가 아노니 너희의 처자와 육축은
내가 너희에게 준 성읍에 머무르라
20 ④ **여호와께서 너희에게 주신 것 같이 너희 형제에게도 안식을 주시리니**
그들도 요단 저편에서 너희 하나님 여호와의 주시는 땅을 얻어 기업을 삼기에 이르거든
너희는 각기 내가 준 기업으로 돌아갈 것이니라 하고

둘째 단원은 요단 동편에서 정복한 땅을 "르우벤, 갓, 므낫새 반 지파"가 받게 된 내용입니다. 모세는 요단강을 건너가게 해달라고 간구했는데, 이들은 "요단을 건너지 않게 하소서"(민 32:5) 하고 요구했던 것입니다.

도표를 보시면 "르우벤 자손과 갓 자손에게 주었고"를 중심으로, ① "그 때에 우리가 이 땅을 얻으매, 르우벤 자손과 갓 자손에게 주었고", ② "므낫세 반 지파에게 주었노라" 합니다. ③ 모세가 그들에게 말하기를, "너희 군인들은 무장하고 너희의 형제 이스라엘 자손의 선봉이 되어 건너가서", ④ "너희 형제에게도 안식을 주시기"까지 싸우라 하고 명했다고 말합니다. 그러면 요단 이편에서 기업을 얻은 것이 어떤 의미가 되는가?

둘째 단원(12-20) 그 땅을 두 지파 반에게 줌

① "그 때에 우리가 이 땅을 얻으매 아르논 골짜기 곁에 아로엘에서부터 길르앗 산지 절반과 그 성읍들을 내가 르우벤 자손과 갓 자손에게 주었다"(12) 하고 말씀하는데,

㉠ 이는 저들이 요구한 것을 모세가 허용을 했다는 뜻입니다. 민수기에 의하면, "땅을 본즉 그곳은 가축(家畜)에 적당한 곳인지라, 이 땅을 당신의 종들에게 산업으로 주시고 우리로 요단을 건너지 않게 하소서"(민 32:1, 5) 하고 요구했던 것입니다.

② "길르앗의 남은 땅과 옥의 나라이었던 아르곱 온 지방 곧 온 바산으로는 내가 므낫세 반 지파에게 주었노라"(13), 그러니까 "르우벤, 갓, 므낫세 반 지파"가 요단강을 건너가지 않고 모압 땅에 눌러 앉았다는 것이 됩니다.

㉠ 그러면 두 지파 반의 요구를 어떻게 보아야만 하는가? 민수기 34장에서는, "너는 이스라엘 자손에게 명하여 그들에게 이르라 너희가 가나안 땅에 들어가는 때에 그 땅은 너희의 기업이 되리니 곧 가나안 사방(四方) 지경이라" 하고, 동서남북의 경계를 지정해주신 내용이 있습니다. 여기에는 요단 동편은 들어있지 아니합니다.

㉡ 더 거슬러 올라가, "그 날에 여호와께서 아브람으로 더불어 언약을 세워 가라사대 내가 이 땅을 애굽 강에서부터 그 큰 강 유브라데까지 네 자손에게 주노니"(창 15:18) 하셨는데, 여기에서도 요단 동편은 약속의 땅에 포함이 되어 있지 아니합니다. 중요한 점은 이스라엘을 선민으로 택하시고, 가나안 땅으로 인도하시는 목적(目的)입니다. 그것은 분명합니다. 아브라함, 이삭, 야곱에게 세워주신 메시아언약을 성취하시기 위해서요, 가나안을 저들에게 주심은 메시아가 탄생하실 땅을 예비함이었던 것입니다. 그러므로 이를 구속사라는 관점으로 보면 저들이 요구한 요단 동편은 "그리스도 밖"의 지경이 되는 셈입니다. 그렇다면 그곳은 저들 말대로 "가축에 적당한 곳"(민 32:1)이었지 언약백성들에게 적당한 곳은 아닌 것이 됩니다.

③ 그러므로 모세가 허용을 하면서도, "그 때에 내가 이 땅을 받은 너희에게 명하여 이르기를 너희의 하나님 여호와께서 이 땅을 너희에게 주어 기업이 되게 하셨은즉 너희 군인들은 무장하고 너희의 형제 이스라엘 자손의 선봉이 되어 건너가되"(18),

④ "여호와께서 너희에게 주신 것 같이 너희 형제에게도 안식을 주시리니 그들도 요단 저편에서 너희 하나님 여호와의 주시는 땅을 얻어 기업을 삼기에 이르거든 너희는 각기 내가 준 기업으로 돌아갈 것이니라"(20) 하고, 조건부적으로 허용을 했던 것입니다.

㉠ 이점에서 "돌아갈 것이니라" 한 말을 주목해야만 합니다. 왜냐하면 다른 지파들이 약속의 땅을 기업으로 얻기까지 선봉에서 싸우다가

얻게 되면, 함께 누리는 것이 아니라 요단강을 건너 약속의 땅 밖으로 "돌아가라"는 것이 되기 때문입니다.

ⓛ 이 말씀이 우리들에게 경계로 다가오는 것은 주님께서, "그 날에 많은 사람이 나더러 이르되 주여 주여 우리가 주의 이름으로 선지자 노릇하며 주의 이름으로 귀신을 쫓아내며 주의 이름으로 많은 권능을 행치 아니 하였나이까 하리니 그 때에 내가 저희에게 밝히 말하되 내가 너희를 도무지 알지 못하니 불법(不法)을 행하는 자들아 내게서 떠나가라 하리라"(마 7:22-23) 하고 말씀하시기 때문입니다. 즉 선봉(先鋒)에서 싸웠으나 밖으로 쫓겨날 자들이 있다는 말씀입니다.

셋째 단원(21-28) 분석도표

주제 : 건너가게 하사 보게 하옵소서

21-28
21 ① 그 때에 내가 **여호수아에게 명하여 이르기를** 너희 하나님 여호와께서 이 두 왕에게 행하신
모든 일을 네가 목도하였거니와 네가 가는 모든 나라에도 여호와께서 이와 같이 행하시리니
22 **너희는 그들을 두려워하지 말라** 너희 하나님 여호와 그가
너희를 위하여 싸우시리라 하였노라

23 **그 때에 내가 여호와께 간구하기를**

24 주 여호와여 주께서 주의 크심과 주의 권능을 주의 종에게 나타내시기를 시작하셨사오니
천지간에 무슨 신이 능히 주의 행하신 일 곧 주의 큰 능력으로 행하신 일 같이
행할 수 있으리이까
25 ② 구하옵나니 **나로 건너가게 하사 요단 저편에 있는 아름다운 땅,**
아름다운 산과 레바논을 보게 하옵소서 하되

26 ③ 여호와께서 너희의 연고로 내게 진노하사 내 말을 듣지 아니하시고 내게 이르시기를
그만해도 족하니 이 일로 다시 내게 말하지 말라
27 너는 비스가산 꼭대기에 올라가서 눈을 들어 동서남북을 바라고 네 눈으로 그 땅을 보라
네가 이 요단을 건너지 못할 것임이니라

28 ④ **너는 여호수아에게 명하고 그를 담대케 하며 그를 강경케 하라** 그는
이 백성을 거느리고 건너가서 네가 볼 땅을 그들로 기업으로 얻게 하리라 하셨느니라
29 그 때에 우리가 벧브올 맞은편 골짜기에 거하였었느니라

셋째 단원은 모세가 하나님 앞에 "나로 건너가서 아름다운 땅을 보게

해 달라"는 간구가 중심주제입니다. 도표를 보시면 "내가 여호와께 간구하기를" 중심으로, ① 먼저 "여호수아에게, 두려워하지 말라 너희 하나님 여호와가 너희를 위하여 싸우시리라" 하고 격려하는데, 이는 그가 후계자로 선택이 되었기 때문입니다. ② 그리고 "나로 건너가게 하사 아름다운 땅을 보게 하옵소서" 하고 간구하나, ③ "그만해도 족하니 이 일로 다시 내게 말하지 말라" 하시면서, ④ "너는 여호수아에게 명하고 그를 담대케 하라" 하십니다.

셋째 단원(21-28) 건너가게 하사 보게 하옵소서

① "그 때에 내가 여호수아에게 명하여 이르기를 너희 하나님 여호와께서 이 두 왕에게 행하신 모든 일을 네가 목도하였거니와 네가 가는 모든 나라에도 여호와께서 이와 같이 행하시리니"(21),

㉠ "너희는 그들을 두려워하지 말라 너희 하나님 여호와 그가 너희를 위하여 싸우시리라 하였노라"(22) 합니다. 모세가 이처럼 여호수아를 담대케 하는 것은 1:38절에서, "너의 종자 눈의 아들 여호수아는 그리로 들어갈 것이니 너는 그를 담대케 하라 그가 이스라엘에게 그 땅을 기업으로 얻게 하리라" 하고 말씀하셨기 때문입니다.

㉡ 여기서 주목하게 되는 점은 두 번(21, 22)이나 등장하는 "너희 하나님"이라는 호칭(呼稱)입니다. 이제까지는 모세가 이스라엘의 영도사요, 그리므로 "내가 정녕 너와 함께 있으리라"(출 3:12) 하신 "모세의 하나님"이셨습니다. 그러나 이제 모세는 요단을 건너갈 수가 없고, 하나님께서는 여호수아에게, "내가 모세와 함께 있던 것같이 너와 함께 있을 것임이라"(수 1:5) 하고 말씀하시기 때문입니다. 이점을 신약성경에서는 "너희를 인도하던 자들의 믿음을 본받으라" 하면서, "예수 그리

스도는 어제나 오늘이나 영원토록 동일하시니라"(히 13:7-8) 합니다. 즉 베드로, 바울 등은 떠났으나 그리스도는 우리의 주님이 되셔서 우리와 함께 하시고 떠나시지 않는다는 말씀입니다.

② "그 때에 내가 여호와께 간구하기를 주 여호와여 주께서 주의 크심과 주의 권능을 주의 종에게 나타내시기를 시작하셨사오니 천지간에 무슨 신이 능히 주의 행하신 일 곧 주의 큰 능력으로 행하신 일 같이 행할 수 있으리이까"(23-24),

㉠ "구하옵나니 나로 건너가게 하사 요단 저편에 있는 아름다운 땅, 아름다운 산과 레바논을 보게 하옵소서 하되"(25),

③ "여호와께서 너희의 연고로 내게 진노하사 내 말을 듣지 아니하시고 내게 이르시기를 그만해도 족하니 이 일로 다시 내게 말하지 말라 너는 비스가산 꼭대기에 올라가서 눈을 들어 동서남북을 바라고 네 눈으로 그 땅을 보라 네가 이 요단을 건너지 못할 것임이니라"(26-27) 하셨다는 것입니다.

㉠ 모세가 약속의 땅에 들어갈 수 없었던 표면적인 이유는, "이스라엘 자손의 목전에 나의 거룩함을 나타내지 아니한"(민 20:12) 연고라 하셨으나, 이를 구속사의 맥락에서 보면 모세의 사명은, "율법이 우리를 그리스도에게로 인도하는 몽학선생"(갈 3:24)이라 한 거기까지였던 것입니다. 모세는 간구하기를, "주께서 주의 크심과 주의 권능을 주의 종에게 나타내시기를 시작(始作)하셨사오니"(24) 하고, "시작(始作)"하게 하신 것을 마치게 해달라고 구하였으나 하나님은, "그만해도 족하니 이 일로 다시 내게 말하지 말라" 하심은, "마침"은 율법으로 되어지는 것이 아니라 은혜로 되어진다는 점을 나타내고 있는 것입니다.

④ 그래서 "너는 여호수아(예수)에게 명하고 그를 담대케 하며 그를 강경케 하라 그는 이 백성을 거느리고 건너가서 네가 볼 땅을 그들로 기업으로 얻게 하리라"(28) 말씀하시는 것입니다.

㉠ "그 때에 우리가 벧브올 맞은편 골짜기에 거하였었느니라"(29) 하고 말씀하는데 마지막 장에서는, "이에 여호와의 종 모세가 여호와의 말씀대로 모압 땅에서 죽어 벧브올 맞은편 모압 땅에 있는 골짜기에 장사되었다"(34:5-6) 하고 말씀합니다. 이것이 "건너가게 하사 보게 하옵소서"입니다.

㉡ 모세의 간구는 응답되지 않았습니다. 왜냐하면 하나님의 뜻에 부합하지를 않았기 때문입니다. 구속사의 지평에서 또 한번의 응답되지 않은 기도가 있었음을 기억해야할 것입니다. 그것은 하나님의 사랑하는 자, 기뻐하는 자이신 그리스도께서, "아바 아버지여 아버지께서는 모든 것이 가능하오니 이 잔을 내게서 옮기시옵소서"(막 14:36) 하고 간구한 겟세마네 기도입니다. 그 기도가 응답이 되지 않은 것은 인류의 죄를 구속할 다른 대속제물이 없었기 때문입니다. 이것이 "건너가게 하사 보게 하옵소서" 한 간구가 거절된 이유입니다.

⑤ 묵상해보겠습니다.

㉠ 요단 동편에서 기업을 구한 두 지파 반에 대해서,

㉡ 모세의 간구가 응답되지 않은 구속사적 의미에 대해서,

㉢ 너희 하나님이란 호칭에 함의 된 의미에 대해서.

4장

언약을 지키고 우상을 멀리하라

[40]오늘 내가 네게 명하는 여호와의 규례와 명령을 지키라 너와 네 후손이 복을 받아 네 하나님 여호와께서 네게 주시는 땅에서 한 없이 오래 살리라.

3장은, "그 때에 우리가 벧브올 맞은 편 골짜기에 거하였었느니라"(3:29) 하고 끝났는데, 4장은 "이스라엘아 이제 내가 너희에게 가르치는 규례와 법도를 듣고 준행하라"(4:1) 하고, "이제"로 시작이 됩니다. 그러니까 1-3장은 모세가 죽어 장사된 "벧브올 맞은편 골짜기"(34:6)까지 오게 된 지난날을 회상(回想)하는 내용이었고, 4장은 "이제 내가" 하고, 제2세대들이 약속의 땅에 들어가서 준행해야할 본격적인 권면, 즉 본론(4:44-26:19)을 시작하려는 문맥인 것입니다. 그러므로 본론으로 들어가기에 앞서서 신명기를 접근할 때에 조심해야할 점을 말씀드려야만 하겠습니다.

권면은 크게, "해야 할 것과, 해서는 아니 될 것", 두 가지입니다. 준행해야 할 것은, "이제 내가 너희에게 가르치는 규례와 법도를 듣고 준행하라"(1)는 것입니다. 5절에서도, "하나님 여호와의 명하신 대로 규례와 법도를 가르쳤으니 이는 너희로 들어가서 기업으로 얻을 땅에서 그대로 행하게 하려 함이라" 합니다. 5:1절에서도, "내가 너희 귀에 말하는 규례와 법도를 듣고 그것을 배우며 지켜 행하라" 합니다. 그리고 해서는 아니 될 것은 한마디로 본토인들이 섬기던 "우상숭배"입니다.

그러면 준행해야할 "규례와 법도"가 무엇인가 하는 점입니다. 이를 해석하기를, "규례와 법도→율법→십계명→준행=그리하면 살리라", 즉 구원을 얻으리라 하는 인식을 가지고 있습니다. 유대인들이 이렇게 인식했기 때문에 사도 바울은, "내가 이것을 말하노니 하나님의 미리 정하신 언약(言約)을 430년 후에 생긴 율법(律法)이 없이 하지 못하여 그 약속을 헛되게 하지 못하리라"(갈 3:17) 하고 변증했던 것입니다. 모세를 통해서 율법을 주시기 이전에, 아브라함에게 세워주신 메시아언약이 근간(根幹)이 되고, 모법(母法)이라는 말씀입니다.

십계명은 "하나님 사랑과, 이웃 사랑"으로 되어 있는데 하나님 사랑이 무엇인가? "다른 신을 두지 말라, 우상을 만들지 말고, 그것들을 섬기지 말라" 하심은 윤리가 아니라, 메시아언약을 우상으로 바꿔치기를 하지 말라는 뜻입니다. 왜냐하면 하나님과의 바른 관계는 메시아언약을 통해서만이 가능하여지기 때문입니다.

하나님은 시내산에서 십계명의 돌판만을 주신 것이 아닙니다. "성막의 식양"을 주셔서 그대로 성막을 세우게 하셨던 것입니다. 율법(律法)을 통해서 죄가 드러나면 어떻게 해야만 하는가? 흠 없는 생축을 번제단에서 속죄제(贖罪祭)를 드리라 하십니다. 그러므로 성막계시는 의문(儀文)에 싸여있던 "복음"(福音)이었던 것입니다. 하나님의 백성들이 지켜야할 "규례와 법도"란 십계명만이 아니라, 하나님이 제정해주신 제사의식도 포함이 된다는 점을 인식해야만 합니다. 그런데 저들이 심판을 당한 치명적인 범죄는, "보라 세상 죄를 지고 가는 하나님의 어린양이로다" 한, 제사제도에 함의 되어 있는 메시아언약을 망각하고 우상을 숭배했기 때문입니다.

그러므로 신명기를 강론할 때에 첫째는, 신명기는 하나님의 구원계획과 동떨어진 "교훈 집"이 아니라는 점과, 둘째로 그러므로 신명기는, "아브라함과 이삭과 야곱에게 맹세하사"(1:8)로 시작하여, "아브라함과 이삭과 야곱에게 맹세하여"(34:4) 하고, 열조(烈祖)에게 세워주신 메시아언약으로 마치고 있다는 점을 붙잡고 있어야 한다는 점입니다. 그리고 그 중간에, "열조에게 맹세"한 사실을 30회 정도나 언급하고 있는 문맥입니다.

이를 놓치거나 망각하게 되면, "하나님의 의를 모르고 자기 의를 세우려고 힘써 하나님의 의를 복종치 아니한"(롬 10:3) 유대인들의 행위구원론에 빠지게 되고 마는 것입니다. 다시 말하면 복음(福音)은 필요없는 것이 되어, "그리스도"는 설 자리를 잃고 대문 밖으로 밀려나게 되는 것입니다.

끝으로 이 "율례와 법도"를 누구에게 지키라고 명하시는가 하는 점입니다. 4장에는 "애굽"에서 인도하여 내셨음을 5번(20, 34, 37, 45, 46)이나 상기시키고 있는데, "여호와께서 너희를 택하시고 너희를 쇠풀무 곧 애굽에서 인도하여 내사 자기 기업의 백성(百姓)을 삼으신 것이 오늘과 같다"(20) 하십니다. 그러면 바로의 종이었던 저들이 어떻게 해서 하나님의 백성이 되었는가? 그것은 전적인 하나님의 은혜, 즉 유월절 어린양의 피로 구속하여 주셨기 때문입니다. 그러므로 하나님의 백성답게 살아가게 하기 위해서 "규례와 법도"를 지켜 행하라 하시는 것입니다. 이를 세 단원으로 나누어 상고하겠습니다.

첫째 단원(1-14) **여호와의 명하신 규례와 법도를 지키라**

둘째 단원(15-31) **아무 형상의 우상이든지 만들지 말라**

셋째 단원(32-49) **상천하지에 다른 신이 없느니라**

첫째 단원(1-14) 분석도표

주제 : 여호와의 명하신 규례와 법도를 지키라

1-14

1 이스라엘아 이제 **내가 너희에게 가르치는 규례와 법도를 듣고 준행하라**

① **그리하면 너희가 살 것이요** 너희의 열조의 하나님 여호와께서 너희에게 주시는 땅에 들어가서
그것을 얻게 되리라

2 내가 너희에게 명하는 말을 너희는 가감하지 말고 내가
너희에게 명하는 너희 하나님 여호와의 명령을 지키라

3 여호와께서 바알브올의 일을 인하여 행하신 바를 너희가 목도하였거니와 바알브올을 좇은
모든 사람을 너의 하나님 여호와께서 너의 중에서 진멸하셨으되

4 ② 오직 너희의 하나님 **여호와께 붙어 떠나지 않은 너희는 오늘까지 다 생존하였느니라**

5 내가 나의 하나님 여호와의 명하신대로 규례와 법도를 너희에게 가르쳤나니
이는 너희로 들어가서 기업으로 얻을 땅에서 그대로 행하게 하려 함인즉

6 **너희는 지켜 행하라** 그리함은 열국 앞에 너희의 지혜요 너희의 지식이라 그들이 이 모든 규례를 듣고
③ 이르기를 **이 큰 나라 사람은 과연 지혜와 지식이 있는 백성이로다 하리라**

7 우리 하나님 여호와께서 우리가 그에게 기도할 때마다 우리에게 가까이 하심과 같이
④ **그 신의 가까이 함을 얻은 나라가 어디 있느냐**

8 오늘 내가 너희에게 선포하는 이 율법과 같이 **그 규례와 법도가 공의로운 큰 나라가 어디 있느냐**

9 오직 너는 스스로 삼가며 네 마음을 힘써 지키라 두렵건대 네가 그 목도한 일을 잊어버릴까 하노라
두렵건대 네 생존하는 날 동안에 그 일들이 네 마음에서 떠날까 하노라 너는 그 일들을
네 아들들과 네 손자들에게 알게 하라

10 ⑤ **네가 호렙산에서 네 하나님 여호와 앞에 섰던 날에** 여호와께서 내게 이르시기를
나를 위하여 백성을 모으라 내가 그들에게 내 말을 들려서 그들로 세상에 사는 날 동안
나 경외함을 배우게 하며 그 자녀에게 가르치게 하려 하노라 하시매

11 너희가 가까이 나아와서 산 아래 서니 그 산에 불이 붙어 화염이 충천하고
유암과 구름과 흑암이 덮였는데

12 ⑥ 여호와께서 화염 중에서 너희에게 말씀하시되 음성뿐이므로 **너희가 그 말소리만 듣고
형상은 보지 못하였느니라**

13 ⑦ **여호와께서 그 언약을 너희에게 반포하시고
너희로 지키라 명하셨으니 곧 십계명이며 두 돌판에 친히 쓰신 것이라**

14 그 때에 여호와께서 내게 명하사 너희에게 규례와 법도를 교훈하게 하셨나니
이는 너희로 건너가서 얻을 땅에서 행하게 하려 하심이니라

첫째 단원은, "열조(烈祖)의 하나님 여호와께서 너희에게 주시는 땅에 들어가서"(1) 준행해야할 것입니다. 그것은 "여호와의 명령(2), 여호와의 규례와 법도"(5)라고 말씀합니다.

도표를 보시면 "너희에게 가르치는 규례와 법도를 듣고 준행하라"를 중심으로, ① "그리하면 너희가 살 것이요, 들어가서 그것을 얻게 되리라"(1) 합니다. ② "오직 여호와께 붙어 떠나지 않은 너희는 오늘까지 다 생존하였느니라", ③ 열국이 "듣고 이르기를 이 큰 나라 사람은 과연 지혜와 지식이 있는 백성이로다 하리라" 하십니다. ④ "그 신의 가까이 함을 얻은 나라가 어디 있느냐? 그 규례와 법도가 공의로운 큰 나라가 어디 있느냐" 하고 물으면서, ⑤ "네가 호렙산에서 네 하나님 여호와 앞에 섰던 날에", ⑥ "음성뿐이므로 너희가 그 말소리만 듣고 형상은 보지 못하였느니라" 하는 것은, 우상을 만들지 말라는 경계요, ⑦ "여호와께서 그 언약을 너희에게 반포하시고 너희로 지키라 명하셨으니 곧 십계명이라" 합니다.

첫째 단원(1-14) 여호와의 규례와 법도를 지켜 행하라

"이스라엘아 이제 내가 너희에게 가르치는 규례와 법도를 듣고 준행하라"(1상),

① "그리하면 너희가 살 것이요 너희의 열조의 하나님 여호와께서 너희에게 주시는 땅에 들어가서 그것을 얻게 되리라"(1하) 합니다.

㉠ 첫 단추를 잘 꿰어야 한다는 점은 언제나 중요합니다. 그러므로 준행해야할, "규례(規例)와 법도"가 무엇인가 하는 점을 다시한번 강조하고자 합니다. 시편 105:8-10절을 보십시오. "그는 그 언약 곧 천대에 명하신 말씀을 영원히 기억하셨으니 이것은 아브라함에게 하신 언약이

며 이삭에게 하신 맹세며 야곱에게 세우신 율례 곧 이스라엘에게 하신 영원한 언약이라"하고, 메시아 언약을 "율례"라고 표현합니다. 그러므로 모세가 말씀하는 "행하라(5, 6, 14), 지키라(2, 6, 9, 13, 40), 준행하라"(1)는 규례를 십계명, 또는 율법으로 한정을 하게 되면 어떻게 되는가? "그러면 너희가 살 것이요"(1) 하고, 행위구원론이 되고 맙니다. 이처럼 유대인들이 곡해를 했기 때문에 그리스도를 배척을 하고, "이것은 어려서부터 다 지키었나이다" 하고 말했던 것입니다.

㉡ 그러므로 하나님께서 시내산에서 모세에게 명하신 것은 십계명만이 아니라, "성막 식양"을 함께 주셨음을 잊지 말아야만 합니다. 그러면 어찌하여 "십계명과, 성막"을 함께 주셨는가? "여호와가 모세로 너희에게 명한 모든 것을, 너희의 대대(代代)에 지키지 못하면, (성막 번제단에 가서) 속죄제(贖罪祭)를 드릴 것이라, 그들이 사함을 얻으리니"(민 15:23, 25) 하고 말씀하십니다. 율법을 통하여 죄를 깨닫고, 번제단에 가서 사함을 얻게 하시기 위해서입니다. 만일 율법만 주시고 성막을 주시지 않았다면 구약교회는 한 사람도 구원을 얻지 못했을 것입니다. 왜냐하면 율법으로는 의롭다함을 얻을 자가 없기 때문입니다. 이런 맥락에서 성막 계시는 의문(儀文)에 싸여 있는 복음이었던 것입니다.

㉢ 만일 율법을 준행함으로 살 수가 있었다면, 성막 계시는 주시지 않으셨을 것이요, 하나님의 독생자가 대속제물이 되는 일은 필요치가 않았을 것입니다. 그러면 무엇이 문제인가? 그리스도의 대속을 예표하는 제사제도가, "우상"에게 제사하는 것과 혼동되고 혼잡(混雜) 될 위험성이 있었던 것입니다. 그래서 이사야 선지자는, "소를 잡아 드리는 것은 살인함과 다름이 없고 어린양으로 제사 드리는 것은 개의 목을 꺾음과 다름이 없으며 드리는 예물은 돼지의 피와 다름이 없고 분향하는 것은 우상을 찬송함과 다름이 없다"(사 66:3) 하고 질타를 했던 것입니다. 어떻게 되면 이렇게 되는지 아십니까? 중심에서는 메시아언약을 망각한

체 형식적으로는 제사를 드리면 이렇게 된다는 것입니다. 제사제도는 구약교회의 예배입니다. 그러므로 약속의 땅에 들어가서 더욱 굳게 지켜야할 것은 바른 제사제도, 즉 메시아언약을 보수(保守)하는 일이었던 것입니다.

㉣ 이제 다음으로 나아갈 준비가 된 것입니다. "내가 너희에게 명하는 말을 너희는 가감하지 말고 내가 너희에게 명하는 너희 하나님 여호와의 명령을 지키라 여호와께서 바알브올의 일을 인하여 행하신 바를 너희가 목도하였거니와 바알브올을 좇은 모든 사람을 너의 하나님 여호와께서 너의 중에서 진멸하셨으되"(2-3), 이는 민수기 25장을 상기시키는 내용인데, "백성들이 모압 여자들과 행음하고, 그들의 신들에게 절함으로, 바알브올에게 부속(附屬)된지라"(민 25:2) 합니다.

② 이와는 반대로, "오직 너희의 하나님 여호와께 붙어 떠나지 않은 너희는 오늘까지 다 생존하였느니라"(4) 하고 말씀하는데,

㉠ "여호와께 붙어 있느냐, 바알에게 부속"이 되었느냐 하는 점이 중요합니다. 구속사의 맥락으로 보면 모든 사람은 "여자의 후손과, 뱀의 후손"이라는 두 진영(陣營) 중 어느 한 진영에 소속(所屬)이 되어 있는 것입니다. 두 진영에 동시에 부속이 될 수도 없거니와, 아무 진영에도 소속이 되지 않는 중간(中間)은 없습니다.

㉡ 그런데 죄로 말미암아 단절(斷絕)된 죄인이 하나님께 부속이 될 수 있는 방도는 오직 "언약"을 통해서만이 가능하여 지고, "하나님과 사람 사이에 중보도 한 분이시니"(딤전 2:5) 한 그리스도의 대속을 통해서만이 가능하여 진다는 점입니다. 그런데 저들은 "행음하고 그들의 신에 절함"으로 바알에게 부속이 되었던 것입니다.

③ "너희는 지켜 행하라 그리함은 열국 앞에 너희의 지혜요 너희의 지식이라 그들이 이 모든 규례를 듣고 이르기를 이 큰 나라 사람은 과연 지혜와 지식이 있는 백성이로다 하리라"(6) 합니다.

㉠ 참으로 명심해야할 말씀입니다. 열국의 이방인들이 하나님의 백성들이 "규례와 법도"를 지켜 행하는 것을 보고는, "과연 하나님의 백성들은 다르구나" 하게 되리라는 것입니다. 이것이 주님이 말씀하신, "이같이 너희 빛을 사람 앞에 비취게 하여 저희로 너희 착한 행실을 보고 하늘에 계신 너희 아버지께 영광을 돌리게 하라"(마 5:16) 하신 뜻이기도 합니다. 그 반대는, "기록된 바와 같이 하나님의 이름이 너희로 인하여 이방인 중에서 모독을 받는도다"(롬 2:24)가 되는 것입니다.

④ "우리 하나님 여호와께서 우리가 그에게 기도할 때마다 우리에게 가까이 하심과 같이 그 신의 가까이 함을 얻은 나라가 어디 있느냐? 오늘 내가 너희에게 선포하는 이 율법과 같이 그 규례와 법도가 공의로운 큰 나라가 어디 있느냐?"(7-8) 하고 묻습니다.

㉠ 두 가지를 묻고 있는데 첫째는, ㉮ "우리에게 가까이 하심과 같이, 가까이 함을 얻은 나라가 어디 있느냐?" 합니다. 이는 열방 중에서 이스라엘을 선민(選民)으로 삼으신 하나님의 주권적인 선택을 가리키는 말입니다. 왜냐하면 죄인 된 인간 편에서 먼저 하나님을 가까이 할 수는 없기 때문입니다. 이점을 37절에서는, "여호와께서 너희 열조(아브라함, 이삭, 야곱)를 사랑하신고로 그 후손 너를 택하시고 큰 권능으로 친히 인도하여 애굽에서 나오게 하셨다" 하고 말씀합니다. 둘째는, ㉯ "그 규례와 법도가 공의로운 큰 나라가 어디 있느냐?" 하고 묻고 있는데, 이는 택하시고 구속하여주신 하나님의 성민답게 살아갈 법도를 주셨음을 가리킵니다. 그래서 이방인들을 "법 없는 자들"(행 2:23)이라 말했던 것입니다.

㉡ 그래서 "오직 너는 스스로 삼가며 네 마음을 힘써 지키라 두렵건대 네가 그 목도한 일을 잊어버릴까 하노라 두렵건대 네 생존하는 날 동안에 그 일들이 네 마음에서 떠날까 하노라 너는 그 일들을 네 아들들과 네 손자들에게 알게 하라"(9) 하는 것입니다. "잊어버릴까, 마음에

서 떠날까", 그것이 두렵다고 말씀합니다.

⑤ "네가 호렙산에서 네 하나님 여호와 앞에 섰던 날에"(10) 하고, 하나님께서 시내산에 현현하신 일을 상기시키는 의도가 무엇인가?

⑥ "여호와께서 화염 중에서 너희에게 말씀하시되 음성(音聲)뿐이므로 너희가 그 말소리만 듣고 형상(形象)은 보지 못하였느니라"(12), 즉 말씀뿐이고, "형상(形象)은 보지 못했다"는 점을 상기시키기 위해서입니다.

㉠ 그리하여 다음 단원에서 강조하고 있는, "어리석은 형상"이라는 뜻인 우상(偶像)을 경계하기 위해서인 것입니다. 열조에게 맹세로 보증하여주신 메시아언약을 믿는 자들은 형상을 좇는 자들이 아니라, 말씀만으로 족하다는 것입니다. 12절에는 "음성(音聲)과, 형상"(形象)이 대조가 되어 있는데 그 "음성"이,

⑦ "여호와께서 그 언약을 너희에게 반포하시고 너희로 지키라 명하셨으니 곧 십계명이며 두 돌판에 친히 쓰신 것이라"(13) 하고, 기록된 말씀(성경)으로 주어진 것입니다.

㉠ 그리고 기록된 말씀이란 아무리 분량이 많다하여도 "두 돌판", 즉 "하나님 사랑과, 이웃 사랑"뿐입니다. 그리고 하나님 사랑을 나타내는, "다른 신들을 네게 있게 말라, 우상을 만들지 말고, 절하지 말라" 하신 말씀을 구속사의 맥락에서 보면, 열조에게 세워준 메시아언약을 망각하지 말라는 다른 표현인 것입니다. 왜냐하면 하나님과 바른 관계를 유지한다는 것은 그리스도의 구속을 통해서뿐이기 때문입니다.

㉡ 그리고 기록된 말씀은, "오늘날 너희가 그의 음성(音聲)을 듣거든"(시 95:7, 히 3:7) 하고, 그 시대 시대마다 세우신 종들을 통해서 선포되는 말씀(설교)으로 듣게 되는 것입니다. 이것이 "여호와의 규례와 법도를 지켜 행하라"는 뜻입니다.

둘째 단원(15-31) 분석도표
주제 : 아무 형상의 우상이든지 만들지 말라

15-31
15 **여호와께서 호렙산 화염 중에서 너희에게 말씀하시던 날에**
너희가 아무 형상도 보지 못하였은즉 너희는 깊이 삼가라

16 ① **두렵건대 스스로 부패하여 자기를 위하여 아무 형상**대로든지 우상을 새겨 만들되
남자의 **형상**이라든지, 여자의 **형상**이라든지,
17 땅 위에 있는 아무 짐승의 **형상**이라든지, 하늘에 나는 아무 새의 **형상**이라든지,
18 땅 위에 기는 아무 곤충의 **형상**이라든지,
땅 아래 물속에 있는 아무 어족의 **형상**이라든지 만들까 하노라

19 ② **또 두렵건대 네가 하늘을 향하여 눈을 들어 일월성신** 하늘 위의 군중 곧 너희 하나님 여호와께서
천하 만민을 위하여 분정하신 것을 보고 미혹하여 그것에 경배하며 섬길까 하노라
20 ③ **여호와께서 너희를 택하시고 너희를 쇠풀무 곧 애굽에서 인도하여 내사**
자기 기업의 백성을 삼으신 것이 오늘과 같아도
21 여호와께서 너희로 인하여 내게 진노하사 나로 요단을 건너지 못하며 네 하나님 여호와께서
네게 기업으로 주신 그 아름다운 땅에 들어가지 못하게 하리라고 맹세하셨은즉
22 나는 이 땅에서 죽고 요단을 건너지 못하려니와 너희는 건너가서 그 아름다운 땅을 얻으리니

23 ④ **너희는 스스로 삼가서 너희 하나님 여호와께서 너희와 세우신 언약을 잊어버려서**
네 하나님 여호와께서 금하신 아무 형상의 우상이든지 조각하지 말라
24 네 하나님 여호와는 소멸하는 불이시요 질투하는 하나님이시니라
25 네가 그 땅에서 아들을 낳고 손자를 얻으며 오래 살 때에 만일 스스로 부패하여
무슨 형상의 우상이든지 조각하여 네 하나님 여호와 앞에 악을 행함으로 그의 노를 격발하면
26 ⑤ **내가 오늘날 천지를 불러 증거를 삼노니** 너희가 요단을 건너가서 얻는 땅에서
속히 망할 것이라 너희가 거기서 너희 날이 길지 못하고 전멸될 것이니라

27 여호와께서 너희를 열국 중에 흩으실 것이요 여호와께서 너희를 쫓아 보내실 그 열국 중에
너희의 남은 수가 많지 못할 것이며
28 너희는 거기서 사람의 손으로 만든바 보지도 못하며 듣지도 못하며 먹지도 못하며 냄새도 맡지 못하는
목석의 신들을 섬기리라
29 그러나 네가 거기서 네 하나님 여호와를 구하게 되리니
만일 마음을 다하고 성품을 다하여 그를 구하면 만나리라
30 이 모든 일이 네게 임하여 환난을 당하다가 끝날에 네가 네 하나님 여호와께로 돌아와서
그 말씀을 청종하리니
31 ⑥ **네 하나님 여호와는 자비하신 하나님이심이라 그가 너를 버리지 아니하시며 너를 멸하지 아니하시며**
네 열조에게 맹세하신 언약을 잊지 아니하시리라

둘째 단원의 중심점은 "우상숭배"에 대한 경계에 있습니다. "형상"이라는 말이 10번이나 등장합니다. 하나님은 "언약"을 세워주셨는데 저들은 "형상"(形象)을 만들었던 것입니다. 두 방면으로 나타나는데 첫째는, 우상의 형상(形象)을 만들지 말라는 것이고, 둘째는 "일월성신"(日月星

辰)과 같은 피조물을 숭배하지 말라는 경계입니다. 다시 강조합니다만 우상숭배란 "네 씨로 말미암아 천하 만민이 복을 얻으리니"(창 22:18) 하신 복(福) 대신, 우상을 통해서 복을 받으려는 메시아언약에 대한 배신이라는 점을 명심해야만 합니다.

도표를 보시면 "너희가 아무 형상도 보지 못하였은즉 너희는 깊이 삼가라"를 중심으로, ① "아무 형상대로든지 우상을 새겨 만들지 말라", ② "하늘을 향하여 눈을 들어 일월성신"을 숭배하지 말라, ③ "너희를 택하시고 애굽에서 인도하여 내사 자기 백성"을 삼으셨으니, ④ "여호와께서 너희와 세우신 언약을 잊어버리지" 않게 하라, ⑤ 만일 우상을 숭배하면, "속히 망할 것이라, 전멸될 것이니라", ⑥ 그러나 자비하신 하나님은 "네 열조에게 맹세하신 언약을 잊지 아니하시리라" 합니다.

둘째 단원(15-31) 아무 형상의 우상이든지 만들지 말라

"여호와께서 호렙산 화염 중에서 너희에게 말씀하시던 날에 너희가 아무 형상도 보지 못하였은즉 너희는 깊이 삼가라"(15) 하시는데, 이는 12절에서 "음성뿐이므로, 형상은 보지 못했다" 하신 것과 결부되는 말씀입니다.

① 형상(形象)은 보지 못했다 하시면서, "두렵건대 스스로 부패하여 자기를 위하여 아무 형상대로든지 우상을 새겨 만들되 남자의 형상이라든지, 여자의 형상이라든지"(16),

㉠ "땅 위에 있는 아무 짐승의 형상이라든지, 하늘에 나는 아무 새의 형상이라든지, 땅 위에 기는 아무 곤충의 형상이라든지, 땅 아래 물 속에 있는 아무 어족의 형상이라든지 만들까 하노라"(17-18) 하십니다.

㉡ 어찌하여 우상의 형상(形象)을 만드는가? 이는 "악하고 음란한

세대가 표적을 구한다"(마 12:39) 하신 말씀과 상통하는 것으로, 하나님의 언약(言約)만으로는 만족하지 못하는 불신앙의 소치인 것입니다.

② "또 두렵건대 네가 하늘을 향하여 눈을 들어 일월성신(日月星辰) 하늘 위의 군중 곧 너희 하나님 여호와께서 천하 만민을 위하여 분정하신 것을 보고 미혹(迷惑)하여 그것에 경배하며 섬길까 하노라"(19) 하십니다.

③ 그런 후에, "여호와께서 너희를 택하시고 너희를 쇠풀무 곧 애굽에서 인도하여 내사 자기 기업의 백성을 삼으신 것이 오늘과 같다"(20) 하고, 유월절 어린양의 피로 구속하여 자기 백성을 삼아주신 "출애굽" 사건을 상기시킵니다.

㉠ 성경을 상고해보면, 선민 이스라엘이 메시아 언약을 망각할 때마다 상기시키는 것이 무엇인지 아십니까? "내가 너희로 애굽에서 나오게 하고 인도하여 너희 열조에게 맹세한 땅으로 이끌어 왔으며(삿 2:1), 애굽 땅에서 그들을 인도하여 내신 그 열조의 하나님 여호와를 버리고 다른 신들을 좇아"(삿 2:12) 하고, 출애굽 사건을 계속적으로 상기시키고 있는 것을 대하게 됩니다. 왜냐하면 바로의 노예였던 저들을 유월절 어린양의 피로 "구속하여 너희로 내 백성을 삼고"(출 6:6-7) 하신 출애굽 사건은 이스라엘 백성들의 정체성을 일깨워주는 근원(根源)이 되는 말씀이기 때문입니다.

㉡ 이점이 신약의 성도들에게는, "너희가 하나님의 성전인 것과 하나님의 성령이 너희 안에 거하시는 것을 알지 못하느뇨, 너희 몸은 너희가 하나님께로부터 받으바 너희 가운데 계신 성령의 전인 줄을 알지 못하느냐"(고전 3:16, 6:19) 하고 일깨워주는 것과 맥을 같이합니다.

㉢ 모세가 신명기를 말씀한 시기는, "여호와께서 너희로 인하여 내게 진노하사 나로 요단을 건너지 못하며 네 하나님 여호와께서 네게 기업으로 주신 그 아름다운 땅에 들어가지 못하게 하리라고 맹세하셨은즉

나는 이 땅에서 죽고 요단을 건너지 못하려니와"(21-22) 하는, 죽기 두 달 전쯤입니다. 누가복음에 보면, "예수께서 승천(昇天)하실 기약이 차가매 예루살렘을 향하여 올라가기로 굳게 결심(決心)하시고"(눅 9:51) 한 말씀이 있습니다. 그 이후의 말씀은 죽으시기 위해서 예루살렘으로 올라가시면서 하신 말씀들입니다. 신명기를, 복음서를 이런 마음을 생각하면서 받게 되면 진지해지지 않을 수가 없는 것입니다.

④ "너희는 스스로 삼가서 너희 하나님 여호와께서 너희와 세우신 언약을 잊어버려서 네 하나님 여호와께서 금하신 아무 형상의 우상이든지 조각하지 말라"(23) 하고, 재차 경계를 합니다. "우상의 형상(形象)과, 세우신 언약"(言約)을 대조적으로 말씀합니다.

㉠ 언약은 말씀으로 주어지는데, 거짓된 인간은 우상이라는 형상을 만들었던 것입니다. 하나님과의 관계는 언약의 관계요, 믿음이란 언약에 대한 응답인 것입니다. 그러므로 "언약"에 근거하지 않은 "열심, 능력, 이적" 등 모든 것이 미혹이요, 자기만족을 위한 우상일 수가 있다는 점을 유념해야만 합니다. 여기서 말씀하는 "너희와 세우신 언약"이 시내산 언약을 가리킨다 하여도, "네 열조에게 맹세하신 언약"(31)이, 모법(母法)이요, 근간(根幹)이 되는 언약임을 잊지 말아야만 합니다.

⑤ 만일 이 언약을 망각하고 우상을 숭배한다면, "내가 오늘날 천지를 불러 증거를 삼노니 너희가 요단을 건너가서 얻는 땅에서 속히 망할 것이라 너희가 거기서 너희 날이 길지 못하고 전멸될 것이니라"(26) 합니다.

㉠ 26-30절의 예언적인 경고 속에는, "망한다, 멸절될 것이다" 하는 경고(26)와, "흩으실 것이요, 남은 수가 많지 못할 것이며"(27) 하고, 소수의 "남은 자"만이 있게 될 것을 말씀합니다. "망하고 멸절"되는 원인은 신구약을 막론하고 메시아언약을 배신했기 때문이요, 그러나 소수의 남은 자가 돌아오게 될 것"(30)을 말씀함은,

⑥ "네 하나님 여호와는 자비하신 하나님이심이라 그가 너를 버리지 아니하시며 너를 멸하지 아니하시며 네 열조에게 맹세하신 언약을 잊지 아니하시리라"(31) 하신, 열조에게 세워주신 "언약"을 지키시기 위해서라는 것입니다.

㉠ 4장에는 두 가지 언약이 등장하는데 먼저는, ㉮ "여호와께서 그 언약을 너희에게 반포하시고 너희로 지키라 명하셨으니 곧 십계명이라"(13) 한, 시내산 언약이고, 다음은, ㉯ "네 열조에게 맹세하신 언약"(31), 즉 메시아언약입니다. 결정적인 차이가 무엇인지 아시겠습니까? 아브라함에게 세워주신 언약에는 보증(保證)하여주신 "맹세"(31)가 있는데, 시내산 언약, 즉 율법에는 맹세가 없다는 점입니다. 왜냐하면 그것은 쌍방언약이요, 행위언약이기 때문에 어느 일방이 어기게 되면 폐하여지는 언약이기 때문입니다.

㉡ 이점을 예레미야 선지자로 말씀하시기를, "내가 그들의 남편이 되었어도 그들이 내 언약을 파(破)하였음이니라"(렘 31:32) 합니다. 어떻게 파했는가? 간음함으로, 즉 우상을 숭배함으로 깨지고야 말았던 것입니다. 그러나 열조에게 맹세로 보증하신 메시아언약은 파해져서도 안되고, 파할 수도 없는 불변의 언약이었던 것입니다. 결부해서 말씀드릴 것은, "또 예수께서 제사장 된 것은 맹세 없이 된 것이 아니니 (저희는 맹세 없이 제사장이 되었으되 오직 예수는 자기에게 말씀하신 자로 말미암아 맹세로 되신 것이라"(히 7:20-21, 시 110:4) 한 말씀입니다. 그러므로 주님의 제사장 직분은 폐하여지지도 않고 갈리지 않는 영원한 제사장이신 것입니다. 맹세로 세우신 언약도 마찬가지입니다. 이점이 다음 단원을 통해서 더욱 분명히 깨달을 수가 있습니다. 그래서 "아무 형상의 우상이든지 만들지 말라" 하시는 것입니다.

셋째 단원(32-49) 분석도표
주제 : 상천하지에 유일하신 하나님

32-49
32 ① 네가 있기 전 하나님이 사람을 세상에 창조하신 날부터 지금까지 **지나간 날을 상고하여 보라**
하늘 이 끝에서 저 끝까지 이런 큰 일이 있었느냐 이런 일을 들은 적이 있었느냐
33 **어떤 국민이** 불 가운데서 말씀하시는 하나님의 음성을 너처럼 듣고 생존하였었느냐
34 ② **어떤 신이 와서** 시험과 이적과 기사와 전쟁과 강한 손과 편 팔과 크게 두려운 일로 한 민족을
다른 민족에게서 인도하여 낸 일이 있느냐 이는 다 너희 하나님 여호와께서
애굽에서 너희를 위하여 너희의 목전에서 행하신 일이라

35 **이것을 네게 나타내심은 여호와는 하나님이시요 그 외에는**
다른 신이 없음을 네게 알게 하려 하심이니라

36 여호와께서 너를 교훈하시려고 하늘에서부터 그 음성을 너로 듣게 하시며
땅에서는 그 큰 불을 네게 보이시고 너로 불 가운데서 나오는 그 말씀을 듣게 하셨느니라
37 ③ **여호와께서 네 열조를 사랑하신고로** 그 후손 너를 택하시고 큰 권능으로
친히 인도하여 애굽에서 나오게 하시며
38 너보다 강대한 열국을 네 앞에서 쫓아내고 너를 그들의 땅으로 인도하여 들여서 그것을
네게 기업으로 주려 하심이 오늘날과 같으니라
39 ④ **그런즉 너는 오늘날 상천하지에 오직 여호와는 하나님이시요 다른 신이 없는 줄을 알아 명심하고**
40 **오늘 내가 네게 명하는 여호와의 규례와 명령을 지키라** 너와 네 후손이 복을 받아
네 하나님 여호와께서 네게 주시는 땅에서 한 없이 오래 살리라

41 ⑤ 때에 모세가 **요단 이편 해 돋는 편에서 세 성읍을 구별하였으니**
42 이는 과거에 원혐이 없이 부지중에 오살한 자로 그곳으로 도피케 하기 위함이며
그 한 성읍으로 도피한 자로 그 생명을 보전케 하기 위함이라
43 하나는 광야 평원에 있는 베셀이라 르우벤 지파를 위한 것이요
하나는 길르앗라못이라 갓 지파를 위한 것이요
하나는 바산골란이라 므낫세 지파를 위한 것이었더라

44 ⑥ **모세가 이스라엘 자손에게 선포한 율법이 이러하니라**
45 이스라엘 자손이 애굽에서 나온 후에 증거하신 것과 규례와 법도를 모세가 선포하였으니
46 요단 동편 벧브올 맞은편 골짜기에서라 이 땅은 헤스본에 거하는 아모리 족속의 왕
시혼에게 속하였더니 모세와 이스라엘 자손이 애굽에서 나온 후에 그를 쳐서 멸하고
47 그 땅을 기업으로 얻었고 또 바산 왕 옥의 땅을 얻었으니
그 두 사람은 아모리 족속의 왕으로서 요단 이편 해 돋는 편에 거하였었으며
48 그 얻은 땅은 아르논 골짜기 가의 아로엘에서부터 시온산 곧 헤르몬산까지요
49 요단 이편 곧 그 동편 온 아라바니 비스가 산록 아래 아라바의 바다까지니라

셋째 단원에는 하나님께서 이스라엘 백성들을 "애굽"에서 인도하여 내신 일을 4번(34, 37, 45, 46)이나 언급을 합니다. 그리고 "오늘"이라는 말도 4번(38, 39, 40, 32)이나 나오는데, 바로의 노예였던 자신들을 구원하여 내시고 인도하여 오늘에 이르게 하셨다는 뜻입니다. 그리하여

"이런 큰 일이 있었느냐? 이런 일을 들은 적이 있었느냐"(32) 하고 물으면서 결론은, "여호와는 하나님이시오 그 외에는 다른 신이 없다(35), 상천하지(上天下地)에 오직 여호와는 하나님이시오 다른 신이 없는 줄 알아 명심하고 오늘 내가 네게 명하는 여호와의 규례와 명령을 지키라" (39-40) 하고, "다른 신"이 없다는 점을 두 번이나 거듭 강조합니다.

도표를 보시면 "여호와 외에는 다른 신이 없음을 네게 알게 하려함이라"를 중심으로 ① "지난날을 상고해보라", ② "어떤 신이" 출애굽과 같은 구원행사를 행한 신이 있느냐? 이는 여호와는 하나님이시요 그 외에는 다른 신이 없음을 네게 알게 하려 하심이니라 하면서, ③ "너희 열조를 사랑하신고로 친히 인도하여 애굽에서 나오게 하셨다", ④ "그런즉 너는 여호와 외에 다른 신이 없는 줄을 알아 명심하고, 여호와의 규례와 명령을 지키라" 하고 말씀합니다. ⑤ 두 지파 반이 기업으로 얻은 요단 동편 모압 지방에, 성읍을 구별하였으니, 베셀, 길르앗 라못, 바산 골란"이라, ⑥ "모세가 이스라엘에게 선포한 율법이 이러 하니라" 하고 마칩니다.

셋째 단원(32-49) 상천하지에 유일하신 하나님

① "네가 있기 전 하나님이 사람을 세상에 창조하신 날부터 지금까지 지나간 날을 상고(詳考)하여 보라"(32상) 합니다.

㉠ "창조하신 날부터 지금까지"의 역사를 생각해보라는 것입니다. "하늘 이 끝에서 저 끝까지 이런 큰 일이 있었느냐 이런 일을 들은 적이 있었느냐"(32하) 합니다.

② 그러면 그 "큰일"이란 무엇을 가리키는가?

㉠ "어떤 국민이 불 가운데서 말씀하시는 하나님의 음성을 너처럼

듣고 생존하였었느냐"(33),

㉡ "어떤 신이 와서 시험과 이적과 기사와 전쟁과 강한 손과 편 팔과 크게 두려운 일로 한 민족을 다른 민족에게서 인도하여 낸 일이 있느냐"(34상) 합니다. 모세가 상기시키고 있는 하나님의 행사는, "한 민족을 다른 민족에게서 인도하여 낸 일이 있느냐" 한 "출애굽" 사건입니다. 그래서 "이는 다 너희 하나님 여호와께서 애굽에서 너희를 위하여 너희의 목전에서 행하신 일이라"(34하) 합니다. 이것이 이스라엘의 근본이요, 원리요, 뿌리입니다.

㉢ 그러면 형제는 유사(有史) 이래로 전무후무(前無後無)한 사건이 무엇인지 말해줄 수가 있습니까? 그것은 출애굽 사건이 아닙니다. 하나님은 이를 그림자로 하여 자기의 독생자를 대속제물로 내어주셔서 우리를 의롭다 하심으로 하나님께로 돌아가는 것을 가능케 하신 영적 출애굽을 깨닫기를 원하고 계시는 것입니다. 시편 기자는 "내가 측량할 수 없는 주의 의(義)와 구원(救援)을 내 입으로 종일 전하리이다" 하면서, "하나님이여 주께서 대사(大事)를 행하셨사오니 누가 주와 같으리이까"(시 71:15, 19) 하고 감격해합니다. 자기 아들의 대속을 통해서 의롭다고 여겨주시고 구원하여주신 이것이 전무후무한 대사(大事)입니다. 그런데 개정역에서 5번이나 강조되어 있는 "주의 의"를 "공의"(公義)로 바꿔놓은 것은 문자만 보고 의미문맥은 생각지 않은 것이 됩니다. 그렇게 되면 대사가 구원행사가 아니라 심판이 되고 맙니다. 왜냐하면 공의가 나타나는 곳에는 심판이 시행이 되기 때문입니다.

㉣ 이점을 마리아는 "능하신 이가 큰일을 내게 행하셨다"(눅 1:49) 고백하고, 오순절 성령강림을 목도한 사람들은, "우리의 각 방언으로 하나님의 큰일을 말함을 듣는도다"(행 2:11) 하고 말했습니다. 바울 사도는 전무후무한 대사(大事)를 깨닫고 감격해서, "내가 너희 중에서 예수 그리스도와 그의 십자가에 못 박히신 것 외에는 아무것도 알지 아니하

기로 작정하였음이라(고전 2:2), 그러나 내게는 우리 주 예수 그리스도의 십자가 외에 결코 자랑할 것이 없으니"(갈 6:14) 하고 고백하였던 것입니다. 이는 실로 천지창조에 비할 수 없는 그토록 큰일이었던 것입니다.

ⓜ 35절은 이 단락(32-34)의 결론과 같은 말씀인데, "이것을 네게 나타내심은 여호와는 하나님이시요 그 외에는 다른 신이 없음을 네게 알게 하려 하심이니라"(35) 하고, 말씀합니다.

③ 시내산에 강림하신 일을 말씀한 후에, "여호와께서 네 열조를 사랑하신고로 그 후손 너를 택하시고 큰 권능으로 친히 인도하여 애굽에서 나오게 하셨다"(37) 하고, "열조"(烈祖)를 거론하는 것은, 출애굽의 근거가, 열조, 즉 아브라함에게 세워주신 메시아언약에 있다는 점을 드러내기 위해서입니다. 이점이 7:8절에서, "여호와께서 다만 너희를 사랑하심을 인하여 또는 너희 열조에게 하신 맹세를 지키려 하심을 인하여, 애굽 바로의 손에서 속량하셨다"는 말씀에도 나타납니다.

ⓖ 37절은 세 마디로 되어있는데, ㉮ "사랑하신 고로, ㉯ 택하시고, ㉰ 애굽에서 인도(구속)하여내셨다" 하고 말씀합니다. 이는 신약의 성도들에게도 적용이 되는 요소들입니다. 택하셨다는 것은 하나님의 선수적인 사랑이요, 애굽에서 인도하여내셨다는 것은, 사탄의 노예로부터 자기 아들의 대속으로 구속하여주셨다는 뜻이기 때문입니다.

④ 그리고 39절에서 또다시, "그런즉 너는 오늘날 상천하지에 오직 여호와는 하나님이시요 다른 신이 없는 줄을 알아 명심하라" 하고 말씀한다면 이는, "다른 이로서는 구원을 얻을 수 없나니 천하(天下) 인간에 구원을 얻을 만한 다른 이름을 우리에게 주신 일이 없음이니라"(행 4:12) 한, 증거와 결부되는 말씀인 것입니다. 이 말은 베드로가 임의로 한 말이 아니라, 성령이 강림하셔서 베드로를 통하여 선포하게 하신 증거이기 때문입니다.

㉠ "오늘 내가 네게 명하는 여호와의 규례와 명령을 지키라 너와 네 후손이 복을 받아 네 하나님 여호와께서 네게 주시는 땅에서 한 없이 오래 살리라"(40) 합니다. 이는 4장의 결론이라 할 수가 있습니다. 성경이 말씀하는 궁극적인 복은, "네 씨로 말미암아 천하 만민이 복을 얻으리니"(창 22:18) 하신 구원의 복입니다. "그 안에는 지혜와 지식의 모든 보화가 감추어 있느니라"(골 2:3) 합니다. 이를 알았기에 사도 바울은, "찬송하리로다 하나님 곧 우리 주 예수 그리스도의 아버지께서 그리스도 안에서 하늘에 속한 모든 신령한 복으로 우리에게 복을 주셨다"(엡 1:3) 하고, 찬양하는 것입니다. 이것이 "상천하지에 유일하신 하나님"입니다.

두 지파 반을 위한 세 개의 도피성

⑤ 이런 문맥에서, "때에 모세가 요단 이편 해 돋는 편에서 세 성읍을 구별하였으니"(41) 하고, "도피성"울 언급하고 있다는 것은 무심한 일로 여길 수가 없습니다. 왜냐하면 그리스도가 우리의 피난처요, 도피성이기 때문입니다.

㉠ "이는 과거에 원혐이 없이 부지중에 오살한 자로 그곳으로 도피케 하기 위함이며 그 한 성읍으로 도피한 자로 그 생명을 보전케 하기 위함이라 하나는 광야 평원에 있는 베셀이라 르우벤 지파를 위한 것이요 하나는 길르앗라못이라 갓 지파를 위한 것이요 하나는 바산골란이라 므낫세 지파를 위한 것이었더라"(42-43) 말씀하는데, 도피성에 관해서는 19장과 여호수아 20장의 해설을 참고하시기 바랍니다.

⑥ "모세가 이스라엘 자손에게 선포한 율법이 이러 하니라" 한, 44-48절은 5장 이하 26장까지 계속되는 두 번째 설교의 도입부분입니다.

㉠ "이스라엘 자손이 애굽에서 나온 후에 증거하신 것과 규례와 법

도를 모세가 선포하였으니 요단 동편 벳브올 맞은편 골짜기에서라"(46상) 하고, 장소를 말씀하고 있는데, "벳브올"은 3:29절과, 마지막 34장 6절과 결부되는 곳으로, 모세가 죽어 장사된 곳이기도 합니다. 이처럼 신명기를 선포한 장소를 밝혀주고 있는 것은, 신명기를 말씀하는 모세의 심경과, 내용의 중요성과, 진실성 등을 암시해주고 있다 하겠습니다.

⑦ 묵상해보겠습니다.

㉠ 준행해야할 규례와 법도 속에는 어떤 것이 포함되는지에 대해서,

㉡ "언약(음성)과, 형상을 대조해서 말씀하는 의도에 대해서,

㉢ 우상을 숭배했다는 구속사적 의미에 대해서,

㉣ 두 번이나 강조하고 있는 "다른 신이 없다"한 구속사적 의미에 대해서.

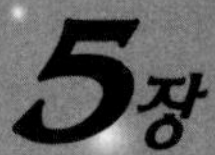

5장

애굽에서 인도하여 낸 너희 하나님 여호와

[15]너는 기억하라 네가 애굽 땅에서 종이 되었더니 너의 하나님 여호와가 강한 손과 편 팔로 너를 거기서 인도하여 내었나니 그러므로 너의 하나님 여호와가 너를 명하여 안식일을 지키라 하느니라.

5장부터 26장까지는 모세가 행한 두 번째 설교로 신명기의 본론에 해당이 됩니다. 신명기에 나타난 시제(時制)를 보면, 1장부터 3장까지는 "그 때에"(1;9, 16, 3:12, 18) 라는 과거시제로 시작하여, 4장에 이르러서는 "이제 내가 너희에게 가르치는"(4:1) 하고, 현재시제로 바뀌고 있는 것을 대하게 됩니다. 그리하여 5장부터는 제2세대들이 약속의 땅에 들어가서 준행하면 복을 받고, 거역하면 화를 당하게 될 미래(未來)에 되어질 내용들로 되어 있습니다.

"이스라엘아 오늘 내가 너희 귀에 말하는 규례와 법도를 듣고 그것을 배우며 지켜 행하라"(1) 하는데, 5장은 주로 10계명에 대한 해설입니다.

"너는 기억하라 네가 애굽 땅에서 종이 되었더니 너희 하나님 여호와가 강한 손과 편 팔로 너를 거기서 인도하여 내었나니 그러므로 너희 하나님 여호와가 너를 명하여 안식일을 지키라 하느니라"(15) 하는 패턴입니다. 즉 십계명을 지킴으로 출애굽을 하게 된 것이 아니라, 애굽에서 인도하여 내셨기 때문에, 다시 말하면 "구속하여 내 백성을 삼으셨기" 때문에 하나님의 백성답게 살아가게 하기 위해서 듣고 지켜 행하라 하신다는 말씀입니다. 이를 세 단원으로 나누어 상고하겠습니다.

첫째 단원(1–5상) **열조와 세우신 것이 아닌 우리와 세우신 언약**
둘째 단원(5하–21) **십계명에 대한 재해석**
셋째 단원(22–33) **하나님과 인간 사이의 중보자의 필요성**

첫째 단원(1–5상) 분석도표

주제 : 아브라함 언약과 시내산 언약

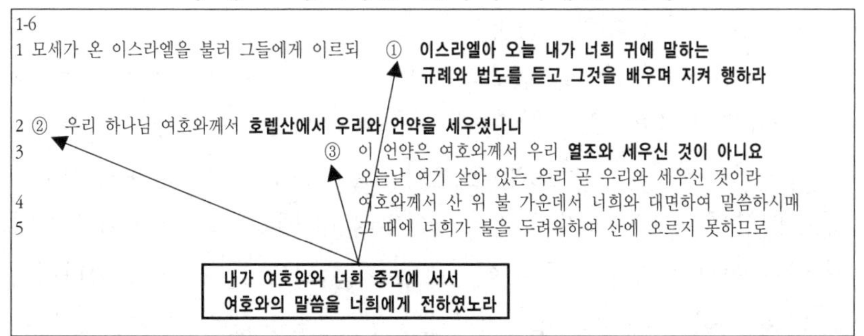

첫째 단원은 두 번째 설교의 서론입니다. "우리 하나님 여호와께서 호렙산에서 우리와 언약을 세우셨나니"(2) 합니다. 그런데 신명기의 1차 독자들인 제2세대들은 당시 나이가 어린 자들이었거나, 아니면 광야 40년 동안에 태어난 자들이기 때문에 호렙산 언약에 참여하지 못한 자들이었던 것입니다. 그래서 호렙산 언약의 중보자인 모세는 죽기 전에 제2세대들을 "언약에 참여"(29:12)시키게 하려는 것입니다.

도표를 보시면 "내가 여호와와 너희 중간(中間)에 서서"를 중심으로, ① "오늘 내가 너희 귀에 말하는 규례와 법도를 듣고 지켜 행하라", ② "여호와께서 호렙산에서 우리와 언약을 세우신 것"을 상기시키면서, ③ "이 언약은 열조와 세우신 것이 아니요" 하고 아브라함에게 세워주신 언약과의 차별(差別)을 말하면서, "내가 여호와와 너희 중간에 서서" 중보 역할을 했노라고 말씀합니다.

첫째 단원(1–5상) 열조와 세우신 것이 아닌 우리와 세우신 언약

"모세가 온 이스라엘을 불러 그들에게 이르되"(1상),

① "이스라엘아 오늘 내가 너희 귀에 말하는 규례와 법도를 듣고 그것을 배우며 지켜 행하라"(1하) 합니다.

㉠ "너희 귀에 말하는 규례와 법도를", ㉮ "듣고, ㉯ 배우며, ㉰ 지켜 행하라" 합니다. 그런데 우리는 어떠한가? 하나님은 에스겔 선지자를 통해서, "자, 가서 여호와께로부터 무슨 말씀이 나오는가 들어보자 하고 백성이 모이는 것같이 네게 나아오며 내 백성처럼 네 앞에 앉아서 네 말을 들으나 그대로 행치 아니하니 이는 입으로는 사랑을 나타내어도 마음은 이욕(利慾)을 좇음이라 그들이 너를 음악을 잘하며 고운 음성으로 사랑의 노래를 하는 자같이 여겼나니"(겔 33:30-32), 즉 음악 감상 하듯 한다고 말씀하십니다.

㉡ 그런데 우리는 회중(會衆)만을 탓할 수가 없고, "너희 귀에 말하는" 설교자(說教者)에 관심을 기울이지 않을 수가 없습니다. 왜냐하면 주님께서, "서기관들과 바리새인들이 모세의 자리(지도자)에 앉았으니

그러므로 무엇이든지 저희의 말하는 바는 행하고 지키되 저희의 하는 행위(行爲)는 본받지 말라 저희는 말만 하고 행치 아니하며 또 무거운 짐을 묶어 사람의 어깨에 지우되 자기는 이것을 한 손가락으로도 움직이려 하지 아니 한다"(마 23:2-4) 하신 말씀을 알고 있기 때문입니다. 설교자가 된다는 것이 왜 어려운가? 자신이 설교하는 대로 솔선수범을 하기가 어렵기 때문입니다.

② "우리 하나님 여호와께서 호렙산에서 우리와 언약을 세우셨나니"(2) 합니다.

㉠ 이는 시내산 언약을 가리키는데, 그러면 제2세대들에게 "우리"와 언약을 세우셨다는 말이 어떻게 가능해지는가? 6장 20-25절을 보십시오. "후일에 네 아들이 네게 묻기를 우리 하나님 여호와의 명하신 증거와 말씀과 규례와 법도가 무슨 뜻이뇨 하거든 너는 네 아들에게 이르기를 우리가 옛적에 애굽에서 바로의 종이 되었더니 여호와께서 권능의 손으로 우리를 애굽에서 인도하여 내셨나니" 하고, "우리"라는 말이 여섯 절 안에 14번이나 등장합니다. 이스라엘 백성들은 신앙을 고백을 할 때에도 "우리"라 말하고, 죄를 자백할 때에도 "우리"라 말함으로 언약이라는 울타리 안에 거하는 한 공동체임을 고백했던 것입니다. 그래서 "우리와 세우신 언약"이라 하는 것입니다.

③ "이 언약은 여호와께서 우리 열조와 세우신 것이 아니요"(3상) 합니다.

㉠ 여기서 말씀하는 "열조"(烈祖)가 누구를 가리키는 것인가? 근접 문맥으로 보면 출애굽 1세대들, 즉 광야 40년에 죽은 자들을 가리키는 것이 됩니다. 그러니까 모세가 저들에게 말씀하려는 율례와 법도는 이미 죽은 1세대들에게만 해당이 되는 것이 아니라, "오늘날 여기 살아 있는 우리 곧 우리와 세우신 것이라"(3하)는 말씀입니다.

㉡ 그런데 넓은 문맥으로 보면 신명기에서 "열조"라고 말하는 경우

는 출애굽 1세대를 가리키는 것이 아니라, "아브라함, 이삭, 야곱" 등을 가리킨다는 점입니다. 이점이 30회 이상 등장하는데, 4장에서는 "네 열조에게 맹세하신 언약(31), 네 열조를 사랑하신고로 그 후손 너를 택하셨다"(37) 말씀하고, 6장에서는 "네 열조의 하나님 여호와께서 네게 허락하심같이(3), 네 열조 아브라함과 이삭과 야곱을 향하여 네게 주리라 맹세하신 땅"(10)이라 말씀하십니다. 이런 문맥으로 본다면 "열조와 세운 것이 아니요" 하는 말은 이제부터 말하려는 "십계명과, 아브라함 언약"과의 차별화(差別化)를 의미하는 것이 됩니다. 이점을 신약성경에서는, "하나님이 미리 정하신 언약(열조와 세우신 언약)을 430년 후에 생긴 율법(시내산 언약)이 없이 하지 못한다"(갈 3:17) 하고 말씀합니다.

㉢ 이점이 왜 중요하냐하면 첫째는, ㉮ 아브라함에게 언약을 세워주신 하나님과, 시내산에서 모세를 통하여 언약을 세워주신 하나님이 동일한 하나님이시며, ㉯ 아브라함에게 세워주신 메시아언약이 우선하며 근원적(根源的)인 언약이라는 점과, ㉰ 그러므로 둘째 단원에서 깨닫게 될 것입니다만, 십계명도 아브라함에게 세워주신 "메시아언약"에 입각해서 그 의미를 구해야 하기 때문입니다. 다시 말하면 "십계명"도 아브라함에게 세워주신 메시아언약 안에서 주어진 것이라는 말씀입니다. 이것이 시내산 언약이 열조와 세우신 언약과 다른 점입니다.

둘째 단원(5하-21) 분석도표
주제 : 십계명에 대한 재해석

7-21
5하 여호와께서 가라사대 6, **나는 너를 애굽 땅에서 종 되었던 집에서 인도하여 낸 너희 하나님 여호와로라**

7 ① **나 외에는 위하는 신들을 네게 있게 말지니라**

8 ② 너는 자기를 위하여 새긴 **우상을 만들지 말고** 위로 하늘에 있는 것이나 아래로 땅에 있는 것이나
땅 밑 물 속에 있는 것의 아무 형상이든지 만들지 말며
9 그것들에게 절하지 말며 그것들을 섬기지 말라 나 여호와 너의 하나님은 질투하는 하나님인즉
나를 미워하는 자의 죄를 갚되 아비로부터 아들에게로 삼사 대까지 이르게 하거니와
10 나를 사랑하고 내 계명을 지키는 자에게는 천대까지 은혜를 베푸느니라

11 ③ 너는 너의 하나님 **여호와의 이름을 망령되이 일컫지 말라** 나 여호와는 나의 이름을 망령되이
일컫는 자를 죄 없는 줄로 인정치 아니하리라
12 ④ 여호와 너의 하나님이 네게 명한대로 **안식일을 지켜 거룩하게 하라**
13 엿새 동안은 힘써 네 모든 일을 행할 것이나
14 제 칠일은 너의 하나님 여호와의 안식인즉 너나 네 아들이나 네 딸이나 네 남종이나 네 여종이나
네 소나 네 나귀나 네 모든 육축이나 네 문 안에 유하는 객이라도 아무 일도 하지 말고
네 남종이나 네 여종으로 너 같이 안식하게 할지니라
15 너는 기억하라 네가 애굽 땅에서 종이 되었더니 너의 하나님 여호와가 강한 손과 편 팔로 너를
거기서 인도하여 내었나니 그러므로 너의 하나님 여호와가 너를 명하여 안식일을 지키라 하느니라

16 ⑤ 너는 너의 하나님 여호와의 명한대로 **네 부모를 공경하라** 그리하면 너의 하나님 여호와가
네게 준 땅에서 네가 생명이 길고 복을 누리리라
17 ⑥ **살인하지 말지니라**
18 ⑦ **간음하지도 말지니라**
19 ⑧ **도적질 하지도 말지니라**
20 ⑨ **네 이웃에 대하여 거짓 증거하지도 말지니라**
21 ⑩ **네 이웃의 아내를 탐내지도 말지니라** 네 이웃의 집이나 그의 밭이나 그의 남종이나 그의 여종이나
그의 소나 그의 나귀나 무릇 네 이웃의 소유를 탐내지도 말지니라

둘째 단원은 제2세대들에게 "십계명"을 강론하는 내용입니다. 중요한 점은 "열 가지 계명"으로 직행할 것이 아니라, 이 계명을 누가, 어떤 처지에 있던 누구에게 어디에 근거하여 명하고 있는가 하는 서문(序文)을 바로 인식하는 것이 중요합니다. 이점이, "나는 너를 애굽 땅에서 종 되었던 집에서 인도하여 낸 너희 하나님 여호와로라"(6, 출 20:2) 하신 말씀입니다.

이스라엘 민족은 바로의 노예 신분에서 하루아침에 하나님의 백성으

로 신분(身分)이 바뀐 자들입니다. 이것이 거저 된 것이 아니라, "너희를 구속하여 너희로 내 백성을 삼고 나는 너희 하나님이 되리니"(출 6:6-7) 한, "구속"으로 말미암아 가능하여졌다는 점과, 그리고 이렇게 해주신 근거가, 아브라함에게 세워주신 메시아언약에 있다는 점을 놓치지를 말아야만 하는 것입니다. 이점을 망각하기 때문에 신명기가 모세 5경 중 "창세기, 출애굽기, 레위기, 민수기"와 맥이 끊어진, 하나의 교훈 집으로 둔갑을 하게 되는 것입니다.

창세기에서 열조에게 언약을 세워주시고, 출애굽기에서 언약하신 대로 구속하여 내시고, 레위기에서 5대 제사, 3대 절기를 통해서 대속교리를 세워주시고, 민수기에서 시내산을 출발하여 약속의 땅으로 들어가게 하기 위해서 여기까지(모압 평지) 인도하여 주신 하나님께서, 저들이 약속의 땅에 들어가서 하나님의 백성답게 준행해야할 규례와 법도를 말씀하는 것이 신명기인 것입니다.

도표를 보시면 "너희 하나님 여호와로라"를 중심으로 열 가지 계명은 크게, ① 하나님 사랑과, ② 이웃 사랑의 계명으로 성립이 되어 있습니다.

둘째 단원(5하-21) 십계명에 대한 재해석

① "나 외에는 위하는 신들을 네게 있게 말지니라"(7) 하십니다.

㉠ 이 계명을 누구들에게 하시는 명인가? 다시 상기시킵니다만 바로의 노예였던 자들을 "유월절 어린양의 피"로 구속하여 하나님의 백성으로 삼으신 자들과 맺으시는 언약이라는 점입니다. 이러한 구속사의 맥락에서 보면, "다른 신을 네게 있게 말라, 우상을 만들지 말라" 하신 조문은, "바로의 종 되었던 너희를 구속하여 준", "메시아언약" 외에는 너를 구원하여줄 다른 신은 없다는 말씀이 되는 것입니다.

㉡ 이 말씀이 실체(實體)로 성취된 신약성경에서는, "다른 이로서는 구원을 얻을 수 없나니 천하 인간에 구원을 얻을 만한 다른 이름을 우리에게 주신 일이 없음이니라"(행 4:12) 하고 말씀합니다. 이점이 "아무 형상이든지 만들지 말라" 하신 말씀에도 함의되어 있습니다. 어찌하여 우상이라는 형상을 만드는가? 눈으로 볼 수가 있고 만질 수도 있기 때문입니다. 그래서 우상은 가급적이면 크게 만들고, 금을 입히고 하는 것입니다.

㉢ 그러면 하나님의 백성들은 믿음의 근거를 어디에 두어야만 하는가? "형상"(形象)이 아니라, 천지는 변하여도 변치 아니할 "언약"인 것입니다. 이점을 4장에서는, "너희에게 말씀하시되 음성뿐이므로 너희가 그 말소리만 듣고 형상(形象)은 보지 못하였느니라"(4:12) 하고 말씀합니다. 그런데 오늘날도 기록된 말씀만으로는 만족하지를 못하고 무슨 "형상"을 보려고 하는 신비주의적인 경향이 있는 것입니다.

㉣ 신명기의 특성이 "여호와 너의 하나님이 네게 명한대로 안식일을 지켜 거룩하게 하라"(12) 하신, 안식일(安息日) 준수의 해석에도 나타납니다. 출애굽기에서는, "이는 엿새 동안에 나 여호와가 하늘과 땅과 바다와 그 가운데 모든 것을 만들고 제 칠일에 쉬었음이라"(출 20:11) 하고, 안식일 준수의 근거를 창조원리에 두고 있는데, 신명기에서는, "너는 기억하라 네가 애굽 땅에서 종이 되었더니 너의 하나님 여호와가 강한 손과 편 팔로 너를 거기서 인도하여 내었나니 그러므로 너의 하나님 여호와가 너를 명하여 안식일(安息日)을 지키라 하느니라"(15) 하고, 구속(救贖)의 원리로 해석을 해주고 있는 것입니다.

② "네 부모를 공경하라"는 5계명부터, "네 이웃의 소유를 탐내지 말라"는 10계명까지는, "네 이웃을 네 자신과 같이 사랑하라 하신 말씀 가운데 다 들었느니라"(롬 13:9) 합니다.

㉠ 그런데 주님은 산상수훈에서 어찌하여, "살인, 간음"(마 5:21, 27)

등 대인(對人)관계의 조문만을 거론하셨는가? 또한 부자 청년에게도, "네가 계명을 아나니 살인하지 말라, 간음하지 말라 도적질 하지 말라" (막 10:19)는 등 이웃과의 관계만을 지적하셨는가? 한마디로 죄를 깨닫게 하기 위해서였던 것입니다. 의식주의자(儀式主義者)들은 아이러니컬하게도 대신(對神)관계로는 죄를 깨닫지를 못하는 것입니다. 왜냐하면 의식적으로 다 지키는 줄로 알고 있기 때문입니다.

㉡ "율법의 의로는 흠이 없노라" 하고 자고하던 바울이 어느 계명에서 깨어졌는지 아십니까? "곧 율법이 탐내지 말라 하지 아니 하였더면 내가 탐심을 알지 못하였으리라"(롬 7:7) 합니다. "탐내지 말라"는 계명이 몇 번째 계명인가? 10번째 마지막 계명입니다. "우상, 안식일, 살인, 간음" 등의 계명을 다 지킨 줄로 여겼던 바울에게 "탐내지 말라"는 말씀이 새롭게 조명(照明)이 되자, "탐내지 말라, 탐심(貪心), 탐심"(貪心), 비로소 십계명이 마음의 문제임을 깨닫게 된 것입니다.

㉢ 그리하여 마음을 지키려 애를 썼으나 로마서 7장에서 보는 바대로, "원하는 바 선은 하지 아니하고 도리어 원치 아니하는바 악을 행하는도다, 오호라 나는 곤고한 사람이로다 이 사망의 몸에서 누가 나를 건져 내랴"(롬 7:19, 24) 하고, 자신의 심령 속에 "살인, 간음, 도적질, 우상숭배"(골 3:5) 등 온갖 죄악 덩어리인 것을 깨닫게 되었던 것입니다. 그리하여 죄인 중의 괴수라 자백을 하면서 비로소, "율법의 행위로 그의 앞에 의롭다 하심을 얻을 육체가 없음"(롬 3:20)을 인정을 하고, 그리스도의 대속의 은혜를 구하기에 이른 것입니다. 이것이 "십계명에 대한 재해석"입니다.

셋째 단원(22-33) 분석도표

주제 : 하나님과 인간 사이의 중보자의 필요성

22-33
22 ① **여호와께서 이 모든 말씀을** 산 위 불 가운데, 구름 가운데, 흑암 가운데서 큰 음성으로 너희 총회에 이르신 후에
더 말씀하지 아니하시고 **그것을 두 돌판에 써서 내게 주셨느니라**
23 산이 불에 타며 캄캄한 가운데서 나오는 그 소리를 너희가 듣고 너희 지파의 두령과 장로들이 내게 나아와
24 ② 말하되 우리 하나님 **여호와께서 그 영광과 위엄을 우리에게 보이시매 불 가운데서 나오는 음성을 우리가 들었고**
하나님이 사람과 말씀하시되 그 사람이 생존하는 것을 오늘날 우리가 보았나이다

25 **이제 우리가 죽을 까닭이 무엇이니이까 이 큰 불이 우리를 삼킬 것이요**
우리가 우리 하나님 여호와의 음성을 다시 들으면 죽을 것이라

26 무릇 육신을 가진 자가 우리처럼 사시는 하나님의 음성이 불 가운데서 발함을 듣고 생존한 자가 누구니이
까
27 ③ **당신은 가까이 나아가서** 우리 하나님 여호와의 하시는 말씀을 다 듣고 우리 하나님
여호와의 당신에게 이르시는 것을 다 우리에게 전하소서 우리가 듣고 행하겠나이다 하였느니라
28 여호와께서 너희가 내게 말할 때에 너희의 말하는 소리를 들으신지라 여호와께서 내게 이르시되
이 백성이 네게 말하는 그 말소리를 내가 들은즉 그 말이 다 옳도다
29 다만 그들이 항상 이 같은 마음을 품어 나를 경외하며 나의 모든 명령을 지켜서
그들과 그 자손이 영원히 복 받기를 원하노라
30 가서 그들에게 각기 장막으로 돌아가라 이르고

31 ④ **너는 여기 내 곁에 섰으라 내가 모든 명령과 규례와 법도를 네게 이르리니 너는 그것을**
그들에게 가르쳐서 내가 그들에게 기업으로 주는 땅에서 그들로 이를 행하게 하라 하셨나니

32 ⑤ **그런즉 너희 하나님 여호와께서 너희에게 명령하신대로** 너희는 삼가 행하여 좌로나 우로나 치우치지 말고
33 너희 하나님 여호와께서 너희에게 명하신 **모든 도를 행하라**
그리하면 너희가 삶을 얻고 **복을 얻어서 너희의 얻은 땅에서 너희의 날이 장구하리라**

셋째 단원의 중심점은, "하나님과 인간 사이의 중보자의 필요성"에 있습니다. 하나님은 시내산에 강림하셨습니다. 왜냐하면 그곳에 하나님의 백성들이 있기 때문입니다. 그런데 하나님은 무엇이라 말씀하셨는가? "너는 백성을 위하여 사면(四面)으로 지경(地境)을 정하고, 범하는 자는 정녕 죽임을 당할 것이라"(출 19:12) 하십니다. 하나님의 현현을 목격한 백성들은 무엇이라 말했는가? "이제 우리가 죽을 까닭이 무엇이니이까 이 큰 불이 우리를 삼킬 것이요 우리가 우리 하나님 여호와의 음성을 다시 들으면 죽을 것이라"(25) 하고 말했습니다. 무엇이 문제인가? "의와 불법이 어찌 함께 하며"(고후 6:14) 하심같이, 죄가 하나님과

사람 사이를 갈라놓았기 때문입니다.

도표를 보시면 "여호와의 음성을 다시 들으면 죽을 것이라"를 중심으로, ① "여호와께서 산 위 불 가운데, 구름 가운데, 흑암 가운데서 큰 음성으로" 말씀하시니, ② 백성들이 "여호와께서 그 영광과 위엄을 우리에게 보이시매, 이 큰 불이 우리를 삼킬 것이라" 하면서, ③ 모세에게 "당신에게 이르시는 것을 우리에게 전하소서" 말하고, ④ 하나님께서도 모세에게 "너는 여기 내 곁에 섰으라 내가 모든 명령과 규례와 법도를 네게 이르리니" 하십니다. ⑤ 결론은 "그런즉 너희는 삼가 너희에게 명하신 모든 도를 행하라 그리하면 너희가 삶을 얻고 복을 얻어서 너희의 얻은 땅에서 너희의 날이 장구하리라" 합니다.

셋째 단원(22-33) 하나님과 인간 사이의 중보자의 필요성

① "여호와께서 이 모든 말씀을 산 위 불 가운데, 구름 가운데, 흑암 가운데서 큰 음성으로 너희 총회에 이르신 후에 더 말씀하지 아니하시고 그것을 두 돌판에 써서 내게 주셨느니라 산이 불에 타며 캄캄한 가운데서 나오는 그 소리를 너희가 듣고"(22-23상),

② "너희 지파의 두령과 장로들이 내게 나아와 말하되 우리 하나님 여호와께서 그 영광과 위엄을 우리에게 보이시매 불 가운데서 나오는 음성을 우리가 들었고 하나님이 사람과 말씀하시되 그 사람이 생존하는 것을 오늘날 우리가 보았나이다"(23하-24),

㉠ "이제 우리가 죽을 까닭이 무엇이니이까 이 큰 불이 우리를 삼킬 것이요 우리가 우리 하나님 여호와의 음성을 다시 들으면 죽을 것이라 무릇 육신을 가진 자가 우리처럼 사시는 하나님의 음성이 불 가운데서 발함을 듣고 생존한 자가 누구니이까"(25-26) 하면서,

③ "당신은 가까이 나아가서 우리 하나님 여호와의 하시는 말씀을 다 듣고 우리 하나님 여호와의 당신에게 이르시는 것을 다 우리에게 전하소서 우리가 듣고 행하겠나이다"(27) 하고, 중보자가 되어주기를 간청했다는 것입니다.

④ 하나님께서도, "너희가 내게 말할 때에 너희의 말하는 소리를 들으신지라 여호와께서 내게 이르시되 이 백성이 네게 말하는 그 말소리를 내가 들은즉 그 말이 다 옳도다"(28) 하시면서,

㉠ "너는 여기 내 곁에 섰으라 내가 모든 명령과 규례와 법도를 네게 이르리니 너는 그것을 그들에게 가르쳐서 내가 그들에게 기업으로 주는 땅에서 그들로 이를 행하게 하라"(31) 하고, 중보자의 필요(必要)를 인정하셨다는 것입니다. 이처럼 죄로 말미암아 하나님과 단절이 된 인간은, 중보자와, 대속제물을 통해서만이 하나님과 교제가 가능하여졌던 것입니다. 그리하여 출애굽 당시는 모세가 중보자 역할을 감당하고, 아론이 대속제물을 드려줄 대제사장으로 세움을 입었던 것입니다.

㉡ 하나님께서 원하시는 바가 무엇인가? "다만 그들이 항상 이 같은 마음을 품어 나를 경외하며 나의 모든 명령을 지켜서 그들과 그 자손이 영원히 복 받기를 원하노라"(29) 하십니다. 즉 변함이 없는 마음으로 하나님을 경외하며, 중보자를 통하여 주신 말씀을 준행하여, 영원히 복 받기를 원하신다는 말씀입니다.

⑤ "그런즉 너희 하나님 여호와께서 너희에게 명령하신대로 너희는 삼가 행하여 좌로나 우로나 치우치지 말고"(32) 하십니다.

㉠ 신앙생활에 있어서 중요하고도 어려운 것이, "균형과, 조화"(調和)를 이루는 일입니다. 이것이 "좌로나 우로나 치우치지" 아니하는 것이요, 성숙한 그리스도인입니다. 그런데 거짓된 인간은, "믿음과 행함, 교회생활과 사회생활" 등 극단으로 치우치는 경향이 있는 것입니다.

㉡ "너희 하나님 여호와께서 너희에게 명하신 모든 도를 행하라 그

리하면 너희가 삶을 얻고 복을 얻어서 너희의 얻은 땅에서 너희의 날이 장구하리라"(33) 하고, 5장은 마칩니다. 이것이 "하나님과 인간 사이의 중보자의 필요성"인데, "중보자"에 대해서는 18장에서 자세하게 말씀하게 될 것입니다.

⑥ 묵상해보겠습니다.

㉠ 십계명의 서문에 나타난 구속사적 의미에 대해서,

㉡ 열조와 세우신 언약과 시내산 언약의 차이점과 관련성에 대해서,

㉢ 하나님과 인간 사이의 중보자의 필요성에 대해서.

6장

너는 마음을 다하여 하나님을 사랑하고, 가르치라

[5]너는 마음을 다하고 성품을 다하고 힘을 다하여 네 하나님 여호와를 사랑하라.

6장 안에는 주님께서, "크고 첫째 되는 계명"이라 하신, "너는 마음을 다하고 성품을 다하고 힘을 다하여 네 하나님 여호와를 사랑하라"(5) 하신 말씀이 있습니다. 이는 2세대들이 약속의 땅에 들어가서 지켜야할 율례와 법도를 한마디로 압축한 말씀이라 해도 과언이 아닙니다. 유대인들은 이를 쉐마라 하여 "손목에 매고 미간에 붙이고"(8) 다녔던 것입니다. 그런데 이처럼 형식적(形式的)으로는 철저하게 지켰지만 정작 그 뜻을 받드는 데는 실패하고 외식(外飾)주의적인 신앙으로 타락하고 말았던 것입니다. 또한 본문에는 주님께서 광야에서 사탄에게 시험을 당하실 때에 인용하심으로 물리치신, "하나님을 시험치 말라"(16) 하신 말씀이 들어있습니다. 그러므로 본문은 하나님을 경외하며 승리하는 삶을 살아가기를 열망하는 현대교회에도 크나큰 경계가 됩니다.

첫째 단원(1-9) **열조에게 언약하신 복을 얻으리라**
둘째 단원(10-19) **애굽에서 인도하여 내신 여호와를 잊지 말라**
셋째 단원(20-25) **후일에 이 규례와 법도가 무엇이뇨 하거든**

첫째 단원(1-9) 분석도표
주제 : 열조에게 언약하신 복을 얻으리라

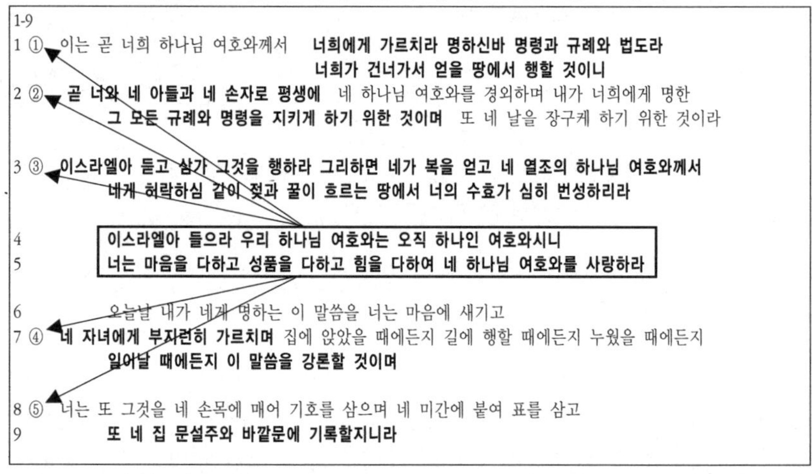

첫째 단원은 "쉐마"라 하여 신명기 전체의 명제(命題)라 할 수 있는 말씀입니다. "너희 하나님 여호와께서 너희에게 가르치라 명하신바 명령과 규례와 법도라 너희가 건너가서 얻을 땅에서 행할 것이니"(1) 합니다. 그러면 약속의 땅에 들어가서 지켜야할 "규례와 법도"의 내용이 무엇인가? 이를 한마디로 함축한 것이, "너는 마음을 다하고 성품을 다하고 힘을 다하여 네 하나님 여호와를 사랑하라"(5)는 말씀입니다.

도표를 보시면 "네 하나님 여호와를 사랑하라"는 말씀을 중심으로,

① "너희가 건너가서 행할 것이라", ② "너와 아들과 손자로 평생에 지키게 하기 위한 것이라", ③ "그것을 행하라 네가 복을 얻고 번성하리라", ④ "네 자녀에게 부지런히 가르치며", ⑤ "집 문설주와 바깥문에 기록할 지니라" 합니다.

첫째 단원(1-9) 열조에게 언약하신 복을 얻으리라

① "이는 곧 너희 하나님 여호와께서 너희에게 가르치라 명하신바 명령과 규례와 법도라"(1상) 합니다.

㉠ 다시 강조하면서 상기시킵니다만, 신명기에는 "규례와 법도"라는 말이 30회 정도나 등장합니다. 이를 윤리적으로만 생각하는 경향이 있는데, "너희가 건너가서 얻을 땅에서 행할 것이니"(1하) 하신 "규례와 법도" 안에는 윤리만이 아니라, 실체(實體)가 오시기까지 메시아언약을 망각하지 않게 하시려고 제정하신 제사(祭祀)제도도 바르게 준행해야만 했던 것입니다. 이것이 "규례(規例)와 법도"(法道)인 것입니다.

㉡ "속죄제, 화목제, 번제" 등은 윤리가 아니라, 그리스도께서 성취하여 주실 것에 대한 그림자로 주어진 것이요, 구약의 성도들이 믿고 준행함으로 구원에 이르게 되는 교리인 것입니다. 그럼에도 불구하고 윤리로만 생각하게 되는 것은 성경을 구속사라는 선(線)으로 보지 않고, 교훈적인 점(點)으로 보는 근시안적인 해석 때문입니다. 그렇게 한다면 하나님께서 모세를 통해서 율법을 주시기 이전에 아브라함, 이삭, 야곱에게 세워주신 메시아언약과 단절(斷絕)이 되고, 그리스도는 설자리가 없고, 복음은 실종이 되는 결과를 가져오게 됩니다. 이는 우려가 아니라 현대교회의 병폐이기도 합니다.

② "곧 너와 네 아들과 네 손자로 평생에 네 하나님 여호와를 경외하

며 내가 너희에게 명한 그 모든 〈규례와 명령〉을 지키게 하기 위한 것이며 또 네 날을 장구케 하기 위한 것이라"(2).

㉠ "너와 네 아들과 네 손자"라 말씀하십니다. 여기에는 3대가 나타나는데, 이는 실체가 오시기까지 메시아언약을 망각함이 없이 자자손손 계승(繼承)시켜 나아가야할 것을 가리킵니다. 그 한 예가 "유월절"을 대대로 지키라 하신 명령입니다. 2절 안에는 "위(爲)한 것"이란 말이 두 번 언급이 되어 있는데, "십계명의 돌비를 주시고, 성막 계시를 주신 것"은 인류를 구원하시려는 "우리들을 위해서" 라는 말씀입니다. 그래서 "네 날을 장구(長久)케 하기 위한 것이라"(2하) 하시는 것입니다.

③ "이스라엘아 듣고 삼가 그것을 행하라 그리하면 네가 복을 얻고 네 열조의 하나님 여호와께서 네게 허락하심 같이 젖과 꿀이 흐르는 땅에서 너의 수효가 심히 번성하리라"(3) 하십니다.

㉠ 이 축복 속에는 하나님께서 아브라함에게 세워주신 언약이 다 들어 있습니다. ㉮ 첫째로 "복을 받으리라" 하시는데, 하나님은 아브라함에게 "네 씨로 말미암아 천하 만민이 복(福)을 얻으리라" 하셨고, ㉯ "너의 수효가 심히 번성하리라" 하는데, 하나님은 아브라함에게 "네 씨로 크게 성(盛)하게 하여 하늘의 별과 같고 바닷가의 모래와 같게 하리니"(창 22:17-18) 하셨습니다. ㉰ 그래서 본문은, "열조(烈祖)의 하나님 여호와께서 네게 허락(許諾)하심 같이"(3) 하고 말씀하는 것입니다. 이것이 성경의 일관성(一貫性)이요, 통일성(統一性)입니다.

㉡ "이스라엘아 들으라 우리 하나님 여호와는 오직 하나인 여호와시니"(4) 합니다. ㉮ 이는 "여호와는 하나님이시요 그 외에 다른 신이 없다"(4:35), "상천하지에 다른 신이 없다"(4:39)는 유일신관(唯一神觀)을 선언하는 말이면서도, 이를 전후 문맥으로 보면, ㉯ 앞에서는, "열조의 하나님 여호와께서 네게 허락하심같이"(3) 하고 말씀하고, 뒤에서는 "네 열조 아브라함과 이삭과 야곱을 향하여 네게 주리라 맹세하신 땅"

(10)이라 말씀하는 것과 결부시켜보면, 아브라함의 하나님과 시내산의 하나님이 동일(하나)하신 하나님이라는 뜻도 함의 되어 있는 것입니다. 구약의 하나님은 우리들에게도 "오직 하나"인 하나님이십니다. 즉 영원토록 동일하신 하나님이시라는 말씀입니다.

㉢ 이렇게 말씀한 후에 중심주제가 되는, "너는 마음을 다하고 성품을 다하고 힘을 다하여 네 하나님 여호와를 사랑하라"(5) 하십니다. "오늘날 내가 네게 명하는 이 말씀을 너는 마음에 새기고"(6) 하고, "마음"이 강조되어 있는데, 신명기를 주의 깊게 관찰해보면 놀라울 정도로 "마음"이 강조되어 있는 것을 발견하게 될 것입니다. 그리고 그 "마음이, 사랑"과 결부되어 있음을 주목해야만 합니다. 영적 싸움이란 인간의 "마음"을 누가 소유하느냐 하는 두 세력 간의 싸움인 것입니다.

㉣ 이런 말씀은 의문(儀文)이 아니라 신령(神靈)인 것입니다. 왜냐하면 "이는 먹으로 쓴 것이 아니요 오직 살아계신 하나님의 영으로 한 것이며 또 돌비에 쓴 것이 아니요 오직 육의 심비(마음)에 한 것이라"(고후 3:3) 하고, 복음의 특성이 "마음"에 있음을 드러내고 있기 때문입니다. 보십시오. 율법의 대명사라 할 수 있는 모세는 외치기를, "너희는 마음에 할례를 행하라"(10:16) 합니다. 이는 사도 바울이 당시의 율법주의자들에게 외친(롬 2:29) 말입니다. 그러면 무엇인가? 구약교회에 주어진 "규례와 법도" 안에도 복음이 의문이라는 보자기에 싸여 있었다는 점을 나타냅니다.

④ "네 자녀에게 부지런히 가르치며 집에 앉았을 때에든지 길에 행할 때에든지 누웠을 때에든지 일어날 때에든지 이 말씀을 강론할 것이며"(7) 합니다.

㉠ "자녀에게 부지런히 가르치라" 한 내용은 십계명만이 아닙니다. 12절을 보십시오. "너는 조심하여 너를 애굽 땅 종 되었던 집에서 인도하여 내신 여호와를 잊지 말라" 하십니다. 20절을 보십시오. "후일에 네

아들이 네게 묻기를, 규례와 법도가 무슨 뜻이뇨 하거든 너는 네 아들에게 이르기를 우리가 옛적에 애굽에서 바로의 종이 되었더니" 하고, 유월절 어린양의 피로 구원 얻은 은총을 가르쳐주라 하십니다.

㉡ 왜 유월절을 지키라 하셨는가? "장래에 네 아들이 네게 묻기를 이것이 어찜이냐 하거든 너는 그에게 이르기를 여호와께서 그 손의 권능으로 우리를 애굽에서 곧 종 되었던 집에서 인도하여"(출 13:14) 내신 유월절의 구속의 은총을 자손 대대로 가르치기 위해서인 것입니다. 이 예표가, "너희가 이 떡을 먹으며 이 잔을 마실 때마다 주의 죽으심을 오실 때까지 전하는 것이니라"(고전 11:26) 하고, 실체로 성취될 때까지 계승시키기 위해서입니다.

⑤ "너는 또 그것을 네 손목에 매어 기호를 삼으며 네 미간에 붙여 표를 삼고 또 네 집 문설주와 바깥문에 기록할 지니라"(8-9) 합니다.

㉠ 어찌하여 "손목에 매고, 미간에 붙이고, 문설주와 바깥문에 기록하라" 하시는가? 잊지 않게 하기 위해서입니다. 주님께서 말씀하신 씨뿌리는 비유에서 보는 바대로 말씀을 빼앗으려는 도적이 있기 때문입니다. 구약교회 성도들은 문자대로 손목에 매고 미간에 붙이고 다녔으나 외식(外飾)으로 흐르고, 신약의 성도들은 들은 바 말씀을 한 주간도 기억하지를 못하고, "흘러 떠내려가고"(히 2:1) 있으니, "그리하면 네 열조의 하나님 여호와께서 네게 허락하신 복을 얻으리라"(3) 하신 복을 누가 얻을 것인가?

둘째 단원(10-19) 분석도표

주제 : 애굽에서 인도하여 내신 여호와를 잊지 말라

10-19
10 ① **네 하나님 여호와께서 네 열조 아브라함과 이삭과 야곱을 향하여 네게 주리라 맹세하신 땅으로**
너로 들어가게 하시고 네가 건축하지 아니한 크고 아름다운 성읍을 **얻게 하시며**
11 ② 네가 채우지 아니한 아름다운 물건이 가득한 집을 **얻게 하시며** 네가 파지 아니한 우물을
얻게 하시며 네가 심지 아니한 포도원과 감람나무를 **얻게 하사 너로 배불리 먹게 하실 때에**

12 **너는 조심하여 너를 애굽 땅 종 되었던 집에서 인도하여 내신 여호와를 잊지 말고**

13 네 하나님 여호와를 경외하며 섬기며 그 이름으로 맹세할 것이니라
14 ③ **너희는 다른 신들 곧 네 사면에 있는 백성의 신들을 좇지 말라**
15 너희 중에 계신 너희 하나님 여호와는 질투하시는 하나님이신즉
너희 하나님 여호와께서 네게 진노하사 너를 지면에서 멸절시키실까 두려워하노라
16 ④ **너희가 맛사에서 시험한것 같이 너희의 하나님 여호와를 시험하지 말고**
17 너희의 하나님 여호와께서 너희에게 명하신 명령과 증거하신 것과 규례를 삼가 지키며

18-19 여호와의 보시기에 정직하고 선량한 일을 행하라
⑤ **그리하면 네가 복을 얻고 여호와께서 네 열조에게 맹세하사 네 대적을 몰수히**
네 앞에서 쫓아내리라 하신 아름다운 땅을 들어가서 얻으리니 여호와의 말씀과 같으리라

첫째 단원의 중심점이 “마음을 다하여 하나님을 사랑하라”는 말씀에 있다면, 둘째 단원의 중심점은 “애굽에서 인도하여 내신 여호와를 잊지 말라”(12)는 말씀입니다. 애굽 땅 종 되었던 집에서 구원하여 주신 하나님을 잊지 않고 마음을 다하여 사랑한다면 무엇을 더 바랄 것이 있겠는가?

도표를 보시면 “애굽에서 인도하여 내신 여호와를 잊지 말라”는 말씀을 중심으로, ① “네 열조 아브라함과 이삭과 야곱에게 주리라 하신 것을 얻게 하시리라”, ② “아름다운 물건이 가득한 집을 얻게 하시며”, ③ 그러므로 “너희는 다른 신들 곧 네 사면에 있는 백성의 신들을 좇지 말라”, ④ “너희의 하나님 여호와를 시험하지 말라”, ⑤ “그리하면 네가 복을 얻고 여호와께서 열조에게 맹세하신 대적을 쫓아내리라” 하십니다.

둘째 단원(10-19) 애굽에서 인도하여 내신 여호와를 잊지 말라

① "네 하나님 여호와께서 네 열조 아브라함과 이삭과 야곱을 향하여 네게 주리라 맹세하신 땅으로 너로 들어가게 하시고 네가 건축하지 아니한 크고 아름다운 성읍을 얻게 하시며"(10),

㉠ 도표에 고딕체로 표시한 대로 10-11절 안에는, "네게 주리라, 들어가게 하시고, 얻게 하시며(10), 얻게 하시며, 얻게 하시며, 얻게 하사, 배불리 먹게 하실 때에"(11) 하는 말이 강조되어 있습니다. "네가 채우지 아니한 아름다운 물건이 가득한 집을 얻게 하시며 네가 파지 아니한 우물을 얻게 하시며 네가 심지 아니한 포도원과 감람나무를 얻게 하사 너로 배불리 먹게 하실 때에"(11) 하십니다.

② "너는 조심하여 너를 애굽 땅 종 되었던 집에서 인도하여 내신 여호와를 잊지 말고"(12 합니다.

㉠ 신명기에는 "잊지 말라"는 경계가 계속적으로 반복됩니다. 수고로운 줄도 모르고 반복적으로 강조해도 후손들이 잊어버리게 될 것을 알았기에, "네 하나님 여호와를 경외하며 섬기며 그 이름으로 맹세할 것이니라"(13) 합니다. "여호와의 이름으로 맹세한다"는 것은, "맹세는 저희 모든 다투는 일에 최후 확정(確定)이니라"(히 6:16) 한 대로, 이스라엘 백성들에게 있어서는 이를 어길 경우에는 죽임을 당해도 좋다는 최후 확증이었던 것입니다. 그런데도 그들은 망각하고야 말았던 것입니다.

③ 그렇다면 "여호와를 잊지 않는다"는 구체적인 의미가 무엇인가? "너희는 다른 신들 곧 네 사면에 있는 백성의 신들을 좇지 말라"(14)는 우상숭배입니다.

㉠ 참으로 안타깝고 답답한 것은 "우상숭배"를 십계명의 한 조문을 범하는 것으로 여기는 교훈적인 관점입니다. 우상을 숭배함으로 복을

받으려는 행위는, 그리스도를 통하여 복을 주시려는 메시아언약에 대한 배반이라는 점에 확고해야만, 모세 5경이나 역사서를 통해서 말씀하시려는 바를 바로 깨닫게 되는 것입니다.

㉡ "너희 중에 계신 너희 하나님 여호와는 질투하시는 하나님이신즉 너희 하나님 여호와께서 네게 진노하사 너를 지면에서 멸절시키실까 두려워하노라"(15) 합니다. "지면에서 멸절하신다"는 말은 심판을 가리키는 말씀인데, 신구약시대를 막론하고 "멸망"을 당하는 원인은 오직 하나님과 죄인 사이의 중보자요, 대속자이신 그리스도를 배척하기 때문입니다.

④ "너희가 맛사에서 시험한 것 같이 너희의 하나님 여호와를 시험하지 말고"(16) 합니다.

㉠ 이 구절은 주님께서 사탄에게 시험을 당하실 때에, "기록되었으되 주 너의 하나님을 시험치 말라 하였느니라"(마 4:7) 하고 물리치신 말씀입니다. 누군가를 시험한다는 것은 의심의 여지가 있기 때문입니다. 그러므로 "우상숭배와, 하나님 시험"은 결국 하나님의 언약에 대한 불신앙에서 연유되는 것입니다.

㉡ 그래서 "너희의 하나님 여호와께서 너희에게 명하신 명령과 증거하신 것과 규례를 삼가 지키며 여호와의 보시기에 정직하고 선량한 일을 행하라"(17-18) 하는 것입니다.

⑤ 그리하여 둘째 단원의 결론은, "그리하면 네가 복을 얻고 여호와께서 네 열조에게 맹세하사 네 대적을 몰수히 네 앞에서 쫓아내리라 하신 아름다운 땅을 들어가서 얻으리니 여호와의 말씀과 같으리라"(19) 하고 마치고 있습니다.

㉠ 둘째 단원을 마치기 전에 다시 한 번 강조하기를 원하는 것은, "네 열조에게 맹세하사(19), 네 열조 아브라함과 이삭과 야곱에게 주리라 맹세하신 땅"(10)이라는 표현 속에 함의 되어 있는 의미입니다. 하

나님은 아브라함에게 단순히 "땅"만을 주겠다 하신 것이 아닙니다. 중요한 것은 그의 자손으로 그리스도를 보내주시겠다 는데 있습니다. "가나안 땅"은 그리스도가 탄생하실 처소를 마련하심이었던 것입니다. 그래서 "애굽에서 인도하여 내신 여호와를 잊지 말라" 하시는 것입니다.

셋째 단원(20-25) 분석도표

주제 : 후일에 네 자손이 이 규례와 법도가 무엇이뇨 하거든

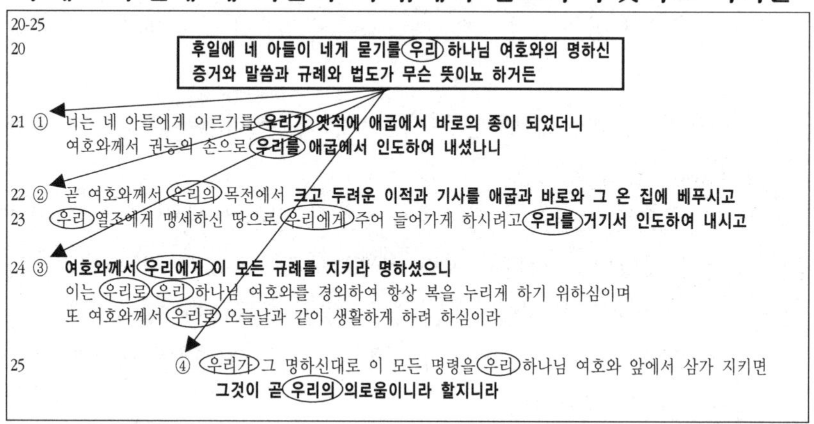

셋째 단원의 중심점은 여호와께서 명하신 "규례와 법도"를 자신들만이 준행할 것이 아니라, "후일에 네 아들이 네게 묻기를 우리 하나님 여호와의 명하신 증거와 말씀과 규례와 법도가 무슨 뜻이뇨 하거든"(20), 자손 대대로 전수하라는데 있습니다.

도표를 보시면 "규례와 법도가 무슨 뜻이뇨 하거든"을 중심으로, ① "우리가 옛적에 애굽에서 바로의 종이 되었더니 여호와께서 권능의 손으로 우리를 애굽에서 인도하여 내셨나니", ② "크고 두려운 이적과 기사로 우리를 인도하여 내시고", ③ "우리에게 이 모든 규례를 지키라 명하셨으니", ④ "삼가 지키면 우리의 의로움이니라 할지니라" 하십니다.

셋째 단원(20-25) 후일에 네 자손이 이 규례와 법도가 무엇이뇨 하거든

"후일에 네 아들이 네게 묻기를 우리 하나님 여호와의 명하신 증거와 말씀과 규례와 법도가 무슨 뜻이뇨 하거든"(20),

① "너는 네 아들에게 이르기를 우리가 옛적에 애굽에서 바로의 종이 되었더니 여호와께서 권능의 손으로 우리를 애굽에서 인도하여 내셨나니"(21),

㉠ 자손 대대로 잊지 않도록 전해주어야 할 요점이, "여호와께서 권능의 손으로 우리를 애굽에서 인도하여 내셨다"는 출애굽 사건이라는 점을 명심해야만 하겠습니다.

② "곧 여호와께서 우리의 목전에서 크고 두려운 이적과 기사를 애굽과 바로와 그 온 집에 베푸시고 우리 열조에게 맹세하신 땅으로 우리에게 주어 들어가게 하시려고 우리를 거기서 인도하여 내시고"(22-23) 합니다.

㉠ 하나님이 베푸신 "크고 두려운 이적"이 무엇인가? 넓은 의미로는 10가지 재앙 전부로 볼 수도 있지만, "두려운 이적과 기사"로, 우리를 거기서 인도하여 내셨다(22-23)는 결정적인 이적은 장자를 멸한 유월절의 밤을 염두에 두고 한 말씀임이 분명합니다.

③ 이렇게 인도하여 내시고, "여호와께서 우리에게 이 모든 규례를 지키라 명하셨다"(24상)는 것입니다.

㉠ 그러면 지켜야할 "모든 규례"가 무엇인가? 이는 십계명만이 아닙니다. 21-22절 안에는 "애굽에서 인도하여 내었다"는 말이 세 번이나 강조되어 있습니다. 애굽 바로의 종이 되었던 자들을 인도하여 내신 것은 "십계명"이 아닙니다. "오직 유월절 어린양의 피"로 말미암아서입니다.

㉡ 출애굽기 6장에서는 저들의 신분(身分)을, ㉮ "이스라엘 자손", ㉯ "애굽 사람의 종", ㉰ "너희로 내 백성을 삼고"(출 6:6, 5, 7), 즉 하

나님의 백성을 삼으셨다 하고 세 방면으로 진술하고 있습니다. 본래는 야곱의 자손이었는데 바로의 노예가 된 것을, 하나님의 백성으로 삼아 주셨다는 말씀입니다. 이는 오직 유월절 어린양의 피로 "구속"(출 6:6) 하심으로 말미암아 가능하여졌던 것입니다.

㉢ 그러므로 자손 대대로 지켜야할 규례는 첫째가 "유월절"입니다. 이점이 왜 중요하냐하면 예수 그리스도께서, "내가 고난을 받기 전에 너희와 함께 이 유월절 먹기를 원하고 원하였노라"(눅 22:15) 하고 말씀하시기 때문입니다. 주님은 구약시대 내내 지켜온 유월절이라는 예표가 주님의 십자가의 고난을 통해서 성취가 된다는 점을 제자들이 깨닫기를 원하셨던 것입니다. 그리고 이를 잊지 않게 하기 위해서 "성찬"을 행하여 기념하라 명하셨던 것입니다. 그런데도 복음을 옆으로 밀어놓거나 망각하고 있다니, 악순환의 반복이라고 밖에는 달리는 설명할 길이 없는 것입니다.

④ 그리고 도달하게 되는 결론(結論)은, "우리가 그 명하신대로 이 모든 명령을 우리 하나님 여호와 앞에서 삼가 지키면 그것이 곧 우리의 의로움이니라"(25) 하신, "의로움"입니다.

㉠ "그것이 곧 우리의 의로움이니라" 한 뜻이 무엇인가? 이에 대한 해석은 우리에게 지키라 하신 "이 모든 명령"(25상)을 무엇으로 보느냐에 따라 달라집니다. 만일 "십계명"으로 한정을 한다면 행위 구원론이 되어 성경 전체 교리와 상충이 됩니다. 앞에서도 지적한 대로 6장 안에는 "열조의 하나님(3), 곧 아브라함과 이삭과 야곱"(10)의 하나님과, "애굽"에서 인도하여 내셨다는 말이 4번(12, 21, 21, 22)이나 강조되어 있습니다. 이런 문맥에서, "삼가 지키면 그것이 곧 우리의 의로움이니라"(25) 하고 말씀한다면 이는, "유월절 어린양"을 통한 구속의 은총을 잊지 않는다면, 하나님과 바른 관계를 유지할 수 있다는 뜻으로 보아야할 것입니다. 구약의 성도들도 메시아언약 안에서 하나님과의 관계를 유지

할 수가 있었기 때문입니다.

ⓛ 그리하면 "이는 우리로 우리 하나님 여호와를 경외하여 항상 복을 누리게 하기 위하심이며 또 여호와께서 우리로 오늘날과 같이 생활하게 하려 하심이라"(24하) 합니다. 이점을 8:16절에서는, "이는 다 너를 낮추시며 너를 시험하사 마침내 네게 복을 주려 하심이었느니라" 하십니다. 이것이 "후일에 네 자손이 이 규례와 법도가 무엇이뇨 하거든" 말해주어야 할 복음입니다.

ⓒ 마지막으로 부언해야 할 말씀이 있습니다. 셋째 단원에는 여섯 절 안에 "우리"라는 말이 14번이나 나옵니다. 형제는 출애굽한 사람의 총 수효가 몇 명이나 된다고 생각하십니까? 수 억 명은 될 것이라고 말을 합니다. 왜냐하면 이스라엘 백성들은 자손 대대로, "우리가 옛적에 애굽에서 바로의 종이 되었더니 여호와께서 권능의 손으로 우리를 애굽에서 인도하여 내셨다"(21) 하고 고백하고 있기 때문입니다. 이 공동체 의식, 연대의식, 정체성의 확립이 2천년 만에 나라를 회복하는 기적을 낳았던 것입니다. 이것이 "후일에 네 자손이 이 규례와 법도가 무엇이뇨 하거든" 말해주어야 할 규례와 법도입니다.

⑤ 묵상해보겠습니다.

㉠ 약속의 땅에 들어가서 잊지 말아야할 점이 무엇인가?

ⓛ 자녀들에게 부지런히 가르쳐야할 쉐마가 무엇인가?

ⓒ 지켜야할 규례와, 우리의 의로움이 무엇인가?

7장

성민의 정체성을 망각하지 말라

[8]여호와께서 다만 너희를 사랑하심을 인하여, 또는 너희 열조에게 하신 맹세를 지키려 하심을 인하여 자기의 권능의 손으로 너희를 인도하여 내시되 너희를 그 종 되었던 집에서 애굽 왕 바로의 손에서 속량하셨나니.

제2세대들은 약속의 땅 가나안을 목전(目前)에 두고 있고, 불원간 입성(入城)하게 될 것입니다. 그런데 가나안은 비어 있는 곳이 아닙니다. 가나안의 원주민(原住民)들인 일곱 족속들이 살고 있는 곳입니다. 문제는 이들이 패역하여 죄악이 관영한 땅이라는 사실입니다. 비유컨대 하나님의 백성들이 전염병(傳染病)이 창궐하고 있는 지역으로 들어가는 것과 같은 위험성이 있다는 점입니다.

그래서 본문에는 "그들을 진멸하라"(2, 16, 23, 24)는 말씀이 강조되어 있습니다. 이를 잔인한 살상행위로 여겨서는 아니 됩니다. 하나님은 일찍이 아브라함에게 가나안 땅을 4백년 후에야 주시겠다고 말씀하셨습니다. 왜냐하면 "이는 (가나안의 대표적인) 아모리 족속의 죄악이 아직 관영치 아니하기"(창 15:16) 때문이라는 것입니다. 그러므로 저들을 진멸하라 하심은 소돔 고모라를 유황불로 멸하심과 같은 심판이었던 것입니다. 다만 심판을 하시되 천사를 통해서가 아니라 여호와의 군대로 하여금 시행하게 하셨던 것입니다. 왜냐하면 가나안 정복이라는 이를 들어 전투하는 교회의 예표로 보여주시기 위해서입니다. 그러므로 심판은 가나안 원주민들에게만 해당이 되는 것이 아니라, "너는 가증한 것을 네 집에 들이지 말라 너도 그와 같이 진멸당할 것이 될까 하노라"(26) 하고 경고하시는 것입니다.

그러므로 경계하시기를, ㉠ 진멸하라, ㉡ 무슨 언약도 말라, ㉢ 그들과 통혼하지 말라 하십니다. 왜냐하면 "그가 네 아들을 유혹하여 다른 신들을 섬기게 하므로 여호와께서 너희에게 진노하사 갑자기 멸하실 것"(4)이기 때문입니다.

이는 소극적인 면이고 적극적으로, 죄악이 관영한 땅을 변하여 거룩한 땅으로 만드시려는 것입니다. 그래서 "너는 여호와 네 하나님의 성민(聖民)이라 네 하나님 여호와께서 지상 만민 중에서 너를 자기 기업의 백성으로 택하셨나니"(6) 하십니다. 그러면 이스라엘을 성민으로 택하신 목적이 무엇인가? 그 민족을 통해서 그리스도를 보내셔서 천하 만민을 구원하시기 위해서인 것입니다. 그러므로 본장 안에는 "네 열조에게 맹세하신 언약"이라는 말이 3번(8, 12, 13)이나 강조되어 있습니다. 그래서 본장의 주제가 "성민의 정체성을 망각하지 말아라"가 될 수가 있습니다.

첫째 단원(1-5) **가나안 족속에게 동화되지 말라**

둘째 단원(6-16) **너는 여호와 네 하나님의 성민이라**

셋째 단원(17-26) **너희 하나님 여호와가 너희 중에 계심이라**

첫째 단원(1-5) 분석도표
주제 : 가나안 족속에게 동화되지 말라

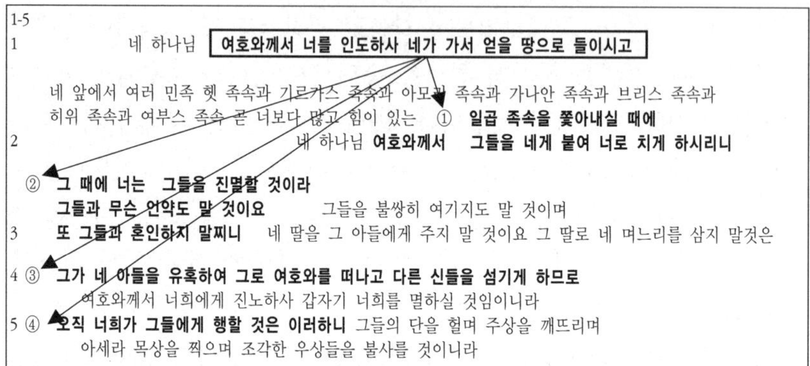
1-5
1 네 하나님 **여호와께서 너를 인도하사 네가 가서 얻을 땅으로 들이시고**
네 앞에서 여러 민족 헷 족속과 기르가스 족속과 아모리 족속과 가나안 족속과 브리스 족속과
히위 족속과 여부스 족속 곧 너보다 많고 힘이 있는 ① **일곱 족속을 쫓아내실 때에**
2 네 하나님 **여호와께서 그들을 네게 붙여 너로 치게 하시리니**
② **그 때에 너는 그들을 진멸할 것이라**
그들과 무슨 언약도 말 것이요 그들을 불쌍히 여기지도 말 것이며
3 **또 그들과 혼인하지 말찌니** 네 딸을 그 아들에게 주지 말 것이요 그 딸로 네 며느리를 삼지 말것은
4 ③ **그가 네 아들을 유혹하여 그로 여호와를 떠나고 다른 신들을 섬기게 하므로**
여호와께서 너희에게 진노하사 갑자기 너희를 멸하실 것임이니라
5 ④ **오직 너희가 그들에게 행할 것은 이러하니** 그들의 단을 헐며 주상을 깨뜨리며
아세라 목상을 찍으며 조각한 우상들을 불사를 것이니라

첫째 단원의 중심점은 "가나안 족속에게 동화되지 말라"는데 있습니다. 이점이 "진멸하라, 언약도 말 것이요, 혼인하지 말라"는 말씀에 나타납니다. 왜냐하면 유혹하여 "다른 신"을 섬기게 할 것이기 때문이라는 것입니다.

도표를 보시면 "여호와께서 얻을 땅으로 들이시고"를 중심으로, ① "일곱 족속을 좇아내실 때에", ② "그들을 진멸할 것이라", ③ 왜냐하면 "다른 신을 섬기도록" 유혹을 할 것이기 때문이요, ④ "오직 너희가 행할 것은" 우상을 훼파하라 하십니다. 왜 이렇게 행해야만 하는가? 하나님의 성민(聖民)이기 때문입니다.

첫째 단원(1-5) 가나안 족속에게 동화되지 말라

"네 하나님 여호와께서 너를 인도하사 네가 가서 얻을 땅으로 들이시고"(1상),

① "네 앞에서 여러 민족 헷 족속과 기르가스 족속과 아모리 족속과 가나안 족속과 브리스 족속과 히위 족속과 여부스 족속 곧 너보다 많고 힘이 있는 일곱 족속을 쫓아내실 때에"(1하),

② "네 하나님 여호와께서 그들을 네게 붙여 너로 치게 하시리니 그 때에 너는 그들을 진멸할 것이라"(2상),

㉠ "그들과 무슨 언약도 말 것이요 그들을 불쌍히 여기지도 말 것이며"(2하),

㉡ "또 그들과 혼인하지 말지니 네 딸을 그 아들에게 주지 말 것이요 그 딸로 네 며느리를 삼지 말 것은"(3),

③ "그가 네 아들을 유혹하여 그로 여호와를 떠나고 다른 신들을 섬기게 하므로 여호와께서 너희에게 진노하사 갑자기 너희를 멸하실 것임이니라"(4) 하십니다.

㉠ 여기 "다른 신을 섬김과, 멸하심"이 함께 등장하는데, 또다시 강조해야만 하겠습니다. 이는 "네 열조에게 맹세하신 언약"(12), 즉 메시아언약을 떠나 우상을 숭배하게 되면 "멸망"을 당하게 된다는 경고인 것입니다.

㉡ 그런데 모세와 여호수아 이후의 역사는 어떠했는가? 사사시대에 이르러서는 "그들의 딸들을 취하여 아내를 삼으며 자기 딸들을 그들의 아들에게 주며 또 그들의 신들을 섬겼더라"(삿 3:6) 합니다. 그러다가 예루살렘이 심판을 당한 것입니다. 포로에서 귀환한 후에는 어떠했는가? "그들의 딸을 취하여 아내와 며느리를 삼아 거룩한 자손으로 이방 족속과 서로 섞이게 하는 데 방백들과 두목들이 이 죄에 더욱 으뜸이 되었다 하는지라"(스 9:2) 합니다. 어떤 마음이 드십니까? 전적타락 한 인간은 구제불능이라는 마음이 들지 않습니까? 이점을 인정하는 것이 신앙의 출발점입니다. 그래서 "사람으로는 할 수 없으되 하나님으로서는 다 하실 수 있느니라"(마 19:26) 하시는 것입니다.

④ 그런데 우리가 결단해야할 일이 있습니다. “오직 너희가 그들에게 행할 것은 이러하니 그들의 단을 헐며 주상을 깨뜨리며 아세라 목상을 찍으며 조각한 우상들을 불사를 것이니라”(5) 하시는 것입니다.

㉠ 이 경계를 모르는 설교자는 한 사람도 없을 것입니다. 문제는 우리에게 있는 가나안의 일곱 족속은 누군가 하는 점입니다. 하나님의 존재를 인정하지 않는 인본주의 사상과 세속문화입니다. 그래서 “이 세상이나 세상에 있는 것들을 사랑치 말라 누구든지 세상을 사랑하면 아버지의 사랑이 그 속에 있지 아니하니(요일 2:15), 간음하는 여자들이여 세상과 벗된 것이 하나님의 원수임을 알지 못하느뇨(약 4:4), 그러므로 땅에 있는 지체를 죽이라 곧 음란과 부정과 사욕과 악한 정욕과 탐심이니 탐심은 우상숭배니라”(골 3:5), 즉 세속화(世俗化) 되지 말라고 경계하는 것입니다.

㉡ 그러면 산속으로 들어가고, “세상 밖으로 나가야”(고전 5:10) 한단 말인가? 아닙니다. 그렇게 하는 일은 쉬운 일입니다. 주님은 적극적으로, “너희는 세상의 소금이니, 너희는 세상의 빛이라”(마 5:13, 14) 하고 말씀하십니다. 너희가 아니면 세상은 부패하고, 암흑(暗黑)이 된다는 그런 뜻입니다. 문제는 그리스도인들이 각 방면에 많이 보냄을 받았음에도 이처럼 온 세상이 어두운 것은 빛의 역할을 감당하지 못하기 때문이요, 소금이 맛을 잃어버렸기 때문에 불신 세력에게 조롱과 멸시를 받으면서 밟히고 있다는 점입니다. 한마디로 현대교회는 가나안에 동화되고 말았다는 것입니다. 그 결과는 어떻게 될 것인가? 그 답이 “갑자기 너희를 멸하실 것”(4), 즉 주님이 도적같이 오셔서 심판하시게 되리라는 경고입니다.

㉢ 그러면 “단을 헐며, 주상을 깨뜨리며, 아세라 목상을 찍으며 조각한 우상들을 불살으라” 하신 우상들은 어디에 있는가? 솔로몬도, 므낫세도 우상을 성전 안에 세웠다는 점을 유념할 필요가 있습니다. 찍어

버려야 할 우상은 교회 안에 도사리고 있는 것입니다. 그리고 우리의 마음속에 있다는 점을 명심해야만 하겠습니다. 이것이 "가나안 족속에게 동화되지 말라"는 뜻입니다.

둘째 단원(6-17) 분석도표

주제 : 너는 여호와 네 하나님의 성민이라

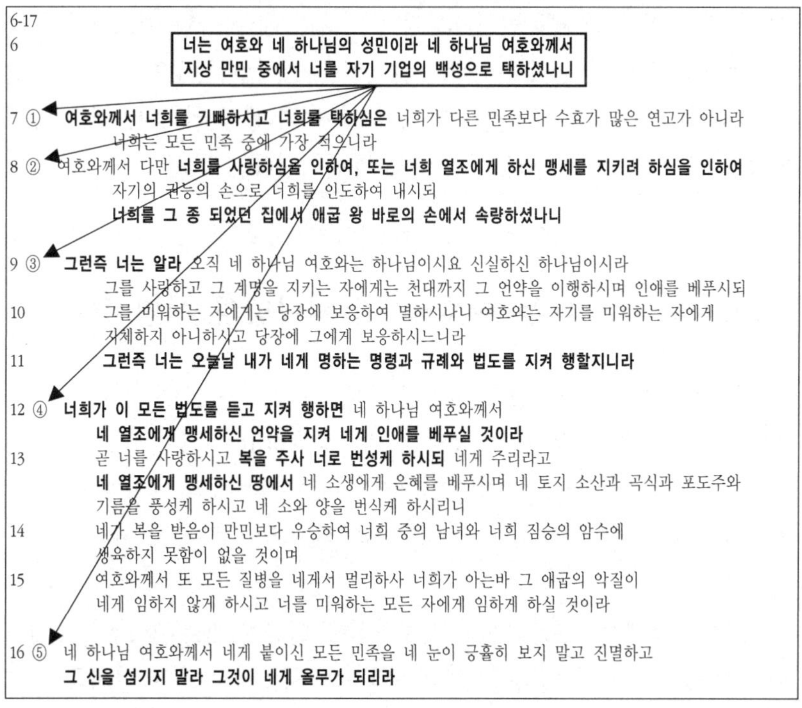

둘째 단원의 중심점은 "너는 여호와 네 하나님의 성민(聖民)이라"는 말씀에 있습니다. 여기에는 "너 자신을 알라, 네 정체성을 망각하지 말라"는 의미가 있습니다. 이는 신명기를 통한 경계를 한마디로 요약하는 말씀이라 해도 과언이 아닙니다.

도표를 보시면 "너는 여호와 네 하나님의 성민이라"를 중심으로, ① "여호와께서 너희를 택하심은 다른 민족보다 수효가 많은 연고가 아니라 너희는 모든 민족 중에 가장 적으니라", ② "다만 너희를 사랑하심을 인하여, 또는 너희 열조에게 하신 맹세를 지키려 하심을 인하여" 너희를 그 종 되었던 바로의 손에서 속량하셨나니 합니다. ③ "그런즉 너는 알라 오직 네 하나님 여호와는 하나님이시요 신실하신 하나님이시라", ④ "너희가 이 모든 법도를 듣고 지켜 행하면 네 하나님 여호와께서 네 열조에게 맹세하신 언약을 지켜 네게 인애를 베푸실 것이라", ⑤ 만일 이를 망각하게 되면 "그것이 네게 올무가 되리라" 하십니다. 왜 이렇게 해야만 하는가? "여호와의 성민"이기 때문입니다.

둘째 단원(6-17) 너는 여호와 네 하나님의 성민이라

"너는 여호와 네 하나님의 성민이라 네 하나님 여호와께서 지상 만민 중에서 너를 자기 기업의 백성으로 택하셨나니"(6),

① "여호와께서 너희를 기뻐하시고 너희를 택하심은 너희가 다른 민족보다 수효가 많은 연고가 아니라 너희는 모든 민족 중에 가장 적으니라"(7),

② "여호와께서 다만 너희를 사랑하심을 인하여, 또는 너희 열조에게 하신 맹세를 지키려 하심을 인하여 자기의 권능의 손으로 너희를 인도하여 내시되 너희를 그 종 되었던 집에서 애굽 왕 바로의 손에서 속량하셨나니"(8) 합니다.

㉠ 7절에서는 "너희를 기뻐하시고 너희를 택하셨다" 말씀하고, 8절에서는 "너희를 사랑하심을 인하여, 또는 너희 열조에게 하신 맹세를 지키려 하심을 인하여" 라고 말씀합니다. 이 네 마디 말씀은 모두가 영

광스러운 말씀들인데 그런 중에서도 핵심이 어디에 있다고 여겨지십니까? "열조에게 하신 맹세를 지키려 하심을 인하여" 라는 언약(言約)입니다. 이는 아브라함과 이삭과 야곱에게 세워주신 메시아언약을 지키시기 위해서 모든 민족 중에서 가장 적은 이스라엘을 선민으로 택하셨다는 것입니다.

ⓛ 그런데 택하심이 다가 아니라, "애굽 바로의 손에서 속량하셨나니", 즉 구속하여 주셨다고 말씀하십니다. 이처럼 하나님의 "택하심과, 구속"함을 받았다는 것은 "너희를 기뻐하시고, 너희를 사랑하심을 인하여" 라는 영광스러움이지만, 성민이라는 정체성을 지켜야 한다는 막중한 책임(責任)이 수반한다는 점을 인식해야만 하는 것입니다. 이점은 신약의 성도들에게도 적용이 되는 영광스러움과 책임인 것입니다.

ⓒ 신약성경은 "그 기쁘신 뜻대로 우리를 예정하사 예수 그리스도로 말미암아 자기의 아들들이 되게 하셨으니, 이는 그의 사랑하시는 자 안에서 우리에게 거저 주시는 바 그의 은혜의 영광을 찬미하게 하려는 것이라"(엡 1:5-6) 합니다. 하나님께서 나 같은 죄인을 택하신 것은 자격이 있어서가 아니라, 사랑하시고, 그것이 하나님의 기쁘신 뜻이기 때문이라고 밖에는 달리는 설명할 길이 없는 것입니다.

③ "그런즉 너는 알라"(9상), 내 말을 알아들었느냐? 그렇다면 "오직 네 하나님 여호와는 하나님이시요 신실하신 하나님이시라 그를 사랑하고 그 계명을 지키는 자에게는 천대까지 그 언약을 이행하시며 인애를 베푸시되"(9하),

ⓖ "그를 미워하는 자에게는 당장에 보응하여 멸하시나니 여호와는 자기를 미워하는 자에게 지체하지 아니하시고 당장에 그에게 보응하시느니라"(10) 하십니다. 이런 말씀을 대할 때에 폭군과 같은 하나님으로 여겨서는 아니 됩니다. 성경은 "하나님은 사랑이시라" 하고 말씀합니다. 그러므로 자기 아들을 대속제물로 내어주시려는 하나님의 사랑을 배척

하는 자들이 당하게 될 징벌이 어떠할 것인가를 가리키는 말씀인 것입니다. 그래서 "그런즉 너는 오늘날 내가 네게 명하는 명령과 규례와 법도를 지켜 행할 지니라"(11) 하시는 것입니다. 지켜야할 "규례와 법도"가 무엇인가에 대해서 또다시 재론을 해야 한단 말인가?

④ "너희가 이 모든 법도를 듣고 지켜 행하면 네 하나님 여호와께서 네 열조에게 맹세하신 언약을 지켜 네게 인애를 베푸실 것이라"(12) 한 말씀에 그 답이 들어 있습니다.

㉠ "열조(烈祖)에게 맹세하신 아브라함 언약"(言約)과, "너희에게 영원한 언약(言約)을 세우리니 곧 다윗에게 허락한 확실한 은혜니라"(사 55:3) 한, 아브라함과 다윗에게 세워주신 두 번의 언약은 동일한 메시아언약이면서 하나님의 교회에 있어서는 "진리의 기둥과 터"(딤전 3:15)가 되는 말씀입니다.

㉡ 이를 지켜 행하면, "곧 너를 사랑하시고 복을 주사 너로 번성케 하시되 네게 주리라고 네 열조에게 맹세하신 땅에서 네 소생에게 은혜를 베푸시며 네 토지소산과 곡식과 포도주와 기름을 풍성케 하시고 네 소와 양을 번식케 하시리니 네가 복을 받음이 만민보다 우승하여 너희 중의 남녀와 너희 짐승의 암수에 생육하지 못함이 없을 것이며 여호와께서 또 모든 질병을 네게서 멀리하사 너희가 아는바 그 애굽의 악질이 네게 임하지 않게 하시고 너를 미워하는 모든 자에게 임하게 하실 것이라"(13-15) 하십니다. 이 복이 신약의 성도들에게는 신령한 은혜로 주어지는 것입니다.

⑤ 그러므로 둘째 단원의 결론은, "네 하나님 여호와께서 네게 붙이신 모든 민족을 네 눈이 긍휼히 보지 말고 진멸하고 그 신을 섬기지 말라 그것이 네게 올무가 되리라"(16) 하는 말씀입니다. 이는 첫째 단원에서 말씀하신, "가나안 족속에게 동화되지 말고, 네 정체성을 지키라"는 말씀과 같은 뜻인 것입니다. 이 말씀의 거울에 비춰진 현대교회의

자화상(自畵像)은 어떠할 것인가? 이것이 "너는 여호와 네 하나님의 성민이라"는 뜻입니다.

셋째 단원(17-26) 분석도표
주제 : 너희 하나님 여호와가 너희 중에 계심이라

17-26
17 ① 네가 혹시 심중에 이르기를 **이 민족들이 나보다 많으니 내가 어찌 그를 쫓아 낼 수 있으리요**
하리라마는
18 ② **그들을 두려워 말고 네 하나님 여호와께서 바로와 온 애굽에 행하신 것을 잘 기억하되**
19 네 하나님 여호와께서 너를 인도하여 내실 때에 네가 목도한 큰 시험과 이적과 기사와 강한 손과
편 팔을 기억하라 그와 같이 네 하나님 여호와께서 네가 두려워하는 모든 민족에게 행하실 것이요

20 ③ **네 하나님 여호와께서 또 왕벌을 그들 중에 보내어** 그들의 남은 자와 너를 피하여 숨은 자를
멸하시리니
21 **너는 그들을 두려워 말라 너희 하나님 여호와 곧
크고 두려운 하나님이 너희 중에 계심이니라**

22 네 하나님 여호와께서 이 민족들을 네 앞에서 점점 쫓아내시리니 너는 그들을 급히 멸하지 말라
두렵건대 들짐승이 번성하여 너를 해할까 하노라

23 ④ **네 하나님 여호와께서 그들을 네게 붙이시고** 그들을 크게 요란케 하여 필경은 진멸하시고
24 그들의 왕들을 네 손에 붙이시리니 너는 그 이름을 천하에서 제하여 버리라
너를 당할 자가 없이 네가 필경은 그들을 진멸하리라
25 ⑤ **너는 그들의 조각한 신상들을 불사르고** 그것에 입힌 은이나 금을 탐내지 말며 취하지 말라 두렵건대
네가 그것으로 인하여 올무에 들까 하노니 이는 네 하나님 여호와의 가증히 여기시는 것임이니라
26 **너는 가증한 것을 네 집에 들이지 말라 너도 그와 같이 진멸 당할 것이 될까 하노라**
너는 그것을 극히 꺼리며 심히 미워하라 그것은 진멸 당할 것임이니라

셋째 단원의 중심점은 "하나님이 너희 중에 계심이니라"에 있습니다. 도표를 보시면 이 말씀을 중심으로, ① 저들은 "나보다 강한 자를 어찌 쫓아 낼 수 있으리요" 하고 염려하지만, ② "그들을 두려워 말고 네 하나님 여호와께서 바로와 온 애굽에 행하신 것을 잘 기억하라", ③ "여호와께서 또 왕벌을 그들 중에 보내어" 요란케 하시겠다, ④ "네 하나님 여호와께서 그들을 네게 붙이시리니", ⑤ "너는 그들의 조각한 신상들을 불사르고 그것에 입힌 은이나 금을 탐내지 말며 취하지 말라, 올무에 들까 하노라" 하십니다. 왜 이렇게 행해야만 하는가? "여호와가 너희

중에 계시기 때문"입니다.

셋째 단원(17-26) 너희 하나님 여호와가 너희 중에 계심이라

① "네가 혹시 심중에 이르기를 이 민족들이 나보다 많으니 내가 어찌 그를 쫓아 낼 수 있으리요 하리라마는"(17),

② "그들을 두려워 말고 네 하나님 여호와께서 바로와 온 애굽에 행하신 것을 잘 기억하되"(18),

㉠ 즉 출애굽의 행사를 기억하라 하십니다. "네 하나님 여호와께서 너를 인도하여 내실 때에 네가 목도한 큰 시험과 이적과 기사와 강한 손과 편 팔을 기억하라 그와 같이 네 하나님 여호와께서 네가 두려워하는 모든 민족에게 행하실 것이요"(19),

③ "네 하나님 여호와께서 또 왕벌을 그들 중에 보내어 그들의 남은 자와 너를 피하여 숨은 자를 멸하시리니"(20) 하십니다.

㉠ "왕벌"이란 언급은 출애굽기 23:28절과, 여호수아 24:12절에도 있습니다. 이 왕벌이 구체적으로 무엇을 가리키는지는 알 수가 없지만, 23절에서 "그들을 크게 요란케 하여" 하신 것임에는 분명합니다. 그러므로 "너는 그들을 두려워 말라 너희 하나님 여호와 곧 크고 두려운 하나님이 너희 중에 계심이니라"(21) 합니다. 이점을 시편에서는,

하나님이 그 성중에 거하시매 성이 요동치 아니할 것이라
새벽에 하나님이 도우시리로다
이방이 훤화하며 왕국이 동하였더니
저가 소리를 발하시매 땅이 녹았도다
만군의 여호와께서 우리와 함께 하시니

야곱의 하나님은 우리의 피난처시로다 (셀라) (시 46:5-7) 합니다.

④ "네 하나님 여호와께서 그들을 네게 붙이시고 그들을 크게 요란케 하여 필경은 진멸하시고"(23),

㉠ "그들의 왕들을 네 손에 붙이시리니 너는 그 이름을 천하에서 제하여 버리라 너를 당할 자가 없이 네가 필경은 그들을 진멸하리라"(24) 하십니다. 23절과 24절에는 거듭해서 여호와께서 "붙이시리니" 하십니다. 그리하여 "너보다 많고 힘이 있는 일곱 족속을 쫓아내실 것"(1)이라 하시는 것입니다.

⑤ 그런데 이점에서 명심해야할 점이 있는데, "너는 그들의 조각한 신상들을 불사르고 그것에 입힌 은이나 금을 탐내지 말며 취하지 말라 두렵건대 네가 그것으로 인하여 올무에 들까 하노니"(25상) 하신 "올무"라는 말입니다.

㉠ 16절에서도 "그것이 네게 올무가 되리라" 하시는데, "올무"는 짐승을 잡을 때 사용하는 올가미를 가리킵니다. 올무에 걸리게 되면 힘이 세고 날낸 짐승이라도 사로잡히게 되는 것입니다. 이 경고는 역사적으로 성취가 되어 수많은 하나님의 백성들이 바벨론으로 올무에 걸려 사로잡혀가고 말았던 것입니다. 명심하십시다. 하나님이 바벨론을 유다에 붙이신 것이 아니라, 유다를 바벨론에게 붙이셨기 때문이라는 사실을!

㉡ 저는 다니엘서를 상고하다가 놀라운 사실을 깨닫게 되었습니다. 그리스도의 재림을 대망하는 경건한 그리스도인들이라면 누구를 물론하고 "적그리스도"의 출현(出現)에 비상한 관심을 기울이게 될 것입니다. 그런데 어찌하여 적그리스도의 출현을 허용하시는가? "범죄함을 인하여 백성과 매일 드리는 제사가 그것에게 붙인바 되었고, 성소와 백성이 내어준 바 되며 짓밟히게"(단 8:12, 13) 된다는 것입니다. 하나님께서는 재림 직전에 적그리스도를 통해서 좋은 씨와 가라지를 가르는 까

부르는 일을 행하신다는 말씀입니다.

ⓒ 그러므로 7장은 또다시, "이는 네 하나님 여호와의 가증히 여기시는 것임이니라 너는 가증한 것을 네 집에 들이지 말라 너도 그와 같이 진멸 당할 것이 될까 하노라 너는 그것을 극히 꺼리며 심히 미워하라 그것은 진멸 당할 것임이니라"(25하-26) 하는 경계로 마치고 있습니다. 이를 상고하면서 경각심을 갖지 않는다면 신명기를 상고하는 것이 우리에게 무슨 유익이 있을 것인가? 신명기는 "너는 여호와 네 하나님의 성민이라"(6) 말씀하고, 신약성경은 "너희가 하나님의 성전인 것과 하나님의 성령이 너희 안에 거하시는 것을 알지 못하느뇨"(고전 3:16) 하고 말씀합니다. 이것이 "네 정체성을 망각하지 말라"는 뜻입니다.

⑥ 묵상해보겠습니다.

ⓖ 가나안 족속을 진멸하라 하시는 당위성에 대해서,

ⓛ 명심해야할 하나님의 성민이라는 정체성에 대해서,

ⓒ 택하시고 속량하셨다는 영광스러움과 이에 수반하는 책임에 대해서,

ⓡ 본문에 비춰진 현대교회의 실상에 대해서.

8장

백성들을 연단하시려는 하나님의 훈련계획

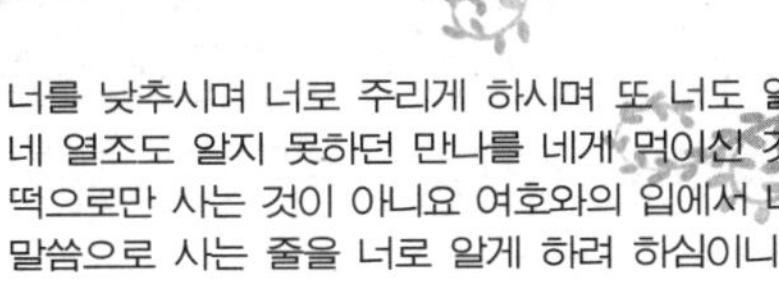

8장의 키워드는 "너를 나추시며" 라는 표현에 함축되어 있습니다. 하나님의 백성들이 40년간이나 광야를 방황한 것은 불순종의 대가(代價)를 치르는 것이었지만, 그렇다고 하나님은 이 기간을 무의미하게 보내게 하신 것이 아니었다는 것입니다. "네 하나님 여호와께서 이 40년 동안에 너로 광야(曠野)의 길을 걷게 하신 것을 기억하라 이는 너를 낮추시며 너를 시험하사 네 마음이 어떠한지 그 명령을 지키는지 아니 지키는지 알려하심이라"(2), 즉 연단시키시는 훈련기간으로 삼으셨다는 것입니다. "낮추시며" 라는 말이 2절, 3절, 16절, 이렇게 세 번이나 반복적으로 강조되어 있습니다.

사탄의 유혹이 무엇인지 아십니까? 인간을 치켜세워 자고(自高)하게 만드는 일입니다. 유혹하는 자는, "네가 먹는 날에는 너희 눈이 밝아 하나님과 같이 되리라"(창 3:5) 하고 말했습니다. "자 성과 대를 쌓아 대 꼭대기를 하늘에 닿게 하여 우리 이름을 내자"(창 11:4) 했습니다. "말세에 고통하는 때가 이른다" 한 특성(特性) 중에는, "자기를 사랑하며 돈을 사랑하며 자긍하며 교만하며 훼방하며 자고(自高)하며"(딤후 3:1-4) 등이 있습니다. 모두가 자기중심적인 특성들입니다. 하나님 중심의 설교란 주의 이름은 높이고 인간은 그 앞에서 발에 신을 벗게 하는 것입니다. 그런데 오늘의 설교는 인간을 치켜세우는 설교들이 유행을 합니다.

그러므로 또 하나의 중심어가 있는데 첫째 단원이 하나님의 훈련계획이라면, 둘째 단원은, "잊어버리게"(11, 14, 19) 되지 않도록 삼갈 지어다 하는 말씀입니다. 잊어버린다는 것이 바로 배은망덕(背恩忘德)이기 때문입니다. 저들은 잊어버렸다가 결국 비극적인 심판을 당하고야 만 것입니다.

첫째 단원(1-10) **광야 40년간의 하나님의 훈련기간**

둘째 단원(11-20) **잊어버리지 않도록 삼갈 지어다**

첫째 단원(1-10) 분석도표
주제 : 광야 40년간의 하나님의 훈련기간

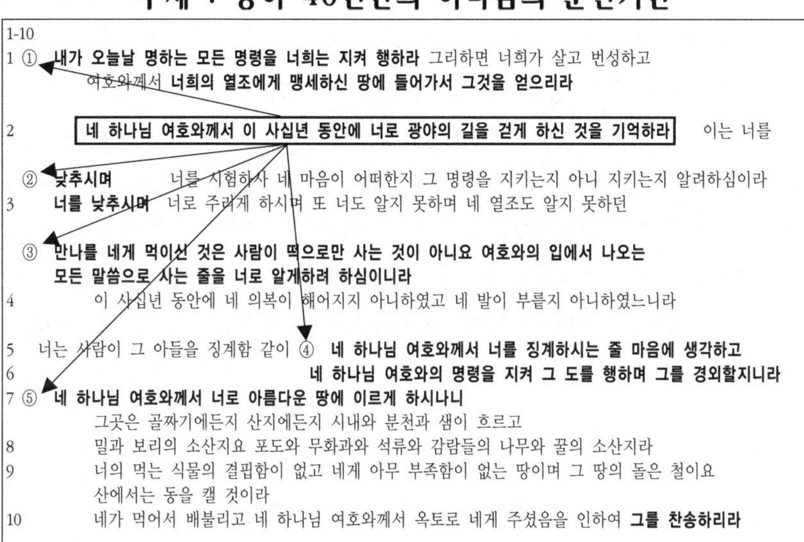

1-10
1 ① **내가 오늘날 명하는 모든 명령을 너희는 지켜 행하라** 그리하면 너희가 살고 번성하고
여호와께서 **너희의 열조에게 맹세하신 땅에 들어가서 그것을 얻으리라**
2 **네 하나님 여호와께서 이 사십년 동안에 너로 광야의 길을 걷게 하신 것을 기억하라** 이는 너를
② **낮추시며** 너를 시험하사 네 마음이 어떠한지 그 명령을 지키는지 아니 지키는지 알려하심이라
3 **너를 낮추시며** 너로 주리게 하시며 또 너도 알지 못하며 네 열조도 알지 못하던
③ **만나를 네게 먹이신 것은 사람이 떡으로만 사는 것이 아니요 여호와의 입에서 나오는**
모든 말씀으로 사는 줄을 너로 알게하려 하심이니라
4 이 사십년 동안에 네 의복이 해어지지 아니하였고 네 발이 부릍지 아니하였느니라
5 너는 사람이 그 아들을 징계함 같이 ④ **네 하나님 여호와께서 너를 징계하시는 줄 마음에 생각하고**
6 **네 하나님 여호와의 명령을 지켜 그 도를 행하며 그를 경외할지니라**
7 ⑤ **네 하나님 여호와께서 너로 아름다운 땅에 이르게 하시나니**
그곳은 골짜기에든지 산지에든지 시내와 분천과 샘이 흐르고
8 밀과 보리의 소산지요 포도와 무화과와 석류와 감람들의 나무와 꿀의 소산지라
9 너의 먹는 식물의 결핍함이 없고 네게 아무 부족함이 없는 땅이며 그 땅의 돌은 철이요
산에서는 동을 캘 것이라
10 네가 먹어서 배불리고 네 하나님 여호와께서 옥토로 네게 주셨음을 인하여 **그를 찬송하리라**

서두에서 말씀드린 대로 광야 40년간은 허송세월한 것이 아니라 가나안에 입성할 백성들의 훈련 기간이었던 것입니다. 무엇을 위한 훈련인가? 두 가지로 요약할 수가 있는데, 본문에는 "낮추시며" 라는 말이 3번(2, 3, 16)이나 등장하는데, 교만을 낮추시는 훈련, 다시 말하면 하나님만을 의지하게 하는 훈련이고, 둘째는 "사람이 떡으로만 사는 것이 아니요 여호와의 입에서 나오는 모든 말씀으로 사는 줄을 알게 하시려는" 훈련이었던 것입니다. 하나님의 백성들은 40년간을 순전히 하나님이 공급해주시는 만나를 먹고 살았던 것입니다. 이 말씀은 "시험하는 자가, 네가 만일 하나님의 아들이어든 명하여 이 돌들이 떡덩이가 되게 하라" 하였을 때에 주님께서 인용을 하셔서 물리치신 중요한 말씀입니다.

도표를 보시면 "사십년 동안에 너로 광야의 길을 걷게 하신 것을 기억하라"는 말씀을 중심으로, ① "내가 오늘날 명하는 모든 명령을 너희는 지켜 행하라", ② "사십년 동안, 너를 낮추시며 너를 시험하사 네 마음이 어떠한지 그 명령을 지키는지 아니 지키는지" 훈련을 받지 않았느냐? ③ 그리고 "네 열조도 알지 못하던 만나를 네게 먹여주셨는데 이는 사람이 떡으로만 사는 것이 아니요 여호와의 입에서 나오는 모든 말씀으로 사는 줄을 너로 알게 하려 하심이니라" 합니다. ④ 광야 40년이 "여호와께서 너를 징계하시는 줄", 즉 단련하신 것이니, ⑤ 결국은 "여호와께서 너로 아름다운 땅에 이르게 하시나니" 합니다. 이를 위해서 "훈련"이 필요한 것입니다.

첫째 단원(1–10) 40년간의 하나님의 훈련기간

① "내가 오늘날 명하는 모든 명령을 너희는 지켜 행하라 그리하면 너희가 살고 번성하고 여호와께서 너희의 열조에게 맹세하신 땅에 들어가서 그것을 얻으리라"(1),

㉠ 이는 8장의 명제(命題)와 같은 말씀인데, 모세는 같은 말씀을 여러 방면으로 반복적으로 강조하는 것입니다.

② "네 하나님 여호와께서 이 사십년 동안에 너로 광야의 길을 걷게 하신 것을 기억하라"(2상) 합니다.

㉠ 이를 기억(記憶)하라는 의도가 무엇인가? 1차 독자들에게는 "네가 먹어서 배불리고 아름다운 집을 짓고 거하게 되며 또 네 우양이 번성하며 네 은금이 증식되며 네 소유가 다 풍부하게 될 때에 두렵건대 네 마음이 교만하여 네 하나님 여호와를 잊어버릴까"(12-14) 염려해서입니다. 그러면 이 말씀이 신약의 성도들에게는 어떻게 적용이 되는가?

사도 바울은 대답합니다. "이는 우리로 자기를 의뢰하지 말고 오직 죽은 자를 다시 살리시는 하나님만 의뢰(依賴)하게 하심이라"(고후 1:9), 우리에게는 40년 동안 광야 길을 걸은 경험은 없지만 훈련을 통한 연단은 동일하게 주어진다는 것입니다.

ⓛ 모세 자신도 지도자로 세움 받기 위해서 미디안 광야에서 40년간을 양을 치는 목동으로 훈련을 받아야만 했습니다. 구약교회가 40년 동안 광야에서 시험을 받았다는 것은 주님께서 공생애를 시작하시기 전 사탄에게 40일 동안 시험을 받으셨다는 것과 대칭을 이루고 있습니다. 저들이 육적 출애굽에서 실패한 그 현장인 광야에서 영적 출애굽의 영도자는 승리하심으로 공생애를 시작하셨던 것입니다. 훈련계획 중 우선하는 것이, "이는 너를 낮추시며 너를 시험하사 네 마음이 어떠한지 그 명령을 지키는지 아니 지키는지 알려하심이라 너를 낮추시며"(2하-3상) 하는, 하나님만 의뢰하게 하심이 첫째라는 점을 명심해야만 합니다.

③ "또 너도 알지 못하며" 하고, "낮추심"은 시작일 뿐 궁극적인 목표가 있음을 말씀하십니다. 그것이 무엇인가? "네 열조도 알지 못하던 만나를 네게 먹이신 것은" 하고, "만나"를 통한 계시하시려는 바가 있으셨다는 것입니다.

㉠ 이 만나가 1차적으로는 광야교회 하나님의 백성들의 육의 양식으로 공급해주신 것이지만, 이것이 전부는 아닙니다. 주님은 해설하여 주시기를, "내가 곧 생명의 떡이로라 너희 조상들은 광야에서 만나를 먹었어도 죽었거니와 이는 하늘로서 내려오는 떡이니 사람으로 하여금 먹고 죽지 아니하게 하는 것이니라 나는 하늘로서 내려온 산 떡이니 사람이 이 떡을 먹으면 영생하리라 나의 줄 떡은 곧 세상의 생명을 위한 내 살이로라"(요 6:48-51) 하십니다.

ⓛ 그래서 "사람이 떡으로만 사는 것이 아니요 여호와의 입에서 나오는 모든 말씀으로 사는 줄을 너로 알게 하려 하심이니라"(3하) 하시

는 것입니다. 다시 말하면 사람은 짐승과 달리 영혼이 있는 존재라는 것입니다. 그러므로 육의 양식만으로 충분한 것이 아니라, "영혼의 양식"이 필요하다는 말씀입니다.

㉢ 사탄이 제기한 첫 시험은, "네가 만일 하나님의 아들이어든 명하여 이 돌들이 떡덩이가 되게 하라"(마 4:3)는 것이었습니다. 생각해보면 많은 사람들이 이 시험에 걸려 있다 하겠습니다. 왜냐하면 "무엇을 먹을까 무엇을 마실까 무엇을 입을까" 하는 문제에 코가 꿰어 있기 때문입니다.

㉣ 본문을 관찰해보면, "네게 먹이신 것은"(3) 한 먹는(食) 문제와, "네 의복이 헤어지지 않고"(4) 한 입는(衣) 문제와, "아름다운 집을 짓고 거하게 되며"(12) 한 거주(住)문제, 즉 의식주(衣食住)를 하나님이 책임져주셨다고 말씀합니다. 무론 의식주 문제는 중요하고도 긴급한 문제입니다. 그러나 그보다 우선하고 더욱 중요한 문제가 있다는 말씀입니다. 그래서 주님은 기록되었으되 하고 본문을 인용하셔서, "사람이 떡으로 살 것이 아니요 하나님의 입으로 나오는 모든 말씀으로 살 것이라"(마 4:4) 하고 물리치셨던 것입니다.

④ 화두는 바뀌어서 "너는 사람이 그 아들을 징계함 같이 네 하나님 여호와께서 너를 징계하시는 줄 마음에 생각하고"(5) 하고, "징계"(懲戒)라는 주제를 말씀합니다.

㉠ "아들과, 징계"가 결부되어 있습니다. "하나님이 아들과 같이 너희를 대우(待遇)하시나니 어찌 아비가 징계하지 않는 아들이 있으리요, 또 우리 육체의 아버지가 우리를 징계하여도 공경하였거든 하물며 모든 영의 아버지께 더욱 복종하여 살려 하지 않겠느냐"(히 12:7, 9), 그래서 "네 하나님 여호와의 명령을 지켜 그 도를 행하며 그를 경외할 지니라"(6) 하는 것입니다.

⑤ 7-10절까지는 약속의 땅에서 누리게 될 축복을 말씀함인데, "네

하나님 여호와께서 너로 아름다운 땅에 이르게 하시나니 그곳은 골짜기에든지 산지에든지 시내와 분천과 샘이 흐르고"(7),

㉠ "밀과 보리의 소산지요 포도와 무화과와 석류와 감람들의 나무와 꿀의 소산지라 너의 먹는 식물의 결핍함이 없고 네게 아무 부족함이 없는 땅이며 그 땅의 돌은 철이요 산에서는 동을 캘 것이라 네가 먹어서 배불리고 네 하나님 여호와께서 옥토로 네게 주셨음을 인하여 그를 찬송하리라"(8-10) 하고, "찬양"하게 되리라 하고 마치고 있습니다. 하나님은 이를 얻게 하시려고 광야 "40년간의 혹독한 훈련"을 받게 하셨던 것입니다.

둘째 단원(11-20) 분석도표
주제 : 잊어버리지 않도록 삼갈 지어다

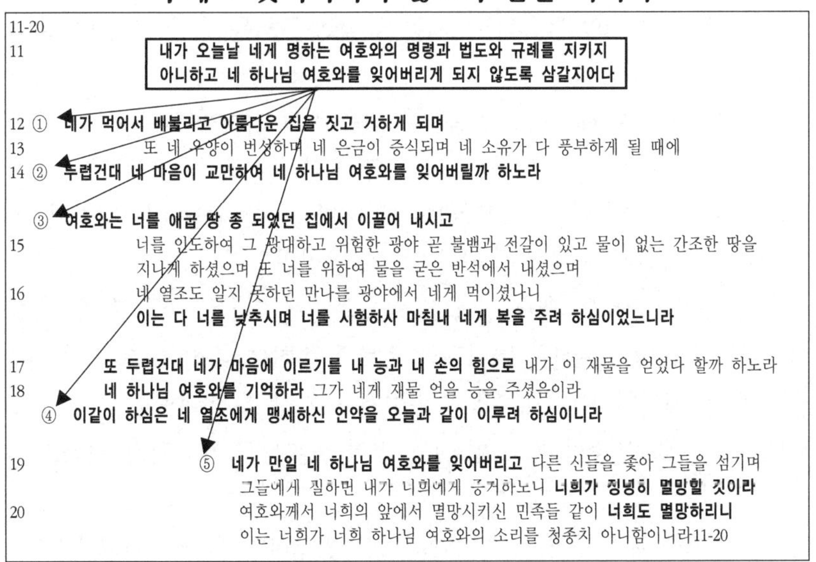

둘째 단원의 중심점은 도표에 표시된 대로, "잊어버릴까" 하노라에

있습니다. ① "먹어서 배불리고 아름다운 집을 짓고 거하게 되면", ② "마음이 교만하여 네 하나님 여호와를 잊어버릴까 하노라", ③ "너를 애굽 땅 종 되었던 집에서 이끌어 내신 것"을 잊어버리고, ④ "내 능과 내 손의 힘으로 내가 이 재물을 얻었다" 할까, ⑤ "만일 네 하나님 여호와를 잊어버리고 다른 신들을 좇아 그들을 섬기면, 정녕히 멸망할 것이라" 합니다. 잊지 않는 비결은 "주야로 묵상"하는 일입니다.

둘째 단원(11-20) 잊어버리지 않도록 삼갈 지어다

"내가 오늘날 네게 명하는 여호와의 명령과 법도와 규례를 지키지 아니하고 네 하나님 여호와를 잊어버리게 되지 않도록 삼갈 지어다"(11), 이는 둘째 단원의 명제(命題)가 되는 말씀으로 모든 권면이 이 한 말씀 속에 다 들어 있습니다.

① "네가 먹어서 배불리고 아름다운 집을 짓고 거하게 되며 또 네 우양이 번성하며 네 은금이 증식되며 네 소유가 다 풍부하게 될 때에"(12-13),

② "두렵건대 네 마음이 교만하여 네 하나님 여호와를 잊어버릴까 하노라"(14상) 합니다. 무엇을 잊어버릴까 두려워하는가?

③ 모세가 가장 두려워하는 것은 여호와께서, "너를 애굽 땅 종 되었던 집에서"(14하), 유월절 어린양의 피로 구속하여 내신 은총을 잊어버릴까 하는 것입니다. 현대교회에 있어서도 가장 우려해야할 점이 그리스도의 구속의 은총인 복음(福音)을 잃어버릴까 그것이 가장 염려스러운 것입니다.

㉠ 인도해 내신 것만이 아니라, "너를 인도하여 그 광대하고 위험한 광야 곧 불뱀과 전갈이 있고 물이 없는 간조한 땅을 지나게 하셨으며 또 너를 위하여 물을 굳은 반석에서 내셨으며 네 열조도 알지 못하던

만나를 광야에서 네게 먹이셨나니 이는 다 너를 낮추시며 너를 시험하사 마침내 네게 복을 주려 하심이었느니라"(15-16) 합니다.

ⓛ 이 말씀 속에는, ㉮ "애굽 땅 종 되었던 집에서 (유월절 어린양의 피로) 인도하여 내신 일, ㉯ 굳은 반석에서 생수를 내셔서 마시게 한 일, ㉰ 만나를 먹여주신 일" 등이 들어있습니다. 이를 밝히 드러난 신약의 빛 아래서 바라보는 우리에게는 어떤 의미로 다가오는가? 이는 모두가 그리스도께서 행해주신 복음을 예표하는 것들입니다. 라오디게아교회의 실상을 보십시오. 강단에서 복음이 선포되지 않게 되자 주님은 문밖으로 쫓겨났고 자신들은, "곤고하고 가련하고 가난하고 눈멀고 벌거벗은" 모습이 되었던 것입니다. 그러므로 우리가 가장 두려워해야 할 것은 다름 아닌 "복음을 잃어버리는" 일입니다.

ⓒ "또 두렵건대", 두려워해야할 일이 또 있다는 것입니다. "네가 마음에 이르기를 내 능과 내 손의 힘으로 내가 이 재물을 얻었다 할까"(17) 이것을 두려워하라는 것입니다. 이는 16절에서 "이는 다 너를 낮추시며" 한 것과 반대가 되는 것으로, 자고(自高)하는 교만을 의미합니다. 저들에게 능력이 있어서가 아니라, "네 하나님 여호와를 기억하라 그가 네게 재물 얻을 능을 주셨기"(18상) 때문이라는 것입니다.

④ 이상 말씀한 후에, "이같이 하심은 네 열조에게 맹세하신 언약(言約)을 오늘과 같이 이루려 하심이니라"(18하) 합니다.

㉠ 이점에서 "이루려하심"이라는 주제(主題)에 대해서 말씀을 드려야하겠습니다. 믿음이란 언약하신 바를 "이루어주실 것"을 믿는 것입니다. ㉮ 모세는 "오늘과 같이 이루려하심"(18) 이라고 말씀하는데, 출애굽하게 하여 가나안을 주심은 그림자로 이루심입니다. ㉯ 다윗은 죽이려는 사울에게 쫓겨 아둘람 굴에 숨어있으면서도, "내가 지극히 높으신 하나님께 부르짖음이여 곧 나를 위하여 모든 것을 이루시는 하나님께로다"(시 57:2), 즉 왕으로 세워주시겠다는 언약을 이루어주실 것을 믿었

는데, 이는 예표적인 이루심입니다. ㉰ 바울은 아둘라 굴보다 더한 로마 지하 감방에 갇혀있으면서도, "너희 속에 착한 일을 시작하신 이가 〈그리스도 예수의 날〉까지 이루실 줄을 우리가 확신(確信)하노라"(빌 1:6) 하고 말씀합니다. 이것이 궁극적인 이루심입니다. 모세는 이점을 다음 장(9장)에서 또 말씀하게 될 것입니다. 어찌하여 기복신앙이 문제인가? 언약을 믿지 못하고 현세(現世)에서 복을 받으려 하기 때문입니다.

㉡ 그러므로 8장을 통해서 말씀하시려는 중심점은 "잊지 말라"는 당부에 있지만, 8장의 핵심(核心)은, "열조(烈祖)에게 맹세하신 언약(言約)을 오늘과 같이 이루려 하심이니라"에 있다는 점을 놓치지를 말아야만 합니다. 이는 신구약을 관통(貫通)하는 중추적인 언약이기 때문입니다.

⑤ 그리고 경고를 합니다. "네가 만일 네 하나님 여호와를 잊어버리고 다른 신들을 좇아 그들을 섬기며 그들에게 절하면 내가 너희에게 증거하노니 너희가 정녕히 멸망할 것이라"(19) 합니다.

㉠ 재차 삼차 강조해야만 하겠습니다. 왜냐하면 오늘날은 그처럼 둔감해졌기 때문입니다. "여호와를 잊어버리고 다른 신들을 좇아 그들을 섬긴다"는 뜻이 단순한 우상숭배를 하지 말라는 뜻이 아니라, 하나님께서 열조(烈祖)에게 세워주신 메시아언약을 버리고, 다른 신을 통해서 복을 받으려는 복음을 변개하는 일인 것입니다. 그 결과는,

㉡ "여호와께서 너희의 앞에서 멸망시키신 민족들 같이 너희도 멸망하리니 이는 너희가 너희 하나님 여호와의 소리를 청종치 아니 함이니라"(20) 합니다. 19-20절 안에는 "멸망하리라"는 말이 거듭 나옵니다. 신구약시대를 막론하고 그리스도를 배척하면 "그 마지막은 사망"인 것입니다. 그래서 "잊어버리지 않도록 삼갈 지어다" 하는 것입니다. 하나님의 훈련계획은 교만하지 않게 낮추시는 일과, 잊어버리지 않도록 명심하게 하는 일인데, 이는 아브라함에게 세워주신 메시아언약에 근거한, ㉮ 애굽에서 구속하여내신 일(14)과, ㉯ 만나를 먹여주신 일(16)과,

㉰ 생수를 마시게 하신(15) 곧 복음입니다. 이것이 "잊어버리지 않도록 삼갈 지어다"의 뜻입니다.

⑥ 묵상해보겠습니다.

㉠ 광야 40년간의 하나님의 훈련계획에 대해서,

㉡ 잊지 말라는 "출애굽, 반석에서의 생수, 만나"에 대한 신령한 의미에 대해서,

㉢ 14절, 16절에 등장하는 두 번의 "두렵건대"에 대해서,

㉣ "오늘과 같이 이루심과, 궁극적인 이루심"에 대해서.

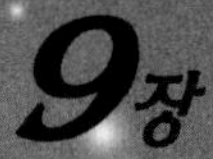

9장

열조에게 하신 맹세를 이루려 하심이라

[5]네가 가서 그 땅을 얻음은 너의 의로움을 인함도 아니며 네 마음이 정직함을 인함도 아니요 이 민족들의 악함을 인하여 네 하나님 여호와께서 그들을 네 앞에서 쫓아내심이라 여호와께서 이 같이 하심은 네 열조 아브라함과 이삭과 야곱에게 하신 맹세를 이루려 하심이니라.

9장은, "이스라엘아 들으라 네가 오늘 요단을 건너 너보다 강대한 나라들로 들어가서 그것을 얻으리니"(1) 하고 시작이 됩니다. 그런데 가나안 일곱 족속을 진멸하는 것은, "이 민족들이 악함을 인함이요"(4하, 5중), 가나안 땅을 너희에게 주는 것은, "너희의 의로움을 인함이 아니라"(4, 5), "너희는 목이 곧은 백성이요(6), 애굽 땅에서 나오던 날부터 이곳에 이르기까지 늘 여호와를 거역하였다"(7) 하고 말씀합니다. 그럼에도 불구하고 "네 열조 아브라함과 이삭과 야곱에게 하신 맹세를 이루시기"(5하) 위해서라는 것입니다. 여기에 9장의 중심점이 있습니다.

첫째 단원(1-6) **너의 의로움을 인함이라 여기지 말라**

둘째 단원(7-29) **여호와를 격노케 하던 일을 기억하라**

첫째 단원(1-6) 분석도표

주제 : 너의 의로움을 인함이라 여기지 말라

1-6

1 ① 이스라엘아 들으라 **네가 오늘 요단을 건너 너보다 강대한 나라들로 들어가서**
그것을 얻으리니 그 성읍들은 크고 성벽은 하늘에 닿았으며

2 ② **그 백성은 네가 아는바 장대한 아낙 자손이라** 그에게 대한 말을 네가 들었나니
이르기를 누가 아낙 자손을 능히 당하리요 하거니와

3 오늘날 너는 알라 네 하나님 여호와께서 맹렬한 불과 같이 **네 앞에 나아가신즉** 여호와께서 그들을
파하사 네 앞에 엎드러지게 하시리니 여호와께서 네게 말씀하신 것같이
너는 그들을 쫓아내며 속히 멸할 것이라

4 ③ **네 하나님 여호와께서 그들을 네 앞에서 쫓아내신 후에 네가 심중에 이르기를**

나의 의로움을 인하여 여호와께서 나를 이 땅으로
인도하여 들여서 그것을 얻게 하셨다 하지 말라

④ **실상은 이 민족들이 악함을 인하여** 여호와께서 그들을 네 앞에서 쫓아내심이니라

5 네가 가서 그 땅을 얻음은 **너의 의로움을 인함도 아니며** 네 마음이 정직함을 인함도 아니요
이 민족들의 악함을 인하여 네 하나님 여호와께서 그들을 네 앞에서 쫓아내심이라

⑤ **여호와께서 이 같이 하심은 네 열조 아브라함과 이삭과 야곱에게 하신 맹세를 이루려 하심이니라**

6 그러므로 네가 알 것은 네 하나님 여호와께서 네게 이 아름다운 땅을 기업으로 주신 것이
네 의로움을 인함이 아니니라 너는 목이 곧은 백성이니라

첫째 단원에는 “이 민족이 악함을 인함이라”(4하, 5)는 말과, “너의 의로움을 인함이 아니라”(4, 6)는 말이 각각 두 번씩 강조되어 있습니다. 이를 통해서 드러내고자 하는 바가 무엇인가? 가나안 일곱 족속을 멸하심은 “저들의 악함” 때문이고, 가나안을 이스라엘 백성들에게 주심은 “저들의 의로움” 때문이 아니라, 언약(言約)하신 바를 지키시기 위해서라는 점입니다. “나의 거룩함으로 한번 맹세하였은즉 거짓을 아니하실 것이라”(시 89:35) 하십니다.

도표를 보시면 “너의 의로움을 인함이라 여기지 말라”를 중심으로, ① “네가 오늘 요단을 건너 너보다 강대한 나라들로 들어가서 그것을

얻으리니", ② "그 백성은 네가 아는바 장대한 아낙 자손이라, 네 앞에 엎드러지게 하시리니", ③ "네가 심중에 이르기를 나의 의로움을 인하여 그것을 얻게 하셨다 하지 말라", ④ "이 민족들이 악함을 인하여 여호와께서 그들을 네 앞에서 쫓아내심이니라" 하시면서, ⑤ "여호와께서 이 같이 하심은 네 열조 아브라함과 이삭과 야곱에게 하신 맹세를 이루려 하심이니라" 하십니다.

첫째 단원(1-6) 너의 의로움을 인함이라 여기지 말라

① "이스라엘아 들으라 네가 오늘 요단을 건너 너보다 강대한 나라들로 들어가서 그것을 얻으리니 그 성읍들은 크고 성벽은 하늘에 닿았으며"(1),

② 그 백성은 네가 아는바 장대한 아낙 자손이라"(2상) 하십니다. 이 말씀은 가나안을 정탐한 10족장들이, "그러나 그 땅 거민은 강하고 성읍은 견고하고 심히 클 뿐 아니라 거기서 아낙 자손을 보았다" 한 민수기 13:28절을 상기하게 합니다.

㉠ 그래서 "그에게 대한 말을 네가 들었나니 이르기를 누가 아낙 자손을 능히 당하리요 하거니와 오늘날 너는 알라 네 하나님 여호와께서 맹렬한 불과 같이 네 앞에 나아가신즉 여호와께서 그들을 파하사 네 앞에 엎드러지게 하시리니 여호와께서 네게 말씀하신 것 같이 너는 그들을 쫓아내며 속히 멸할 것이라"(2하-3) 하십니다.

㉡ 여기서 주목하게 되는 말씀은, "여호와께서 네 앞에 나아가신다"(3중)는 표현입니다. 우리의 믿는 하나님은 출애굽 당시에도, "하나님이여 주의 백성 앞에서 앞서 나가사 광야에 행진(行進)하셨을 때에"(시 68:7) 하고, 선두(先頭)에서 인도하신 하나님이십니다. 모세는 신명기의

마지막 부분에 이르러서도, "네 하나님 여호와 그가 네 앞서 건너가사 이 민족들을 네 앞에서 멸하시고 너로 그 땅을 얻게 하실 것이라"(31:3) 말씀합니다.

㉢ 모세만이 아니라 여호수아도 임종머리에서, "너희 하나님 여호와 그는 너희를 위하여 싸우신 자시니라, 너희 하나님 여호와 그가 너희 앞에서 그들을 쫓으사 너희 목전에서 떠나게 하시리니"(수 23:3, 5) 합니다. 아브라함, 모세, 여호수아, 다윗 등, "그들은 다 옷같이 낡으리니 의복같이 바꾸시면 바뀌려니와 주는 여상(如常)하시고"(시 102:26-27), "어제나 오늘이나 영원토록 동일하심"을 믿으시기 바랍니다.

③ "네 하나님 여호와께서 그들을 네 앞에서 쫓아내신 후에 네가 심중(心中)에 이르기를 나의 의로움을 인하여 여호와께서 나를 이 땅으로 인도하여 들여서 그것을 얻게 하셨다 하지 말라"(4상),

④ "실상은 이 민족들이 악함을 인하여 여호와께서 그들을 네 앞에서 쫓아내심이니라"(4하) 하십니다.

㉠ 4절은 두 가지 사실을 변증합니다. 첫째는 이스라엘 백성들이 가나안을 얻게 되는 것이 어떤 공로나 무슨 자격이 있어서가 아니라는 사실을 변증합니다. 둘째는 가나안의 7족속을 진멸하시는 하나님의 의로우심에 대한 변증입니다. 하나님은 무고한 자들을 진멸하시는 것이 아닙니다. 언제나 악을 선으로 바꾸시는 하나님은 소돔과 고모라와 같이 되어야할 가나안 땅을 인류를 구원하실 그리스도가 탄생하실 성지(聖地)로 바꿔놓으시려는 것입니다. 그래서 재차, "네가 가서 그 땅을 얻음은 너의 의로움을 인함도 아니며 네 마음이 정직함을 인함도 아니요 이 민족들의 악함을 인하여 네 하나님 여호와께서 그들을 네 앞에서 쫓아내심이라"(5상) 하고 말씀하시는 것입니다. 그래서 "너의 의로움을 인함이라 여기지 말라" 하시는 것입니다.

⑤ 그러므로 첫째 단원의 결론은, "여호와께서 이 같이 하심은 네 열

조 아브라함과 이삭과 야곱에게 하신 맹세를 이루려 하심이니라" 하는 "언약"으로 귀결(歸結)이 됩니다. 8:18절에서, "네 열조에게 맹세하신 언약을 오늘과 같이 이루려하심이니라" 하고 말씀했는데, 이점을 또다시 강조하고 있는 것입니다. 이점이 신명기에 얼마나 강조되어 있는가를 주목해보시기를 바랍니다. "열조에게 하신 맹세, 아브라함과 이삭과 야곱에게 하신 언약"은 천지는 변하여도 변치 아니할 언약이요, 최종적인 권위요, 근거가 되는 말씀이기 때문입니다.

㉠ "그러므로 네가 알 것은 네 하나님 여호와께서 네게 이 아름다운 땅을 기업으로 주신 것이 네 의로움을 인함이 아니니라 너는 목이 곧은 백성이니라"(6) 한 6절은, 둘째 단원으로 이어주는 교량역할을 하는 말씀입니다. 다음 단원에서 저들이 하나님께 얼마나 목이 곧고 패역한 백성들이었는가 하는 점을 적나라(赤裸裸)하게 보게 될 것입니다. 그리고 이것이 오늘날 하나님 앞에 우리들의 모습이기도 한 것입니다. 그래서 "너의 의로움을 인함이라 여기지 말라" 하시는 것입니다.

둘째 단원(7-29) 분석도표
주제 : 여호와를 격노케 하던 일을 기억하라

7-20
7 **너는 광야에서 네 하나님 여호와를 격노케 하던 일을 잊지 말고 기억하라**
네가 애굽 땅에서 나오던 날부터 이곳에 이르기까지 늘 여호와를 거역하였으되

8 ① **호렙산에서 너희가 여호와를 격노케 하였으므로** 여호와께서 진노하사 너희를 멸하려 하셨느니라
9 그 때에 내가 돌판들 곧 여호와께서 너희와 세우신 언약의 돌판들을 받으려고 산에 올라가서 사십 주야를
산에 거하며 떡도 먹지 아니하고 물도 마시지 아니하였더니
10 여호와께서 두 돌판을 내게 주셨나니 그 판의 글은 하나님이 친수로 기록하신 것이요 너희 총회 날에
여호와께서 산상 불 가운데서 너희에게 이르신 모든 말씀이니라
11 사십 주야가 지난 후에 여호와께서 내게 돌판 곧 언약의 두 돌판을 주시고

12 내게 이르시되 일어나 여기서 속히 내려가라 ② **네가 애굽에서 인도하여 낸 네 백성이 스스로 부패하여**
내가 그들에게 명한 도를 속히 떠나 **자기를 위하여 우상을 부어 만들었느니라**
13 여호와께서 또 내게 일러 가라사대 내가 이 백성을 보았노라 보라 **이는 목이 곧은 백성이니라**
14 ③ 나를 막지 말라 내가 그들을 멸하여 **그 이름을 천하에서 도말하고 너로 그들보다 강대한 나라가 되게 하리라**
하시기로
15 내가 돌이켜 산에서 내려오는데 산에는 불이 붙었고 언약의 두 돌판은 내 손에 있었느니라
16. 내가 본즉 너희가 너희 하나님 여호와께 범죄하여 자기를 위하여 **송아지를 부어 만들어서**
급속히 여호와의 명하신 도를 떠났기로
17 ④ 내가 그 **두 돌판을 내 두 손에서 들어 던져 너희의 목전에서 깨뜨렸었노라**
18 그리고 내가 전과 같이 사십 주야를 여호와 앞에 엎드려서 떡도 먹지 아니하고 물도 마시지 아니하였으니
이는 너희가 여호와의 목전에 악을 행하여 그를 격노케 하여 크게 죄를 얻었음이라
19 여호와께서 심히 분노하사 너희를 멸하려 하셨으므로 내가 두려워하였었노라 그러나 여호와께서 그 때에도
내 말을 들으셨고
20 여호와께서 또 아론에게 진노하사 그를 멸하려 하셨으므로 내가 그 때에도 아론을 위하여 기도하고
21 너희의 죄 곧 너희의 만든 송아지를 취하여 불살라 찧고 티끌 같이 가늘게 갈아 그 가루를 산에서 흘러내리는
시내에 뿌렸었느니라

22 ⑤ **너희가 다베라와 맛사와 기브롯 핫다아와에서도 여호와를 격노케 하였느니라**
23 여호와께서 너희를 **가데스 바네아에서 떠나게 하실 때에** 이르시기를 너희는 올라가서 내가 너희에게 준 땅을
얻으라 하시되 너희가 너희 하나님 여호와의 명령을 거역하여 믿지 아니하고 그 말씀을 듣지 아니하였나니
24 **내가 너희를 알던 날부터 오므로 너희가 항상 여호와를 거역하였느니라**
25 그 때에 여호와께서 너희를 멸하겠다 하셨으므로 내가 여전히 사십 주야를 여호와 앞에 엎드리고
26 여호와께 간구하여 가로되 주 여호와여 주께서 큰 위엄으로 속하시고 강한 손으로 애굽에서 인도하여 내신
주의 백성 곧 주의 기업을 멸하지 마옵소서

27 ⑥ **주의 종 아브라함과 이삭과 야곱을 생각하사 이 백성의 강퍅과 악과 죄를 보지 마옵소서**
28 주께서 우리를 인도하여 내신 그 땅 백성이 말하기를 여호와께서 그들에게 허락하신 땅으로 그들을 인도하여
들일 능력도 없고 그들을 미워도 하사 광야에서 죽이려고 인도하여 내셨다 할까 두려워하나이다
29 그들은 주의 큰 능력과 펴신 팔로 인도하여 내신 **주의 백성 곧 주의 기업이로소이다 하였었노라**

첫째 단원은 "너는 목이 곧은 백성이니라"(6하) 하고 끝났는데, 둘째 단원은 이에 대한 상론입니다. 그러므로 "너는 광야에서 네 하나님 여

호와를 격노케 하던 일을 잊지 말고 기억하라 네가 애굽 땅에서 나오던 날부터 이곳에 이르기까지 늘 여호와를 거역하였었다"(7) 하고 시작이 됩니다. 이는 1세대들이 약속의 땅에 들어가지 못하게 된 원인(原因)이기도 합니다.

도표를 보시면 "여호와를 격노케 하던 일을 잊지 말고 기억하라"를 중심으로, ① "호렙산에서 여호와를 격노케" 한 일, 즉 ② "금송아지 우상을 부어 만들었던" 사실을 상기시키는데, ③ 그 때에 하나님께서 이스라엘의 "그 이름을 천하에서 도말하고 너로 그들보다 강대한 나라가 되게 하리라 하시기로", ④ "두 돌판을 던져 너희의 목전에서 깨뜨렸었노라", ⑤ 또 "너희가 다베라와 맛사와 기브롯 핫다아와에서도 여호와를 격노케 하였는데", ⑥ "아브라함과 이삭과 야곱을 생각하사 이 백성의 강퍅과 악과 죄를 보지 마옵소서" 하고 간구하였노라 말씀합니다.

둘째 단원(7-29) 여호와를 격노케 하던 일을 기억하라

"너는 광야에서 네 하나님 여호와를 격노케 하던 일을 잊지 말고 기억하라 네가 애굽 땅에서 나오던 날부터 이곳에 이르기까지 늘 여호와를 거역하였으되"(7),

① "호렙산에서 너희가 여호와를 격노케 하였으므로 여호와께서 진노하사 너희를 멸하려 하셨느니라"(8) 합니다.

㉠ 이스라엘 백성들은 하나님 앞에 치명적(致命的)인 죄를 몇 번 저질렀는데 그 중에 하나가 "금송아지" 우상을 만들어 놓고, "이는 너희를 애굽 땅에서 인도하여 낸 너희 신이로다"(출 32:4) 한 사건입니다. 이는 윤리적인 죄가 아니라, 열조에게 세워주신 메시아언약을 배신한 신학적(神學的)인 죄임을 유념해야만 합니다.

② 그 때에 하나님께서 "내게 이르시되 일어나 여기서 속히 내려가라 네가 애굽에서 인도하여 낸 네 백성이 스스로 부패하여 내가 그들에게 명한 도를 속히 떠나 자기를 위하여 우상을 부어 만들었느니라"(12),

③ "나를 막지 말라 내가 그들을 멸하여 그 이름을 천하에서 도말하고 너로 그들보다 강대한 나라가 되게 하리라"(14) 하셨다는 것입니다.

㉠ 이는 1세대들을 멸하고 제2세대들에게 주시겠다는 그런 뜻이 아닙니다. "이스라엘"이라는 이름을 도말하고, 즉 선민 됨을 철회하고, 다른 민족(民族)을 통해서 이루시겠다는 뜻입니다.

④ "내가 그 두 돌판을 내 두 손에서 들어 던져 너희의 목전에서 깨뜨렸었노라"(17) 하는데 이는 격노를 나타내는 그런 표면적인 의미만이 아닙니다.

㉠ 출애굽기 24장에는 시내산 언약을 체결하는 장면이 있는데, "그들이 한 목소리로 응답하여 가로되 여호와의 명하신 모든 말씀을 우리가 준행(遵行)하리이다"(출 24:3, 7) 하고 서약을 했습니다. 그런데 입에 침이 마르기도 전에 그 자리에서 금송아지 우상을 숭배했다는 것은 언약을 어긴 것이고, 언약의 돌판이 깨졌다는 것은 언약이 파기(破棄)되었다, 즉 인간의 행위로는 구원에 이를 수가 없다는 명백한 증거였던 것입니다.

⑤ 또 "너희가 다베라와 맛사와 기브롯 핫다아와에서도 여호와를 격노케 하였느니라"(22) 합니다.

㉠ "다베라"에서 격노케 한 기사는 민수기 11:1-3절에 기록이 되어 있는데 애굽에서 인도하여 내신 하나님을 "악한 말로 원망" 한 일이고, "맛사"에서 격노케 했다는 것은 출애굽기 17:7절에 근거한 말씀인데, 마실 물이 없어서 우리를 광야에서 죽이려고 애굽에서 인도하여 내었느냐 하고 원망한 일이고, "기브롯 핫다아와"란 "탐욕의 무덤"이란 뜻으로 민수기 11:35절에 근거한 것인데, "애굽에 있을 때에는 값없이 생선과 외

와 수박과 부추와 파와 마늘들을 먹었는데, 이제는 만나 외에는 보이는 것이 아무것도 없도다" 하고 고기를 구한 사건을 가리킵니다.

ⓛ "여호와께서 너희를 가데스 바네아에서 떠나게 하실 때에 이르시기를 너희는 올라가서 내가 너희에게 준 땅을 얻으라 하시되 너희가 너희 하나님 여호와의 명령을 거역하여 믿지 아니하고 그 말씀을 듣지 아니하였나니"(23) 한 것도, "이에 서로 말하되 우리가 한 장관을 세우고 애굽으로 돌아가자"(민 14:4) 한 치명적(致命的)인 반역사건이었던 것입니다. 그러므로 모세는, "내가 너희를 알던 날부터 오므로 너희가 항상 여호와를 거역하였느니라"(24) 하는 것입니다. 그래서 "여호와를 격노케 하던 일을 기억하라"는 것입니다.

저희가 광야에서 그를 반항하며
사막에서 그를 슬프게 함이 몇 번인고
저희가 돌이켜 하나님을 재삼 시험하며
이스라엘의 거룩한 자를 격동하였도다
저희가 그의 권능을 기억치 아니하며
대적에게서 구속하신 날도 생각지 아니하였도다 (시 78:40-42).

⑥ 그때마다 모세는, "여호와께 간구하여 가로되 주 여호와여 주께서 큰 위엄으로 속하시고 강한 손으로 애굽에서 인도하여 내신 주의 백성 곧 주의 기업을 멸하지 마옵소서 주의 종 아브라함과 이삭과 야곱을 생각하사 이 백성의 강퍅과 악과 죄를 보지 마옵소서"(26-27),

㉠ "주께서 우리를 인도하여 내신 그 땅 백성이 말하기를 여호와께서 그들에게 허락하신 땅으로 그들을 인도하여 들일 능력(能力)도 없고 그들을 미워도 하사 광야에서 죽이려고 인도하여 내셨다 할까 두려워하나이다 그들은 주의 큰 능력과 펴신 팔로 인도하여 내신 주의 백성 곧

주의 기업이로소이다"(28-29) 하고 간구했다는 것입니다.

ⓛ 모세가 붙잡고 간구한 내용에는 두 가지 중요한 요점이 있는데, 첫째는 "아브라함과 이삭과 야곱"에게 세워주신 언약(言約)입니다. 하나님은 거룩하신 이름으로 언약을 하시고 맹세로 보증을 해주셨던(창 22:16-18) 것입니다. 그래서 하나님은 이스라엘을 선민으로 삼으신 것을 철회하실 수가 없으셨던 것입니다. 그리하여 "아브라함과 다윗의 자손 예수 그리스도의 세계라"(마 1:1) 하고, 약속하신 바를 지켜주셨고, 말씀하신 대로 이루셨던 것입니다.

ⓒ 둘째는 하나님의 거룩하신 이름 곧 명예(名譽)입니다. 모세는 간구하기를 이들을 멸하시면 소문을 듣는 열방들이, "여호와께서 그들에게 허락하신 땅으로 인도하여 들일 능력도 없고 그들을 미워도 하사" 광야에서 죽이셨다고 말하게 될 것이라고 했습니다. 그래서 "그들은 주의 큰 능력과 펴신 팔로 인도하여 내신 〈주의 백성(百姓) 곧 주의 기업〉(基業)이로소이다"(29) 하는 것입니다. "주의 백성, 주의 기업", 즉 "주의 이름"이 걸려 있는 자들이라는 것입니다. 구원계획에는 여호와 하나님의 거룩하신 이름과 명예가 걸려 있다는 점을 명심, 또 명심해야만 합니다.

ⓔ 9장 전체를 통해서 말씀하려는 바가 무엇인가? 첫째는, 가나안을 정복하는 것은 자신의 힘으로 하는 것이 아니라는 것입니다. 그러므로 "성벽은 하늘에 닿았고, 대적은 장대한 아낙 자손"이라도 두려워하지 말라는 것입니다. 둘째는, 정복한 후에는 자신의 의로움이나 공로인양 자랑하지 말라는 것입니다. 그래서 "여호와를 격노케 하던 일을 기억하라" 한 것입니다. "두려워함과, 자랑"은 지상에 존재하는 교회가 명심해야할 좌우명(座右銘)과 같은 것입니다. 결론은 "네 열조 아브라함과 이삭과 야곱에게 하신 맹세를 이루려 하심이니라"(5하) 한 하나님의 주권적인 언약과, 한 번 언약하신 바는 반드시 지켜주신다는 하나님의 신실

입니다.

⑦ 묵상해보겠습니다.

㉠ 신앙생활에 있어서 "두려워함과, 공로의식"의 위험성에 대해서,

㉡ 이 민족의 악함을 인함이라와 하나님의 의로우심에 대해서,

㉢ 열조에게 한 맹세를 이루려하심에 대해서.

10장

하나님이 요구하시는 것이 무엇인가?

[12]이스라엘아 네 하나님 여호와께서 네게 요구하시는 것이
무엇이냐 곧 네 하나님 여호와를 경외하여 그 모든 도를
행하고 그를 사랑하며 마음을 다하고 성품을 다하여 네 하
나님 여호와를 섬기고

1-11절은 9장에서 언급한 금송아지 우상을 숭배한 패역으로 인하여 깨져버린 십계명의 돌판을 다시 받게 된 내용을 말씀함이고, 10장에서 말씀하고자 하는 중심점은 그렇다면 "네 하나님께서 네게 요구(要求)하시는 것이 무엇인가"(12상) 하는 점을 말씀하려는 것입니다. 한마디로 "네 하나님 여호와를 경외하여 그 모든 도를 행하고 그를 사랑하며 마음을 다하고 성품을 다하여 네 하나님 여호와를 섬기는 것"(12하)이라 말씀하십니다.

첫째 단원(1-11) **두 번째 돌판의 구속사적 의미**

둘째 단원(12-22) **마음을 다하여 여호와를 경외하라**

첫째 단원(1-11) 분석도표
주제 : 두 번째 돌판의 구속사적 의미

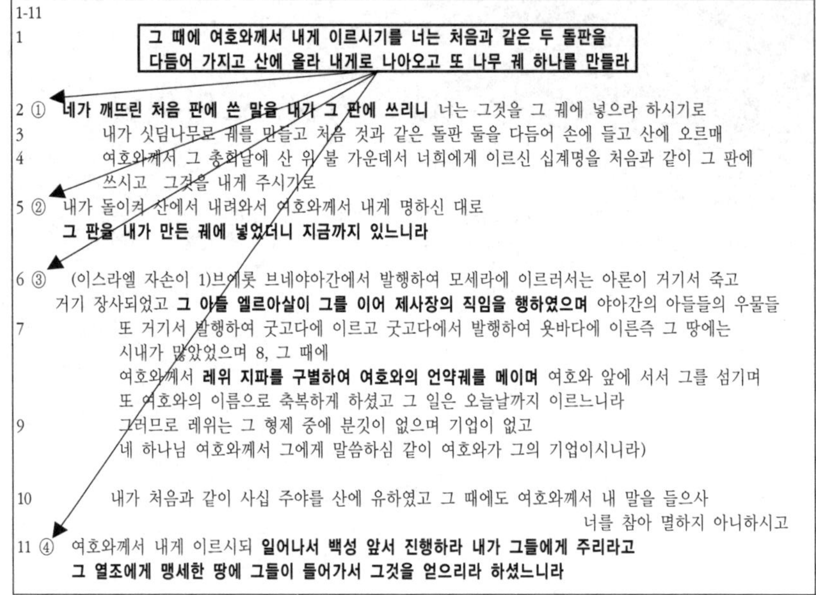
1-11

1 **그 때에 여호와께서 내게 이르시기를 너는 처음과 같은 두 돌판을**
다듬어 가지고 산에 올라 내게로 나아오고 또 나무 궤 하나를 만들라

2 ① **네가 깨뜨린 처음 판에 쓴 말을 내가 그 판에 쓰리니** 너는 그것을 그 궤에 넣으라 하시기로
3 내가 싯딤나무로 궤를 만들고 처음 것과 같은 돌판 둘을 다듬어 손에 들고 산에 오르매
4 여호와께서 그 총회날에 산 위 불 가운데서 너희에게 이르신 십계명을 처음과 같이 그 판에
쓰시고 그것을 내게 주시기로
5 ② 내가 돌이켜 산에서 내려와서 여호와께서 내게 명하신 대로
그 판을 내가 만든 궤에 넣었더니 지금까지 있느니라

6 ③ (이스라엘 자손이 1)브에롯 브네야아간에서 발행하여 모세라에 이르러서는 아론이 거기서 죽고
거기 장사되었고 **그 아들 엘르아살이 그를 이어 제사장의 직임을 행하였으며** 야아간의 아들들의 우물들
7 또 거기서 발행하여 굿고다에 이르고 굿고다에서 발행하여 욧바다에 이른즉 그 땅에는
시내가 많았었으며 8, 그 때에
여호와께서 **레위 지파를 구별하여 여호와의 언약궤를 메이며** 여호와 앞에 서서 그를 섬기며
또 여호와의 이름으로 축복하게 하셨고 그 일은 오늘날까지 이르느니라
9 그러므로 레위는 그 형제 중에 분깃이 없으며 기업이 없고
네 하나님 여호와께서 그에게 말씀하심 같이 여호와가 그의 기업이시니라)

10 내가 처음과 같이 사십 주야를 산에 유하였고 그 때에도 여호와께서 내 말을 들으사
너를 참아 멸하지 아니하시고
11 ④ 여호와께서 내게 이르시되 **일어나서 백성 앞서 진행하라 내가 그들에게 주리라고**
그 열조에게 맹세한 땅에 그들이 들어가서 그것을 얻으리라 하셨느니라

첫째 단원은 깨드려진 돌판 대신 다른 돌판을 주신 것을 언약궤에 넣어 두고, 레위 지파로 하여금 이를 보존(保存)케 한 것을 진술하는 내용입니다. 이를 상고하면서 유념해야할 점은, 두 번째 돌판의 구속사적 의미가 무엇인가 하는 점입니다. 즉 모세가 깨뜨린 것을 하나님이 다시 회복해주셨다는 단순(單純)한 의미인가? 여기에 구속사적 의미가 있는가 하는 점입니다.

도표를 보시면 "처음과 같은 두 돌판을 다듬어 가지고 산에 올라오라"는 말씀을 중심으로, ① "네가 깨뜨린 처음 판에 쓴 말을 내가 그 판에 쓰리니 너는 그것을 그 궤에 넣으라" 하시기로, ② "그 판을 내가 만든 궤에 넣었더니 지금까지 있느니라", ③ 그리고 언약궤를 제사장 지파인 "레위인이 메었다" 말씀한 후에, ④ "일어나서 백성 앞서 진행하여, 그 열조에게 맹세한 땅에 들어가서 그것을 얻으리라" 하셨다고 말씀합니다.

첫째 단원(1-11) 두 번째 돌판의 구속사적 의미

"그 때에 여호와께서 내게 이르시기를 너는 처음과 같은 두 돌판을 다듬어 가지고 산에 올라 내게로 나아오고 또 나무궤 하나를 만들라"(1),

① "네가 깨뜨린 처음 판에 쓴 말을 내가 그 판에 쓰리니 너는 그것을 그 궤에 넣으라 하시기로"(2),

② "내가 돌이켜 산에서 내려와서 여호와께서 내게 명하신 대로 그 판을 내가 만든 궤에 넣었더니 지금까지 있느니라"(5) 합니다.

㉠ 이점에서 제기되는 문제는 모세가 화가 났다고 해서, "하나님이 친수(親手)로 기록하여"(9:10) 주신 돌판을 하나님의 섭리와는 상관이 없이 자기 마음대로 깨뜨릴 수가 있단 말인가? 그리고 모세는 깨뜨리고, 하나님은 다시 쓰셔서 주셨다는, 이것이 가능한 이야기인가 하는 점입니다.

㉡ 이를 분별하기 위해서는 첫 번과, 둘째 번의 상황을 말씀하는 내용 중 다른 점이 무엇인가를 관찰하는 일입니다. 이에 빛을 비춰주는 말씀이 있는데 그것은 모세의 얼굴에서 "광채"(출 34:30)가 났다는 말씀입니다. 모세는 시내산에 두 번을 올라가서 하나님께로부터 십계명이 기록된 돌판을 받아가지고 내려왔습니다. 그런데 돌판이 깨뜨려진 첫 번에는 얼굴에서 광채(光彩)가 났다는 언급이 전연 없다는 점입니다. 광채는 두 번째 돌판을 받아가지고 내려올 때에 비로소 발했다고 말씀

합니다.

ⓒ 이점을 무심한 일로 여겨서는 아니 됩니다. 왜냐하면 성령의 감동을 받은 사도 바울이, "우리는 모세가 이스라엘 자손들로 장차 없어질 것의 결국을 주목치 못하게 하려고 수건을 그 얼굴에 쓴 것같이 아니하노라"(고후 3:13) 하고, 고린도후서 3장에서 일곱 절(12-18)을 할애하여 해설해주고 있기 때문입니다. 핵심은 "광채"인데 이를 수건으로 가렸다는 구속사적 의미가 무엇인가 하는데 있습니다. "수건"이라는 말이 일곱 절 안에 6번이나 강조되어 있습니다. 사도 바울은 모세의 얼굴에 발한 "광채"를 복음(福音)으로 보고 있는 것입니다. 즉 복음의 광채(光彩)가 의문(儀文)이라는 수건에 가려있던 시대가 구약시대라는 것입니다.

ⓡ "그러나 저희 마음이 완고하여 오늘까지도 구약을 읽을 때에 그 수건이 오히려 벗어지지 아니하고 있으니 그 수건은 그리스도 안에서 없어질 것이라" 하고, 의문이라는 수건에 가려있던 복음이 실체(實體)가 오심으로 수건은 벗겨졌고, 휘장은 찢어져서 활짝 열려졌음에도 불구하고, 그런데 탄식할 노릇은 "오늘까지도 모세의 글을 읽을 때에 수건이 오히려 그 마음을 덮고"(고후 3:15) 있어서 복음의 광채가 비취지 못하게 하고 있다는 것입니다. 누구들이 그렇다는 말인가? 예수 그리스도를 믿는다고 하면서 "할례"를 주장하는 율법주의자들의 경우가 그러한 것입니다. 오늘날 모세 5경을 설교하면서, "축복이나 교훈"은 보면서도 복음은 보지 못하는 설교자들이 그러한 것입니다.

ⓜ 그러면 모세가 하나님을 대면한 첫 번의 경우에는 어찌하여 광채에 대한 언급이 없는가? "여호와의 명하신 모든 말씀을 우리가 준행(遵行)하리이다"(출 24:3, 7), 즉 저들은 율법을 행함으로 구원을 얻는 양 여겼기 때문입니다. 주님 당시의 율법주의자들도 그런 구원관(救援觀)을 가지고 있었던 것입니다. 그러나 "율법의 행위로 그의 앞에 의롭

다 하심을 얻을 육체가 없다"(롬 3:20)는 사실이, "우리가 준행하리이다" 하고 다짐한 바로 그 현장(現場)에서 드러난 것입니다. 하나님은 "내가 그들의 남편이 되었어도 그들이 내 언약을 파(破)하였음이니라"(렘 31:32) 하시는데 언제 파해졌가? 첫 번 돌비가 산산조각이 났을 때입니다. 이는 인간의 자력(自力)으로는 구원에 이를 수 없다는 명명백백한 증거가 되는 것입니다.

ⓑ 그러면 두 번째 돌판을 주신 목적(目的)이 무엇인가? 첫째는, "범법(犯法)함을 인하여 더한 것이라"(갈, 3:19), 즉 죄를 억제하기 위해서입니다. 법이 없으면 그야말로 무법천지(無法天地)가 되고 말기 때문입니다. 둘째는, "율법으로는 죄(罪)를 깨달음이니라"(롬 3:20), 즉 자신이 죄인인 것을 깨닫고 그리스도에게로 인도하는 몽학선생의 역할로 주어진 것입니다.

ⓢ 그러므로 같은 성경을 해석하드라도 원리(原理)와 관점(觀點)이 중요합니다. ㉮ 구약으로 구약을 해석하려는 자들이 있습니다. 이는 예수를 그리스도로 인정을 하지 않는 유대인 학자와 같은 관점을 가진 자들입니다. ㉯ 구약으로 신약을 해석하려는 자들이 있습니다. 이는 아직도 그 마음에서 의문(儀文)이라는 수건이 벗어지지 않은 자들입니다. ㉰ 밝히 드러난 신약의 빛을 받아 구약을 해석하는 자들, 이것이 새 언약의 일꾼((고후 3:6)들인 그리스도의 증인들인 것입니다.

③ 6-10절까지의 말씀을 문맥적으로 보면 "그 판을 내가 만든 궤에 넣었더니 지금까지 있느니라" 한 5절과 결부되는 내용으로, 하나님께서 자기 백성들에게 주신 언약(궤)이 어떻게 해서 "오늘까지"(8) 보존(保存)될 수가 있었는가를 진술하는 내용입니다.

㉠ 6-10절의 내용 중에는 "아론의 대제사장 직이 그의 아들 엘르아살로 계승이 된 것과, 여호와의 언약궤를 보존한 레위 지파"에 대한 언급이 있습니다. 형제는 유대인의 제일 되는 특권(特權)이 무엇인지 아

십니까? "첫째는 저희가 하나님의 말씀을 맡았음이니라"(롬 3:2), 즉 하나님께로부터 말씀을 받아, 기록하여, 보존하여, 전해준 것이라고 말씀합니다. 오늘날 우리에게 두 "돌비"는 없습니다. 그러나 돌비에 비할 수 없는 충족된 계시인 성경(聖經)이 주어졌습니다. 만일 구약성경을 보존하여 전해주지 않았다면 예수가 그리스도이심을 입증할 증거를 잃게 되었을 것입니다. 그리고 "돌비"가 전해졌다면 그것은 최대한의 우상이 되고 말았을 것입니다.

④ 첫째 단원은, "여호와께서 내게 이르시되 일어나서 백성 앞서 진행(進行)하라 내가 그들에게 주리라고 그 열조(烈祖)에게 맹세한 땅에 그들이 들어가서 그것을 얻으리라 하셨느니라"(11) 하는 말씀으로 마치고 있습니다.

㉠ 다시 상기시키며 강조합니다. 믿음의 선진들은, "열조의 하나님, 열조에게 세워주신 언약, 열조에게 하신 맹세", 즉 메시아언약을 결코 놓치지 않고 굳게 붙잡고 있다는 점입니다. 그런데 그 후손들은 이를 망각하고 우상을 숭배하다가 멸망을 당한 것입니다. 이것이 우리의 거울이 되고 경계로 기록한 것입니다. 이것이 "두 번째 돌판의 구속사적 의미"입니다.

둘째 단원(12-22) 분석도표
주제 : 마음을 다하여 여호와를 경외하라

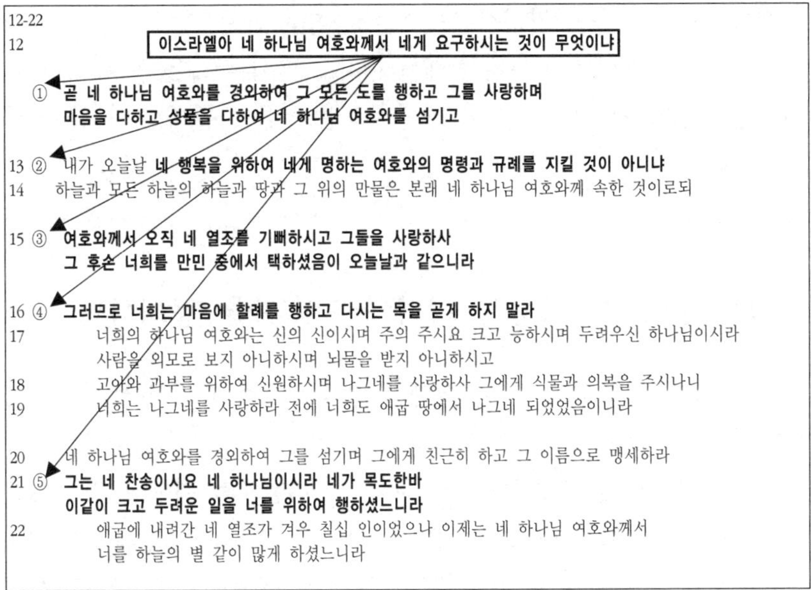
12-22
12 이스라엘아 네 하나님 여호와께서 네게 요구하시는 것이 무엇이냐
① 곧 네 하나님 여호와를 경외하여 그 모든 도를 행하고 그를 사랑하며
마음을 다하고 성품을 다하여 네 하나님 여호와를 섬기고
13 ② 내가 오늘날 네 행복을 위하여 네게 명하는 여호와의 명령과 규례를 지킬 것이 아니냐
14 하늘과 모든 하늘의 하늘과 땅과 그 위의 만물은 본래 네 하나님 여호와께 속한 것이로되
15 ③ 여호와께서 오직 네 열조를 기뻐하시고 그들을 사랑하사
그 후손 너희를 만민 중에서 택하셨음이 오늘날과 같으니라
16 ④ 그러므로 너희는 마음에 할례를 행하고 다시는 목을 곧게 하지 말라
17 너희의 하나님 여호와는 신의 신이시며 주의 주시요 크고 능하시며 두려우신 하나님이시라
사람을 외모로 보지 아니하시며 뇌물을 받지 아니하시고
18 고아와 과부를 위하여 신원하시며 나그네를 사랑하사 그에게 식물과 의복을 주시나니
19 너희는 나그네를 사랑하라 전에 너희도 애굽 땅에서 나그네 되었었음이니라
20 네 하나님 여호와를 경외하여 그를 섬기며 그에게 친근히 하고 그 이름으로 맹세하라
21 ⑤ 그는 네 찬송이시요 네 하나님이시라 네가 목도한바
이같이 크고 두려운 일을 너를 위하여 행하셨느니라
22 애굽에 내려간 네 열조가 겨우 칠십 인이었으나 이제는 네 하나님 여호와께서
너를 하늘의 별 같이 많게 하셨느니라

둘째 단원의 중심점은 "이스라엘아 네 하나님 여호와께서 네게 요구하시는 것이 무엇이냐"에 있습니다. 그런데 먼저 명심해야할 점이 있는데 그것은 21절의 "네가 목도한바 이같이 크고 두려운 일을 너를 위하여 행하셨느니라" 한, 하나님의 행사(行事)입니다. 하나님이 우리를 위해서, 나를 위해서 어떻게 큰일을 행해주셨는가를 아는 자만이, 그리고 믿는 자만이 "여호와께서 네게 요구(要求)하시는" 순종(順從)의 삶을 살 수가 있기 때문입니다.

도표를 보시면 "네 하나님 여호와께서 네게 요구하시는 것이 무엇이냐"를 중심으로, ① "여호와를 경외하여 그 모든 도를 행하고 그를 사랑하며 마음을 다하고 성품을 다하여 네 하나님 여호와를 섬기는 것"이라 하면서, ② "내가 오늘날 네 행복을 위하여 네게 명하는 여호와의 명령과 규례를 지킬 것이 아니냐" 합니다. ③ "여호와께서 오직 네 열조를 기뻐하시고 그들을 사랑하사 그 후손 너희를 만민 중에서 택하셨다", ④ "그러므로 너희는 마음에 할례를 행하고 다시는 목을 곧게 하지 말라", ⑤ "네가 목도한바 이같이 크고 두려운 일을 너를 위하여 행(行)하셨느니라" 합니다.

둘째 단원(12-22) 마음을 다하여 여호와를 경외하라

"이스라엘아 네 하나님 여호와께서 네게 요구하시는 것이 무엇이냐"(12상),

① "곧 네 하나님 여호와를 경외하여 그 모든 도를 행하고 그를 사랑하며 마음을 다하고 성품을 다하여 네 하나님 여호와를 섬기고"(12하),

② "내가 오늘날 네 행복을 위하여 네게 명하는 여호와의 명령(命令)과 규례(規例)를 지킬 것이 아니냐"(13) 합니다.

㉠ 하나님께서는 여호와를 섬기는 것이 무거운 짐을 지우는 것이 아니라, "네 행복(幸福)을 위하여" 라고 말씀합니다. 8:16절에서도, "이는 다 너를 낮추시며 너를 시험하사 마침내 네게 복(福)을 주려 하심이었느니라" 합니다. "나 여호와가 말하노라 너희를 향한 나의 생각은 내가 아나니 재앙이 아니라 곧 평안(平安)이요 너희 장래에 소망(所望)을 주려 하는 생각이라"(렘 29:11) 하십니다.

③ "여호와께서 오직 네 열조를 기뻐하시고 그들을 사랑하사 그 후손 너희를 만민 중에서 택(擇)하셨음이 오늘날과 같으니라"(15) 하고, 복 중의 최고의 복이 "택하심"임을 말씀합니다.

㉠ 누가 택하여주셨는가? 바로 앞 절에서, "하늘과 모든 하늘의 하

늘과 땅과 그 위의 만물은 본래 네 하나님 여호와께 속한 것이로되"(14) 하고 말씀합니다. 여기에는 크게 두 가지 의미가 있는데 첫째는, ㉮ 택하여주신 분이 누구신가 하는 점입니다. 천지의 대주재자가 되시는 창조주(創造主) 하나님이 택하여주셨다는 것입니다. 이보다 더한 경이로운 일이 있단 말인가? 둘째는, ㉯ 어찌하여 택하심이 필요하게 되었는가 하는 점입니다. 이에 대한 열쇠가 "본래"(本來)라는 말입니다. 천지 만물은 본래 하나님께서 창조하신 하나님께 속한 것입니다. 그런데 범죄로 말미암아 땅은 저주를 받았고, 인간은 하나님과 분리(分離)되는 비극적인 사건이 일어났던 것입니다.

㉡ 말라기 1장에서 하나님은, "내가 너희를 사랑하였노라" 하십니다. 그런데 "너희는 이르기를 주께서 어떻게 우리를 사랑하셨나이까" 하고 항변을 합니다. 하나님은 말씀하십니다. "에서는 야곱의 형이 아니냐 그러나 내가 야곱은 사랑하였고 에서는 미워하였으며"(말 1: 1-3) 하십니다. "본질상 진노의 자녀이었던"(엡 2:3하) 자들 중에서 하나님의 택하심을 입었다는 것보다 더 큰 사랑이 무엇이겠는가?

④ 나의 말하는 바를 알아들었느냐? "그러므로 너희는 마음에 할례를 행하고 다시는 목을 곧게 하지 말라"(16) 합니다.

㉠ 이런 말씀을 대할 때마다 놀라움을 금할 수가 없고, 우리를 부끄럽게 합니다. 왜냐하면 모세는 율법의 대명사입니다. 그런 모세의 입을 통해서, "마음에 할례(割禮)를 행하라"는 말을 듣게 되다니 놀랍지 아니한가! 이 말은 복음에 미친 사람이라 할 수 있는 바울이, "할례는 마음에 할지니 신령에 있고 의문에 있지 아니한 것이라"(롬 2:29) 하고 외친 말씀입니다. 그렇게 하다가 "형제들아 내가 지금까지 할례를 전하면 어찌하여 지금까지 핍박을 받으리요"(갈 5:11) 한, 핍박을 받았던 바울입니다. 그런데 모세가 "마음에 할례를 행하라" 하다니!

㉡ "너희의 하나님 여호와는 신의 신이시며 주의 주시요 크고 능하

시며 두려우신 하나님이시라 사람을 외모로 보지 아니하시며 뇌물을 받지 아니하시고 고아와 과부를 위하여 신원하시며 나그네를 사랑하사 그에게 식물과 의복을 주시나니 너희는 나그네를 사랑하라 전에 너희도 애굽 땅에서 나그네 되었었음이니라"(17-19) 합니다. 이 말씀 속에는, "사람을 외모로 보지 아니하신다, 고아, 과부, 나그네" 등이 있습니다. 이를 한마디로 표현한 것이 "네 이웃을 네 몸과 같이 사랑하라"는 말씀입니다.

㉢ 그리고 또 한 가지, "네 하나님 여호와를 경외하여 그를 섬기며 그에게 친근(親近)히 하고 그 이름으로 맹세하라"(20) 하십니다. 그러면 여호와께서 우리에게 요구하시는 것이 무엇인가? "하나님 사랑과, 이웃 사랑"입니다.

⑤ 어찌하여 이런 삶을 살아야만 하는가? "그는 네 찬송이시요 네 하나님이시라 네가 목도한바 이같이 크고 두려운 일을 너를 위하여 행(行)하셨기"(21) 때문이라는 것입니다.

㉠ 형제여, 아무리 "이렇게 하라, 그렇게 하면 안 된다" 하고 외쳐봐야 소쿠리에 물 붓기 식입니다. 왜 그런지 아십니까? "하나님의 사랑이 마음에 부은바"(롬 5:5)가 되지 않았기 때문입니다. 어떻게 하면 하나님의 사랑이 성도들의 마음에 부은바가 되는가? "우리가 아직 연약할 때에, 우리가 아직 죄인 되었을 때에, 곧 우리가 원수 되었을 때에 그 아들의 죽으심으로 말미암아 하나님으로 더불어 화목 되었다"(롬 5:6-10)는, 하나님이 행해주신 큰일을 전해줄 때입니다.

㉡ 그 때에 성령께서는 듣는 자들에게 하나님의 사랑을 부어주시는(롬 5:5) 것입니다. 그리하여 "그리스도의 사랑이 우리를 강권하시는도다"(고후 5:14) 하고, 사랑의 강권함을 받는 자만이 하나님 사랑과, 이웃 사랑의 삶을 살아갈 수가 있는 것입니다. 이것이 "하나님께서 우리들에게 요구하시는 삶"입니다.

⑥ 묵상해보겠습니다.

㉠ 첫 번과, 둘째 돌판의 구속사적 의미에 대해서,

㉡ 하나님이 우리에게 요구하시는 것이 무엇인가에 대해서,

㉢ 그리스도의 사랑의 강권함을 받는 삶에 대해서.

11장

여호와께서 권고하시고 보고 계시는 땅

[12]네 하나님 여호와께서 권고하시는 땅이라 세초부터 세말까지 네 하나님 여호와의 눈이 항상 그 위에 있느니라.

11장은 "그런즉"(1) 하고 시작이 됩니다. 이는 본장이 10장에서 "여호와께서 네게 요구(要求)하는 것이 무엇이냐"(12) 하고 제기한 주제에 대한 계속임을 나타냅니다. 크고 첫째 되는 계명은, "여호와를 사랑하라" 입니다. 그래서 첫 절은, "그런즉 네 하나님 여호와를 사랑하여 그 직임과 법도와 규례와 명령을 항상 지키라"(1) 합니다. 13절에서도 "오늘날 너희에게 명하는 나의 명령을 너희가 만일 청종하고 너희의 하나님 여호와를 사랑하여 마음을 다하고 성품을 다하여 섬기면" 합니다.

그런데 유념해야 할 점은 "내가 오늘날 복(福)과 저주(咀呪)를 너희 앞에 두나니"(26) 한 말씀입니다. 하나님의 말씀에는 "복과, 저주"로 가르는 기능이 있다는 점을 명심해야만 합니다. 즉 말씀이 선포되는 현장에서 "구원과 멸망"으로 가르는 역사(役事)가 일어난다는 말씀입니다. 그런 의미에서 모든 사람을 듣기 좋게 하는 설교는 복음이 아닐 수가 있습니다. 이점을 주님께서는, "나를 저버리고 내 말을 받지 아니하는 자를 심판할 이가 있으니 곧 나의 한 그 말이 마지막 날에 저를 심판하리라"(요 12:48) 하십니다. 듣고 준행하는 자에게는 복된 말씀이지만, 복음을 배척하고 저버리는 자에게는 저주가 되나니, 그래서 "복과 저주를 너희 앞에 두나니" 하는 것입니다. 우리 앞에도 복과 저주의 말씀이 놓여있는 것입니다.

첫째 단원(1–7) **여호와의 행하신 큰일을 기억하라**
둘째 단원(8–17) **여호와께서 권고하시고 보고 계시는 땅**
셋째 단원(18–25) **이 말을 마음과 뜻에 두고 자녀에게 가르치라**
넷째 단원(26–32) **그리심산의 축복과 에발산의 저주**

첫째 단원(1–7) 분석도표
주제 : 여호와의 행하신 큰일을 기억하라

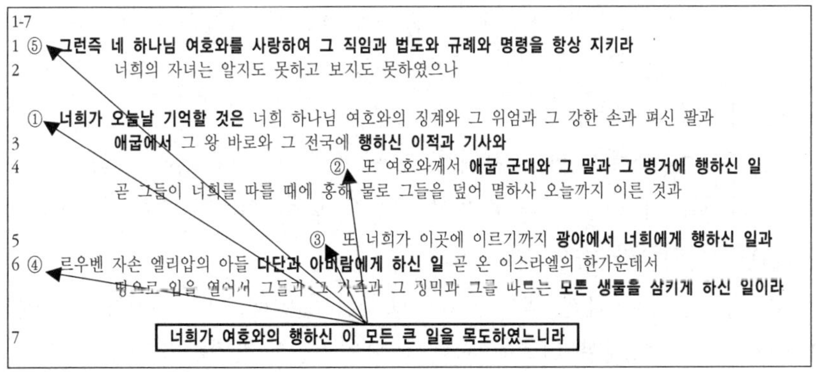

첫째 단원의 중심점은 "여호와의 행하신 큰일을 기억하라"는 말씀에

있습니다. 도표를 보시면 "너희가 여호와의 행하신 이 모든 큰일을 목도하였느니라"를 중심으로, ① "너희가 오늘날 기억할 것은" 하고, 첫째로 "애굽에서 그 왕 바로와 그 전국에 행하신 이적과 기사"를 기억해야 하고, ② "또 애굽 군대와 그 말과 그 병거를 홍해 물로 그들을 덮어 멸하신" 일을 기억하고, ③ "또 너희를 이곳까지 인도하신 광야에서 행하신 일과", ④ "다단과 아비람, 즉 반역하는 자들을 땅으로 입을 열어서 삼키게 한" 일을 너희가 목도하지 않았느냐, ⑤ "그런즉 네 하나님 여호와를 사랑하여 그 직임과 법도와 규례와 명령을 항상 지키라" 합니다.

첫째 단원(1-7) 여호와의 행하신 큰일을 기억하라

"너희가 오늘날 기억할 것은 너희 하나님 여호와의 징계와 그 위엄과 그 강한 손과 펴신 팔과"(2하), 기억해야할 일은 크게 두 부류로 나누어지는데 ㉮ 첫째는, 애굽과 바로에게 행하신 일이요, ㉯ 둘째는 광야에서 이스라엘 백성들에게 하신 일입니다.

① "애굽에서 그 왕 바로와 그 전국에 행하신 이적과 기사"(3)를 먼저 말씀하는데, 이는 10가지 재앙을 가리키는데, 특히 장자를 멸하신 일을 기억해야할 것입니다.

② "또 여호와께서 애굽 군대와 그 말과 그 병거에 행하신 일 곧 그들이 너희를 따를 때에 홍해 물로 그들을 덮어 멸하사 오늘까지 이른 것"(4)을 기억하라 하십니다.

③ 다음은 이스라엘 백성들에게 행하신 일인데, "또 너희가 이곳에 이르기까지 광야에서 너희에게 행하신 일"(5)을 기억하라 하는데, "네 열조도 알지 못하던 만나를 먹여주신 일"(8:3)과, "굳은 반석"(8:15)에서 생수를 내셔서 마시게 한 일, 한 마디로 "사람이 그 아들을"(8:5) 안음

과 같이 인도하여주신 일들을 기억하라는 뜻입니다.

④ 그런가 하면, "르우벤 자손 엘리압의 아들 다단과 아비람에게 하신 일 곧 온 이스라엘의 한가운데서 땅으로 입을 열어서 그들과 그 가족과 그 장막과 그를 따르는 모든 생물을 삼키게 하신 일이라"(6, 민 16:1), 즉 모세와 아론을 대항한 고라 일당을 산채로 음부에 빠지게 한, 징벌을 기억하라 하십니다. 이상 말씀드린 것이 2절에서 말씀한바, "너희 하나님 여호와의 징계(徵戒)와 그 위엄(威嚴)과 그 강(强)한 손과 펴신 팔"(2하)의 행사들인 것입니다.

⑤ 그러면 도달하게 되는 결론은 무엇인가? "너희가 여호와의 행하신 이 모든 큰일을 목도하였느니라(7), 그런즉 네 하나님 여호와를 사랑하여 그 직임과 법도와 규례와 명령을 항상 지키라"(1)는 말씀입니다.

㉠ 모세는 2세대들이 약속의 땅에 들어가서 지켜야할 일들을 여러 방면으로 반복해서 강조하고 있는 것입니다. 왜냐하면, "내가 너희 패역함과 목이 곧은 것을 아나니 오늘날 내가 생존(生存)하여 너희와 함께 하여도 너희가 여호와를 거역하였거든 하물며 내가 죽은 후의 일이랴"(31:27) 합니다. 이러한 모세의 심경을 헤아리면서 신명기를 상고해야만 참뜻을 깨닫고 명심하게 될 것입니다. 그래서 "여호와의 행하신 큰일을 기억하라" 하는 것입니다.

둘째 단원(8-17) 분석도표

주제 : 이른 비와 늦은 비를 적당히 내리시는 땅

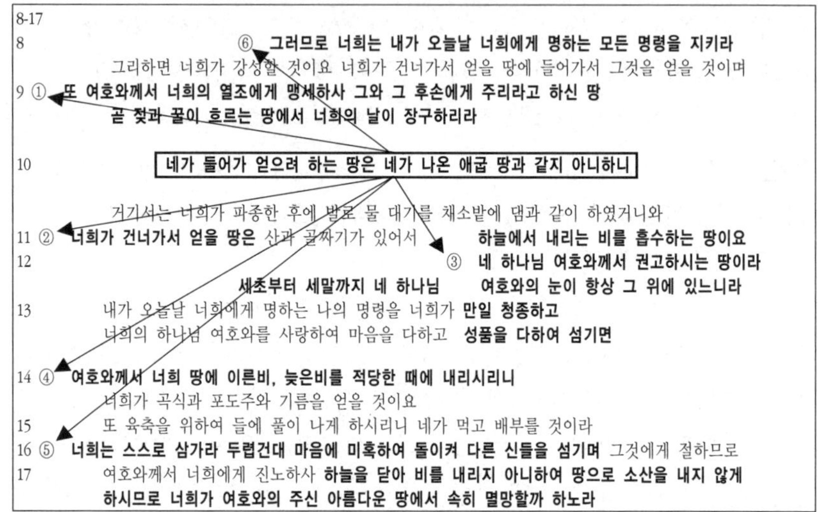

8-17
8 ⑥ 그러므로 너희는 내가 오늘날 너희에게 명하는 모든 명령을 지키라
그리하면 너희가 강성할 것이요 너희가 건너가서 얻을 땅에 들어가서 그것을 얻을 것이며
9 ① 또 여호와께서 너희의 열조에게 맹세하사 그와 그 후손에게 주리라고 하신 땅
곧 젖과 꿀이 흐르는 땅에서 너희의 날이 장구하리라
10 네가 들어가 얻으려 하는 땅은 네가 나온 애굽 땅과 같지 아니하니
거기서는 너희가 파종한 후에 발로 물 대기를 채소밭에 댐과 같이 하였거니와
11 ② 너희가 건너가서 얻을 땅은 산과 골짜기가 있어서 하늘에서 내리는 비를 흡수하는 땅이요
12 ③ 네 하나님 여호와께서 권고하시는 땅이라
세초부터 세말까지 네 하나님 여호와의 눈이 항상 그 위에 있느니라
13 내가 오늘날 너희에게 명하는 나의 명령을 너희가 만일 청종하고
너희의 하나님 여호와를 사랑하여 마음을 다하고 성품을 다하여 섬기면
14 ④ 여호와께서 너희 땅에 이른비, 늦은비를 적당한 때에 내리시리니
너희가 곡식과 포도주와 기름을 얻을 것이요
15 또 육축을 위하여 들에 풀이 나게 하시리니 네가 먹고 배부를 것이라
16 ⑤ 너희는 스스로 삼가라 두렵건대 마음에 미혹하여 돌이켜 다른 신들을 섬기며 그것에게 절하므로
17 여호와께서 너희에게 진노하사 하늘을 닫아 비를 내리지 아니하여 땅으로 소산을 내지 않게
하시므로 너희가 여호와의 주신 아름다운 땅에서 속히 멸망할까 하노라

둘째 단원에는 "땅"이라는 말이 10번이나 나옵니다. 그러므로 중심점은 "네가 들어가 얻으려 하는 땅은 네가 나온 애굽 땅과 같지 아니하다"는데 있습니다.

도표를 보시면 "네가 들어가 얻으려 하는 땅"을 중심으로, ① "여호와께서 너희의 열조에게 맹세하사 그와 그 후손에게 주리라고 하신" 약속의 땅이요, 곧 젖과 꿀이 흐르는 땅이라 합니다. ② "네가 나온 애굽 땅과 같지 아니하다", ③ "네 하나님 여호와께서 권고하시는 땅이요, 세초부터 세말까지 네 하나님 여호와의 눈이 항상 그 위에 있느니라", ④ "여호와께서 너희 땅에 이른 비, 늦은 비를 적당한 때에 내리시리니", ⑤ 그러므로 "너희가 다른 신들을 섬기게 되면, 여호와의 주신 아름다운 땅에서 속히 멸망할까 하노라" 하고 경고하면서, ⑥ 역시 귀결(歸結)

은, "그러므로 너희는 내가 오늘날 너희에게 명하는 모든 명령을 지키라"(8)는 말씀입니다.

둘째 단원(8-17) 이른 비와 늦은 비를 적당히 내리시는 땅

① 네가 들어가 얻으려 하는 땅은 우선적으로, "또 여호와께서 너희의 열조에게 맹세하사 그와 그 후손에게 주리라고 하신 땅"(9상)이요, 즉 하나님께서 아브라함에게 언약하신 땅이요,

㉠ "곧 젖과 꿀이 흐르는 땅"이라 하십니다. 그러므로 "네가 들어가 얻으려 하는 땅은 네가 나온 애굽 땅과 같지 아니하니"(10상) 합니다. 어떻게 다른가? "거기(애굽)서는 너희가 파종한 후에 발로 물 대기를 채소밭에 댐과 같이 하였거니와"(10하),

② "너희가 건너가서 얻을 땅은 산과 골짜기가 있어서 하늘에서 내리는 비를 흡수하는 땅이요"(11) 합니다.

㉠ 이는 광야로 된 애굽과, 산과 골짜기가 있는 가나안 땅의 지형적(地形的)인 특성을 가리키는 말이지만, 12-14절의 문맥으로 보면 상징성이 있다 하겠습니다. 즉 애굽에서는, "발로 물대기"를 했다는 것은 인간의 수단 방법에 의지하여 살아간 것을 나타내지만, 약속의 땅은 "하늘에서 내리는 비를 흡수하는 땅"이라 하는 것은, 하나님이 공급(供給)해주심에 의해서 살아감을 나타냅니다. 이점이 이어지는 말씀에 더욱 분명하게 나타나는데,

③ "네 하나님 여호와께서 권고하시는 땅이라"(12상),

㉠ "세초(歲初)부터 세말(歲末)까지 네 하나님 여호와의 눈이 항상 그 위에 있느니라"(12하) 합니다. 그래서 "여호와께서 권고하시는 땅"이라 하는 것입니다.

㉡ 이점에서 "하나님의 통치(統治)와, 주관"(主管)하심에 대해서 한 말씀드려야 하겠습니다. 하나님은 창조자시오, 천지만물을 주관하시는 대 주재자(主宰者)이십니다. 그런데 성경이 말씀하는 "통치"(統治)의 개념은 제한적입니다.

㉮ 태초에 하나님은 에덴을 창설하시고 아담 하와를 "거기 두시고"(창 2:8) 합니다. 하나님은 천지만물을 주관하시지만, 통치(統治)의 영역은 자기 백성을 두신 에덴이었습니다. 그래서 "생육하고 번성하여 땅에 충만하라 땅을 정복(征服)하라"(창 1:28) 하고, 통치 영역을 확장해 나갈 것을 명하셨던 것입니다.

㉯ 홍수심판 당시에 하나님의 통치 영역은 방주(方舟) 안에 국한이 되어서 남은 자 8명을 다스리셨습니다.

㉰ 애굽을 심판하시던 밤에도 애굽은 하나님의 언약밖에 있었고, 통치를 받는 자들은 대문에 유월절 양의 피를 뿌리고 그 안에 머물러 있는 자들뿐이었습니다. 오늘날도 하나님은 천지만물의 주관자시지만 통치를 받는 자들은, "언약 안에, 교회 안"에 있는 자들인 것입니다.

㉱ 출애굽한 하나님의 백성들을 약속의 땅으로 인도하시고, "여호와의 눈이 항상 그 위에 있느니라" 하신 것은 그들을 통치(統治)하신다는 뜻입니다.

④ "여호와께서 너희 땅에 이른 비, 늦은 비를 적당한 때에 내리시리니 너희가 곡식과 포도주와 기름을 얻을 것이요"(14), "또 육축을 위하여 들에 풀이 나게 하시리니 네가 먹고 배부를 것이라"(15) 합니다.

㉠ "여호와의 권고, 여호와의 눈이 항상 그 위에 있느니라, 이른 비, 늦은 비를 적당한 때에 내리시고, 곡식과 포도주와 기름" 등을 얻게 될 것이라는 12-14절의 축복들이, 신약의 성도들에게는 그리스도의 복음을 통해서 얻게 되는 축복들인 것입니다.

⑤ 그래서 "너희는 스스로 삼가라 두렵건대 마음에 미혹하여 돌이켜

다른 신들을 섬기며 그것에게 절하므로 여호와께서 너희에게 진노하사" (16-17상) 합니다.

㉠ "다른 신을 섬긴다"는 것은 윤리가 아닙니다. 오늘날도 "다른 신"을 섬기는 사람들이 많이 있지만 그들을 처벌하지 않습니다. 이는 메시아언약을 배반함을 가리키는 신학적인 문제입니다.

㉡ 그렇게 되면 어떻게 되는가? ㉮ "하늘을 닫아 비를 내리지 아니하여 땅으로 소산을 내지 않게 하시므로", 즉 은혜가 그치게 되고, ㉯ "너희가 여호와의 주신 아름다운 땅에서 속히 멸망할까 하노라"(17) 합니다. 멸망하게 되는 근본원인은 윤리가 아니라 "메시아"를 배반하기 때문입니다. 오해하지 마시기 바랍니다. 그리스도의 구속을 믿음으로 말미암아 하나님과의 관계를 바르게 유지해나가는 자라면 이웃과의 관계인 윤리에도 바르게 되는 것입니다. 이는 우선순위의 문제입니다.

⑥ 그러므로 또다시 도달하게 되는 귀결(歸結)이 무엇인가? "그러므로 너희는 내가 오늘날 너희에게 명하는 모든 명령을 지키라 그리하면 너희가 강성할 것이요 너희가 건너가서 얻을 땅에 들어가서 그것을 얻을 것이며(8), 내가 오늘날 너희에게 명하는 나의 명령을 너희가 청종하고 너희의 하나님 여호와를 사랑하여 마음을 다하고 성품을 다하여 섬기라"(13)는 말씀입니다. 그렇게 하면, "이른 비와 늦은 비를 적당히 내리시는 땅"이 된다는 말씀입니다.

셋째 단원(18-25) 분석도표
주제 : 이 말을 마음과 뜻에 두고 자녀에게 가르치라

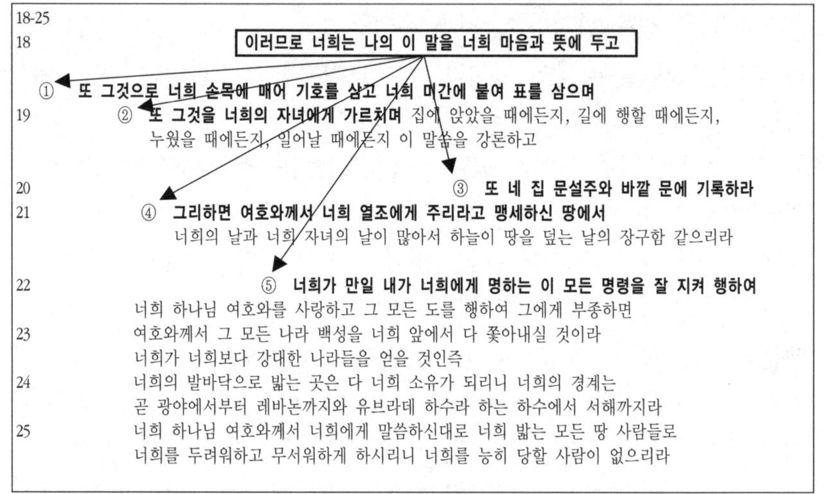
18-25
18 이러므로 너희는 나의 이 말을 너희 마음과 뜻에 두고
① 또 그것으로 너희 손목에 매어 기호를 삼고 너희 미간에 붙여 표를 삼으며
19 ② 또 그것을 너희의 자녀에게 가르치며 집에 앉았을 때에든지, 길에 행할 때에든지,
누웠을 때에든지, 일어날 때에든지 이 말씀을 강론하고
20 ③ 또 네 집 문설주와 바깥 문에 기록하라
21 ④ 그리하면 여호와께서 너희 열조에게 주리라고 맹세하신 땅에서
너희의 날과 너희 자녀의 날이 많아서 하늘이 땅을 덮는 날의 장구함 같으리라
22 ⑤ 너희가 만일 내가 너희에게 명하는 이 모든 명령을 잘 지켜 행하여
너희 하나님 여호와를 사랑하고 그 모든 도를 행하여 그에게 부종하면
23 여호와께서 그 모든 나라 백성을 너희 앞에서 다 쫓아내실 것이라
너희가 너희보다 강대한 나라들을 얻을 것인즉
24 너희의 발바닥으로 밟는 곳은 다 너희 소유가 되리니 너희의 경계는
곧 광야에서부터 레바논까지와 유브라데 하수라 하는 하수에서 서해까지라
25 너희 하나님 여호와께서 너희에게 말씀하신대로 너희 밟는 모든 땅 사람들로
너희를 두려워하고 무서워하게 하시리니 너희를 능히 당할 사람이 없으리라

셋째 단원의 중심점은 "나의 이 말을 너희 마음과 뜻에 두고, 자녀에게 가르치며" 잊지 말라는데 있습니다. "나의 이 말"이란 한마디로 "너는 마음을 다하고 성품을 다하고 힘을 다하여 네 하나님 여호와를 사랑하라"(6:5) 하신 크고 첫째 되는 쉐마를 가리킵니다.

도표를 보시면 " 나의 이 말을 너희 마음과 뜻에 두고"를 중심으로, ① "너희 손목에 매고 미간에 붙여 표를 삼으며", ② "또 자녀에게 가르치며, 이 말씀을 강론하고", ③ "또 네 집 문설주와 바깥문에 기록하라", ④ "그리하면 열조에게 주리라고 맹세하신 땅에서 너희의 날이 장구하리라", ⑤ "만일 내가 너희에게 명하는 이 모든 명령을 잘 지켜 행하면, 너희를 능히 당할 사람이 없으리라" 하십니다.

셋째 단원(18-25) 이 말을 마음과 뜻에 두고 자녀에게 가르치라

"이러므로 너희는 나의 이 말을 너희 마음과 뜻에 두고"(18상),

① "또 그것으로 너희 손목에 매어 기호를 삼고 너희 미간에 붙여 표를 삼으며"(18하),

② "또 그것을 너희의 자녀에게 가르치며 집에 앉았을 때에든지, 길에 행할 때에든지, 누웠을 때에든지, 일어날 때에든지 이 말씀을 강론하고"(19),

③ "또 네 집 문설주와 바깥문에 기록하라"(20) 합니다. 얼마나 철저한 교훈인가? 이렇게 하는 것은, 이토록 당부를 해도 잊어버리게 될, 인간의 성실치 못함과 거짓됨을 모세가 40년간 뼈저리게 경험을 해서 알고 있기 때문입니다. 그리고 이것이 오늘날의 우리들의 모습이기도 합니다. 왜냐하면 타락한 인간의 심성은 예나 이제나 변함이 없기 때문입니다.

④ "그리하면 여호와께서 너희 열조에게 주리라고 맹세하신 땅에서 너희의 날과 너희 자녀의 날이 많아서 하늘이 땅을 덮는 날의 장구함 같으리라"(21) 합니다. 유념하고 명심하십시다. 모세는 "여호와께서 너희 열조에게 주리라고 맹세하신" 언약을 잊지 않고, 놓치지 않고, 계속적으로 붙잡고 있다는 사실을, 이것이 하나님중심입니다.

⑤ "너희가 만일 내가 너희에게 명하는 이 모든 명령을 잘 지켜 행하여 너희 하나님 여호와를 사랑하고 그 모든 도를 행하여 그에게 부종하면"(22),

㉠ 23-25절의 복을 받게 된다는 말씀입니다. "여호와께서 그 모든 나라 백성을 너희 앞에서 다 쫓아내실 것이라 너희가 너희보다 강대한 나라들을 얻을 것인즉 너희의 발바닥으로 밟는 곳은 다 너희 소유가 되리니 너희의 경계는 곧 광야에서부터 레바논까지와 유브라데 하수라 하

는 하수에서 서해까지라 너희 하나님 여호와께서 너희에게 말씀하신대로 너희 밟는 모든 땅 사람들로 너희를 두려워하고 무서워하게 하시리니 너희를 능히 당할 사람이 없으리라" 하십니다. "여호와께서 말씀하신 대로", 그렇습니다. 이것이 아브라함에게 주리라 하고 약속하신 경계(境界)입니다. 그래서 "이 말을 마음과 뜻에 두고 자녀에게 가르치라" 하는 것입니다.

넷째 단원(26-32) 분석도표
주제 : 그리심산의 축복과 에발산의 저주

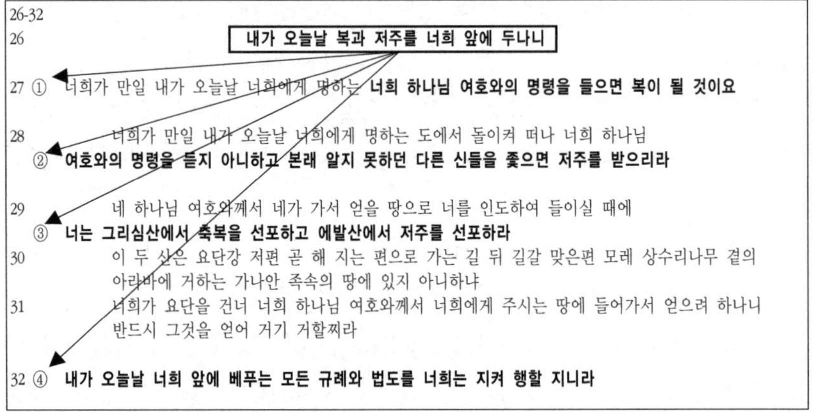

넷째 단원의 중심점은 "내가 오늘날 복과 저주를 너희 앞에 두나니" 한 말씀에 있습니다. 모세는 죽기 전에 시내산 언약에 참여하지 못했던 2세대들에게, 하나님께 받은 말씀을 전해주고 있는 것입니다. 그런데 하나님의 말씀을 가리켜서 "복과 저주를 너희 앞에 두노니" 하는 것입니다. 왜 그런가?

도표를 보시면 "복과 저주를 너희 앞에 두나니"를 중심으로, ① "너희가 만일 내가 오늘날 너희에게 명하는 여호와의 명령을 들으면 복이 될 것이요", ② "여호와의 명령을 듣지 아니하고 본래 알지 못하던 다른 신들을 좇으면 저주를 받으리라" 합니다. ③ 그런 후에 약속의 땅에 들어가거든, "너는 그리심산에서 축복을 선포하고 에발산에서 저주를 선포하라" 합니다. ④ 그리고 11장은, "내가 오늘날 너희 앞에 베푸는 모든 규례와 법도를 너희는 지켜 행할 지니라" 하고 마칩니다.

넷째 단원(26-32) 그리심산의 축복과 에발산의 저주

"내가 오늘날 복과 저주를 너희 앞에 두나니"(26),

① "너희가 만일 내가 오늘날 너희에게 명하는 너희 하나님 여호와의 명령을 들으면 복(福)이 될 것이요"(27),

② "너희가 만일 내가 오늘날 너희에게 명하는 도에서 돌이켜 떠나 너희 하나님 여호와의 명령을 듣지 아니하고 본래 알지 못하던 다른 신들을 좇으면 저주를 받으리라"(28) 합니다.

㉠ 둘째 단원에서도 "너희 땅에 이른 비와 늦은 비를 적당한 때에 내리시리니"(14) 하고 복을 말씀한 후에, "마음에 미혹하여 다른 신들을 섬기면, 멸망할까 하노라"(16-17) 하고 저주를 말씀하셨습니다. 이는 신명기 전체, 나아가 성경전체를 관통하고 있는 일관된 하나님의 경계입니다.

㉡ 모세는 신명기를 마칠 무렵인 30:15절에서도, "보라 내가 오늘날 생명과 복과 사망과 화를 네 앞에 두었나니" 합니다. 그리고 19절에서 또다시, "내가 오늘날 천지를 불러서 너희에게 증거를 삼노라 내가 생명과 사망과 복과 저주를 네 앞에 두었은즉 너와 네 자손이 살기 위하여 생명을 택하라" 하고 말씀합니다. 신명기만이 아니라 성경은 "복과, 저주"가 함께 들어 있는 말씀임을 명심해야만 합니다.

③ 모세는 적당한 선에서 멈추는 것이 아니라, "네 하나님 여호와께서 네가 가서 얻을 땅으로 너를 인도하여 들이실 때에 너는 그리심산에서 축복을 선포하고 에발산에서 저주를 선포하라"(29) 하고, 요지부동하도록 대못을 박아 둡니다.

㉠ 그리고 27:11-13절에서도, "너희가 요단을 건넌 후에 시므온과 레위와 유다와 잇갈과 요셉과 베냐민은 백성을 축복하기 위하여 그리심산에 서고, 르우벤과 갓과 아셀과 스불론과 단과 납달리는 저주하기 위하여 에발산에 서라" 하고 또다시 구체적으로 강조합니다.

㉡ "이 두 산은 요단강 저편 곧 해 지는 편으로 가는 길 뒤 길갈 맞은편 모레 상수리나무 곁의 아라바에 거하는 가나안 족속의 땅에 있지 아니 하냐" 하고, 위치(位置)까지 말씀하시면서, "너희가 요단을 건너 너희 하나님 여호와께서 너희에게 주시는 땅에 들어가서 얻으려 하나니 반드시 그것을 얻어 거기 거할지라"(30-31) 합니다.

㉢ 그리하여 요단을 건너 가나안을 정복한 후에 명하신 대로, "절반은 그리심산 앞에, 절반은 에발산 앞에 서서"(수 8:33) "축복과 저주"의 말씀을 낭독하였던 것입니다. 그러면 구속사의 넓은 지평으로 볼 때에 "축복과 저주"가 어떻게 갈리게 되는가? "하나님이 세상을 이처럼 사랑하사 독생자를 주셨으니 이는 저를 믿는 자마다 멸망치 않고 영생을 얻게 하려 하심이니라"(요 3:16)가 답변이 될 것입니다.

㉣ 성경은 "복과 저주, 영생과 영벌", 두 길, 두 문, 두 종말만이 있다고 말씀합니다. 모든 사람들은 이 "그리심산과, 에발산" 두 산 중 하나 앞에 서 있는 것입니다. "그러므로 믿는 너희에게는 보배이나 믿지 아니하는 자에게는 건축자들의 버린 그 돌이 모퉁이의 머릿돌이 되고 또한 부딪히는 돌과 거치는 반석이 되었다"(벧전 2:7-8) 하십니다.

㉤ 이점에서 다시 상기시키면서 강조합니다만, "저주"를 받게 되는 원인(原因)이 무엇인가 하는 점입니다. 핵심적인 원인은, "다른 신을 좇

으면 저주를 받으리라"(28, 16) 하고 말씀하십니다. "다른 신을 좇는다"는 뜻을, 표면적으로 보면 우상을 숭배했다는 말이지만 이면적으로 보면 메시아언약을 배반했다는 말씀임을 명심해야만 합니다. "복과, 저주"는 오직 그리스도를 영접하느냐 배척하느냐로 갈라지게 된다는 것이 성경의 일관된 증거입니다.

④ 그러므로 11장의 결론도 "내가 오늘날 너희 앞에 베푸는 모든 규례와 법도를 너희는 지켜 행할 지니라"(32)는 말씀입니다. "모든 규례와 법도"에 대해서 또다시 설명을 해야 한단 말인가? 이는 선한 사람이 되라는 교훈만이 아닙니다. 성막을 통해서 계시하신 제사제도, 즉 메시아언약을 보수(保守)하라는 복음도 포함된다는 점을 잊지 말아야만 합니다. 여기에 "복과 저주", 즉 사활이 걸려 있기 때문입니다. 이것이 "그리심산의 축복과 에발산의 저주"입니다.

⑤ 묵상해보겠습니다.

㉠ 우리가 기억해야할 하나님께서 행해주신 큰 행사에 대해서,

㉡ "여호와께서 권고하시고, 보고 계시는 땅"의 적용에 대해서,

㉢ 마음과 뜻에 두고 자녀에게 가르쳐야할 말씀이 무엇인가에 대해서,

㉣ 그리심산과 에발산으로 상징이 된 두 길, 두 문, 두 종말에 대해서.

12장

택하신 한 곳과 먹어서는 아니 될 피

[11]너희는 너희 하나님 여호와께서 자기 이름을 두시려고 한 곳을 택하실 그곳으로 나의 명하는 것을 모두 가지고 갈지니 곧 너희 번제와 너희 희생과 너희 십일조와 너희 손의 거제와 너희가 여호와께 서원하는 모든 아름다운 서원물을 가져가고

12장에는 약속의 땅에 들어가서 지켜야할 3가지 요점이 있는데 첫째는, 가나안 원주민들이 섬기던 우상들을 훼파하라는 것이고, 둘째는 하나님께 예배를 아무 곳에서나 드리지 말고 이름을 두시려고 택하신 "한 곳"에 가서 드리라는 것이고, 셋째는 고기는 먹되 "피는 먹지 말라"는 말씀입니다. 이에 대한 구속사적 의미가 무엇인가?

첫째 단원(1-14) **택하신 곳에서 예배를 드린 후에 먹고 즐거워하라**

둘째 단원(15-32) **피는 먹지 말고, 여호와의 단에 드릴 것이라**

첫째 단원(1-14) 분석도표
주제 : 택하신 곳에서 예배를 드린 후에 먹고 즐거워하라

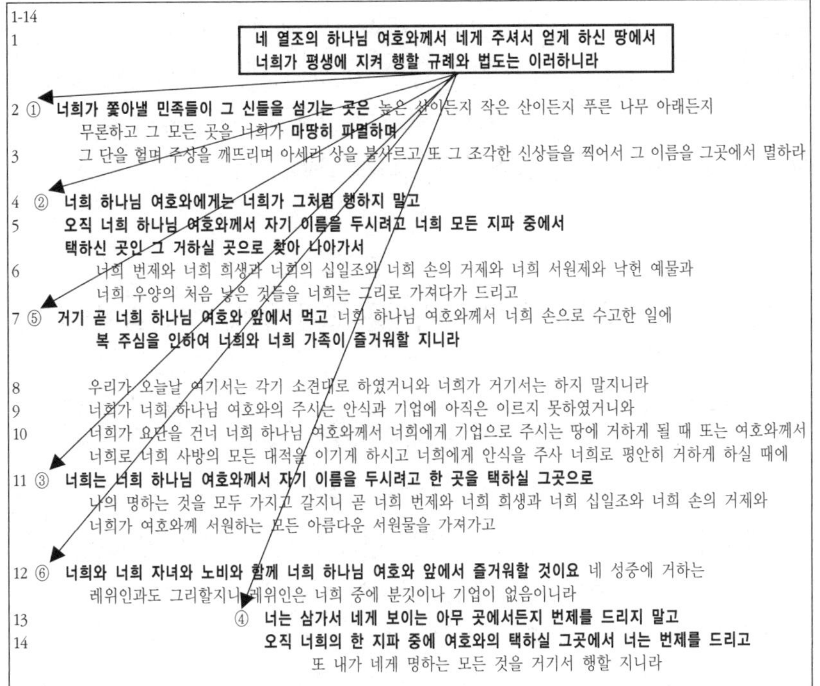
1-14
1 네 열조의 하나님 여호와께서 네게 주셔서 얻게 하신 땅에서
너희가 평생에 지켜 행할 규례와 법도는 이러하니라
2 ① 너희가 쫓아낼 민족들이 그 신들을 섬기는 곳은 높은 산이든지 작은 산이든지 푸른 나무 아래든지
무론하고 그 모든 곳을 너희가 마땅히 파멸하며
3 그 단을 헐며 주상을 깨뜨리며 아세라 상을 불사르고 또 그 조각한 신상들을 찍어서 그 이름을 그곳에서 멸하라
4 ② 너희 하나님 여호와에게는 너희가 그처럼 행하지 말고
5 오직 너희 하나님 여호와께서 자기 이름을 두시려고 너희 모든 지파 중에서
택하신 곳인 그 거하실 곳으로 찾아 나아가서
6 너희 번제와 너희 희생과 너희의 십일조와 너희 손의 거제와 너희 서원제와 낙헌 예물과
너희 우양의 처음 낳은 것들을 너희는 그리로 가져다가 드리고
7 ⑤ 거기 곧 너희 하나님 여호와 앞에서 먹고 너희 하나님 여호와께서 너희 손으로 수고한 일에
복 주심을 인하여 너희와 너희 가족이 즐거워할 지니라
8 우리가 오늘날 여기서는 각기 소견대로 하였거니와 너희가 거기서는 하지 말지니라
9 너희가 너희 하나님 여호와의 주시는 안식과 기업에 아직은 이르지 못하였거니와
10 너희가 요단을 건너 너희 하나님 여호와께서 너희에게 기업으로 주시는 땅에 거하게 될 때 또는 여호와께서
너희로 너희 사방의 모든 대적을 이기게 하시고 너희에게 안식을 주사 너희로 평안히 거하게 하실 때에
11 ③ 너희는 너희 하나님 여호와께서 자기 이름을 두시려고 한 곳을 택하실 그곳으로
나의 명하는 것을 모두 가지고 갈지니 곧 너희 번제와 너희 희생과 너희 십일조와 너희 손의 거제와
너희가 여호와께 서원하는 모든 아름다운 서원물을 가져가고
12 ⑥ 너희와 너희 자녀와 노비와 함께 너희 하나님 여호와 앞에서 즐거워할 것이요 네 성중에 거하는
레위인과도 그리할지니 레위인은 너희 중에 분깃이나 기업이 없음이니라
13 ④ 너는 삼가서 네게 보이는 아무 곳에서든지 번제를 드리지 말고
14 오직 너희의 한 지파 중에 여호와의 택하실 그곳에서 너는 번제를 드리고
또 내가 네게 명하는 모든 것을 거기서 행할 지니라

첫째 단원의 중심점은 유일한 예배의 근거인 택하신 "한 곳"에 있습니다. 이 말씀이 본 단원에만 5절, 11절, 14절, 3번이나 강조되어 있고, 전체로는 "택하신 곳"이 6번 언급되어 있습니다. 그리고 또 하나 강조되어 있는 것이 택하신 한 곳에 가서 예배를 드리고는, "너희와 너희 자녀와 노비와 함께 너희 하나님 여호와 앞에서 먹고, 즐거워할 것이라"는 말씀인데, 이 말씀도 7절과 12절에 강조되어 있습니다. 본문을 상고하실 때에 번호에 유의하시기 바랍니다. 주제를 따라 붙였기 때문입니다.

도표를 보시면 "너희가 평생에 지켜 행할 규례와 법도는 이러 하니라"를 중심으로, ① 먼저 "너희가 쫓아낼 민족들이 섬기던 신들을, 파멸하라" 하신 후에, ② "너희 하나님 여호와에게는 너희가 그처럼 행하지 말고, 오직 여호와께서 자기 이름을 두시려고 택하신 곳으로 찾아 가서" 예배를 드리라 하십니다. 이런 말씀을 ③번과, ④번에서도 강조하시고, ⑤번과, ⑥번에서는 "너희 하나님 여호와 앞에서 먹고, 복 주심을 인하여 너희와 너희 가족이 즐거워할 지니라" 하십니다.

첫째 단원(1-14) 택하신 곳에서 예배를 드린 후에 먹고 즐거워하라

"네 열조(烈祖)의 하나님 여호와께서 네게 주셔서 얻게 하신 땅에서 너희가 평생(平生)에 지켜 행할 규례와 법도는 이러 하니라"(1) 합니다.

㉠ 다시 강조합니다만 우선적으로 유념해야할 점이 "열조의 하나님 여호와"라는 호칭이고, 평생에 지켜 행하라 한 "규례와 법도"입니다. "열조의 하나님 여호와"에 함의(含意)되어 있는 의미는 충분히 인식(認識)했으리라 믿고, "규례와 법도"에 대해서만 한마디 부언을 하겠습니다. 평생에 지켜 행하라 한 규례와 법도는 대인관계(對人關係)에 대한 윤리가 전부가 아닙니다. 하나님과 바른 관계를 유지하는 신학적인 문제, 즉 예배와 결부되는 진리가 우선임을 유념하시기를 바랍니다. 이점을 아래 해설에서 분명히 깨닫게 될 것입니다.

① "너희가 쫓아낼 민족들이 그 신들을 섬기는 곳은 높은 산이든지 작은 산이든지 푸른 나무 아래든지 무론하고 그 모든 곳을 너희가 마땅히 파멸(破滅)하며"(2),

㉠ "그 단을 헐며 주상(柱像)을 깨뜨리며 아세라 상을 불사르고 또 그 조각한 신상(神像)들을 찍어서 그 이름을 그곳에서 멸하라"(3) 하십니다. 말하자면 더럽힌 땅을 대청소를 하라는 뜻입니다.

② 그런 후에 "너희 하나님 여호와에게는 너희가 그처럼 행하지 말고"(4),

㉠ "오직 너희 하나님 여호와께서 자기 이름을 두시려고 너희 모든 지파 중에서 택하신 곳인 그 거하실 곳으로 찾아 나아가서 너희 번제와 너희 희생과 너희의 십일조와 너희 손의 거제와 너희 서원제와 낙헌 예물과 너희 우양의 처음 낳은 것들을 너희는 그리로 가져다가 드리고"(5-6), 즉 예배를 드리라고 말씀하십니다.

③ 이점을 11절에서도, "너희는 너희 하나님 여호와께서 자기 이름을 두시려고 한 곳을 택하실 그곳으로 나의 명하는 것을 모두 가지고 갈지니 곧 너희 번제와 너희 희생과 너희 십일조와 너희 손의 거제와 너희가 여호와께 서원하는 모든 아름다운 서원물을 가지고" 가서 드리라 말씀하고,

④ 13-14절에서도, "너는 삼가서 네게 보이는 아무 곳에서든지 번제를 드리지 말고 오직 너희의 한 지파 중에 여호와의 택하실 그곳에서 너는 번제를 드리고 또 내가 네게 명하는 모든 것을 거기서 행할 지니라" 하십니다.

㉠ 얼마나 중요한 요점(要點)이면 이처럼 반복적으로 강조하시겠는가? 이를 민족의 단일성을 유지하기 위한 정치적인 수단으로 여겨서는 아니 됩니다. 하나님께서는 "모든 지파 중에서" 한 지파를 택하셨고, 가나안 땅에서 "한 곳"을 택하셨다고 말씀하는데, 그 한 지파와, 한 곳이 어디인가? 이점을 시편을 통해서 들어보시기를 바랍니다. "오직 유다 지파와 그 사랑하시는 시온산(예루살렘)을 택하셨다"(시 78:68) 하고 말씀합니다.

㉡ 가나안에 입성하여 하나님의 성막을 세운 곳은 "실로"였습니다. 그랬다가 엘리 제사장 때에 블레셋에게 빼앗겼던 법궤가 돌아올 때에는 벳세메스로 온 것입니다. 유념해야할 점은 실로는 에브라임 지파에 분

배된 곳이고, 벧세메스는 유다 지파에 분배된 지역이라는 점입니다. 이 점을 시편에서는, "실로의 성막 곧 인간에 세우신 장막을 떠나시고, 또 요셉의 장막을 싫어 버리시며 에브라임 지파를 택하지 아니하시고 오직 유다 지파와 그 사랑하시는 시온산을 택하셨다"(시 78:60, 67-68) 하고 말씀하니 얼마나 놀랍습니까?

㉢ 이는 성막의 실체(實體)가 되시는 그리스도가 유다 지파에서 나시게 될 것과 하나님께 나아가는 것이 가능하여지는 유일한 근거(根據)가, "자기 이름을 두시려고 택하신 한 곳"인, 오직 갈보리 십자가의 대속에 있음을 말씀하는 강력한 계시인 것입니다.

⑤ "거기 곧 너희 하나님 여호와 앞에서 먹고 너희 하나님 여호와께서 너희 손으로 수고한 일에 복 주심을 인하여 너희와 너희 가족이 즐거워할 지니라"(7) 합니다. 하나님께 예배를 드린 후에, 여호와 앞에서 먹고 즐거워하라는 말씀인데 이것이 속죄제를 통하여 하나님과 화목한 자들이 누리게 되는 "화목제"의 교제인 것입니다.

⑥ 12절에서도, "너희와 너희 자녀와 노비와 함께 너희 하나님 여호와 앞에서 즐거워할 것이요 네 성중에 거하는 레위인과도 그리할지니 레위인은 너희 중에 분깃이나 기업이 없음이니라" 하십니다. 18절에서도, "오직 네 하나님 여호와께서 택하실 곳에서 네 하나님 여호와 앞에서 너는 네 자녀와 노비와 성중에 거하는 레위인과 함께 그것을 먹고 또 네 손으로 수고한 모든 일을 인하여 네 하나님 여호와 앞에서 즐거워하라" 하십니다.

㉠ 이점을 신약성경에서는, "이뿐 아니라 이제 우리로 화목을 얻게 하신 우리 주 예수 그리스도로 말미암아 하나님 안에서 또한 즐거워하느니라"(롬 5:11) 합니다. "노비"(奴婢)도 함께 먹고 즐거워하라 하시는데, "거기는 헬라인과 유대인이나 할례당과 무할례당이나 야인이나 스구디아인이나 종이나 자유인이 분별(分別)이 있을 수 없나니 오직 그리

스도는 만유시오 만유 안에 계시니라"(골 3:11) 합니다.

ⓛ "우리가 오늘날 여기서는 각기 소견(所見)대로 하였거니와 너희가 거기서는 하지 말지니라 너희가 너희 하나님 여호와의 주시는 안식(安息)과 기업에 아직은 이르지 못하였거니와 너희가 요단을 건너 너희 하나님 여호와께서 너희에게 기업으로 주시는 땅에 거하게 될 때 또는 여호와께서 너희로 너희 사방의 모든 대적을 이기게 하시고 너희에게 안식(安息)을 주사 너희로 평안히 거하게 하실 때에"(8-10), 이 말씀의 핵심(核心)은 "안식"입니다.

ⓒ 이스라엘이 약속의 땅에 입성하여 정착하게 된 것을, "사방에 안식을 주셨다"(수 21:44) 하고 말씀하는데, 신약성경은 "만일 여호수아가 저희에게 안식을 주었더면 그 후에 다른 날을 말씀하지 아니 하셨으리라"(히 4:8) 하고, 이것이 그리스도로 말미암아 주어지게 될 영원한 안식(安息)의 그림자임을 말씀합니다. 구약의 성도들에게 그리스도를 대망케 하기 위해서, "택하신 곳에서 예배를 드린 후에 먹고 즐거워하라" 하시는 것입니다.

둘째 단원(15-32) 분석도표

주제 : 피는 먹지 말고, 여호와의 단에 드릴 것이라

15-32
15 ① 그러나 네 하나님 여호와께서 네게 주신 복을 따라 **각 성에서 네 마음에 즐기는 대로 생축을 잡아**
그 고기를 먹을 수 있나니 곧 정한 자나 부정한 자를 무론하고 노루나 사슴을 먹음 같이 먹으려니와

16 **오직 그 피는 먹지 말고 물 같이 땅에 쏟을 것이며**

17 너는 곡식과 포도주와 기름의 십일조와 네 우양의 처음 낳은 것과 너의 서원을 갚는 예물과 너의 낙헌 예물과
네 손의 거제물은 너의 각 성에서 먹지 말고
18 **오직 네 하나님 여호와께서 택하실 곳에서** 네 하나님 여호와 앞에서 너는 네 자녀와 노비와 성중에 거하는
레위인과 함께 **그것을 먹고** 또 네 손으로 수고한 모든 일을 인하여 **네 하나님 여호와 앞에서 즐거워하되**
19 너는 삼가서 네 땅에 거하는 동안에 레위인을 저버리지 말지니라

20 ② 네 하나님 여호와께서 네게 허락하신대로 **네 지경을 넓히신 후에 네 마음에 고기를 먹고자 하여 이르기를**
내가 고기를 먹으리라 하면 네가 무릇 마음에 좋아하는대로 고기를 먹을 수 있으리니
21 **만일 네 하나님 여호와께서 자기 이름을 두시려고 택하신 곳이 네게서 멀거든** 내가 네게 명한대로
너는 여호와의 주신 우양을 잡아 너의 각 성에서 네가 무릇 마음에 좋아하는 것을 먹되
22 정한 자나 부정한 자를 무론하고 노루나 사슴을 먹음 같이 먹을 수 있거니와

23 ③ **오직 크게 삼가서 그 피는 먹지 말라 피는 그 생명인즉 네가 그 생명을 고기와 아울러 먹지 못하리니**
24 너는 그것을 먹지 말고 물 같이 땅에 쏟으라
25 ④ **너는 피를 먹지 말라** 네가 이같이 여호와께서 의롭게 여기시는 일을 행하면 너와 네 후손이 복을 누리리라
26 오직 네 성물과 서원물을 여호와께서 택하신 곳으로 가지고 가라

27 ⑤ **네가 번제를 드릴 때에는 그 고기와 피를 네 하나님 여호와의 단에 드릴 것이요**
다른 제 희생을 드릴 때에는 그 피를 네 하나님 여호와의 단 위에 붓고 그 고기는 먹을지니라
28 내가 네게 명하는 이 모든 말을 너는 듣고 지키라 네 하나님 여호와의 목전에 선과 의를 행하면
너와 네 후손에게 영영히 복이 있으리라

29 네 하나님 여호와께서 네가 들어가서 쫓아 낼 그 민족들을 네 앞에서 멸절하시고 너로 그 땅을 얻어
거기 거하게 하실 때에
30 **너는 스스로 삼가서 네 앞에서 멸망한 그들의 자취를 밟아 올무에 들지 말라 또 그들의 신을 탐구하여 이르기를**
이 민족들은 그 신들을 어떻게 위하였는고 나도 그와 같이 하겠다 하지 말라
31 네 하나님 여호와께는 네가 그와 같이 행하지 못할 것이라 그들은 여호와의 꺼리시며 가증히 여기시는 일을
그 신들에게 행하여 심지어 그 자녀를 불살라 그 신들에게 드렸느니라
32 ⑥ **내가 너희에게 명하는 이 모든 말을 너희는 지켜 행하고 그것에 가감하지 말지니라**

둘째 단원의 핵심어는 "피"입니다. 6번 정도 등장하는데 "오직 그 피는 먹지 말라" 하십니다. 이에 대한 구속사적 의미가 무엇인가?

도표를 보시면 "오직 그 피는 먹지 말고"를 중심으로, ①번과, ②번에서는, "각 성에서 생축을 잡아 그 고기를 먹을 수 있으나" 합니다. 그러

나 "오직 피는 먹지 말라" 하십니다. 이 말씀이 16절에 이어 ③번과, ④번에 강조되어 있습니다. ⑤ 그 피는 "네가 번제를 드릴 때에 그 피를 여호와의 단에 드리기" 위해서라고 말씀합니다. ⑥ 마지막으로, "내가 너희에게 명하는 이 모든 말을 너희는 지켜 행하고 그것에 가감하지 말지니라" 하십니다. 이에 대한 구속사적 의미가 무엇인가?

둘째 단원(15-32) 피는 먹지 말고, 여호와의 단에 드릴 것이라

① "그러나 네 하나님 여호와께서 네게 주신 복을 따라 각 성에서 네 마음에 즐기는 대로 생축을 잡아 그 고기를 먹을 수 있나니 곧 정한 자나 부정한 자를 무론하고 노루나 사슴을 먹음 같이 먹으려니와"(15) 합니다.

㉠ 갑자기 가축의 고기를 먹는 이야기가 나오는데 이는 동떨어진 말씀이 아니라, "택하실 한 곳"과 관련(關聯)이 있는 것입니다. 즉 하나님께 화목제를 드린 후에 함께 먹고 즐거워하는 것은 "택하신 한 곳"에 가서 해야 하지만, 그렇지 않은 식용(食用)으로는 "각 성"에서 가축을 잡아먹을 수 있다는 것입니다.

㉡ 이는 발전된 법도입니다. 왜냐하면 레위기 17:1-4절에서는 식용으로 잡을 때에도, "회막 문으로 끌어다가 여호와의 장막 앞에서" 잡아 먼저 하나님께 드린 후에 먹으라 말씀하셨기 때문입니다. 이는 집단생활을 한 광야교회 당시에 해당이 된 것이고, 약속의 땅에 들어가서 분배 받은 땅에 분산(分散)되어 살아가게 될 때에는 이렇게 하기가 불가능하기 때문입니다.

② 그래서 20-22절에서도, "네 하나님 여호와께서 네게 허락하신대로 네 지경(地境)을 넓히신 후에 네 마음에 고기를 먹고자 하여 이르기를

내가 고기를 먹으리라 하면 네가 무릇 마음에 좋아하는 대로 고기를 먹을 수 있으리니 만일 네 하나님 여호와께서 자기 이름을 두시려고 택하신 곳이 네게서 멀거든 내가 네게 명한대로 너는 여호와의 주신 우양을 잡아 너의 각 성에서 네가 무릇 마음에 좋아하는 것을 먹되 정한 자나 부정한 자를 무론하고 노루나 사슴을 먹음 같이 먹을 수 있거니와" 하는 것입니다.

③ 그러나 불변의 진리(眞理)가 있는데 16절에서, "오직 그 피는 먹지 말고 물같이 땅에 쏟을 것이며" 하시고, 23절에서도 "오직 크게 삼가서 그 피는 먹지 말라 피는 그 생명인즉 네가 그 생명을 고기와 아울러 먹지 못하리니" 하십니다.

④ 25절에서도, "너는 피를 먹지 말라 네가 이같이 여호와께서 의롭게 여기시는 일을 행하면 너와 네 후손이 복을 누리리라" 하십니다. 이처럼 강조하시는 의도가 무엇인가?

㉠ 이는 이미 창세기 9:4-5절에서, "그러나 고기를 그 생명 되는 피채 먹지 말 것이니라" 하고 엄금한 계율입니다.

⑤ 그러면 어찌하여 "피를 먹지 말라" 하시는가? 이에 확신(確信)을 갖게 되시기를 바랍니다. 그 이유를, "네가 번제를 드릴 때에는 그 고기와 피를 네 하나님 여호와의 단에 드릴 것이요 다른 제 희생을 드릴 때에는 그 피를 네 하나님 여호와의 단 위에 붓고 그 고기는 먹을 지니라"(27) 하고, "여호와의 단에 부어 드리기" 위해서라고 말씀합니다.

㉠ 여기 "단"은 번제단을 가리키는데 어찌하여 희생제물이 흘린 "피"를 번제단에 부어야만 하는가? 이점을 레위기에서는, "이 피를 너희에게 주어 단에 뿌려 너희의 생명을 위하여 속(贖)하게 하였나니 생명이 피에 있으므로 피가 죄를 속하느니라"(레위기 17:11) 하고 자상하게 설명을 해주십니다. 번제단에서 드려지는 "제물과, 피"는 바로 우리의 죄 값에 대한 그리스도의 대속을 상징하기 때문입니다.

㉡ "피"는 생명을 의미하나, "흘린 피"는 죽음을 의미하고, "부어진 피"는 대속을 상징합니다. 그래서 "이 피를 너희에게 주어", 너희 죄를 속하는데 사용하기 위해서 먹지 말라, 즉 범하지 말라 하신다는 것입니다. 소나 양 같은 짐승의 피가 아닙니다. "자기 아들의 피"로 우리가 범한 죄를 대속하기 위한 예표로 이처럼 명하신다는 점을 유념해야만 합니다.

㉢ "내가 네게 명하는 이 모든 말을 너는 듣고 지키라 네 하나님 여호와의 목전에 선과 의를 행하면 너와 네 후손에게 영영히 복이 있으리라"(28) 하고, 행해야할 것과, "네 하나님 여호와께서 네가 들어가서 쫓아 낼 그 민족들을 네 앞에서 멸절하시고 너로 그 땅을 얻어 거기 거하게 하실 때에 너는 스스로 삼가서 네 앞에서 멸망한 그들의 자취를 밟아 올무에 들지 말라, 네 하나님 여호와께는 네가 그와 같이 행하지 못할 것이라 그들은 여호와의 꺼리시며 가증히 여기시는 일을 그 신들에게 행하여 심지어 그 자녀를 불살라 그 신들에게 드렸느니라"(29-31) 하고, 행해서는 아니 될 우상숭배에 대해서 경계하십니다.

⑥ 12장의 결론은, "내가 너희에게 명하는 이 모든 말을 너희는 지켜 행하고 그것에 가감(加減)하지 말지니라"(32) 하고 마치고 있습니다.

㉠ 잊었을까 하여 상기시킵니다만, "다른 신", 즉 우상을 숭배한다는 것은 메시아언약에 대한 배신행위라는 사실입니다. 그리고 가감하지 말고 지켜야할 것, 즉 "너는 삼가서 아무 곳에서나 번제를 드리지 말고(13), 택하실 한 곳(11)에 가서 번제를 드리라 하심과, 오직 피는 먹지 말라 하고 금하시는 것"은, 하나님께 나아가는 것을 가능케 하는 유일한 근거인 복음을 보수(保守)하라는 말씀이 되는 것입니다. 이것이 "피는 먹지 말고, 여호와의 단에 드릴 것이라"는 구속사적 의미입니다.

⑦ 묵상해보겠습니다.

㉠ 택하신 지파, 택하신 한 곳의 구속사적 의미에 대해서,

㉡ 예배를 드린 후에 먹고 즐거워하라 하신 의미에 대해서,

㉢ 피는 먹지 말고, 여호와의 단에 부으라 하신 구속사적 의미에 대해서.

13장

거짓 선지자와 이단에 대한 경계

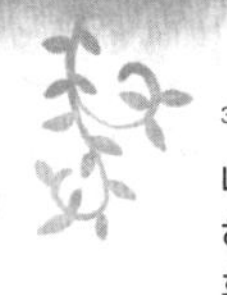

[3]너는 그 선지자나 꿈꾸는 자의 말을 청종하지 말라 이는 너희 하나님 여호와께서 너희가 마음을 다하고 성품을 다하여 너희 하나님 여호와를 사랑하는 여부를 알려 하사 너희를 시험하심이니라.

13장은 "선지자, 꿈꾸는 자(1), 타락한 성읍"(12)에 대한 경계입니다. "선지자, 꿈꾸는 자"란 거짓 선생을 가리키나, "한 성읍이 미혹이 되었다" 한 것은, 이단에 속한 집단(集團)을 가리킨다 하겠습니다. 이제까지는 주로 외부(外部), 즉 가나안의 원주민이 섬기는 우상숭배에 동화될 것을 경계한 말씀인데, 13장은 "너희 중에"(1) 하고, 내부(內部)에서 일어나게 될 이단사상에 대한 경계인 것입니다. "이적과 기사가 그 말대로 이룰지라도"(2) 청종하지 말라 하십니다. 이는 "여호와를 사랑하는 여부를 알려 하사"(3), 즉 참 신앙과 거짓 믿음을 가리기 위한 시험이라 하십니다. 이 말씀은 우리에게 거짓 선지자와, 거짓 교회에 대한 경계로 적용이 된다 하겠습니다.

첫째 단원(1-11) **이적과 기사가 이룰지라도 청종하지 말라**
둘째 단원(12-18) **너희 중에서 미혹을 당한 성읍을 제거하라**

첫째 단원(1-11) 분석도표

주제 : 이적과 기사가 이룰지라도 청종하지 말라

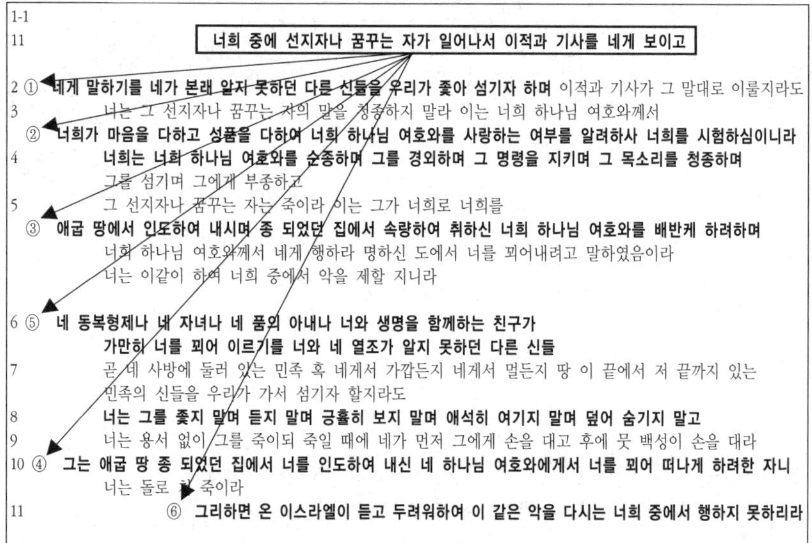
1-1
11 **너희 중에 선지자나 꿈꾸는 자가 일어나서 이적과 기사를 네게 보이고**

2 ① **네게 말하기를 네가 본래 알지 못하던 다른 신들을 우리가 좇아 섬기자 하며** 이적과 기사가 그 말대로 이룰지라도
3 너는 그 선지자나 꿈꾸는 자의 말을 청종하지 말라 이는 너희 하나님 여호와께서
② **너희가 마음을 다하고 성품을 다하여 너희 하나님 여호와를 사랑하는 여부를 알려하사 너희를 시험하심이니라**
4 **너희는 너희 하나님 여호와를 순종하며 그를 경외하며 그 명령을 지키며 그 목소리를 청종하며**
그를 섬기며 그에게 부종하고
5 그 선지자나 꿈꾸는 자는 죽이라 이는 그가 너희로 너희를
③ **애굽 땅에서 인도하여 내시며 종 되었던 집에서 속량하여 취하신 너희 하나님 여호와를 배반케 하려하며**
너희 하나님 여호와께서 네게 행하라 명하신 도에서 너를 꾀어내려고 말하였음이라
너는 이같이 하여 너희 중에서 악을 제할 지니라

6 ⑤ **네 동복형제나 네 자녀나 네 품의 아내나 너와 생명을 함께하는 친구가**
가만히 너를 꾀어 이르기를 너와 네 열조가 알지 못하던 다른 신들
7 곧 네 사방에 둘러 있는 민족 혹 네게서 가깝든지 네게서 멀든지 땅 이 끝에서 저 끝까지 있는
민족의 신들을 우리가 가서 섬기자 할지라도
8 **너는 그를 좇지 말며 듣지 말며 긍휼히 보지 말며 애석히 여기지 말며 덮어 숨기지 말고**
9 너는 용서 없이 그를 죽이되 죽일 때에 네가 먼저 그에게 손을 대고 후에 뭇 백성이 손을 대라
10 ④ **그는 애굽 땅 종 되었던 집에서 너를 인도하여 내신 네 하나님 여호와에게서 너를 꾀어 떠나게 하려한 자니**
너는 돌로 쳐 죽이라
11 ⑥ **그리하면 온 이스라엘이 듣고 두려워하여 이 같은 악을 다시는 너희 중에서 행하지 못하리라**

첫째 단원을 해석하는 열쇠는 두 번 등장하는, "너희를 애굽 땅에서 인도하여 내시며 종 되었던 집에서 속량하여 취하신 너희 하나님 여호와"(5, 10)라는 말씀에 있습니다. 이스라엘이 애굽에서 구원 얻을 수 있었던 것은 "유월절 어린양의 피"로 말미암은 것입니다. 그런데 이를 배반케 하려는 자들이 있다는 것입니다. 이점이 신약의 성도들에게는 복음을 변개(變改)케 하려는 자들에 대한 경계로 적용이 됩니다.

도표를 보시면 "너희 중에 선지자나 꿈꾸는 자가 일어나서 이적과 기사를 네게 보이고"를 중심으로, ① "이적과 기사가 그 말대로 이룰 지라도", ② "선지자나 꿈꾸는 자의 말을 청종하지 말라 이는 너희 하나님 여호와께서 너희가 마음을 다하고 성품을 다하여 너희 하나님 여호와를 사랑하는 여부를 알려 하사 너희를 시험하심이니라" 하십니다. 그러면 우리의 믿음의 근거는 어디에 두어야 하는가? ③번과, ④번에서는, "너희를 애굽 땅에서 인도하여 내시며 종 되었던 집에서 속량하여 취하신 너희 하나님 여호와"라고 말씀하십니다. 즉 어린양의 피로 구속하여 주신 복음에 두어야 한다는 말씀입니다. ⑤ 그러므로 "네 동복형제나 자녀나 아내나 친구가 가만히 너를 꾀어 이르기를 너와 네 열조가 알지 못하던 다른 신들"을 섬기자 해도, 너는 용서 없이 그를 죽이라(9) 하십니다. ⑥ 결론은, "그리하면 온 이스라엘이 듣고 두려워하여 이 같은 악을 행하지 못하리라" 합니다.

첫째 단원(1-11) 이적과 기사가 이룰지라도 청종하지 말라

"너희 중에 선지자나 꿈꾸는 자가 일어나서 이적과 기사를 네게 보이고"(1),

① "네게 말하기를 네가 본래 알지 못하던 다른 신들을 우리가 좇아 섬기자 하며 이적과 기사가 그 말대로 이룰 지라도"(2),

㉠ 사람은 예나 지금이나 기사와 이적과 같은 신비주의적인 것을 선호하는 경향이 있습니다. 이는 하나님의 언약(言約)에 대한 불성실, 즉 악하고 음란한 심성 때문입니다. "너는 그 선지자나 꿈꾸는 자의 말을 청종하지 말라"(3상) 하십니다.

② 이어지는 말씀이 중요한데, "이는 너희 하나님 여호와께서 너희가

마음을 다하고 성품을 다하여 너희 하나님 여호와를 사랑하는 여부를 알려 하사 너희를 시험(試驗)하심이니라"(3하) 하십니다.

㉠ 주님의 재림 무렵에 적그리스도와 많은 거짓 선지자가 일어나 기사와 이적을 행하리라 하셨는데 어찌하여 이를 허용하시는가? 이점을 바울 사도는, "이러므로 하나님이 유혹(誘惑)을 저의 가운데 역사하게 하사 거짓 것을 믿게 하심은 진리(眞理)를 믿지 않고 불의(不義)를 좋아하는 모든 자로 심판을 받게 하려 하심이니라"(살후 2:11-12), 즉 참 신자와 가짜 신자를 가려내기 위해서라고 말씀합니다.

㉡ 요한복음 2:23-24절에, "많은 사람이 그 행하시는 표적을 보고 그 이름을 믿었으나 예수는 그 몸을 저희에게 의탁치 아니하셨다", 즉 그 믿음을 인정하지 않으셨다는 말씀이 있습니다. 왜냐하면 표적을 보고 따르는 자들의 심리상태를 "친히 모든 사람을 아심이요" 하십니다. 예를 들면, 병이 나았기 때문에 믿는다면 재발하면 배반할 것이 아니냐는 것입니다.

③ 그러면 신앙의 근거를 어디에 두어야 하는가? "그가 너희로 너희를 애굽 땅에서 인도하여 내시며 종 되었던 집에서 속량하여 취하신 너희 하나님 여호와"(5중)에 두어야 한다는 것입니다.

④ 이 경계를 10절에서도, "그는 애굽 땅 종 되었던 집에서 너를 인도하여 내신 네 하나님 여호와에게서 너를 꾀어 떠나게 하려한 자니 너는 돌로 쳐 죽이라", "속량하여 취하신 너희 하나님 여호와를 배반(背叛)케 하려하며 너희 하나님 여호와께서 네게 행하라 명하신 도에서 너를 꾀어내려고 말하였음이라 너는 이같이 하여 너희 중에서 악을 제할지니라"(5하) 합니다.

㉠ 이점이 신정시대에는 문자적으로 시행이 되었으나, 신약교회에서는, "저희 말은 독한 창질의 썩어져감과 같은데 그 중에 후메내오와 빌레도가 있느니라, 내가 사단에게 내어주었다"(딤후 2:17, 딤전 1:20)

하고, 출교(黜教) 조치를 취하는 것으로 시행이 되는 것입니다. 이는 우리를 죄에서 구속하여주신 복음을 목숨을 내걸고 보수(保守)해야 할 것을 보여주는 대목입니다.

㉡ 기사와 이적을 행하며, 꿈이 그대로 성취가 되는 것은 매혹적일 수가 있습니다. 그에 비해서 "유월절 어린양의 피, 즉 십자가(十字架)의 도"를 말하는 것이 미련하고 어리석게 보일 수도 있습니다. 그래서 "너희는 너희 하나님 여호와를 순종하며 그를 경외하며 그 명령을 지키며 그 목소리를 청종하며 그를 섬기며 그에게 부종하라"(4) 하고 미리 경계하시는 것입니다.

㉢ "네 동복형제나 네 자녀나 네 품의 아내나 너와 생명을 함께하는 친구가 가만히 너를 꾀어 이르기를 너와 네 열조(烈祖)가 알지 못하던 다른 신들"(6)을 섬기자 하거든, 이는 가까운 측근을 통한 시험입니다. 아담은 하와에게, 아브라함은 사라에게 넘어간 것(창 16:2)이 그 예라 할 것입니다. "너는 그를 좇지 말며 듣지 말며 긍휼히 보지 말며 애석히 여기지 말며 덮어 숨기지 말고 너는 용서 없이 그를 죽이라"(7-8) 합니다. 주님은 수제자 베드로를 "사단아 내 뒤로 물러가라" 하고 물리치셨습니다.

㉣ 유념할 점은, "네 열조(烈祖)가 알지 못하던 다른 신들"이라는 말인데, "복음"은 새로운 것이 아닙니다. 요즘 "전연 새로운 것"이라고 선전하는 자들이 있는데, "이 복음은 하나님이 선지자들로 말미암아 그의 아들에 관하여 성경(聖經)에 미리 약속하신 것"(롬 1:2), 즉 고전적(古典的)인 것입니다. 이단이 무엇인가? "열조들", 즉 아브라함, 이사, 야곱이 걸어갔던 "옛길에서 넘어지게 하며 곁길 곧 닦지 아니한 길로 행케 하는 것"(렘 18:15)입니다.

⑥ 첫째 단원의 결론은, "그리하면 온 이스라엘이 듣고 두려워하여 이 같은 악을 다시는 너희 중에서 행하지 못하리라"(11) 합니다. 그러

므로 참 교회의 표지는 첫째가 말씀이 바르게 선포되어야 하고, 둘째는 성례가 바르게 거행이 되고, 셋째가 권징이 시행이 되어야 한다고 말하는 것입니다. 오늘날 "이적과 기사가 이룰지라도 청종하지 아니할 자"가 얼마나 될 것인가?

둘째 단원(12-18) 분석도표

주제 : 너희 중에서 미혹을 당한 성읍을 제거하라

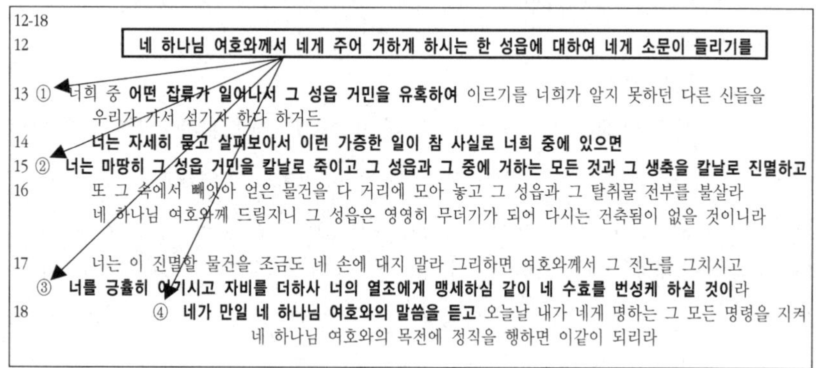

12-18
12 **네 하나님 여호와께서 네게 주어 거하게 하시는 한 성읍에 대하여 네게 소문이 들리기를**
13 ① 너희 중 **어떤 잡류가 일어나서 그 성읍 거민을 유혹하여** 이르기를 너희가 알지 못하던 다른 신들을
우리가 가서 섬기자 한다 하거든
14 **너는 자세히 묻고 살펴보아서 이런 가증한 일이 참 사실로 너희 중에 있으면**
15 ② **너는 마땅히 그 성읍 거민을 칼날로 죽이고 그 성읍과 그 중에 거하는 모든 것과 그 생축을 칼날로 진멸하고**
16 또 그 속에서 빼앗아 얻은 물건을 다 거리에 모아 놓고 그 성읍과 그 탈취물 전부를 불살라
네 하나님 여호와께 드릴지니 그 성읍은 영영히 무더기가 되어 다시는 건축됨이 없을 것이니라
17 너는 이 진멸할 물건을 조금도 네 손에 대지 말라 그리하면 여호와께서 그 진노를 그치시고
③ **너를 긍휼히 여기시고 자비를 더하사 너의 열조에게 맹세하심 같이 네 수효를 번성케 하실 것이**라
18 ④ **네가 만일 네 하나님 여호와의 말씀을 듣고** 오늘날 내가 네게 명하는 그 모든 명령을 지켜
네 하나님 여호와의 목전에 정직을 행하면 이같이 되리라

둘째 단원의 중심점은, "너희 중에서 미혹을 당한 성읍(城邑)을 제거하라"는데 있습니다. 첫째 단원의 경계는 "선지자, 꿈꾸는 자" 등 개인(個人)을 통한 미혹에 대한 경계였는데, 본 단원은 "미혹을 당한 성읍"(城邑)이라는 집단(集團)에 대한 경계입니다. 이를 방치하면 12지파 전체로 퍼질 수가 있는 위험성이 있기 때문입니다. 오늘날은 이단 집단으로 적용이 된다 하겠습니다.

도표를 보시면 "한 성읍에 대하여 네게 소문"이 들리기를 중심으로, ① "어떤 잡류(雜類)에 의해서 그 성읍이 미혹을 당한 것이 사실로" 드러나면, ② "너는 마땅히 그 성읍 거민을 칼날로 죽이고 진멸하라", ③ 이렇게 하면 "너를 긍휼히 여기시고 열조에게 맹세하심 같이 수효를 번성케 하실 것이라" 하시면서, ④ 결론은 "네가 여호와의 말씀을 듣고 명령을 지켜 행하면 이같이 되리라" 하십니다.

둘째 단원(12–18) 너희 중에서 미혹을 당한 성읍을 제거하라

"네 하나님 여호와께서 네게 주어 거하게 하시는 한 성읍에 대하여 네게 소문이 들리기를"(12),

① "너희 중 어떤 잡류(雜類)가 일어나서 그 성읍 거민을 유혹하여 이르기를 너희가 알지 못하던 다른 신들을 우리가 가서 섬기자 한다 하거든, 너는 자세히 묻고 살펴보아서 이런 가증한 일이 참 사실로 너희 중에 있으면"(13-14),

② "너는 마땅히 그 성읍 거민을 칼날로 죽이고 그 성읍과 그 중에 거하는 모든 것과 그 생축을 칼날로 진멸하고"(15),

㉠ "또 그 속에서 빼앗아 얻은 물건을 다 거리에 모아 놓고 그 성읍과 그 탈취물 전부를 불살라 네 하나님 여호와께 드릴지니 그 성읍은 영영히 무더기가 되어 다시는 건축됨이 없을 것이니라 너는 이 진멸할 물건을 조금도 네 손에 대지 말라"(16-17상),

③ "그리하면 여호와께서 그 진노를 그치시고 너를 긍휼히 여기시고 자비를 더하사 너의 열조에게 맹세하심 같이", 즉 아브라함에게 언약하신 대로 "네 수효를 번성(繁盛)케 하실 것이라" 합니다.

④ 그리고 13장의 결론은, "네가 만일 네 하나님 여호와의 말씀을 듣고 오늘날 내가 네게 명하는 그 모든 명령을 지켜 네 하나님 여호와의 목전에 정직을 행하면 이같이 되리라"(18) 하고 마치고 있습니다.

㉠ 어떤 마음이 드십니까? 너무 가혹하다는 생각이 들지 않습니까? 사랑의 사도 요한은, "누구든지 이 교훈을 가지지 않고 너희에게 나아

가거든 그를 집에 들이지도 말고 인사도 말라 그에게 인사하는 자는 그 악한 일에 참여하는 자임이니라"(요이 1:10-11) 합니다. 왜냐하면 사활이 걸려있는 문제이기 때문입니다. 이것이 "너희 중에서 미혹을 당한 성읍을 제거하라"입니다.

⑤ 묵상해보겠습니다.

㉠ 기사와 이적, 계시를 받았다는 등에 미혹당하는 원인에 대해서,

㉡ 이를 허용하시는 하나님의 의도에 대해서,

㉢ 믿음의 근거를 어디에 두어야 하는가에 대해서.

14장

너는 여호와의 자녀, 하나님의 성민이라

[2]너는 너의 하나님 여호와의 성민이라 여호와께서 지상 만민 중에서 너를 택하여 자기의 기업의 백성을 삼으셨느니라.

14장은, "너희는 너희 하나님 여호와의 자녀라"(1)는 말씀으로 시작이 됩니다. 그리고 "너는 너의 하나님 여호와의 성민(聖民)이라"는 말씀이 2절과, 21절 두 번 등장합니다. 이는 정체성(正體性)을 일깨우는 말씀인데, 본장은 이 정체성을 중심으로 해석이 되어야 마땅합니다. 즉 "성민"으로써의 정체성을 지키기 위해서, "먹을 것과 먹지 말아야할 것"을 말씀하고, 성민으로써 감당해야할 의무로는, 여호와 경외하기를 배우는 일과, 각종 헌물입니다.

첫째 단원(1-21) **성민이 먹을 것과 먹지 말아야할 것**

둘째 단원(22-29) **십일조와 하나님 경외를 배우는 축제**

첫째 단원(1-21) 분석도표

주제 : 성민이 먹을 것과 먹지 말아야할 것

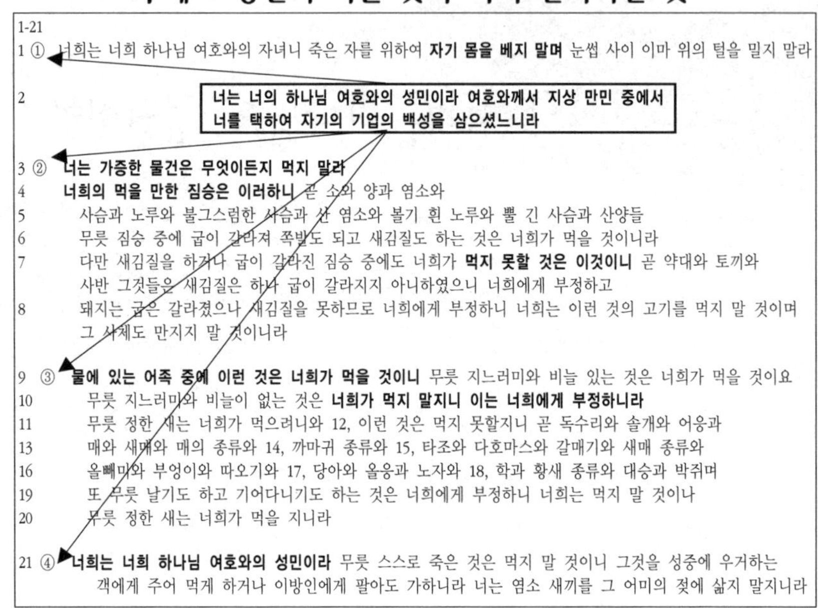

1-21

1 ① 너희는 너희 하나님 여호와의 자녀니 죽은 자를 위하여 **자기 몸을 베지 말며** 눈썹 사이 이마 위의 털을 밀지 말라

2 **너는 너의 하나님 여호와의 성민이라 여호와께서 지상 만민 중에서 너를 택하여 자기의 기업의 백성을 삼으셨느니라**

3 ② **너는 가증한 물건은 무엇이든지 먹지 말라**

4 **너희의 먹을 만한 짐승은 이러하니** 곧 소와 양과 염소와

5 사슴과 노루와 불그스럼한 사슴과 산 염소와 볼기 흰 노루와 뿔 긴 사슴과 산양들

6 무릇 짐승 중에 굽이 갈라져 쪽발도 되고 새김질도 하는 것은 너희가 먹을 것이니라

7 다만 새김질을 하거나 굽이 갈라진 짐승 중에도 너희가 **먹지 못할 것은 이것이니** 곧 약대와 토끼와
사반 그것들은 새김질은 하나 굽이 갈라지지 아니하였으니 너희에게 부정하고

8 돼지는 굽은 갈라졌으나 새김질을 못하므로 너희에게 부정하니 너희는 이런 것의 고기를 먹지 말 것이며
그 사체도 만지지 말 것이니라

9 ③ **물에 있는 어족 중에 이런 것은 너희가 먹을 것이니** 무릇 지느러미와 비늘 있는 것은 너희가 먹을 것이요

10 무릇 지느러미와 비늘이 없는 것은 **너희가 먹지 말지니 이는 너희에게 부정하니라**

11 무릇 정한 새는 너희가 먹으려니와 12, 이런 것은 먹지 못할지니 곧 독수리와 솔개와 어응과

13 매와 새매와 매의 종류와 14, 까마귀 종류와 15, 타조와 다호마스와 갈매기와 새매 종류와

16 올빼미와 부엉이와 따오기와 17, 당아와 올응과 노자와 18, 학과 황새 종류와 대승과 박쥐며

19 또 무릇 날기도 하고 기어다니기도 하는 것은 너희에게 부정하니 너희는 먹지 말 것이나

20 무릇 정한 새는 너희가 먹을 지니라

21 ④ **너희는 너희 하나님 여호와의 성민이라** 무릇 스스로 죽은 것은 먹지 말 것이니 그것을 성중에 우거하는
객에게 주어 먹게 하거나 이방인에게 팔아도 가하니라 너는 염소 새끼를 그 어미의 젖에 삶지 말지니라

첫째 단원의 중심점은 "성민으로써 먹을 것과 먹지 말아야할 것"을 말씀함에 있습니다. 도표를 보시면 "너는 너의 하나님 여호와의 성민이라"를 중심으로, ① "죽은 자를 위하여 몸을 베지 말며", ② "너희의 먹을 만한 짐승은 이러하니", ③ "물에 있는 어족 중에 먹을 것은", ④ 이렇게 말씀한 후에 "너희는 너희 하나님 여호와의 성민이라" 하고 다시 한번 일깨워주십니다. 이 말씀이 신약의 성도들에게는, "너희가 하나님의 성전인 것과 하나님의 성령이 너희 안에 거하시는 것을 알지 못하느냐 누구든지 하나님의 성전을 더럽히면 하나님이 그 사람을 멸하시리라 하나님의 성전은 거룩하니 너희도 그러 하니라"(고전 3:16-17) 하는 말씀으로 적용이 된다 하겠습니다.

첫째 단원(1-21) 성민이 먹을 것과 먹지 말아야 할 것

① "너희는 너희 하나님 여호와의 자녀니"(1상) 합니다. 구약시대는 일반적으로는 "여호와의 백성"이라는 표현을 씁니다만, 첫 말씀이 "너희는 여호와의 자녀(子女)라" 하십니다. 이 말씀은 우리의 옷깃을 여미게 하는 자신의 정체성을 일깨워주는 말씀인 것입니다.

㉠ 이렇게 말씀한 후에, "죽은 자를 위하여 자기 몸을 베지 말며 눈썹 사이 이마 위의 털을 밀지 말라"(1하) 하십니다. 왜냐하면 이는 이제 들어가게 될 가나안 원주민들의 미신적인 행위이기 때문입니다.

㉡ 그러므로 또다시, "너는 너의 하나님 여호와의 성민이라 여호와께서 지상 만민 중에서 너를 택하여 자기의 기업의 백성을 삼으셨느니라"(2) 하십니다. 1절과, 2절의 인칭대명사의 변화에 주목할 필요가 있습니다. "너희"라는 2인칭 복수가 "너"라는 단수(單數)로 바뀌어 있습니다. 즉 손가락으로 나를 가리키며 "너는 여호와의 성민이라" 하는 것입니다. 이런 용법은 신약성경에도 나타납니다. "너희가 아들인고로 하나님이 그 아들의 영을 우리 마음 가운데 보내사 아바 아버지라 부르게 하셨느니라" 하고 복수로 말씀하다가도, "그러므로 네가 이후로는 종이 아니요 아들이니"(갈 4:6-7) 하고, 나 자신을 향해서 강력하게 데시 해오는 것입니다.

② 이런 문맥에서 "너는 가증한 물건은 무엇이든지 먹지 말라"(3) 하시는 것입니다.

㉠ "너희의 먹을 만한 짐승은 이러하니 곧 소와 양과 염소와"(4) 하고, 정결한 짐승들을 말씀한 후에, "너희가 먹지 못할 것은 이것이니 곧 약대와 토끼와 사반 그것들은 새김질은 하나 굽이 갈라지지 아니하였으니 너희에게 부정하고"(7하) 하고, 먹지 말아야 할 것들을 말씀하십니다.

③ "물에 있는 어족 중"(9상)에 먹을 것과, 부정한 것(10)을 말씀하고, "무릇 정한 새는 너희가 먹으려니와"(11) 하고, 조류(鳥類) 종류에 대해서도 언급을 합니다. 자세한 것은 레위기 파노라마 11장을 참고하시기를 바랍니다.

④ 본 단원의 마지막 절에서도, "너희는 너희 하나님 여호와의 성민이라 무릇 스스로 죽은 것은 먹지 말 것이니"(21) 하고, 다시 한번 하나님의 "성민"(聖民), 즉 택함을 받은 거룩한 백성임을 상기시킵니다.

㉠ 이처럼 먹을 것과, 먹지 말아야 할 것을 말씀하심은 위생적인 문제나, 영적인 문제이기보다는 당시의 관습(慣習)의 문제로, 의도하시는 핵심은 이렇게 하므로 이방인들과 구별된 성민이라는 정체성을 지키게 하기 위함으로 여겨집니다. "할례"라는 의식도 그런 예 중의 하나라 하겠습니다. 이것이 "성민이 먹을 것과 먹지 말아야 할 것"입니다.

둘째 단원(22-29) 분석도표

주제 : 십일조와 하나님 경외를 배우는 축제

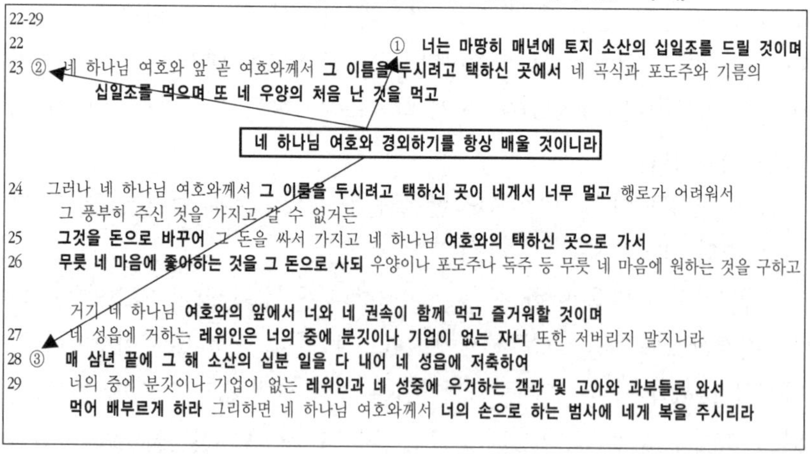

22-29
22 ① **너는 마땅히 매년에 토지 소산의 십일조를 드릴 것이며**
23 ② 네 하나님 여호와 앞 곧 여호와께서 **그 이름을 두시려고 택하신 곳에서** 네 곡식과 포도주와 기름의
십일조를 먹으며 또 네 우양의 처음 난 것을 먹고

네 하나님 여호와 경외하기를 항상 배울 것이니라

24 그러나 네 하나님 여호와께서 **그 이름을 두시려고 택하신 곳이 네게서 너무 멀고** 행로가 어려워서
그 풍부히 주신 것을 가지고 갈 수 없거든
25 **그것을 돈으로 바꾸어** 그 돈을 싸서 가지고 네 하나님 **여호와의 택하신 곳으로 가서**
26 **무릇 네 마음에 좋아하는 것을 그 돈으로 사되** 우양이나 포도주나 독주 등 무릇 네 마음에 원하는 것을 구하고
거기 네 하나님 **여호와의 앞에서 너와 네 권속이 함께 먹고 즐거워할 것이며**
27 네 성읍에 거하는 **레위인은 너의 중에 분깃이나 기업이 없는 자니** 또한 저버리지 말지니라
28 ③ **매 삼년 끝에 그 해 소산의 십분 일을 다 내어 네 성읍에 저축하여**
29 너의 중에 분깃이나 기업이 없는 **레위인과 네 성중에 우거하는 객과 및 고아와 과부들로 와서**
먹어 배부르게 하라 그리하면 네 하나님 여호와께서 **너의 손으로 하는 범사에 네게 복을 주시리라**

둘째 단원에는 "십일조"라는 말이 세 번(22, 23, 28) 등장합니다. "매년 드리는 십일조와(22), 매 삼년에 드리는 십일조"가 있습니다. 십일조의 용도는 "레위인, 객, 고아와 과부"(29)을 위해서만이 아니라, "여호와의 앞에서 너와 네 권속이 함께 먹고 즐거워하기"(26) 위한 용도로도 사용이 되었습니다. 이런 맥락으로 보면 본 단원의 핵심은, "네 하나님 여호와 경외하기를 항상 배울 것이니라"(23)에 있다 하겠습니다.

도표를 보시면 "여호와 경외하기를 항상 배울 것이니라"를 중심으로, ① "매년에 토지소산의 십일조를 드릴 것이며", ② "이름을 두시려고 택하신 곳으로 가서 십일조를 먹으며, 여호와 경외하기를 항상 배울 것이니라", ③ "매 삼년 끝에 그 해 소산의 십분 일을 저축하여, 고아와 과부들로 와서 먹어 배부르게 하라" 하십니다.

둘째 단원(22-29) 십일조와 하나님 경외를 배우는 축제

① "너는 마땅히 매년에 토지소산의 십일조를 드릴 것이며"(22) 합니다. "십일조, 드리라" 하는 말을 듣게 되면 부담을 느끼는 사람들이 있습니다. 그러면 십일조의 용도가 무엇인가?

② "네 하나님 여호와 앞 곧 여호와께서 그 이름을 두시려고 택하신 곳에서 네 곡식과 포도주와 기름의 십일조를 먹으며 또 네 우양의 처음 난 것을 먹고 네 하나님 여호와 경외하기를 항상 배울 것이니라"(23) 하십니다.

㉠ 여기 "십일조를 먹으며, 우양의 처음 난 것을 먹고" 하는데, "십일조와 첫 새끼"는 하나님께 드려야하는 것입니다. 그런데 드리는 것이 끝이 아니라 드린 후에 가족들이, "하나님 앞에서 먹고 여호와 경외하기를 배우라" 하십니다. 이것이 예배(禮拜)입니다. 예배란 수직적으로

하나님과 교제하며, 수평적으로 형제 상호간의 교제가 이루어지는 축제인 것입니다.

㉡ 이점이 얼마나 강조되어 있는가를 보십시오. "그러나 네 하나님 여호와께서 그 이름을 두시려고 택하신 곳이 네게서 너무 멀고 행로가 어려워서 그 풍부히 주신 것을 가지고 갈 수 없거든 그것을 돈으로 바꾸어 그 돈을 싸서 가지고 네 하나님 여호와의 택하신 곳으로 가서 무릇 네 마음에 좋아하는 것을 그 돈으로 사되 우양이나 포도주나 독주 등 무릇 네 마음에 원하는 것을 구하고 거기 네 하나님 여호와의 앞에서 너와 네 권속이 함께 먹고 즐거워할 것이며"(24-26) 하십니다. 그러면서 당부하시기를, "네 성읍에 거하는 레위인은 너의 중에 분깃이나 기업이 없는 자니 또한 저버리지 말지니라"(27), 즉 레위인이 하나님 섬기는 일에 전념(專念)하도록 쓸 것을 공급해주라는 말씀입니다.

③ "매 삼년 끝에 그 해 소산의 십분 일을 다 내어 네 성읍에 저축하여 너의 중에 분깃이나 기업이 없는 레위인과 네 성중에 우거하는 객과 및 고아와 과부들로 와서 먹어 배부르게 하라"(28-29) 합니다.

㉠ 여기서 "제2의 십일조, 제3의 십일조" 등으로 분류하면서, 제1의 십일조는 전적으로 하나님께 드리고, 제2의 십일조는 축제의 용도로 쓰고, 제3의 십일조는 구제하는 용도로 쓰는 것이라고 분류하는 해석이 있습니다. 그런데 중심점은 이런 의문(儀文)에 있는 것이 아니라, "네 하나님 여호와의 앞에서 너와 네 권속이 함께 먹고 즐거워할 것이며"(26) 한 축제에 있는 것입니다. "레위인, 객, 고아나 과부" 등은 모두가 하나님 앞에서 함께 먹고 즐거워하며 여호와 경외하기를 배워야 하는 "여호와의 성민"이기 때문입니다. 그래서 "그리하면 네 하나님 여호와께서 너의 손으로 하는 범사에 네게 복을 주시리라"(29하) 하시는 것입니다. 이것이 "십일조와 하나님 경외를 배우는 축제"입니다.

④ 묵상해보겠습니다.

㉠ 여호와의 자녀, 성민이라는 정체성에 대해서,
㉡ 먹을 것과 먹지 말아야할 것을 말씀하시는 의도에 대해서,
㉢ 십일조와 하나님 경외를 배우는 축제에 대해서.

15장

여호와께서 너를 속하셨음을 기억하라

[15]너는 애굽 땅에서 종 되었던 것과 네 하나님 여호와께서 너를 속하셨음을 기억하라 그를 인하여 내가 오늘날 이같이 네게 명하노라.

15장에는 크게 세 가지 주제(主題)를 다루고 있는데, "면제년 규례와, 종으로 팔린 자를 자유케 하는 규례와, 초태생에 대한 규례" 등 입니다. 이점에서 유념해야할 점은, 모세는 신명기에서 새로운 말씀을 하고 있는 것이 아니라는 점입니다. 이미 이전에 "창세기, 출애굽기, 레위기, 민수기"를 통해서 대언한 바를 2세대들에게 상기시키고 강조하고 있는 것입니다. 그러므로 안식년과, 희년의 규례에 대한 상론(詳論)은 레위기 25장에 자세하게 기록이 되어 있는데 이를 참고하시기 바랍니다.

왜 이 규례 등을 준행해야만 하는가? 그러므로 중심점은, "너는 애굽 땅에서 종 되었던 것과 네 하나님 여호와께서 너를 속(贖)하셨음을 기억하라 그를 인하여 내가 오늘날 이같이 네게 명하노라"(15) 하시는데 있습니다. 그러므로 이 "면제년" 규례는 이사야 선지자가, "이는 여호와께서 내게 기름을 부으사 가난한 자에게 아름다운 소식을 전하게 하려 하심이라 나를 보내사 마음 상한 자를 고치며 포로 된 자에게 자유를, 갇힌 자에게 놓임을 전파하며 여호와의 은혜(恩惠)의 해"(사 61:1-2)를 전파하게 하려함이라 하고 예언을 하고, 주님께서 "이 글이 오늘날 너희 귀에 응하였느니라"(눅 4:21) 하심에 대한 예표가 되는 것입니다.

첫째 단원(1-11) **이 해는 여호와의 면제년이라**
둘째 단원(12-18) **종을 놓아 자유케 할 것이요**
셋째 단원(19-23) **초태생을 구별하여 드리라**

첫째 단원(1-11) 분석도표
주제 : 이 해는 여호와의 면제년이라

1-11
1 **매 칠년 끝에 면제하라**

2 ① **면제의 규례는 이러 하니라** 무릇 그 **이웃에게 꾸어준 채주는 그것을 면제하고**
그 이웃에게나 그 형제에게 독촉하지 말지니 **이 해는 여호와의 면제년이라 칭함이니라**
3 **이방인에게는 네가 독촉하려니와** 네 형제에게 꾸인 것은 네 손에서 면제하라

4-5 ② **네가 만일 네 하나님 여호와의 말씀만 듣고 내가 오늘날 네게 명하는 그 명령을 다 지켜 행하면**
네 하나님 여호와께서 네게 유업으로 주신 땅에서 **네가 정녕 복을 받으리니 너희 중에 가난한 자가 없으리라**
6 네 하나님 여호와께서 네게 허락하신 대로 **네게 복을 주시리니** 네가 여러 나라에 꾸어 줄지라도
너는 꾸지 아니하겠고 네가 여러 나라를 치리할지라도 너는 치리함을 받지 아니하리라
7 네 하나님 여호와께서 네게 주신 땅 어느 성읍에서든지 가난한 형제가 너와 함께 거하거든
그 가난한 형제에게 네 마음을 강퍅히 하지 말며 네 손을 움켜쥐지 말고
8 반드시 네 손을 그에게 펴서 그 요구하는 대로 쓸 것을 넉넉히 꾸어주라

9 삼가 너는 마음에 악념을 품지 말라 곧 이르기를 **제 칠년 면제년이 가까왔다 하고** 네 궁핍한 형제에게
악한 눈을 들고 아무것도 주지 아니하면 그가 너를 여호와께 호소하리니 네가 죄를 얻을 것이라
10 ③ **너는 반드시 그에게 구제할 것이요,** 구제할 때에는 아끼는 마음을 품지 말 것이니라
이로 인하여 네 하나님 여호와께서 네 범사와 네 손으로 하는바에 **네게 복을 주시리라**

11 ④ **땅에는 언제든지 가난한 자가 그치지 아니하겠으므로** 내가 네게 명하여 이르노니
너는 반드시 네 경내 네 형제의 **곤란한 자와 궁핍한 자에게 네 손을 펼지니라**

첫째 단원은 "면제년"에 관한 규례인데, 도표를 보시면 "매 칠년 끝에

면제하라"를 중심으로, ① "면제의 규례는 이러 하니라", ② "오늘날 네게 명하는 그 명령을 다 지켜 행하면, 정녕 복을 받으리니", ③ "너는 반드시 그에게 구제할 것이요", ④ "땅에는 언제든지 가난한 자가 그치지 아니하겠으므로, 궁핍한 자에게 네 손을 펼지니라" 하십니다. 왜 이렇게 해야만 하는가? "너는 애굽 땅에서 종 되었던 것과, 여호와께서 너를 속하셨음을 기억하라"(15) 하십니다. 즉 하나님의 백성이 된 자들이란 전에 지은 모든 죄 값을 다 탕감을 받은 자들이기 때문이라는 것입니다.

첫째 단원(1-11) 이 해는 여호와의 면제년이라

"매 칠년 끝에 면제(免除)하라"(1).

① "면제의 규례는 이러 하니라 무릇 그 이웃에게 꾸어준 채주는 그것을 면제하고 그 이웃에게나 그 형제에게 독촉하지 말지니 이 해는 여호와의 면제년이라 칭함이니라"(2) 하십니다.

㉠ "이방인에게는 네가 독촉하려니와 네 형제에게 꾸인 것은 네 손에서 면제하라"(3) 하시는데, 이토록 차별하는 의도가 무엇인가? 여기서 말하는 "이방인"이란, 하나님의 구속, 즉 죄 값을 탕감해주신 은총을 받아드리지 않는 자들을 가리킵니다. 그러므로 그들에게는 구속의 은총에 대한 감사도 없고, 안식년이 돌아와도, 나와는 상관이 없다 하고 일을 하는 자들이기 때문에 "독촉하라" 하는 것입니다.

② "네가 만일 네 하나님 여호와의 말씀만 듣고 내가 오늘날 네게 명하는 그 명령을 다 지켜 행하면 네 하나님 여호와께서 네게 유업으로 주신 땅에서 네가 정녕 복을 받으리니"(4-5) 하십니다.

㉠ 15장에는 "빚을 면제하라, 종을 놓아 자유케 하라"는 말씀만 있

는 것이 아니라, "복을 받으리라"는 말씀이 3번(5, 10, 18)이나 강조되어 있음을 주목해야만 합니다.

㉡ "네 하나님 여호와께서 네게 허락하신 대로 네게 복을 주시리니 네가 여러 나라에 꾸어 줄지라도 너는 꾸지 아니하겠고 네가 여러 나라를 치리할지라도 너는 치리함을 받지 아니하리라"(6) 하십니다.

③ 반면, "삼가 너는 마음에 악념을 품지 말라 곧 이르기를 제 칠년 면제년이 가까왔다 하고 네 궁핍한 형제에게 악한 눈을 들고 아무것도 주지 아니하면 그가 너를 여호와께 호소하리니 네가 죄를 얻을 것이라"(9) 하고, "죄를 얻으리라" 하심도 유념해야만 합니다.

④ 그리고 본 단원은, "땅에는 언제든지 가난한 자가 그치지 아니하겠으므로 내가 네게 명하여 이르노니 너는 반드시 네 경내 네 형제의 곤란한 자와 궁핍한 자에게 네 손을 펼지니라"(11) 하고 마치고 있습니다.

㉠ "네 하나님 여호와께서 네게 주신 땅 어느 성읍에서든지 가난한 형제가 너와 함께 거하거든 그 가난한 형제에게 네 마음을 강퍅히 하지 말며 네 손을 움켜쥐지 말고 반드시 네 손을 그에게 펴서 그 요구하는 대로 쓸 것을 넉넉히 꾸어주라 너는 반드시 그에게 구제할 것이요, 구제할 때에는 아끼는 마음을 품지 말 것이니라"(7-10) 하시면서, "이로 인하여 네 하나님 여호와께서 네 범사와 네 손으로 하는바에 네게 복을 주시리라"(10) 하십니다.

둘째 단원(12-18) 분석도표
주제 : 종을 놓아 자유케 할 것이요

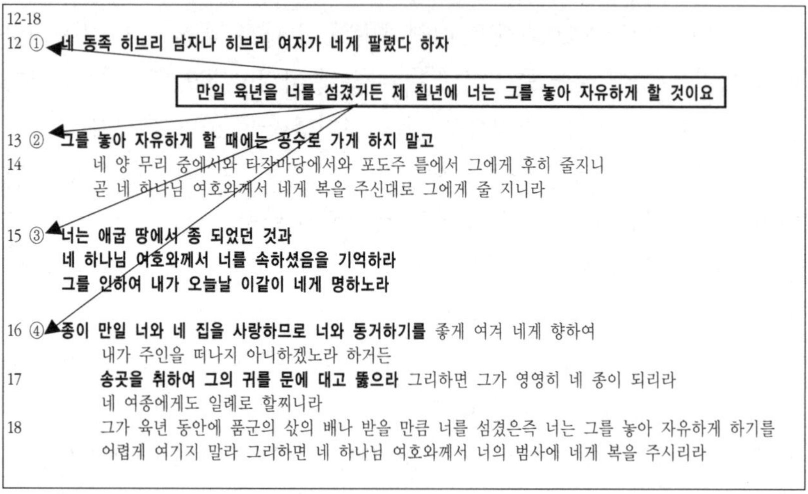

12-18
12 ① **네 동족 히브리 남자나 히브리 여자가 네게 팔렸다 하자**

만일 육년을 너를 섬겼거든 제 칠년에 너는 그를 놓아 자유하게 할 것이요

13 ② **그를 놓아 자유하게 할 때에는 공수로 가게 하지 말고**
14 네 양 무리 중에서와 타작마당에서와 포도주 틀에서 그에게 후히 줄지니
곧 네 하나님 여호와께서 네게 복을 주신대로 그에게 줄 지니라

15 ③ **너는 애굽 땅에서 종 되었던 것과**
네 하나님 여호와께서 너를 속하셨음을 기억하라
그를 인하여 내가 오늘날 이같이 네게 명하노라

16 ④ **종이 만일 너와 네 집을 사랑하므로 너와 동거하기를** 좋게 여겨 네게 향하여
내가 주인을 떠나지 아니하겠노라 하거든
17 **송곳을 취하여 그의 귀를 문에 대고 뚫으라** 그리하면 그가 영영히 네 종이 되리라
네 여종에게도 일례로 할찌니라
18 그가 육년 동안에 품군의 삯의 배나 받을 만큼 너를 섬겼은즉 너는 그를 놓아 자유하게 하기를
어렵게 여기지 말라 그리하면 네 하나님 여호와께서 너의 범사에 네게 복을 주시리라

둘째 단원은 "종을 자유케 하는 규례"입니다. 도표를 보시면, ① "네 동족이 네게 팔렸다 하자", 7년에 그를 놓아 자유케 하라 하십니다. ② "그를 공수로 가게 하지 말고, 후히 줄지니", ③ "종이 만일 너를 사랑하므로 동거하기를 좋게 여길" 경우의 규례를 말씀하면서, "여호와께서너의 범사에 복을 주시리라"(18) 하십니다. 왜 이렇게 해야만 하는가? "너는 애굽 땅에서 종 되었던 것과, 여호와께서 너를 속하셨음을 기억하라"(15), 즉 바로의 종에서 자유케 해주셨기 때문이라는 것입니다.

둘째 단원(12-18) 종을 놓아 자유케 할 것이요

① "네 동족 히브리 남자나 히브리 여자가 네게 팔렸다 하자 만일 육년을 너를 섬겼거든 제 칠년에 너는 그를 놓아 자유하게 할 것이요"(12),

② "그를 놓아 자유하게 할 때에는 공수로 가게 하지 말고"(13),

㉠ "네 양 무리 중에서와 타작마당에서와 포도주 틀에서 그에게 후히 줄지니 곧 네 하나님 여호와께서 네게 복을 주신대로 그에게 줄 지니라"(14) 하십니다.

㉡ 이렇게 말씀하시면서 이렇게 행해야할 당위성(當爲性)을 말씀하시는데, "너는 애굽 땅에서 종 되었던 것과 네 하나님 여호와께서 너를 속하셨음을 기억하라 그를 인하여 내가 오늘날 이같이 네게 명하노라"(15) 하십니다. 이 구절은 "나 같은 죄인 살리신 주 은혜 고마워"를 작사한 존 뉴톤이 좌우명(座右銘)으로 삼은 말씀이라고 전합니다.

㉢ 만일 이렇게 하지 않으면 어떻게 되는가? "내가 너를 불쌍히 여김과 같이 너도 네 동관을 불쌍히 여김이 마땅치 아니 하냐"(마 18:33) 하시게 되는 것입니다. 그러므로 사도 바울은, "서로 인자하게 하며 불쌍히 여기며 서로 용서하기를 하나님이 그리스도 안에서 너희를 용서(容恕)하심과 같이 하라"(엡 5:32) 하고 권면하는 것입니다.

③ "종이 만일 너와 네 집을 사랑하므로 너와 동거하기를 좋게 여겨 네게 향하여 내가 주인을 떠나지 아니하겠노라 하거든"(16),

㉠ "송곳을 취하여 그의 귀를 문에 대고 뚫으라 그리하면 그가 영영히 네 종이 되리라 네 여종에게도 일례로 할지니라"(17) 하십니다. 어찌 보면 이 말씀은 필요 없는 말씀으로 여겨집니다. 왜냐하면 6년 동안 종살이 한 사람이, "나는 주인을 사랑하므로 자유하지 않겠노라" 하고, 자진해서 귀를 뚫을 자가 없을 것 같기 때문입니다.

㉡ 그런데 하나님은 그렇게 할 종이 있을 것을 아셨기 때문에 이를

기억케 하기 위해서 이 말씀을 하시는 것입니다. 그 분은 “우리 주 예수 그리스도”이십니다. 우리 주님은 하나님 아버지를 사랑하시고, 우리를 사랑하시기 때문에 고난당하심을 자원하셨던 것입니다. 성경은 말씀합니다. “그가 찔림은 우리의 허물을 인함이요 그가 상함은 우리의 죄악을 인함이라, 나의 의로운 종이 자기 지식으로 많은 사람을 의롭게 하며 또 그들의 죄악을 친히 담당하리라”(사 53:5, 11).

㉢ 본 단원은 “그리하면 네 하나님 여호와께서 너의 범사에 네게 복을 주시리라”(18하) 하고 마치고 있습니다. 다시 말씀드립니다만, 이 규례는 성민 이스라엘 백성들이 약속의 땅에 들어가서 지켜야할 규례들입니다. 그런데 이것이 전부가 아니라, 하나님은 이를 예표로 하여 우리를 사탄의 노예에서 자유케 하실 그리스도를 계시하시려는 것임을 잊지 말아야만 합니다.

셋째 단원(19-23) 분석도표

주제 : 초태생을 구별하여 드리라

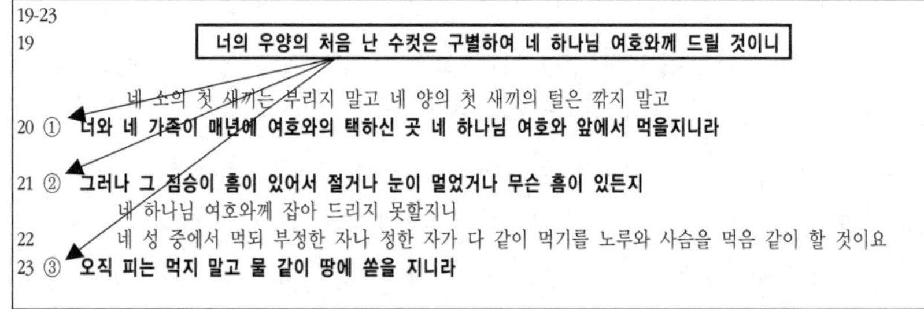

본 단원의 중심점은 “우양의 처음 난 수컷은 구별하여 여호와께 드리라”는데 있습니다. 도표를 보시면 “구별하여 여호와께 드릴 것이니”를 중심으로, ① 여호와께 드린 “첫 새끼는, 여호와의 택하신 곳에서 먹을지니라”, ② 그러나 “흠이 있는 것은 드리지 못할지니” 하시고, ③ “오

직 피는 먹지 말라" 하십니다. 왜 이렇게 해야만 하는가? 애굽의 장자를 멸하실 때에 이스라엘의 장자를 어린양으로 대속하사 구원하여주셨기 때문입니다.

셋째 단원(19–23) 초태생을 구별하여 드리라

"너의 우양의 처음 난 수컷은 구별하여 네 하나님 여호와께 드릴 것이니"(19상) 하십니다.

㉠ 이에 대한 상론도, 출애굽기 13:2절 등 여러 곳에서 말씀하신 바입니다. 어디에 근거해서 이렇게 말씀하시는가? "처음 난 자는 다 내 것임은 내가 애굽 땅에서 그 처음 난 자를 다 죽이 던 날에 이스라엘의 처음 난 자는 사람이나 짐승이나 다 거룩히 구별하였음이니 그들은 내 것이 될 것임이니라"(민 3:13) 하십니다.

① 그러므로 "네 소의 첫 새끼는 부리지 말고 네 양의 첫 새끼의 털은 깎지 말고 너와 네 가족이 매년에 여호와의 택하신 곳 네 하나님 여호와 앞에서 먹을 지니라"(19하-20) 하십니다.

㉠ 여기 중요한 요점이 드러나는데 첫째는, 19절 상반 절에서는, 첫 새끼는 "여호와께 드릴 것이니" 하고, "드리라" 하시고, 20절 하반 절에서는 "먹을 지니라" 하고 말씀하고 있기 때문입니다. 이는 둘이면서 "하나"의 진리를 계시하고 있는 것입니다. 첫 새끼는 드리기만 하는 것이 아니라 먹어야 하고, 초태생은 먹기만 하는 것이 아니라, 먼저 하나님께 드려져야 하기 때문입니다.

㉡ "예표, 그림자, 모형" 등으로 보여주시던 구약시대에는 백성들이 초태생을 하나님께 드려야만 했습니다. 그런데 이 예표가 실체(實體)로 성취되는 신약시대에는 우리가 드리는 것이 먼저가 아니라, "하나님의

사랑이 우리에게 이렇게 나타난바 되었으니 하나님이 자기의 독생자를 세상에 보내심은 저로 말미암아 우리를 살리려 하심이니라"(요일 4:9) 하고, 하나님께서 독생자를 주실 것으로 성취가 될 말씀이라는 점입니다.

㉢ 두 번째 중요한 요점은, "여호와의 택하신 곳 네 하나님 여호와 앞에서 먹으라"(20)는 말씀입니다. "택하신 곳"에 가면, 무엇이 있고, 누구를 만날 수가 있는가? 그곳엔 "성막"이 있고, 성막은 임마누엘 하실 예수 그리스도의 모형이요, 그곳에 가면 "번제단"이 있고, 번제단에서 드려지는 제물은, 예수 그리스도께서 담당하실 대속의 상징이기 때문에, 그곳에 가면 구속 주되시는 그리스도를 만나게 되기 때문입니다. 구약의 성도들은 예표를 통해서이지만, 신약의 성도들에게는 실체를 통해서입니다.

② 그래서 "그러나 그 짐승이 흠이 있어서 절거나 눈이 멀었거나 무슨 흠이 있든지 네 하나님 여호와께 잡아 드리지 못할지니"(21) 하는 것입니다.

③ 그러시면서 이미 12장에서 말씀하심과 같이, "오직 피는 먹지 말고 물 같이 땅에 쏟을 지니라" 하십니다.

㉠ 우양의 피를 먹지 말라 하고 금하신 하나님께서는 자기 아들을 세상 죄를 지고 가는 어린양으로 보내셔서, "진실로 진실로 너희에게 이르노니 인자의 살을 먹지 아니하고 인자의 피를 마시지 아니하면 너희 속에 생명이 없느니라 내 살을 먹고 내 피를 마시는 자는 영생을 가졌고 마지막 날에 내가 그를 다시 살리리니"(요 6:53-54) 하고, 주님의 살과 피를 먹고 마시라 하십니다.

㉡ 이제는 그리스도의 구속으로 말미암아, "너희는 너희 것이 아니라 값으로 산 것이 되었으니 그런즉 너희 몸으로 하나님께 영광을 돌리라"(고전 6:19-20), 즉 너희 자신을 하나님께 드리라 하십니다. 장자만

이 아닙니다. 장자(長子)는 우리 모두를 대표할 뿐입니다. 이것이 "초태생을 구별하여 드리라"는 뜻입니다.

④ 묵상해보겠습니다.

㉠ 이 해는 여호와의 면제년이라 하신 구속사적 의미에 대해서,

㉡ 사랑하므로 자원하여 귀를 뚫는 종의 예표에 대해서,

㉢ 초태생을 드리라 하심과, 먹으라 하심에 대해서,

㉣ 왜 이렇게 해야 하는가 하는 15절의 의미에 대해서.

16장

유월절과 칠칠절과 초막절의 규례

[12]너는 애굽에서 종 되었던 것을 기억하고 이 규례를 지켜 행할 지니라.

16장은 3대 절기인 "유월절, 칠칠절, 초막절"에 대한 규례입니다. "너희 중 모든 남자는 일 년 3차 곧 무교절과 칠칠절과 초막절에 네 하나님 여호와의 택하신 곳에서 여호와께 보이라"(16) 말씀하시는데 이에 대한 구속사적 의미가 무엇인가? 유월절은 그리스도의 대속적인 죽으심으로, 칠칠절 곧 오순절은 성령강림으로 성취가 되었고, 하나 남은 초막절은 그리스도의 재림으로 성취가 될 절기인 것입니다. "여호와의 율법(말씀)은 완전(完全)하여 영혼을 소성케 하고 여호와의 증거는 확실(確實)하여 우둔한 자로 지혜롭게 하며 여호와의 교훈은 정직(正直)하여 마음을 기쁘게 하고 여호와의 계명은 순결(純潔)하여 눈을 밝게 하도다"(시 19:7-8) 하신 대로, 얼마나 "완전하고, 확실하고, 정직하고, 순결"한 계시인가? 이를 세 단원으로 나누어 상고하겠습니다.

첫째 단원(1-8) **여호와의 유월절 예식을 행하라**
둘째 단원(9-12) **여호와 앞에 칠칠절을 지키라**
셋째 단원(13-22) **추수를 마친 후에 초막절을 지키라**

첫째 단원(1-8) 분석도표

주제 : 여호와의 유월절 예식을 행하라

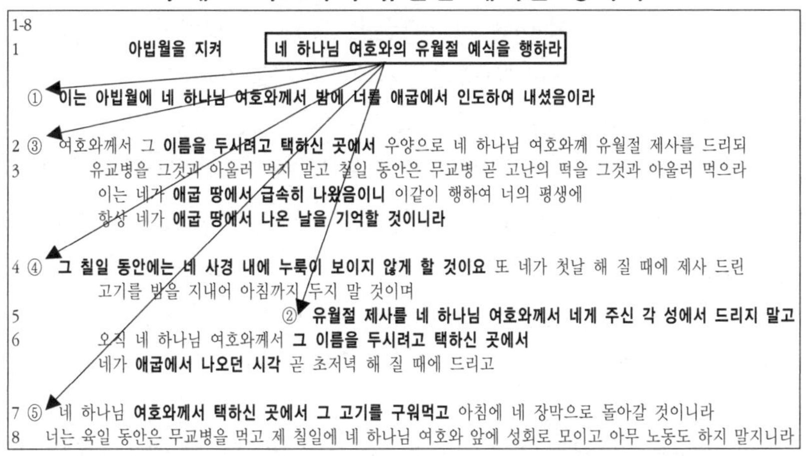
1-8
1 **아빕월을 지켜** **네 하나님 여호와의 유월절 예식을 행하라**
① **이는 아빕월에 네 하나님 여호와께서 밤에 너를 애굽에서 인도하여 내셨음이라**
2 ③ 여호와께서 그 **이름을 두시려고 택하신 곳에서** 우양으로 네 하나님 여호와께 유월절 제사를 드리되
3 유교병을 그것과 아울러 먹지 말고 칠일 동안은 무교병 곧 고난의 떡을 그것과 아울러 먹으라
이는 네가 **애굽 땅에서 급속히 나왔음이니** 이같이 행하여 너의 평생에
항상 네가 **애굽 땅에서 나온 날을 기억할 것이니라**
4 ④ **그 칠일 동안에는 네 사경 내에 누룩이 보이지 않게 할 것이요** 또 네가 첫날 해 질 때에 제사 드린
고기를 밤을 지내어 아침까지 두지 말 것이며
5 ② **유월절 제사를 네 하나님 여호와께서 네게 주신 각 성에서 드리지 말고**
6 오직 네 하나님 여호와께서 **그 이름을 두시려고 택하신 곳에서**
네가 **애굽에서 나오던 시각** 곧 초저녁 해 질 때에 드리고
7 ⑤ 네 하나님 **여호와께서 택하신 곳에서 그 고기를 구워먹고** 아침에 네 장막으로 돌아갈 것이니라
8 너는 육일 동안은 무교병을 먹고 제 칠일에 네 하나님 여호와 앞에 성회로 모이고 아무 노동도 하지 말지니라

첫째 단원은 유월절의 규례인데 영광스러운 말씀으로 가득 차 있습니다. 도표를 보시면, "여호와의 유월절 예식을 행하라"를 중심으로, ① "이는 아빕월에 여호와께서 너를 애굽에서 인도하여 내셨음이라", ② "유월절 제사를, 각 성에서 드리지 말고", ③ "그 이름을 두시려고 택하신 곳에서 드리되", ④ "그 칠일 동안에는 누룩이 보이지 않게 할 것이요", ⑤ "택하신 곳에서 그 고기를 구워먹으라" 하십니다.

첫째 단원(1-8) 여호와의 유월절 예식을 행하라

"아빕월을 지켜 네 하나님 여호와의 유월절 예식을 행하라"(1상) 하십니다. 이스라엘에는 월력(月曆)이 두 가지가 있었는데 "민간력과, 종교력"입니다. 왜냐하면 하나님께서 출애굽하던, "이 달로 너희에게 달의 시작(始作) 곧 해의 첫 달이 되게 하라"(출 12:2) 하고 명하셨기 때문입니다. 그 첫 달이 "아빕월"인데, 민간력으로는 7월에 해당이 됩니다.

① "이는 아빕월에 네 하나님 여호와께서 밤에 너를 애굽에서 인도하여 내셨기"(1하) 때문에 이를 잊지 않도록 행하여 기념하라는 것입니다.

㉠ 16장 한 장 안에만 "애굽에서 나온", 출애굽을 4번(1, 3, 6, 12)이나 언급하고 있는데, "출애굽"의 의미가 얼마나 크면, "해의 첫 달"이 되게 하라 하시고, 출애굽의 행사가 얼마나 중요하면 잊지 않게 하시려고 이처럼 강조하시겠는가? 이는 바로의 종이 하나님의 자녀로 새로 태어난 생일(生日)이기 때문입니다. 그렇습니다. 그리스도인들에게도 그리스도의 구속으로 말미암아 거듭난 날이 "해의 첫 달"이 되는 셈입니다.

② "유월절 제사를 네 하나님 여호와께서 네게 주신 각 성(城)에서 드리지 말라"(5) 하십니다.

㉠ 그러면 어디서 드리라 하시는가? "오직 네 하나님 여호와께서 그 이름을 두시려고 택하신 곳에서 네가 애굽에서 나오던 시각 곧 초저녁 해 질 때에 드리라"(6) 하십니다. 앞에서도 "이름을 두시려고 택하신 곳"이란 말씀을 기회가 있을 때마다 강조하셨습니다. 16장 한 장 안에서 만도 "택하신 곳"이란 말이 4번(2, 6, 7, 16)이나 강조가 되어 있습니다.

㉡ 이는 무엇을 의미하느냐 하면, "유월절"이 단순한 기념일(記念日)의 의미만이 있는 것이 아니라, 이를 통해서 계시(啓示)하시려는 중요한 메시지가 있음을 나타냅니다. 보십시오. 하나님은 일찍이 아브라함

에게, "네 아들 네 사랑하는 독자 이삭을 데리고 모리아 땅으로 가서 내가 네게 지시(指示)하는 한 산 거기서 그를 번제로 드리라"(창 22:2) 하셨습니다. 아브라함 개인의 믿음을 시험하실 양이면 장소(場所)를 지시하실 이유가 무엇이란 말인가?

㉢ 또한 하나님은 다윗에게도 "오르난의 타작마당에서 여호와를 위하여 단을 쌓으라"(대상 21:18) 하고 지정(指定)해주셨고 솔로몬은, "예루살렘 모리아산에 여호와의 전 건축하기를 시작하니 그곳은 전에 여호와께서 그 아비 다윗에게 나타나신 곳이요 여부스 사람 오르난의 타작마당에 다윗이 정한 곳이라"(대하 3:1) 말씀하고 있는데, 이것이 무심한 말씀이란 말인가?

③ "여호와께서 그 이름을 두시려고 택하신 곳에서 우양으로 네 하나님 여호와께 유월절 제사를 드리되 유교병을 그것과 아울러 먹지 말고 칠일 동안은 무교병 곧 고난의 떡을 그것과 아울러 먹으라"(2-3) 하고, "유월절과, 무교병", 즉 누룩 없는 떡을 결부시켜 말씀하십니다.

④ "그 칠일 동안에는 네 사경(四境) 내에 누룩이 보이지 않게 할 것이요"(4) 하고, 거듭 "누룩"에 대해 경계를 하십니다. 이점을 바울 사도는 해설해주기를, "너희는 누룩 없는 자인데 새 덩어리가 되기 위하여 묵은 누룩을 버리라 우리의 유월절 양 곧 그리스도께서 희생이 되셨느니라"(고전 5:7) 하십니다.

⑤ 7절에서는, "네 하나님 여호와께서 택하신 곳에서 그 고기를 구워 먹고 아침에 네 장막으로 돌아갈 것이니라" 합니다.

㉠ "그 고기를 (불에) 구워, ㉡ 먹으라" 하십니다. 불에 구우라 하심은 그리스도께서 당하실 고난을 상징하고, 그리고 "먹으라" 하십니다. 14:23절에서도, "네 하나님 여호와 앞 곧 여호와께서 그 이름을 두시려고 택하신 곳에서, 처음 난 것을 먹고 네 하나님 여호와 경외하기를 항상 배울 것이니라" 하시고 15:19-20절에서도, "처음 난 수컷은 구별하여

네 하나님께 드릴 것이니, 여호와의 택하신 곳 네 하나님 여호와 앞에서 먹을 지니라" 하고, "먹으라"는 말씀이 강조되어 있습니다. 주님은, "인자의 살을 먹지 아니하고 인자의 피를 마시지 아니하면 너희 속에 생명이 없느니라"(요 6:53) 하십니다. 얼마나 망극하신 은혜인가! 이것이 "여호와의 유월절 예식을 행하라"의 뜻입니다.

둘째 단원(9-12) 분석도표

주제 : 여호와 앞에 칠칠절을 지키라

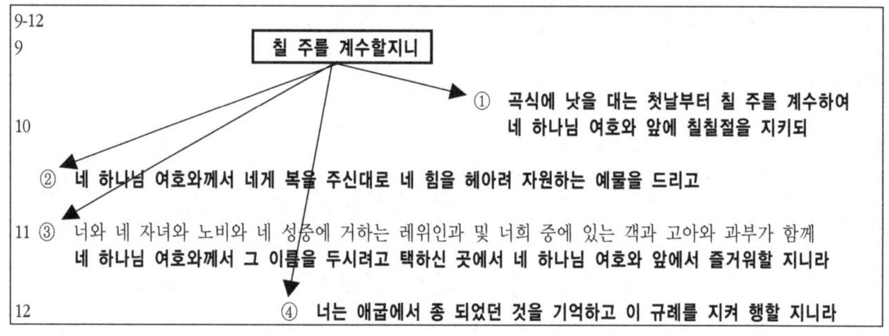

둘째 단원의 중심점은 "여호와 앞에 칠칠절을 지키라"는 말씀에 있습니다. 칠칠절이란, 7×7=49, 즉 오순절을 가리킵니다. 도표를 보시면 "칠 주를 계수할지니"를 중심으로, ① "곡식에 낫을 대는 첫날부터 칠 주를 계수하여", 네 하나님 여호와 앞에 칠칠절을 지키되, ② "네 하나님 여호와께서 네게 복을 주신대로 예물을 드리고", ③ "너와 네 자녀와, 함께 즐거워할 지니라", ④ 왜 이렇게 행하라 하시는가? "너는 애굽에서 종 되었던 것을 기억하고 이 규례를 지켜 행할 지니라" 하십니다.

둘째 단원(9-12) 여호와 앞에 칠칠절을 지키라

"칠 주를 계수할지니"(9상), 즉 주일을 일곱 번 계수(計數)하라는 뜻입니다.

① 그러면 언제부터 계수하는가? "곡식에 낫을 대는 첫날부터"(9중), 즉 "첫 열매"를 거둔 날부터, "칠 주를 계수하여 네 하나님 여호와 앞에 칠칠절을 지키되"(9하-10상) 하십니다.

㉠ 레위기 23장에는 이에 대한 상론이 있습니다. "첫 이삭 한 단을 제사장에게로 가져 갈 것이요(10), 제 칠 안식일 이튿날까지 합 50일을 계수하여"(16), 그래서 오순절이라 하는 것입니다.

㉡ 그러면 이에 대한 신령한 의미가 무엇인가? 신약성경은, "그리스도께서 죽은 자 가운데서 다시 살아 잠자는 자들의 첫 열매가 되셨도다"(고전 15:20) 합니다. 그리고 그로부터 50일 후, 오순절에 성령은 강림하심으로 칠칠절을 지키라 하신 규례는 실체(實體)로 성취가 되었던 것입니다.

㉢ "제7 안식일 이튿날까지 합 50일을 계수하여 〈새 소제〉를 여호와께 드리라"(레 23:16) 하시는데, 오순절에 "새 소제", 즉 신약교회는 탄생했던 것입니다. 얼마나 오묘한 진리인가!

② 그런 후에, "네 하나님 여호와께서 네게 복을 주신대로 네 힘을 헤아려 자원(自願)하는 예물을 드리고"(10하),

③ "너와 네 자녀와 노비와 네 성중에 거하는 레위인과 및 너희 중에 있는 객과 고아와 과부가 함께 네 하나님 여호와께서 그 이름을 두시려고 택하신 곳에서 네 하나님 여호와 앞에서 즐거워할 지니라"(11) 하십니다.

㉠ 여기에 유월절과, 오순절의 다른 점이 나타납니다.

㉮ 첫째는 오순절에는, "자원하는 예물을 드리라"(10하) 하시는데,

유월절 때는 “드리라”는 말씀이 없습니다. 유월절, 대속제물이 되어주신 것은 전적으로 그리스도께서 행하신 단독적인 행사이기 때문입니다. 그러나 성령이 강림하신 후에는, “너희 몸을 하나님이 기뻐하시는 거룩한 산 제사로 드리라”(롬 12:1) 하시는 것입니다.

㉯ 둘째로 다른 점은 오순절에는, “너와 네 자녀와 노비와 네 성중에 거하는 레위인과 및 너희 중에 있는 객과 고아와 과부가 함께 네 하나님 여호와께서 그 이름을 두시려고 택하신 곳에서 네 하나님 여호와 앞에서 〈즐거워〉할지니라”(11) 하시는데, 유월절 때에는 “즐거워하라”는 말씀은 없고, “곧 고난의 떡을 그것과 아울러 먹으라”(3) 하십니다. “새 술이 취하였다”(행 2:13) 한 기쁨은 오순절 성령강림 후에야 주어진 것입니다.

④ 그런데 유월절과, 오순절에 공통점(共通點)이 있는데 그것은 오순절 규례에서도, “너는 애굽에서 종 되었던 것을 기억하고 이 규례를 지켜 행할 지니라”(12) 말씀하고, 유월절 규례에서도 “너를 애굽에서 인도하여 내셨음이니라”(1) 하고, “출애굽”의 구속에 근거를 두고 있다는 점입니다.

㉠ 그렇습니다. 그리스도의 대속적인 죽으심(유월절)이 없었다면, ㉮ “첫 열매”인 부활도 없고, ㉯ 성령 강림의 오순절도 없으며, 다음 단원에서 상고하게 될 “초막절”, 즉 그리스도의 재림도 없는 것입니다. 이것이 “여호와 앞에 칠칠절을 지키라”입니다.

셋째 단원(13-22) 분석도표

주제 : 추수를 마친 후에 초막절을 지키라

13-22

13 **너희 타작마당과 포도주 틀의 소출을 수장한 후에 칠일 동안 초막절을 지킬 것이요**

14 ① **절기를 지킬 때에는 너와 네 자녀와 노비와 네 성중에 거하는 레위인과 객과 고아와 과부가 함께 연락하되**

15 ② **네 하나님 여호와께서 택하신 곳에서 너는 칠일 동안 네 하나님 여호와 앞에서 절기를 지키고**
네 하나님 여호와께서 네 모든 물산과 네 손을 댄
모든 일에 복 주실 것을 인하여 너는 온전히 즐거워할 지니라

16 ③ **너희 중 모든 남자는 일년 삼차 곧 무교절과 칠칠절과 초막절에 네 하나님 여호와의**
택하신 곳에서 여호와께 보이되 공수로 여호와께 보이지 말고
17 **각 사람이 네 하나님 여호와의 주신 복을 따라 그 힘대로 물건을 드릴 지니라**

18 ④ **네 하나님 여호와께서 네게 주시는 각 성에서 네 지파를 따라 재판장과 유사를 둘 것이요**
그들은 **공의로 백성을 재판할 것이니라**
19 너는 굽게 판단하지 말며 사람을 외모로 보지 말며 또 뇌물을 받지 말라
뇌물은 지혜자의 눈을 어둡게 하고 의인의 말을 굽게 하느니라
20 **너는 마땅히 공의만 좇으라** 그리하면 네가 살겠고 네 하나님 여호와께서 네게 주시는 땅을 얻으리라

21 ⑤ **네 하나님 여호와를 위하여 쌓은 단 곁에 아무 나무로든지 아세라상을 세우지 말며**
22 자기를 위하여 주상을 세우지 말라 네 하나님 여호와께서 미워하시느니라

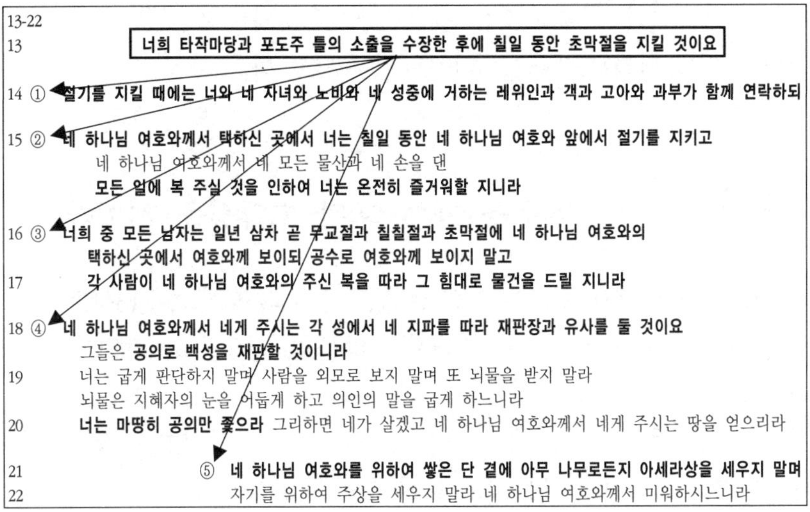

셋째 단원의 중심점은 "추수를 마친 후에 초막절을 지키라" 하는 말씀에 있습니다. 초막절의 끝 날을, "곧 큰 날"(요 7:37)이라고 말씀하는 것은, 광야생활을 끝내고 드디어 약속의 땅에 입성하게 됨을 상징하기 때문인데, 이는 그리스도의 재림의 예표가 되는 것입니다.

도표를 보시면, "너희 타작마당과 포도주 틀의 소출을 수장한 후에 칠일 동안 초막절을 지킬 것이요"를 중심으로, ① "절기를 지킬 때에는 너와 네 자녀와 노비와 네 성중에 거하는 레위인과 객과 고아와 과부가 함께 연락(宴樂)하되", ② "네 하나님 여호와께서 택하신 곳에서 칠일 동안 절기를 지키고, 온전히 즐거워할 지니라" 하시면서, ③ "너희 중 모든 남자는 일 년 삼차 곧 무교절과 칠칠절과 초막절에 여호와께 보이라" 하십니다. ④ 3대 절기를 말씀한 후에, "각 성에 재판장을 둘 것이요" 하시면서, "그들은 공의로 백성을 재판할 것이니라" 하는 것은, 초

막절 이후에 있게 될 최후심판의 예표라 하겠습니다. 이때에 구원계획은 완성이 되는 것입니다. 그리고 부기(附記) 하듯, ⑤ "여호와를 위하여 쌓은 단 곁에, 아세라 상을 세우지 말라" 하시는 것은, 구원이 메시아언약 외에 달리는 없음을 나타낸다 하겠습니다.

셋째 단원(13-22) 추수를 마친 후에 초막절을 지키라

"너희 타작마당과 포도주 틀의 소출을 수장(收藏)한 후"(13상)란, 추수를 끝낸 후를 의미합니다. 그래서 초막절을 "수장절"(收藏節)이라 말하기도 합니다.

㉠ "포도주 틀의 소출을 수장한 후에" 라는 표현은 의미심장합니다. 왜냐하면 계시록 14장에는, "또 다른 천사가 하늘에 있는 성전에서 나오는데 또한 이한 낫(추수를 위한)을 가졌더라" 하시면서, "네 이한 낫을 휘둘러 땅의 포도송이를 거두라 포도가 익었느니라"(계 14:17-18) 하는 장면이 있기 때문입니다.

㉡ "포도주 틀의 소출"은 두 방면으로 이루어질 것입니다. ㉮ "가라지는 먼저 거두어 불사르게 단으로 묶고" 한, 심판의 추수인데 이를 가리켜, "하나님의 진노의 포도주 틀에 던지매"(계 14:19) 합니다. ㉯ "곡식은 모아 내 곳간에 넣으라"(마 13:30) 한, 알곡의 추수입니다. 이는 하나님의 구원계획의 합당한 순서인 것입니다.

① "절기를 지킬 때에는 너와 네 자녀와 노비와 네 성중에 거하는 레위인과 객과 고아와 과부가 함께 연락(宴樂)하되"(14) 합니다.

㉠ 오순절과 결부해서도, "네 하나님 여호와 앞에서 즐거워할 지니라"(11) 했습니다. 그런데 초막절과 결부해서는 이 즐거움을 어찌하여 "연락"(宴樂)이라고 다르게 번역(개역 본)하였을까요? 즐거움에도 정도

의 차이가 있기 때문입니다. 생각해보십시오. 성령이 강림하셨을 때의 기쁨과, 주님의 재림 때의 기쁨이 같겠는가? 원어 상으로는 "지나칠 정도의 즐거움"을 나타내고 있습니다.

㉡ 이 기쁨에 대해 이사야 선지자는, "만군의 여호와께서 이 산에서 만민을 위하여 연회(宴會)를 베푸시리니, 사망(死亡)을 영원히 멸하실 것이라 주 여호와께서 모든 얼굴에서 눈물을 씻기시며 그 백성의 수치를 온 천하에서 제하시리라"(사 25:6-8) 하고 예언하고 계시록에서는, "모든 눈물을 그 눈에서 씻기시매 다시 사망이 없고 애통하는 것이나 곡하는 것이나 아픈 것이 다시 있지 아니하리니 처음 것들이 다 지나갔음이러라"(계 21:4) 하고 말씀하십니다.

② "네 하나님 여호와께서 택하신 곳에서 너는 칠일 동안 네 하나님 여호와 앞에서 절기를 지키고 네 하나님 여호와께서 네 모든 물산과 네 손을 댄 모든 일에 복(福) 주실 것을 인하여 너는 온전히 즐거워할 지니라"(15) 하십니다. 명심하십시다. 이 날에는 "외양간에서 나온 송아지같이 기뻐 뛰는" 희락이 있는가 하면, "산아 우리 위에 무너져라" 할 애통도 있게 될 것이라는 사실을!

㉠ 3대 절기의 특성을 요약하면, ㉮ 유월절은 누룩을 제해야함과 고난의 떡이 있고, ㉯ 오순절은 "자원하는 예물을 드리라", ㉰ 초막절은 "연락과 즐거움"입니다. 이런 특성들은 그리스도인의 삶을 통해서 나타나야 하는 것들입니다. 즉 그리스도인들은 오늘이라 일컫는 동안 그리스도의 고난을 묵상하여, 헌신의 삶을 살아가면서, 항상 기뻐하는 사람들이기 때문입니다.

③ "너희 중 모든 남자는 일 년 삼차 곧 무교절(유월절)과 칠칠절과 초막절에 네 하나님 여호와의 택하신 곳에서 여호와께 보이되 공수로 여호와께 보이지 말고 각 사람이 네 하나님 여호와의 주신 복을 따라 그 힘대로 물건을 드릴 지니라" 하십니다.

㉠ 16-17절은 이제까지의 요약과 같은 말씀인데, ㉮ "모든 남자"란 한 가정의 대표성을 나타내고, ㉯ "1년 3차" 하신 것은, 유월절로 시작하여 초막절로 완성이 되는 일련(一連)의 구속사역을 잊지 않게 하기 위해서요, "여호와의 주신 복을 따라 드리라" 하심은 받은 은사와 믿음의 분량을 따라 충성을 하라는 말씀이 됩니다. 주님은 말씀하십니다. "보라 내가 속히 오리니 내가 줄 상이 내게 있어 각 사람에게 그의 일한 대로 갚아 주리라"(계 22:12). 이것이 "추수를 마친 후에 초막절을 지키라"는 의미입니다.

④ 3대 절기를 말씀한 후에, 18-22절이 나오는데 이를 음미해보면 동떨어진 말씀이 아니라, 초막절과 결부가 되는 것을 깨닫게 됩니다. 왜냐하면, "네 하나님 여호와께서 네게 주시는 각 성에서 네 지파를 따라 재판장(裁判長)과 유사를 둘 것이요 그들은 공의로 백성을 재판할 것이니라"(18) 하고, "공의(公義)로 재판할 것이니라(18), 마땅히 공의(公義)만 좇으라"(20) 하고, 공의가 강조되어 있기 때문입니다.

㉠ "너는 굽게 판단하지 말며 사람을 외모로 보지 말며 또 뇌물을 받지 말라 뇌물은 지혜자의 눈을 어둡게 하고 의인의 말을 굽게 하느니라 너는 마땅히 공의만 좇으라 그리하면 네가 살겠고 네 하나님 여호와께서 네게 주시는 땅을 얻으리라"(19-20) 하시는데, 이처럼 공의로 심판하실 분이 심판주로 오시는 주님이신 것입니다.

⑤ 영광스러움으로 가득 찬 16장은, "네 하나님 여호와를 위하여 쌓은 단 곁에 아무 나무로든지 아세라 상을 세우지 말며 자기를 위하여 주상(柱像)을 세우지 말라 네 하나님 여호와께서 미워하시느니라"(21-22) 하는 말씀으로 마치고 있는데, 어떤 의미인가?

㉠ "여호와를 위하여 쌓은 단"이란 번제단입니다. 그러데, "쌓은 단 곁에" 우상을 세우지 말라 하심은 깊이 음미해야할 말씀으로 여겨집니다. 왜냐하면 "번제단과, 우상"이 함께 세워져 있는 일종의 혼합종교를

의미하는 것으로 여겨지기 때문입니다.

ⓛ 실제로 그런 일이 있었는데, "이와 같이 저희가 여호와도 경외하고 또한 어디서부터 옮겨 왔든지 그 민족의 풍속대로 자기의 신들도 섬겼더라"(왕하 17:33) 합니다. 이것이 옛날이야기가 아니라, 오늘의 현상이 더욱 심각한 상황이 아닌지 깊이 고민해야할 말씀입니다.

ⓒ 본 단원을 마치기 전에 부언할 점은, 성경은 매일 매일을, "오늘이라 일컫는 동안"이라고 말씀하고 있다는 점입니다. 그렇다면 그리스도인들에게는, 매일 매일이 "유월절이요, 오순절이요, 초막절"이라는 정신으로 살아가야 마땅할 것입니다.

⑥ 묵상해보겠습니다.

ⓖ 유월절과 결부된 영광스러운 특성에 대해서,

ⓛ 첫 열매를 거둔 후 오순절을 지키라 한 의미에 대해서,

ⓒ 추수를 끝낸 후의 초막절의 의미와, 연락하라는 특성에 대해서,

ⓡ 마지막으로 공의와 우상에 대해 언급하는 의도에 대해서.

17장

너희는 하나님의 언약백성이다

[19]평생에 자기 옆에 두고 읽어서 그 하나님 여호와 경외하기를 배우며 이 율법의 모든 말과 이 규례를 지켜 행할 것이라.

모세는 신명기에서 새로운 말씀을 하고 있는 것도 아니요, 1장부터 마지막 장까지가 다른 목적을 가지고 말씀하는 것도 아닙니다. 시작할 때부터 마칠 때까지 2세대들이 약속의 땅에 들어가서 준행해야할 점을 반복적으로 강조하고 있습니다. 이점을 사도 바울은, "너희에게 같은 말을 쓰는 것이 내게는 수고로움이 없고 너희에게는 안전(安全)하니라" (빌 3:1) 하고 말씀합니다. 그런데도 결국은 패배하고 말았던 것입니다.

17장에서도 세 가지 주제에 대해 말씀하는데, 하나님과 바른 관계를 유지하기 위한 우상숭배 자에 대한 제거와, 이웃과 바른 관계를 유지하기 위한 송사문제와, "왕의 제도"로 되어 있습니다.

첫째 단원(1-7) **언약을 어긴 우상숭배 자를 제거하라**
둘째 단원(8-13) **제사장의 판결에 불복하는 자는 제거하라**
셋째 단원(14-20) **왕의 제도에 대한 규례**

첫째 단원(1-7) 분석도표
주제 : 언약을 어긴 우상숭배 자를 제거하라

1-7
1 ① **무릇 흠이나 악질이 있는 우양은 네 하나님 여호와께 드리지 말찌니**
어는 네 하나님 여호와께 가증한 것이 됨이니라

2 ② **네 하나님 여호와께서 네게 주시는 어느 성중에서든지**
너의 가운데 혹시 어떤 남자나 여자가

네 하나님 여호와의 목전에 악을 행하여 그 언약을 어기고

3 **가서 다른 신들을 섬겨 그것에게 절하며 내가 명하지 아니한 일월성신에게 절한다 하자**

4 혹이 그 일을 네게 고하므로 네가 듣거든 **자세히 사실하여 볼지니**
만일 그 일과 말이 확실하여 이스라엘 중에 **이런 가증한 일을 행함이 있으면**

5 ③ 너는 그 악을 행한 남자나 여자를 네 성문으로 끌어내고 **돌로 그 남자나 여자를 쳐 죽이되**
6 죽일 자를 **두 사람이나 세 사람의 증거로 죽일 것이요** 한 사람의 증거로는 죽이지 말 것이며
7 이런 자를 죽임에는 증인이 먼저 그에게 손을 댄 후에 뭇 백성이 손을 댈 지니라
너는 이와 같이 하여 너의 중에 악을 제할 지니라

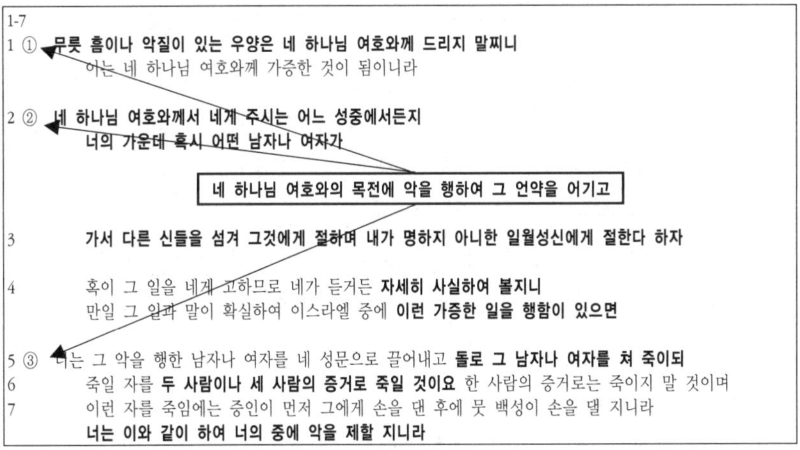

첫째 단원은 하나님과 바른 관계를 유지하기 위해서 악을 제거하라는 내용인데, 한마디로 우상숭배 자를 제거하라는 명입니다. 핵심은 "언약을 어겼다"는데 있습니다.

도표를 보시면 "여호와의 언약을 어기고"를 중심으로, ① "무릇 흠이나 악질이 있는 우양은 네 하나님 여호와께 드리지 말지니" 하고 말씀한 후에, ② 너희 가운데 언약을 어기고, "다른 신들을 섬겨 그것에게 절한다 하자", ③ 자세히 사실하여 보고 확실하면, "너는 그 악을 행한 자를 쳐 죽여, 너의 중에 악을 제할 지니라" 하십니다. 왜냐하면 그들은 하나님의 "언약백성들"이기 때문입니다.

첫째 단원(1-7) 언약을 어긴 우상숭배 자를 제거하라

① 우선적으로, "무릇 흠이나 악질이 있는 우양은 네 하나님 여호와께 드리지 말지니 이는 네 하나님 여호와께 가증한 것이 됨이니라"(1) 하십니다.

㉠ 이는 하나님께 드리는 우양은 흠이 없으신 그리스도의 예표이기 때문입니다. 그런데 구약성경 마지막 책인 말라기서에서는, "만군의 여호와가 이르노라 너희가 눈먼 희생으로 드리는 것이 어찌 악하지 아니하며 저는 것, 병든 것으로 드리는 것이 어찌 악하지 아니 하냐 이제 그것을 너희 총독에게 드려 보라 그가 너를 기뻐하겠느냐 너를 가납하겠느냐"(말 1:8) 하시는 말씀을 대하게 됩니다.

㉡ 어찌하다 이 지경이 되었는가? 이는 "메시아언약"을 잃어버렸다는 명백한 증거가 되는 것입니다. 그래서 "흠 있는 것으로 사기하여 내게 드리는 자는 저주를 받으리니"(말 1:14) 하십니다. 즉 하나님께 사기를 했다는 것입니다.

② 그런 후에, "네 하나님 여호와께서 네게 주시는 어느 성중에서든지 너의 가운데 혹시 어떤 남자나 여자가 네 하나님 여호와의 목전에 악을 행하여 그 언약을 어기고"(2) 하고, "언약"(言約)을 거론하십니다.

㉠ 여기서 말씀하는 언약이 좁은 문맥으로는 십계명의 1-2계명을 가리킨다 하겠으나, 구속사의 넓은 문맥으로 보면, 인류를 구원하시려고 세워주신 언약은 오직 하나인 "메시아언약"뿐이라는데 확고해야만 합니다. 십계명도 별개의 언약이 아니라 메시아언약이라는 테두리 안에서 주어진 것입니다. 이런 맥락에서 "가서 다른 신들을 섬겨 그것에게 절하며 내가 명하지 아니한 일월성신에게 절한다 하자"(3) 한 행위는, 별개의 배신행위가 아니라 메시아언약에 대한 배신인 것입니다.

㉡ 그러므로 "혹이 그 일을 네게 고하므로 네가 듣거든 자세히 사실

(査實)하여 볼지니 만일 그 일과 말이 확실하여 이스라엘 중에 이런 가증한 일을 행함이 있으면"(4),

③ "너는 그 악을 행한 남자나 여자를 네 성문으로 끌어내고 돌로 그 남자나 여자를 쳐 죽이되"(5),

㉠ "죽일 자를 두 사람이나 세 사람의 증거(證據)로 죽일 것이요 한 사람의 증거로는 죽이지 말 것이며 이런 자를 죽임에는 증인이 먼저 그에게 손을 댄 후에 뭇 백성이 손을 댈 지니라"(6-7), 신중을 기하되, 엄중하게 누룩을 제거하라 하시는 것입니다. "너는 이와 같이 하여 너의 중에 악을 제할 지니라"(7). 왜 이렇게 행해야만 하는가? 하나님의 "언약백성들"이기 때문입니다. 이처럼 엄중하게 경계를 하였음에도 구약교회가 심판을 당한 것은, 메시아언약을 배반하고 우상을 숭배했기 때문이라는 점을 명심한다면, 현대교회도 정신을 차리게 될 것입니다. 이것이 "언약을 어긴 우상숭배 자를 제거하라"는 뜻입니다.

둘째 단원(8-13) 분석도표

주제 : 제사장의 판결에 불복하는 자는 제거하라

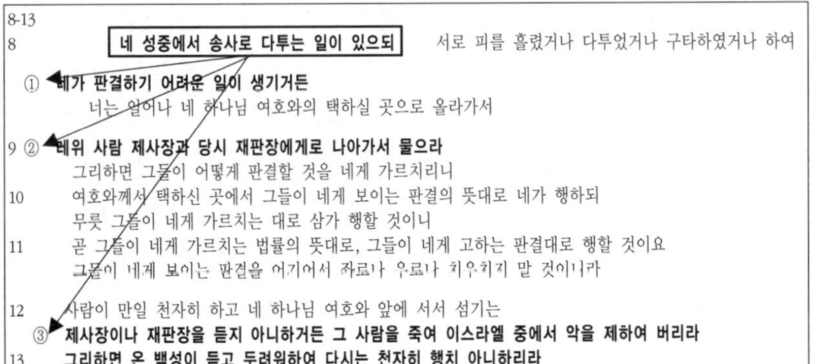

둘째 단원은 이웃과의 관계성에서 발생하는 악을 제거하라는 내용입

니다. 도표를 보시면 "네 성중에서 송사로 다투는 일이 있으되"를 중심으로, ① "네가 판결하기 어려운 일이 생기거든", ② "레위 사람 제사장과 당시 재판장에게로 나아가서 물으라" 합니다. ③ 그런데 피고인이 "만일 천자히 하고, 제사장이나 재판장의 말을 듣지 아니하거든, 그 사람을 죽여 악을 제하여 버리라" 합니다. 왜 이렇게 행해야만 하는가? 하나님의 언약백성들이기 때문입니다.

둘째 단원(8-13) 제사장의 판결에 불복하는 자는 제거하라

"네 성중에서 송사로 다투는 일이 있으되 서로 피를 흘렸거나 다투었거나 구타하였거나 하여"(8상), 이는 이웃과의 관계성에서 발생하는 일입니다.

① 그런데 "네가 판결하기 어려운 일이 생기거든 너는 일어나 네 하나님 여호와의 택하실 곳으로 올라가서"(8하), 즉 예루살렘으로 올라가서,

② "레위 사람 제사장과 당시 재판장에게로 나아가서 물으라"(9상) 합니다.

㉠ "그리하면 그들이 어떻게 판결할 것을 네게 가르치리니 여호와께서 택하신 곳에서 그들이 네게 보이는 판결의 뜻대로 네가 행하되 무릇 그들이 네게 가르치는 대로 삼가 행할 것이니 곧 그들이 네게 가르치는 법률의 뜻대로, 그들이 네게 고하는 판결대로 행할 것이요 그들이 네게 보이는 판결을 어기어서 좌로나 우로나 치우치지 말 것이니라"(9하-11) 합니다.

㉡ "네게 보이는 판결의 뜻대로, 네게 가르치는 대로, 가르치는 법률의 뜻대로, 네게 고하는 판결대로 행할 것이라" 하고 거듭 강조하는

데, 이를 바꾸어 말하면 하나님의 말씀 곧 성경에 기록한 대로 행하라는 뜻입니다.

③ 그런데 "사람이 만일 천자(擅恣)히 하고 네 하나님 여호와 앞에 서서 섬기는 제사장이나 재판장을 듣지 아니하거든"(12상), 즉 완악하고 교만하여 "여호와 앞에 서서 섬기는 제사장"의 말을 듣지 않거든,

㉠ "그 사람을 죽여 이스라엘 중에서 악을 제하여 버리라 그리하면 온 백성이 듣고 두려워하여 다시는 천자히 행치 아니하리라"(12하-13) 합니다. 이점을 주님께서는, "만일 그들의 말도 듣지 않거든 교회에 말하고 교회의 말도 듣지 않거든 이방인과 세리와 같이 여기라"(마 18:17) 말씀하고, 사도 바울은 "외인들은 하나님이 판단하시려니와 이 악한 사람은 너희 중에서 내어 쫓으라"(고전 5:13) 합니다. 이것이 교회의 권징입니다. 왜 이렇게 행해야만 하는가? 하나님의 언약백성들이기 때문입니다.

셋째 단원(14-20) 분석도표
주제 : 왕의 제도에 대한 규례

14-20

14 네가 네 하나님 여호와께서 네게 주시는 땅에 이르러서 그 땅을 얻어 거할 때에
만일 우리도 우리 주위의 열국 같이 우리 위에 왕을 세우리라는 뜻이 나거든

15 ① **반드시 네 하나님 여호와의 택하신 자를 네 위에 왕으로 세울 것이며**
네 위에 왕을 세우려면 네 형제 중에서 한 사람으로 할 것이요
네 형제 아닌 타국인을 네 위에 세우지 말것이며

16 ② **왕 된 자는**
말을 많이 두지 말 것이요 말을 많이 얻으려고 그 백성을 애굽으로 돌아가게 말 것이니
이는 여호와께서 너희에게 이르시기를 너희가 이 후에는 그 길로 다시 돌아가지 말 것이라 하셨음이며

17 **아내를 많이 두어서 그 마음이 미혹되게 말 것이며**
은금을 자기를 위하여 많이 쌓지 말 것이니라

18 ③ **그가 왕위에 오르거든 레위 사람 제사장 앞에 보관한 이 율법서를 등사하여**

19 평생에 자기 옆에 두고 읽어서 그 하나님 여호와 경외하기를 배우며
이 율법의 모든 말과 이 규례를 지켜 행할 것이라

20 그리하면 그의 마음이 그 형제 위에 교만하지 아니하고 이 명령에서 떠나 좌로나 우로나
치우치지 아니하리니 이스라엘 중에서 그와 그의 자손의 왕위에 있는 날이 장구하리라

셋째 단원은 "왕의 제도"입니다. 도표를 보시면 "우리 위에 왕을 세우리라는 뜻이 나거든"을 중심으로, ① "반드시 네 하나님 여호와의 택하신 자를 네 위에 왕으로 세울 것이며", ② "왕 된 자는" 하고, 해서는 아니 될 것을 경계하고, ③ "이 율법서를 등사하여 평생에 자기 옆에 두고 읽어서 그 하나님 여호와 경외하기를 배우라" 하고, 반드시 행해야 할 것을 말씀하십니다. 왜 이렇게 행해야만 하는가? 신정왕국 곧 하나님의 언약백성들이기 때문입니다.

셋째 단원(14–20) **왕의 제도에 대한 규례**

"네가 네 하나님 여호와께서 네게 주시는 땅에 이르러서 그 땅을 얻어 거할 때에 만일 우리도 우리 주위의 열국 같이 우리 위에 왕을 세우리라는 뜻이 나거든"(14),

㉠ 우선적으로 신정국(神政國)의 통치(統治)체제를 말씀드려야만 하겠습니다. 사사기에는 "이스라엘에 왕이 없으므로" 라는 말이 4번(삿 17:6, 18:1, 19:1, 21:25)이나 나옵니다. 그런데 이는 불신앙의 눈으로 볼 때에 그러했다는 것이지, "하나님은 예로부터 왕"(시 74:12)이시었습니다. 백성들이 기드온을 왕으로 삼으려 하자, "내가 너희를 다스리지 아니하겠고, 여호와께서 너희를 다스리시리라"(삿 8:23) 하고 말했습니다.

㉡ 사무엘 당시 장로들이, "열방과 같이 우리에게 왕을 세워 우리를 다스리게 하소서" 하고 말했을 때에도 하나님께서는, "그들이 너를 버림이 아니요 나를 버려 자기들의 왕(王)이 되지 못하게 함이니라"(삼상 8:5, 7) 하셨습니다. 하나님께서 레위 지파 자손에게 기업을 주시지 않고 각 지파가 얻은 기업 중 48성읍(수 21:41)에 분산(分散)시켜 거하게 하신 의도가 무엇인가? 그들을 통하여 다스리시고자 한 하나님의 통치

체제였던 것입니다. 그런데 하나님은 거짓되고 간사한 백성들이 열방과 같은, 눈에 보이는 왕을 구할 것을 아셨던 것입니다.

① "반드시 네 하나님 여호와의 택(擇)하신 자를 네 위에 왕으로 세울 것이며"(15상) 하십니다.

㉠ 왜냐하면 "신정왕국"이 메시아왕국의 예표이기 때문입니다. 이점이 벌써 창세기 49:10절에서, "홀이 유다를 떠나지 아니하며" 하고, 왕위(王位)가 유다 지파로 계승이 되어 내려오다가 유다 지파 다윗의 자손으로 오실 그리스도에게서 성취가 될 것(눅 1:32-33)이 예언이 되었던 것입니다. 그래서 "왕을 세우려면 네 형제 중에서 한 사람으로 할 것이요 네 형제 아닌 타국인을 네 위에 세우지 말 것이며"(15하) 하시는 것입니다.

② 그런 후에, "왕 된 자는"(16상) 하고, 먼저 해서는 아니 될 것을 말씀하시는데,

㉠ "말을 많이 두지 말 것이요 말을 많이 얻으려고 그 백성을 애굽으로 돌아가게 말 것이니 이는 여호와께서 너희에게 이르시기를 너희가 이 후에는 그 길로 다시 돌아가지 말 것이라 하셨음이며"(16) 하십니다. "말을 많이 두지 말라" 한 것은, "구원함에 말은 헛것임이여 그 큰 힘으로 구하지 못하도다"(시 33:17) 한, 군사력(軍事力)을 의지하지 말라는 뜻입니다.

㉡ "아내를 많이 두어서 그 마음이 미혹되게 말 것이며",

㉢ "은금을 자기를 위하여 많이 쌓지 말 것이니라"(17) 하고 경계하셨는데, 솔로몬 왕은 이를 명심하지 않았다가 그처럼 지혜로웠던 자도 올무에 걸리고 말았던 것입니다.

③ 다음으로 반드시 행해야할 것은, "그가 왕위에 오르거든 레위 사람 제사장 앞에 보관한 이 율법서를 등사하여"(18),

㉠ "평생(平生)에 자기 옆에 두고 읽어서 그 하나님 여호와 경외하

기를 배우며 이 율법의 모든 말과 이 규례를 지켜 행할 것이라"(19) 하십니다. 그런데 요시야 왕 당시 성전을 수리하다가 "율법서를 발견"하게 되고, 기록된 말씀을 듣게 된 요시야 왕이 "옷을 찢고 통곡"(대하 34:14, 27)했다는 기사가 있는데 이는 율법서가, "성전에도 없었고, 왕의 옆에도" 없었던 지가 오래되었다는 점을 나타냅니다. 말씀을 잃어버리는 것, 이것이 "하나님을 잊어버린 너희여 이제 생각하라 그렇지 않으면 내가 너희를 찢으리니"(시 50:22) 한, 하나님을 잊어버린 것과 같은 것입니다.

ⓛ 17장은, "그리하면 그의 마음이 그 형제 위에 교만하지 아니하고 이 명령에서 떠나 좌로나 우로나 치우치지 아니하리니 이스라엘 중에서 그와 그의 자손의 왕위에 있는 날이 장구(長久)하리라"(20) 하고 마치고 있습니다. 왜 이렇게 행해야만 하는가? 성민의 왕국은 메시아왕국의 예표요, 자신이 왕이 아니라 진정한 왕, 영원한 왕은 오직 그리스도이시기 때문입니다. 이것이 "왕의 제도에 대한 규례"입니다.

④ 묵상해보겠습니다.

㉠ "언약을 어기고 우상숭배를 했다"(2)는 궁극적인 의미에 대해서,

ⓛ 제사장의 말도 듣지 않으면 죽여 악을 제하라 하심에 대하여,

ⓒ 하나님의 나라 통치체제에 대해서.

18장

형제 중에서 일으키실 모세 같은 선지자

[18]내가 그들의 형제 중에 너와 같은 선지자 하나를 그들을 위하여 일으키고 내 말을 그 입에 두리니 내가 그에게 명하는 것을 그가 무리에게 다 고하리라.

18장의 중심점은 하나님께서, "그들의 형제 중에 너와 같은 선지자 하나를 그들을 위하여 일으키시겠다"(18, 15)는 말씀에 있습니다. 오순절 성령 강림 후에 베드로 사도는 이 말씀이 그리스도에게서 성취가 되었음(행 3:22-23)을 증거하고 있습니다.

이 말씀을 문맥적(文脈的)으로 볼 때에 의미가 더욱 분명해지는데, 17:14-20절에서는 "왕"(王)에 대해 말씀하고, 18:1-8절에서는 "제사장"(祭司長)에 대해 말씀하고, 본문인 15-22절에서는 "선지자"(先知者)에 대해서 말씀하는 문맥인데, "왕, 제사장, 선지자"를 가리켜서 기름부음을 받은 자라 합니다. 왜냐하면 이들은 모두가 그리스도를 예표하는 직분들이기 때문입니다. 그러므로 본문 말씀을 구속사라는 맥락으로 추적

해 볼 때에 그 심오한 의미를 깨달을 수가 있는 것입니다. 그러면 이 예언이 어떻게 성취가 되었는가?

첫째 단원(1-8) **제사장과 레위 지파에 대한 규례**
둘째 단원(9-22) **네 형제 중에서 한 선지자를 일으키리라**

첫째 단원 분석도표
주제 : 제사장과 레위 지파에 대한 규례

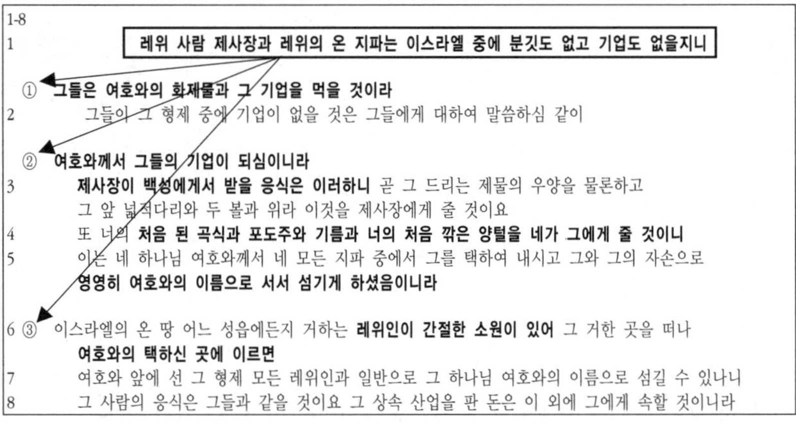
1-8
1 **레위 사람 제사장과 레위의 온 지파는 이스라엘 중에 분깃도 없고 기업도 없을지니**
① **그들은 여호와의 화제물과 그 기업을 먹을 것이라**
2 그들의 그 형제 중에 기업이 없을 것은 그들에게 대하여 말씀하심 같이
② **여호와께서 그들의 기업이 되심이니라**
3 **제사장이 백성에게서 받을 응식은 이러하니** 곧 그 드리는 제물의 우양을 물론하고
그 앞 넓적다리와 두 볼과 위라 이것을 제사장에게 줄 것이요
4 또 너의 **처음 된 곡식과 포도주와 기름과 너의 처음 깎은 양털을 네가 그에게 줄 것이니**
5 이는 네 하나님 여호와께서 네 모든 지파 중에서 그를 택하여 내시고 그와 그의 자손으로
영영히 여호와의 이름으로 서서 섬기게 하셨음이니라
6 ③ 이스라엘의 온 땅 어느 성읍에든지 거하는 **레위인이 간절한 소원이 있어** 그 거한 곳을 떠나
여호와의 택하신 곳에 이르면
7 여호와 앞에 선 그 형제 모든 레위인과 일반으로 그 하나님 여호와의 이름으로 섬길 수 있나니
8 그 사람의 응식은 그들과 같을 것이요 그 상속 산업을 판 돈은 이 외에 그에게 속할 것이니라

첫째 단원의 중심점은 "제사장과 레위 지파에 대한 규례"에 있습니다. 이들에게는 가나안에 입성하여 땅을 분배할 때에 분깃이 주어지지 않았습니다. 왜냐하면 "여호와께서 그들의 기업"(2하)이 되시기 때문이라 하십니다. 이를 달리 표현하면 하나님께서 그들의 의식주(衣食住)를 책임져주신다는 뜻입니다.

도표를 보시면 "제사장과 레위의 온 지파는 이스라엘 중에 분깃도 없고 기업도 없을지니"를 중심으로, ① "그들은 여호와의 화제물과 그 기업을 먹을 것이라", ② "여호와께서 그들의 기업이 되심이니라" 하시면서, ③ 다른 "성읍에 거하는 레위인"이 예루살렘으로 올라왔을 경우에 관해서 말씀하십니다. 어찌하여 레위 지파를 이처럼 우대(優待)해야만 하는가? "여호와의 이름으로 서서 섬기게 하셨기"(5) 때문이라는 것입니다.

첫째 단원(1-8) 제사장과 레위 지파에 대한 규례

"레위 사람 제사장과 레위의 온 지파는 이스라엘 중에 분깃도 없고 기업도 없을지니"(1상),

① "그들은 여호와의 화제물과 그 기업을 먹을 것이라"(1하) 하십니다. "화제물을 먹을 것이라"는 말은, 제사 종류에 따라 다르기는 합니다만, 중요한 부분을 하나님께 드리고, 그 나머지가 제사장과 레위 지파에게 돌아갈 분깃이라는 뜻입니다. 왜냐하면, "그들이 그 형제 중에 기업이 없을 것은 그들에게 대하여 말씀하심 같이",

② "여호와께서 그들의 기업이 되시기"(2) 때문이라는 것입니다.

㉠ 그리하여 "제사장이 백성에게서 받을 응식(應食)은 이러하니 곧 그 드리는 제물의 우양을 물론하고 그 앞 넓적다리와 두 볼과 위라 이것을 제사장에게 줄 것이요"(3),

㉡ "또 너의 처음 된 곡식과 포도주와 기름과 너의 처음 깎은 양털을 네가 그에게 줄 것이니 이는 네 하나님 여호와께서 네 모든 지파 중에서 그를 택하여 내시고 그와 그의 자손으로 영영히 여호와의 이름으로 서서 섬기게 하셨음이니라"(4-5) 하십니다.

③ 특별한 경우까지 언급하시는데, "이스라엘의 온 땅 어느 성읍에든지 거하는 레위인이 간절한 소원이 있어 그 거한 곳을 떠나 여호와의 택하신 곳에 이르면"(6) 합니다.

㉠ 레위인들은 소수만이 예루살렘 본성(本城)에서 섬겼고, 나머지는 48성읍에 분산되어서, 백성들을 지도하는 직임을 담당했던 것입니다. 그런 중에 어떤 레위인이 본성에서 섬기고자 하는 "간절한 소원"이 있어 예루살렘으로 올라왔다면 어떻게 해야 하는가? "여호와 앞에 선 그 형제 모든 레위인과 일반으로 그 하나님 여호와의 이름으로 섬길 수 있나니 그 사람의 응식은 그들과 같을 것이요 그 상속 산업을 판 돈은 이 외에 그에게 속할 것이니라"(8) 하십니다.

㉡ 이것이 "제사장과 레위 지파에 대한 규례"입니다. 서론에서 말씀드린 대로 이 말씀을 문맥적(文脈的)으로 보면 먼저 "왕"(17:14-20)에 대해 말씀하고, 본 단원에서 "제사장"에 대해서 말씀하고, 다음 단원(15-22)에서는 "선지자"에 대해서 말씀하는 문맥입니다. 이 세 직분은 모두가 그리스도에 대한 예표라는 점에서 중요한 의미가 있는 것입니다.

㉢ 이런 맥락에서 구약성경을 분류(分類)해보면, 모세 5경은 "제사장"의 사역이고, 역사서(歷史書)는 "왕"의 사역이고, 선지서는 "선지자들"의 사역이 됩니다. 이는 무엇을 의미하느냐 하면 주님께서 "이 성경이 곧 내게 대하여 증거하는 것이로다"(요 5:39) 하신 대로, 구약성경 어디를 강론하든지 "그리스도"가 중심(中心)에 있어야 한다는 점을 나타내고 있는 것입니다. 이것이 "제사장과 레위 지파에 대한 규례"입니다.

둘째 단원(9-22) 분석도표

주제 : 네 형제 중에서 한 선지자를 일으키리라

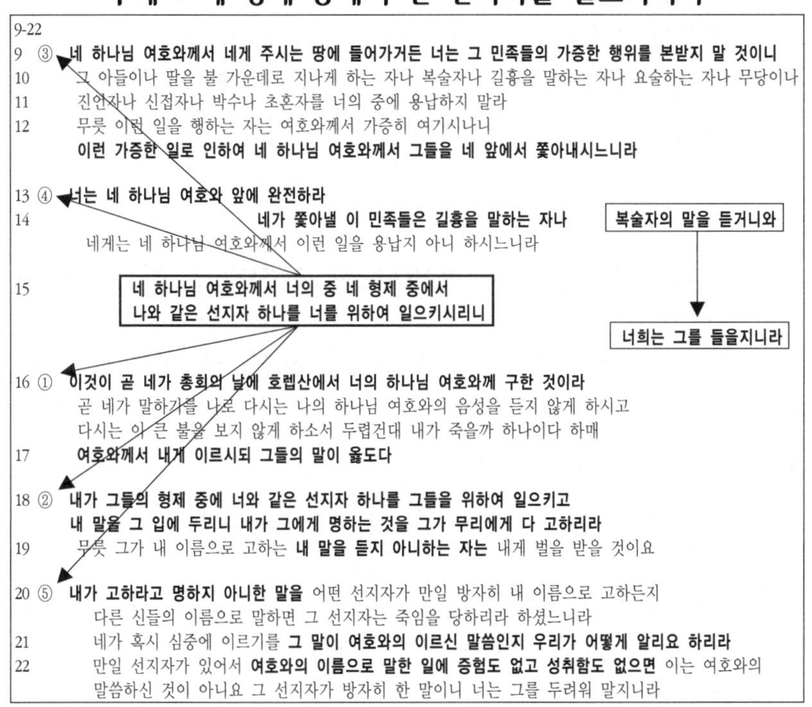
9-22
9 ③ **네 하나님 여호와께서 네게 주시는 땅에 들어가거든 너는 그 민족들의 가증한 행위를 본받지 말 것이니**
10 그 아들이나 딸을 불 가운데로 지나게 하는 자나 복술자나 길흉을 말하는 자나 요술하는 자나 무당이나
11 진언자나 신접자나 박수나 초혼자를 너의 중에 용납하지 말라
12 무릇 이런 일을 행하는 자는 여호와께서 가증히 여기시나니
이런 가증한 일로 인하여 네 하나님 여호와께서 그들을 네 앞에서 쫓아내시느니라

13 ④ **너는 네 하나님 여호와 앞에 완전하라**
14 **네가 쫓아낼 이 민족들은 길흉을 말하는 자나** **복술자의 말을 듣거니와**
네게는 네 하나님 여호와께서 이런 일을 용납지 아니 하시느니라

15 **네 하나님 여호와께서 너의 중 네 형제 중에서**
나와 같은 선지자 하나를 너를 위하여 일으키시리니 **너희는 그를 들을지니라**

16 ① **이것이 곧 네가 총회의 날에 호렙산에서 너의 하나님 여호와께 구한 것이라**
곧 네가 말하기를 나로 다시는 나의 하나님 여호와의 음성을 듣지 않게 하시고
다시는 이 큰 불을 보지 않게 하소서 두렵건대 내가 죽을까 하나이다 하매
17 **여호와께서 내게 이르시되 그들의 말이 옳도다**

18 ② **내가 그들의 형제 중에 너와 같은 선지자 하나를 그들을 위하여 일으키고**
내 말을 그 입에 두리니 내가 그에게 명하는 것을 그가 무리에게 다 고하리라
19 무릇 그가 내 이름으로 고하는 **내 말을 듣지 아니하는 자는** 내게 벌을 받을 것이요

20 ⑤ **내가 고하라고 명하지 아니한 말을** 어떤 선지자가 만일 방자히 내 이름으로 고하든지
다른 신들의 이름으로 말하면 그 선지자는 죽임을 당하리라 하셨느니라
21 네가 혹시 심중에 이르기를 **그 말이 여호와의 이르신 말씀인지 우리가 어떻게 알리요 하리라**
22 만일 선지자가 있어서 **여호와의 이름으로 말한 일에 증험도 없고 성취함도 없으면** 이는 여호와의
말씀하신 것이 아니요 그 선지자가 방자히 한 말이니 너는 그를 두려워 말지니라

첫째 단원(1-8)의 중심점이 "제사장"에 있다면, 본 단원의 중심점은 "선지자"(先知者)에 있습니다. ㉠ "너 (모세)와 같은 선지자"를, ㉡ "네 형제 중에서", 즉 우리 중에서, ㉢ "너를 위하여" 일으키시리니 하십니다. 이 말씀이 15절과, 18절, 두 번이나 강조되어 있습니다. 이는 우리의 영적 출애굽을 위해서 그리스도를 인간의 몸을 입고 오시게 하시겠다는 예언적인 말씀입니다. 본문을 상고할 때에 번호 순서에 유의하시기 바랍니다.

도표를 보시면 "나와 같은 선지자"를 중심으로, ① "이것이 네가 구한 것이라" 하면서, ② 하나님께서도 그들의 말이 옳도다 하시면서, "선지자 하나를 일으키리라" 하셨다는 것입니다. ③ 그리고 "가나안 "민족의 가증한 행위를 본받지 말라", 하시면서, ④ 이런 맥락에서, "너는 하나님 여호와 앞에 완전 하라" 하십니다. 끝으로 ⑤ "방자히 말하는 어떤 선지자"가 일어나게 될, 거짓선지자에 대해 경계하십니다.

둘째 단원(9-22) 네 형제 중에서 한 선지자를 일으키리라

이해를 돕기 위해서 본문 구절의 순서를 재구성해서 말씀을 드리겠습니다. 중심점은 두 번이나 강조되어 있는, "선지자 하나를 일으키신다"(15, 18)는데 있습니다.

① 모세는, "이것이 곧 네가 총회의 날에 호렙산에서 너의 하나님 여호와께 구한 것이라"(16상) 하고 말씀하는데,

㉠ "총회(總會)의 날"이란 하나님께서 시내산에 강림하셔서 십계명의 돌판을 주셨을 때를 가리킵니다. "곧 네가 말하기를 나로 다시는 나의 하나님 여호와의 음성을 듣지 않게 하시고 다시는 이 큰 불을 보지 않게 하소서 두렵건대 내가 죽을까 하나이다"(16하) 했다는 것입니다. 여호와께서도, "내게 이르시되 그들의 말이 옳도다"(17) 하고, 중보자의 필요를 인정하시면서,

② "내가 그들의 형제 중에 너와 같은 선지자 하나를 그들을 위하여 일으키고 내 말을 그 입에 두리니 내가 그에게 명하는 것을 그가 무리에게 다 고하리라"(18) 하셨다고 말씀합니다.

㉠ 왜 중보자가 필요하게 되었는가? "두렵건대 내가 죽을 까 하나이다"(16하) 합니다. 이것이 죄를 범한 아담이 "내가 벗었으므로 두려워서 숨었나이다"(창 3:10) 한 반응과 같은 것입니다. "오직 너희 죄악(罪惡)

이 너희와 너희 하나님 사이를 내었고 너희 죄가 그 얼굴을 가리게"(사 59:2) 하였기 때문에 중보자가 필요하게 되었다는 것입니다.

ⓛ 출애굽 당시에는 모세가 하나님과 백성 사이에 중보자 역할을 담당했습니다. 이제 모세는 죽을 때가 임박한 것입니다. 그래서 "너와 같은 선지자"를 세우시겠다고 말씀하십니다. 이 선지자가 1차적으로는 여호수아일 수가 있습니다. 그러나 그는 예표의 인물일 뿐입니다. 오순절 성령강림 후에 베드로는 본문을 인용(引用)하여, "한 선지자를 일으키리라" 하신 예언이 "그리스도로 성취되었음"(행 3:22)을 증거합니다. 선지자들은 많이 일어났습니다. 그런데 하나님은 "선지자 하나"(15, 18)를 일으키리니 하시는데, 그 "한 선지자"가 그리스도였던 것입니다. 그러면 모세와 같은 선지자를 일으키시겠다 하셨는데, 어떤 점에서 모세와 같은가? 예수 그리스도는, ㉮ 하나님과 백성 사이의 중보자, ㉯ 하나님의 말씀의 대언(代言)자, ㉰ 출애굽의 영도자(領導者)라는 점에서, 모세와 같은 선지자이십니다.

ⓒ 그런데 중요한 것은, 모세와 같으면서도 "다른 점"이 있다는 점입니다. ㉮ 모세는 "하나님의 집의 사환(使喚)으로 충성했으나, 그리스도는 집 맡은 아들로 충성하셨다"(히 3:5-6)는 것은 본질적으로 다른 점입니다. ㉯ 그런데 사역(使役)적으로 다른 점은 모세는 대속제물이 되어줄 수가 없었다는 점입니다. 그래서 성경은, "율법은 모세로 말미암아 주신 것이요, 은혜와 진리는 예수 그리스도로 말미암아 온 것이라"(요 1:17), 즉 모세는 죽이는 의문의 직분자요, 그리스도는 우리를 구원하시기 위해서 대속제물이 되어주심으로 살리는 영의 직분자라고 말씀하는 것입니다.

ⓔ 그런데 하나님은, "네 형제(兄弟) 중에서(15), 그들의 형제 중에" (18) 모세와 같은 중보자를 세워주시겠다 말씀하신다는 점입니다. 그러면 우리 형제(兄弟) 중에서 중보자가 될 자격자가 있단 말인가? 성경은

“의인은 없나니 하나도 없다”(롬 3:10) 하고 말씀합니다. 이는 하나님 앞에는 모두가 죄인이라는 뜻인데, 그러면 자신의 죄도 해결하지 못하는 자가 어떻게 중보자가 되어줄 수가 있단 말인가?

ⓜ 그래서 성경은 “하나님은 한 분이시오 또 하나님과 사람 사이에 중보(中保)도 한 분이시니 곧 사람이신 그리스도 예수라”(딤전 2:5) 하고 말씀하십니다. 여기서 주목해야할 점이 “사람이신” 이란 표현입니다. 사람 중에는 중보자가 될 자가 없기 때문에 하나님은 자기 아들을 “말씀이 육신이 되어” 오시게 하셨다는 뜻이기 때문입니다.

ⓑ 이점을 히브리서에서는, “그러므로 저가 범사에 형제(兄弟)들과 같이 되심이 마땅하도다”(히 2:17) 합니다. 하나님의 아들 그리스도께서는 우리의 중보자가 되시고, 형제가 되시기 위해서 “천사들보다 잠깐 동안 못하게 하심을 입은”, 즉 혈육(血肉)을 입고 오셨다(히 2:9, 14)는 것입니다.

ⓢ 그리하여 우리들을, “형제(兄弟)라 부르시기를 부끄러워 아니하셨다”(히 2:11) 하고 말씀합니다. 어떤 처지에 있는 자들을 형제라 부르기를 부끄러워 아니하셨는가? “또 죽기를 무서워하므로 (사탄에게) 일생에 매여 종노릇 하는 자들”(히 2:15)이라고 말씀합니다. 그렇다면 형제라 부르기를 부끄러워 아니하셨다는 것은 체면(體面)의 문제가 아니라, 책임(責任)의 문제가 되는 것입니다. 왜냐하면 하나님께서, “만일 형제가 가난하여 그 기업 얼마를 팔았으면 그 근족(近族)이 와서 동족의 판 것을 무를 것이요”(레 25:25, 48-49) 하고, 명하셨기 때문입니다.

ⓞ 그리하여 우리의 형제가 되어주신 하나님의 아들 그리스도께서는, “하나님의 일에 자비하고 충성된 대제사장이 되어 백성의 죄를 구속(救贖)하려 하심이라”(히 2:17) 하고, 우리의 죄 값을 대신 담당하시기 위한 대속제물이 되어주셨던 것입니다. 이것이 “그들의 형제 중에 너와 같은 선지자 하나를 그들을 위하여 일으키신다”(18)는 말씀 속에

함의되어 있는 망극하신 은혜인 것입니다.

ⓧ 이제는 도표 오른편을 보십시오. “네가 쫓아낼 이 민족들은, 복술자의 말을 듣거니와”(14), “너희는 그를 들을 지니라”(15)가 예리하게 대조(對照)가 되어 있습니다. 9-14절 안에는, “복술자, 길흉을 말하는 자, 요술하는 자, 무당(10), 진언자, 신접자, 박수, 초혼자”(11) 등이 있습니다. 이들은 가나안 원주민의 선지자라 할 수 있는 그런 자들입니다. “저들은 복술(卜術)자의 말을 듣거니와, 너희는 하나님이 일으키실 한 선지자(先知者)의 말을 들으라”는 말씀입니다. 그런데 오늘날도 목자를 자처하는 자들 중에는, “복술자”와 같은 자가 있고, 그와 같은 자의 말에 미혹이 되는 자들이 있다는 것은 참으로 한심한 일입니다.

③ 그러므로 “네 하나님 여호와께서 네게 주시는 땅에 들어가거든 너는 그 민족들의 가증한 행위를 본받지 말 것이니”(9), “무릇 이런 일을 행하는 자는 여호와께서 가증히 여기시나니 이런 가증한 일로 인하여 네 하나님 여호와께서 그들을 네 앞에서 쫓아내시느니라”(12) 하십니다.

④ 그러므로 “너는 네 하나님 여호와 앞에 완전(完全)하라”(13) 하신 것은 이런 맥락에서 하신 말씀입니다. 하나님 앞에 완전할 자가 누군가? 여기서 말씀하는 완전은, 저들의 가증한 일을 본받지 말아라, 신접한 자들의 말에 귀를 기울이지 말아라, 전적으로 여호와 하나님의 언약(言約)만을 신뢰하라, 하나님이 너희를 위하여 일으키실 “한 선지자”의 말씀만 들으라는 의미에서 “완전(完全)하라” 하시는 것입니다.

⑤ 이렇게 말씀한 후에, “내가 고하라고 명하지 아니한 말을 어떤 선지자가 만일 방자히 내 이름으로 고하든지 다른 신들의 이름으로 말하면 그 선지자는 죽임을 당하리라”(20) 하신 것은, 거짓 그리스도, 거짓 선지자가 나타나게 될 것에 대한 경계인 것입니다.

㉠ 이점을 주님께서는, “너희가 사람의 미혹을 받지 않도록 주의하

라 많은 사람이 내 이름으로 와서 이르되 나는 그리스도라 하여 많은 사람을 미혹케 하리라"(마 24:4-5) 하십니다. "거짓 선지자가 많이 일어나 많은 사람을 미혹하게 하겠으며 불법이 성하므로 많은 사람의 사랑이 식어지리라 그러나 끝까지 견디는 자는 구원을 얻으리라"(마 24:11-13), "그 때에 사람이 너희에게 말하되 보라 그리스도가 여기 있다 혹 저기 있다 하여도 믿지 말라 거짓 그리스도들과 거짓 선지자들이 일어나 큰 표적과 기사를 보이어 할 수만 있으면 택하신 자들도 미혹하게 하리라 보라 내가 너희에게 미리 말하였노라"(마 24:23-25) 하고, 거듭거듭 경계하신 바입니다.

㉡ 그러면 참과 거짓을 어떻게 구별을 할 수가 있는가? "네가 혹시 심중(心中)에 이르기를 그 말이 여호와의 이르신 말씀인지 우리가 어떻게 알리요 하리라"(21), "만일 선지자가 있어서 여호와의 이름으로 말한 일에 증험도 없고 성취함도 없으면 이는 여호와의 말씀하신 것이 아니요 그 선지자가 방자히 한 말이니 너는 그를 두려워 말지니라"(22) 하십니다.

㉢ 여기 통찰력이 필요한데, "증험도 없고 성취함도 없으면" 한 뜻이, "어떤 체험이 없으면" 이라는 뜻이 아니라는 점입니다. 주님은, "너희가 성경에서 영생을 얻는 줄 생각하고 성경을 상고하거니와 이 성경이 곧 내게 대하여 증거하는 것이로다"(요 5:39) 하고 말씀하시면서, "모세를 믿었더면 또 나를 믿었으리니 이는 그가 내게 대하여 기록하였음이라"(46) 하십니다.

㉣ 최종적인 권위와 영원불변의 증거는, "기록하였으되" 한 성경의 증거입니다. 그의 말이 성경에 부합하면 참 선지자요, 성경에 어긋나면 "하늘에서 불을 내리게 하는 자"라 할지라도 거짓선지자라는 뜻입니다. 이점을 바울 사도는, "네가 진리의 말씀을 옳게 분변하며 부끄러울 것이 없는 일꾼으로 인정된 자로 자신을 하나님 앞에 드리기를 힘쓰라"

(딤후 2:15) 하십니다. 이것이 "네 형제 중에서 한 선지자를 일으키심" 입니다.

ⓜ 18장을 마치기 전에 부언할 말씀이 남았습니다. 그것은, "네 형제 중에서 나와 같은 선지자 하나"를 일으키시겠다는 말씀을 자신과 결부시켜서 재 음미해보자는 것입니다. 우리의 신분과 지위는 예수 그리스도의 구속으로 말미암아 "왕 같은 제사장들"이라고 말씀하십니다. 그러면 우리를 왕 같은 제사장을 삼아주신 목적(目的)이 어디에 있는가? "이는 너희를 불러내어 그의 기이한 빛에 들어가게 하신 자의 아름다운 덕을 선전(선포)하게 하려 하심이라"(벧전 2:9) 하십니다. 그러면 형제는 "왕과, 제사장"만이 아니라 하나님의 말씀을 증거할 "선지자"인 것입니다. 예수 그리스도의 구속으로 말미암아 형제가 "내가 그들의 형제 중에 너와 같은 선지자 하나를 그들을 위하여 일으키고 내 말을 그 입에 두리니"(18) 하신, "한 선지자"가 되시기를 기원합니다. 형제의 말을 듣는 자마다 구원을 얻게 될 것입니다.

⑥ 묵상해보겠습니다.

㉠ "왕, 제사장, 선지자"의 메시아적 사명에 대해서,

㉡ 모세와 같은 선지자라 하신 같은 점과 다른 점에 대해서,

㉢ "그들의 형제 중"이라는 표현에 함축되어 있는 의미에 대해서,

㉣ "복술자의 말을 듣거니와, 그를 들을 지니라"의 대조에 대해서.

19장

도피하여 생명을 보존케 하는 도피성

[3]네 하나님 여호와께서 네게 유업으로 주시는 땅의 전체를
삼구로 분하여 그 도로를 닦고 무릇 살인자를 그 성읍으로
도피케 하라.

19장의 중심점은 "도피성"(逃避城)의 규례입니다. "여호와께서 네게 기업으로 주신 땅 가운데서 세 성읍을 구별하여, 살인자를 그 성으로 도피케 하라"(2-3) 하십니다. 여기에는 엄격한 기준이 있는데 "혐원이 없이 부지중에 이웃을 죽인"(4) 오살(誤殺)자에 한합니다. 신약성경 히브리서에서는, "앞에 있는 (도피성에 들어가면 살 수 있다는) 소망(所望)을 얻으려고 피하여 가는 우리로 큰 안위(安慰)를 받게 하려 하심이라"(히 6:18) 하고, 도피성이 그리스도에 대한 모형임을 증거하고 있습니다.

첫째 단원(1-14) **세 성읍을 구분하고 도로를 닦으라**

둘째 단원(15-21) **참 증인과 거짓 증인의 규례**

첫째 단원(1-14) 분석도표

주제 : 세 성읍을 구분하고 도로를 닦으라

1 ① 네 하나님 여호와께서 이 열국을 멸절하시고 네 하나님 여호와께서 그 땅을 네게 주시므로
네가 필경 그것을 얻고 그들의 각 성읍과 각 가옥에 거할 때에
2 네 하나님 여호와께서 네게 기업으로 주신 땅 가운데서 **세 성읍을 너를 위하여 구별하고**

3 **네 하나님 여호와께서 네게 유업으로 주시는 땅의 전체를 삼구로 분하여**
그 도로를 닦고 무릇 살인자를 그 성읍으로 도피케 하라

4 ② **살인자가 그리로 도피하여 살만한 경위는 이러하니** 곧 누구든지 본래 혐원이 없이
부지중에 그 이웃을 죽인 일,
5 가령 사람이 그 이웃과 함께 벌목하러 삼림에 들어가서 손에 도끼를 들고 벌목하려고 찍을 때에
도끼가 자루에서 빠져 그 이웃을 맞춰 그로 죽게 함 같은 것이라
이런 사람은 그 성읍중 하나로 도피하여 생명을 보존할 것이니라
6 그 사람이 그에게 본래 혐원이 없으니 죽이기에 합당치 아니하나 두렵건대 보수자의 마음이 뜨거워서
③ **살인자를 따르는데 그 가는 길이 멀면 그를 따라 미쳐서 죽일까 하노라**
7 그러므로 내가 네게 명하기를 **세 성읍을 너를 위하여 구별하라 하노라**

8 ④ **네 하나님 여호와께서 네 열조에게 맹세하신대로** 네 지경을 넓혀
네 열조에게 주리라고 말씀하신 땅을 다 네게 주실 때
9 또 네가 나의 오늘날 네게 명하는 **이 모든 명령을 지켜 행하여 네 하나님 여호와를 사랑하고**
항상 그 길로 행할 때에는 **이 셋 외에 세 성읍을 더하여**
10 네 하나님 여호와께서 네게 기업으로 주시는 땅에서 무죄한 피를 흘림이 없게 하라
이같이 하면 그 피가 네게로 돌아가지 아니하리라

11 ⑤ 그러나 만일 사람이 그 **이웃을 미워하여 엎드려 그를 기다리다가 일어나 쳐서**
그 생명을 상하여 죽게 하고 이 한 성읍으로 도피하거든
12 그 본 성읍 장로들이 사람을 보내어 그를 거기서 잡아다가 보수자의 손에 넘겨 죽이게 할 것이라
13 네 눈이 그를 긍휼히 보지 말고 무죄한 피 흘린 죄를 이스라엘에서 제하라 그리하면 네게 복이 있으리라

14 ⑥ 네 하나님 여호와께서 네게 주어 얻게 하시는 땅 **곧 네 기업 된 소유의 땅에서**
선인의 정한 네 이웃의 경계표를 이동하지 말지니라

첫째 단원의 내용은 도피성의 규례인데, 이는 생명을 죽이는 장치가 아니라, 보호하여 살리는 장치입니다. 십계명이 죽이는 기능을 한다면, "성막"에는 살리는 대속이 있는 것과 상통합니다. 그런 도피성은 너무 멀어 피할 수가 없어도 안 되고, 길이 험해 갈 수가 없어도 도움이 못 되는 것입니다. 그래서 세 개나 두라 하셨고, 도로를 닦으라 하시는 것

입니다. 4:41-43절에서, 요단 동편에도 세 개의 성읍을 도피성으로 구별한 것을 상고한 바입니다.

도표를 보시면 "살인자를 그 성읍으로 도피케 하라"를 중심으로, ① "여호와께서 그 땅을 네게 주시므로 네가 얻게 될 때에", 세 성읍을 구별해 도피성으로 삼으라 하시고, ② "살인자가 그리로 도피하여 살만한 경위는 이러하니" 하고, 오살자라야 하고, ③ "그 가는 길이 멀면 그를 따라 미쳐서 죽일까 하노라" 하십니다. ④ "네 열조에게 맹세하신대로 네 지경"이 확대되게 되면 세 성읍을 더 두라 하시고, ⑤ 그러나 "이웃을 미워하여" 살인한 자는 죽이게 하라 하시고, ⑥ 이런 문맥에서 "네 이웃의 경계표를 이동하지 말지니라" 하십니다.

첫째 단원(1-14) 세 성읍을 구분하고 도로를 닦으라

① "네 하나님 여호와께서 이 열국을 멸절하시고 네 하나님 여호와께서 그 땅을 네게 주시므로 네가 필경 그것을 얻고 그들의 각 성읍과 각 가옥에 거할 때에"(1),

㉠ "네 하나님 여호와께서 네게 기업으로 주신 땅 가운데서 세 성읍(城邑)을 너를 위하여 구별(區別)하고 네 하나님 여호와께서 네게 유업으로 주시는 땅의 전체를 삼구로 분하여 그 도로를 닦고 무릇 살인자를 그 성읍으로 도피(逃避)케 하라"(2-3) 하십니다.

② 그렇다고 도피성이 무조건적인 살인자의 도피처가 아니라, "살인자가 그리로 도피하여 살만한 경위는 이러하니 곧 누구든지 본래 혐원이 없이 부지중에 그 이웃을 죽인"(4), 오살자(誤殺者)에 한한다고 한정을 하면서 예를 들고 있는데,

㉠ "가령 사람이 그 이웃과 함께 벌목하러 삼림에 들어가서 손에 도

끼를 들고 벌목하려고 찍을 때에 도끼가 자루에서 빠져 그 이웃을 맞춰 그로 죽게 함 같은 것이라 이런 사람은 그 성읍중 하나로 도피하여 생명을 보존(保存)할 것이니라, 그 사람이 그에게 본래 혐원이 없으니 죽이기에 합당치 아니하나"(5-6상),

③ "두렵건대 보수자의 마음이 뜨거워서 살인자를 따르는데 그 가는 길이 멀면 그를 따라 미쳐서 죽일까 하노라"(6하) 하십니다.

㉠ 이상 말씀 중에 "도피성"이 갖추어야 할 특성 두 가지가 나타나는데, ㉮ 첫째가, "그 가는 길이 너무 멀면"(6) 안 된다는 것입니다. 왜냐하면 보수자가 따라 미치게 될 것이기 때문입니다. "그러므로 내가 네게 명하기를 세 성읍을 너를 위하여 구별하라 하노라"(7) 하십니다. 둘째는, ㉯ 찾기가 어려워도 도피성으로의 기능을 발휘할 수가 없다는 것입니다. 그래서 "그 도로를 닦으라"(3) 하는 것입니다. 길을 닦고, 강이 있으면 다리를 놓고, 갈림길에는 안내판을 설치하라는 뜻입니다.

㉡ 약속의 땅에 입성하여 땅을 분배한 후에 도피성을 구별한 것이 여호수아 20장에 기록이 되어 있는데, ㉮ "납달리의 산지(山地) 갈릴리 게데스와, ㉯ 에브라임 산지의 세겜과, ㉰ 유다 산지의 기럇 아르바 곧 헤브론을 구별하였다"(수 20:7) 하고 말씀합니다. 그런데 세 곳 모두를 "산지"(山地)라고 말하고 있습니다. 이는 도피자가 멀리서도 발견하기에 쉽도록 높은 산지를 택한 것으로 볼 수가 있습니다.

㉢ 그런 중에 감격스러운 말씀이 있는데, "당시 대제사장(大祭司長)의 죽기까지 그 성읍에 거하다가 그 후에 자기 집으로 돌아갈 지니라"(수 20:6) 하신 말씀입니다. 그러니까 도피자에게는 대제사장의 죽음이 "기쁜 소식"이 된다는 것입니다. 이것이 무심한 말씀이겠는가?

④ "네 하나님 여호와께서 네 열조에게 맹세하신대로 네 지경을 넓혀 네 열조에게 주리라고 말씀하신 땅을 다 네게 주실 때"(8), 즉 아브라함에게, "내가 이 땅을 애굽 강에서부터 그 큰 강 유브라데까지 네 자손에

게 주노니"(창 15:18) 하신 영토를 다 정복하게 되면,

㉠ "또 네가 나의 오늘날 네게 명하는 이 모든 명령을 지켜 행하여 네 하나님 여호와를 사랑하고 항상 그 길로 행할 때에는 이 셋 외에 세 성읍을 더하여 네 하나님 여호와께서 네게 기업으로 주시는 땅에서 무죄한 피를 흘림이 없게 하라 이같이 하면 그 피가 네게로 돌아가지 아니하리라"(9-10) 하십니다.

㉡ 이점을 복음이 밝히 드러난 신약성경에서는, "앞에 있는 소망을 얻으려고 피하여 가는 우리로 큰 안위(安慰)를 받게 하려 하심이라"(히 6:18) 하고 해설해주고 있습니다. ㉮ 그리스도인들이란, 앞에 있는 도피성을 향하여 전력(全力) 질주(疾走)하는 사람과 같다는 것입니다. ㉯ "앞에 있는 소망(所望)을 얻으려고", 즉 저곳에 가면 살수가 있다는 소망을 가지고, ㉰ "피하여 가는 우리"라고 말씀합니다. 뒤에서는 바로의 군사처럼 사탄이 추격해 옵니다. 그러나 감사하게도 도피성은 가까이 있고, 길은 잘 닦여 있어서, 염려가 없습니다. 그래서 ㉱ "우리로 큰 안위(安慰)를 받게 하려 하심이라" 하시는 것입니다.

㉢ 히브리서는 도피성에 관한 소망과 안위를, 하나님이 아브라함에게 약속하시고 맹세로 보증하여주신, "이 두 가지(약속과 맹세) 변치 못할 사실"(히 6:17-18)이라는 문맥에서 말씀을 하고 있습니다. 본문 8절에서도, "네 열조(烈祖)에게 맹세하신 대로" 하고, 아브라함에게 세워주신 언약에 근거하여 말씀하고 있는 것입니다. 그러므로 "도피성" 규례도 동떨어진 주제가 아니라 아브라함에게 세워주신 "메시아언약"과 관련이 있는 것입니다.

⑤ "그러나 만일 사람이 그 이웃을 미워하여 엎드려 그를 기다리다가 일어나 쳐서 그 생명을 상하여 죽게 하고 이 한 성읍으로 도피하거든"(11), 즉 증오하는 마음이 있어서 고의로 죽였을 경우,

㉠ "그 본 성읍 장로들이 사람을 보내어 그를 거기서 잡아다가 보수

자의 손에 넘겨 죽이게 할 것이라 네 눈이 그를 긍휼히 보지 말고 무죄한 피 흘린 죄를 이스라엘에서 제하라 그리하면 네게 복이 있으리라" (12-13) 하십니다.

㉡ 복음은, 죄를 상습적(常習的)으로 범하는 자의 도피처가 아니라는 말씀입니다. 성경은 말씀합니다. "그런즉 우리가 무슨 말 하리요 은혜를 더하게 하려고 죄에 거하겠느뇨", 죄를 지어도 괜찮단 말이냐? "그럴 수 없느니라 죄에 대하여 죽은 우리가 어찌 그 가운데 더 살리요" (롬 6:1-2), "그런즉 어찌하리요 우리가 법 아래 있지 아니하고 은혜 아래 있으니 죄를 지으리요 그럴 수 없느니라"(롬 6:15) 하십니다.

⑥ 이런 문맥에서, "네 하나님 여호와께서 네게 주어 얻게 하시는 땅 곧 네 기업 된 소유의 땅에서 선인(先人)의 정한 네 이웃의 경계표(境界標)를 이동하지 말지니라"(14)는 말씀이 나옵니다. 그러면 "경계표와, 도피성"이 어떤 관련이 있는가?

㉠ 도피성은 문자 그대로 성벽으로 쌓여 있어서 도피자가 들어오면 성문이 굳게 닫히는 그런 곳이 아닙니다. 사람들이 살고 있는 성읍(城邑)입니다. 그리하여 그 경계(境界)가 "구별(區別)이 되어"(2, 7) 있을 뿐입니다. 그러므로 도피성은 보수자가 들어올 수 없는 철옹성 같은 곳이 아니라, 경계를 범할 수 없는 하나의 약속인 것입니다. 그러므로 민수기 35장에서는, "살인자가 도피성 지경(地境) 밖으로 나갔다 하자, 지경 밖에서 그 살인자를 만나 죽일지라도 피 흘린 죄가 없느니라"(민 35:26-27) 하는 것입니다.

① 이 말씀은 신약의 성도들에게, "언약" 안에 만이 도피성이요, 생명이 보장이 된다는 점으로 적용이 됩니다. 밖으로 나가면 보장이 없습니다. 이런 맥락에서 "경계표(境界標)를 이동하지 말지니라"(14)는 말씀은, 하나님의 말씀을 가감해서는 아니 된다는 뜻으로 받을 수가 있는 것입니다.

㉢ 주님은 십자가상에서, “아버지여 저희를 사하여 주옵소서 자기의 하는 것을 알지 못함이니이다”(눅 23:34) 하고 기도하심으로, 저들을 도피성으로 피하여 생명을 보존할 수 있는 오살자로 여겨 주셨습니다. 이제 도피성은 가까이 있고, “내가 길이요” 하고 도로는 잘 닦여 있습니다. 안내판도 설치가 되어 있습니다. 다리도 놓아주셨습니다. 이제 구원을 얻기 위하여 “달려오기만” 하면 됩니다. 그런데 무엇이 문제인가? 피난처가 되시는 그리스도에게로 나아오지를 않고, 또한 도피성 지경 밖으로 나가는데 있다는 점을 명심해야만 합니다. 이것이 “세 성읍을 구분하고 도로를 닦으라”는 망극하신 의미입니다.

둘째 단원(15-21) 분석도표
주제 : 참 증인과 거짓 증인의 규례

15-21
15 **사람이 아무 악이든지 무릇 범한 죄는**
① **한 증인으로만 정할 것이 아니요 두 증인의 입으로나 세 증인의 입으로 그 사건을 확정할 것이며**
16 ② **만일 위증하는 자가 있어 아무 사람이 악을 행하였다 말함이 있으면**
17 ③ **그 논쟁하는 양방이 같이 하나님 앞에 나아가** 당시 제사장과 재판장 앞에 설 것이요
18 재판장은 자세히 사실하여 그 증인이 위증인이라 **그 형제를 거짓으로 무함한 것이 판명되거든**
19 ④ **그가 그 형제에게 행하려고 꾀한 대로 그에게 행하여 너희 중에서 악을 제하라**
20 그리하면 그 남은 자들이 듣고 두려워하여 이 후부터는 이런 악을 너희 중에서 다시 행하지 아니하리라
21 네 눈이 긍휼히 보지 말라 생명은 생명으로, 눈은 눈으로, 이는 이로, 손은 손으로, 발은 발로니라

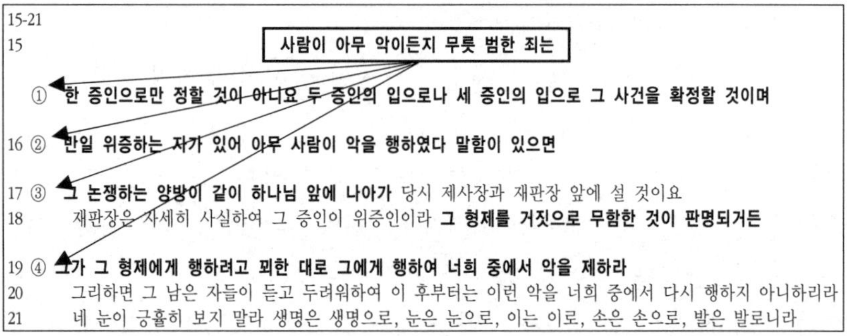

둘째 단원의 중심점은 “참 증인과 거짓 증인의 규례”라 할 수가 있습니다. 본문에는 “증인”이라는 말이 3번, “위증”(僞證)이라는 말도 2번 등장합니다. 참 증인은 사건을 “확정”하는데 기여하지만, 거짓 증인은 무고한 자를 죽게 만듭니다. 본문은 이런 의미문맥으로 앞 단원의 “오살자와, 고살 자”, “이웃의 경계표를 이동하지 말라”(14)는 말씀과 연관이 된다 할 수가 있습니다.

도표를 보시면 "무릇 범한 죄"를 중심으로, ① "한 증인으로만 정할 것이 아니요, 두세 증인으로 확정하라" 하면서, ② "만일 위증하는 자가 있으면", ③ "양방이 하나님 앞에 나아가" 진위를 가려서, ④ "형제에게 행하려고 꾀한 대로" 행하라 합니다. 이 말씀이 당시에는 재판의 규범이지만, 말씀을 맡은 자들에게는 "참 증인인가? 거짓 증인가" 하는 것으로 적용이 될 수가 있습니다.

둘째 단원(15-21) 참 증인과 거짓 증인의 규례

"사람이 아무 악이든지 무릇 범한 죄는"(15상),

① "한 증인으로만 정할 것이 아니요 두 증인의 입으로나 세 증인의 입으로 그 사건을 확정(確定)할 것이며"(15하) 합니다.

㉠ 재판을 할 때에 두세 사람의 증인으로 확정하라는 것은 신구약 성경의 일관된 규범입니다. 그래서 주님은 변화산상에도, 겟세마네 동산에도 두세 증인을 대동하셨고, "70인을 세우사 둘씩 앞서 보내셨던"(눅 10:1) 것입니다.

② 그런데 "만일 위증(僞證)하는 자가 있어 아무 사람이 악을 행하였다 말함이 있으면"(16), 하고, 참 증인만이 있는 것이 아니라, 거짓증인도 있음을 말씀합니다.

③ "그 논쟁(論爭)하는 양방(兩方)이 같이 하나님 앞에 나아가 당시 제사장과 재판장 앞에 설 것이요"(17) 합니다.

㉠ "재판장은 자세히 사실(査實)하여 그 증인이 위증인(僞證人)이라 그 형제를 거짓으로 무함한 것이 판명(判明)되거든"(18), "그가 그 형제에게 행하려고 꾀한 대로 그에게 행하여 너희 중에서 악을 제하라"(19) 하십니다.

㉡ "그리하면 그 남은 자들이 듣고 두려워하여 이 후부터는 이런 악을 너희 중에서 다시 행하지 아니하리라 네 눈이 긍휼히 보지 말라 생명은 생명으로, 눈은 눈으로, 이는 이로, 손은 손으로, 발은 발로니라" (19-21) 하십니다.

㉢ 이 규범은 언약의 백성들이 약속의 땅에 들어가서 재판할 때에 실천을 해야 할 규범임이 분명합니다. 그런데 서론에서 말씀드린 대로 본 단원에는 "증인"이라는 말이 3번이나 등장합니다. 그렇다면 유사이래(有史以來)로 가장 중대한 증언(證言)을 해야 할 증인(證人)이 누구인가를 생각하지 않을 수가 없습니다. 주님은 말씀하십니다. "땅 끝까지 이르러 내 증인(證人)이 되리라"(행 1:8).

㉣ 19장의 자체 문맥으로 보아도 증인이라는 주제가 "도피성"과 결부가 되어 있습니다. 베드로는 증언합니다. "생명의 주를 죽였도다 그러나 하나님이 죽은 자 가운데서 살리셨으니 우리가 이 일에 증인이로라"(행 3:15). 형제의 증언은 세세무궁토록 지옥형벌을 받아야 할 중죄인들을 살릴 수 있는 "큰 기쁨의 좋은 소식"입니다.

㉤ 그런데 본문은 "위증인"(僞證人)도 있다고 말씀합니다. 17절은 "하나님 앞에 나아가, 설 것이요" 하십니다. 하나님 앞에 서게 되는 날이 올 것입니다. 그리고 그가 참 증인인가, 위증인 인가하는 점이 드러나게 될 것입니다. 이것이 "참 증인과 거짓 증인의 규례"입니다.

⑤ 묵상해보겠습니다.

㉠ 도피성을 여럿을 두고, 도로를 닦으라 하신 의도에 대해서,

㉡ "경계표"를 옮기지 말라 하신 의미문맥에 대해서,

㉢ 참 증인과 거짓 증인에 대한 구속사적 의미에 대해서.

20장

여호와의 군대의 정신무장과 지침

[1]네가 나가 대적과 싸우려할 때에 말과 병거와 민중이 너보다 많음을 볼지라도 그들을 두려워 말라 애굽 땅에서 너를 인도하여 내신 네 하나님 여호와께서 너와 함께 하시느니라.

20장은, "네가 나가 대적(對敵)과 싸우려 할 때에"(1상) 하고, 시작이 됩니다. 출애굽기에서는, "430년이 마치는 그 날에 여호와의 군대(軍隊)가 다 애굽 땅에서 나왔다"(출 12:41) 하고 말씀합니다. 그리고 민수기에는 "이스라엘 중 20세 이상으로 싸움에 나갈 만한 모든 자를 계수하라"는 명령이 1:3절과 26:2절, 두 번 나옵니다. 왜냐 하면 1차 계수함을 받은 군인들이 불순종으로 말미암아, "모든 군인(軍人)이 사망하여 백성 중에서 진멸되었기"(2:16) 때문입니다. 이상에서 보는 바대로 지상(地上)의 교회는 전투하는 교회요, 그리스도인들은 영적 군사들인 것입니다. 그래서 "대적과 싸우려 할 때에"(1), 어떻게 해야 하는가 하는 훈령은 신약의 그리스도인들에게도 적실성이 있는 것입니다.

첫째 단원(1-9) **여호와의 군대의 정신무장**
둘째 단원(10-20) **여호와의 군대의 작전지침**

첫째 단원(1-9) 분석도표
주제 : 여호와의 군대의 정신무장

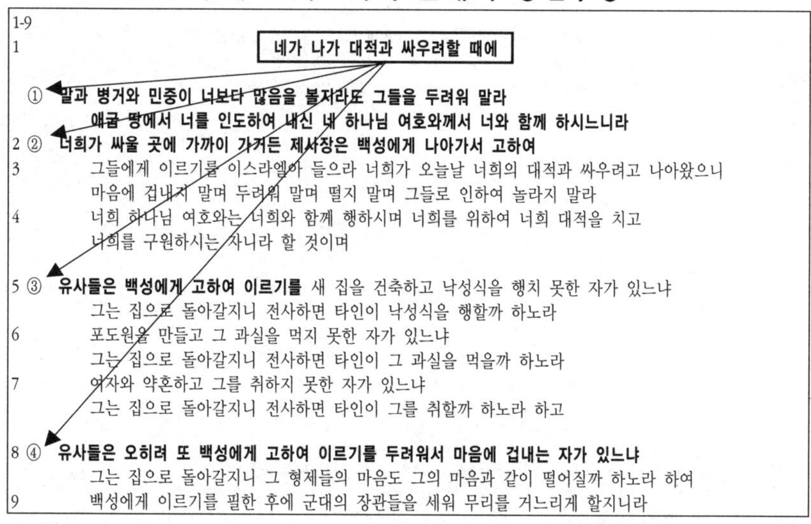
1-9
1 네가 나가 대적과 싸우려할 때에
① 말과 병거와 민중이 너보다 많음을 볼지라도 그들을 두려워 말라
애굽 땅에서 너를 인도하여 내신 네 하나님 여호와께서 너와 함께 하시느니라
2 ② 너희가 싸울 곳에 가까이 가거든 제사장은 백성에게 나아가서 고하여
3 그들에게 이르기를 이스라엘아 들으라 너희가 오늘날 너희의 대적과 싸우려고 나아왔으니
마음에 겁내지 말며 두려워 말며 떨지 말며 그들로 인하여 놀라지 말라
4 너희 하나님 여호와는 너희와 함께 행하시며 너희를 위하여 너희 대적을 치고
너희를 구원하시는 자니라 할 것이며
5 ③ 유사들은 백성에게 고하여 이르기를 새 집을 건축하고 낙성식을 행치 못한 자가 있느냐
그는 집으로 돌아갈지니 전사하면 타인이 낙성식을 행할까 하노라
6 포도원을 만들고 그 과실을 먹지 못한 자가 있느냐
그는 집으로 돌아갈지니 전사하면 타인이 그 과실을 먹을까 하노라
7 여자와 약혼하고 그를 취하지 못한 자가 있느냐
그는 집으로 돌아갈지니 전사하면 타인이 그를 취할까 하노라 하고
8 ④ 유사들은 오히려 또 백성에게 고하여 이르기를 두려워서 마음에 겁내는 자가 있느냐
그는 집으로 돌아갈지니 그 형제들의 마음도 그의 마음과 같이 떨어질까 하노라 하여
9 백성에게 이르기를 필한 후에 군대의 장관들을 세워 무리를 거느리게 할지니라

첫째 단원은, "여호와의 군대의 정신무장"이라 할 수가 있습니다. "20세 이상으로 싸움에 나갈만한 자"란, 덩치만 크면 된다는 뜻이 아니라, 그만큼 정신적으로 무장이 되어 있어야 함을 의미합니다. 이점을 신약성경에서도, "마귀의 궤계를 능히 대적하기 위하여 하나님의 전신갑주를 입으라"(엡 6:11) 하고 말씀합니다.

도표를 보시면 "네가 나가 대적과 싸우려할 때에"를 중심으로, ① "말과 병거가 너보다 많음을 볼지라도 그들을 두려워 말라", 왜냐하면 "여호와께서 너와 함께 하시느니라", ② 전투에 임하기 전에, "제사장이 백성에게 고하여야" 할 말씀과, ③ "유사들이 백성에게 고하여야" 할 훈령을 말씀하고, ④ 마지막으로 "유사들은 백성에게 고하여 이르기를 두려워서 마음에 겁내는 자가 있느냐 그는 집으로 돌아가라" 하고 말하라 하십니다. 왜냐하면, "그 형제들의 마음도 그의 마음과 같이 떨어질까 하노라" 하십니다. 이것이 "여호와의 군대의 정신무장"입니다.

첫째 단원(1-9) 여호와의 군대의 정신무장

"네가 나가 대적과 싸우려할 때에"(1상),

① "말과 병거와 민중이 너보다 많음을 볼지라도 그들을 두려워 말라"(1중) 하십니다.

㉠ 왜냐하면, "애굽 땅에서 너를 인도하여 내신 네 하나님 여호와께서 너와 함께 하시기"(1하) 때문이라는 것입니다. 모세가 이스라엘 백성들을 애굽에서 인도하여 낼 수 있었던 것도 여호와께서 "내가 정녕 너와 함께 있으리라"(출 3:12) 하셨기 때문이요, 여호수아가 가나안을 정복할 수 있었던 것도, "내가 모세와 함께 있던 것같이 너와 함께 있을 것이라"(수 1:5) 말씀하셨기 때문입니다.

㉡ "애굽 땅에서 너를 인도하여 내신 네 하나님 여호와"라는 말씀을 명심하십시다. 바로의 노예였던 저들을 구원하여 주신 여호와 하나님의 "출애굽" 행사는, 은혜(恩惠)면에서도 원리(原理)가 되는 사건이요, 능력(能力)면에서도 원동력(原動力)이 되는 행사이기 때문입니다. 이 말씀이 신약의 성도들에게는, "자기 아들을 아끼지 아니 하시고 우리 모든 사람을 위하여 내아주신 이가 어찌 그 아들과 함께 모든 것을 우리에게 은사로 주지 아니하시겠느냐"(롬 8:32) 하고, 하나님의 사랑과 은혜를

신뢰할 수 있고, "만일 하나님이 우리를 위하시면 누가 우리를 대적하리요"(롬 8:31) 하고, 하나님의 능력을 의뢰할 수가 있는 것으로 적용이 되는 것입니다.

② 이를 믿기에, "너희가 싸울 곳에 가까이 가거든 제사장은 백성에게 나아가서 고하여 그들에게 이르기를"(2),

㉠ "이스라엘아 들으라 너희가 오늘날 너희의 대적(對敵)과 싸우려고 나아왔으니 마음에 겁내지 말며 두려워 말며 떨지 말며 그들로 인하여 놀라지 말라"(3),

㉡ "너희 하나님 여호와는 너희와 함께 행하시며 너희를 위하여 너희 대적을 치고 너희를 구원(救援)하시는 자니라"(4) 하고, 선포하라 하십니다. 이 책을 읽는 형제라면 이 말씀이 결코 새로운 말씀이 아닐 것입니다. 문제는 사도 바울이, "나의 의뢰한 자를 내가 알고 또한 나의 의탁한 것을 그 날까지 저가 능히 지키실 줄을 확신함이라"(딤후 1:12) 한 고백처럼 "의뢰하고 의탁"할 수가 있느냐에 있습니다. 우리는 믿기(의뢰)는 하는데 의탁(依託), 즉 맡기지는 못하고 있는 것은 아닌지 의심스럽습니다. 결국 그것은 불신앙인 것입니다.

③ 지휘관과 같은 "유사들은 백성에게 고하여 이르기를"(5상),

㉠ "새 집을 건축하고 낙성식을 행치 못한 자가 있느냐 그는 집으로 돌아가라"(5하),

㉡ "포도원을 만들고 그 과실을 먹지 못한 자가 있느냐 그는 집으로 돌아가라"(6),

㉢ "여자와 약혼하고 그를 취하지 못한 자가 있느냐 그는 집으로 돌아가라"(7) 하고 훈시하라고 말씀합니다. 이렇게 명하는 의도가 무엇인가? 만일 그들을 배려함에서라면 그런 자는 처음부터 모병(募兵)에서 제외했으면 될 것이 아닌가?

㉣ 이 의도를 이해하기 위해서는 훈령을 하는 현장(現場)이 어디인

가를 보면 알 수가 있는데, "싸울 곳에 가까이 가거든"(2) 한 전쟁터라는 것입니다. 세 경우의 공통점은 "전사(戰死)하면", 이라는 말씀입니다. 전쟁터에 이르게 되자, "새 집을 건축한 자, 포도를 재배한 자, 여자와 약혼한 자"들은 "전사하면"이라는, 뒤를 돌아보게 하는 미련과, 죽음에 대한 두려움이 엄습해왔을 것이라는 점을 짐작하기에 어렵지 않습니다. 이점을 주님은, "손에 쟁기를 잡고 뒤를 돌아보는 자는 하나님의 나라에 합당치 아니 하니라"(눅 9:62) 하십니다. 그런 자는 "돌아가라"는 것입니다.

④ 그리하여 "유사들은 오히려 또 백성에게 고하여 이르기를 두려워서 마음에 겁내는 자가 있느냐 그는 집으로 돌아갈지니"(8상) 하고 말하라는 것입니다.

㉠ 결론은, "그 형제들의 마음도 그의 마음과 같이 떨어질까 하노라"(8하) 한 말씀으로 귀결이 됩니다. "여호와의 군대의 정신무장"은 분명해졌습니다. "새집, 포도원, 약혼"이 문제가 아닙니다. 어떤 이유에서 이건, "두려워서 마음에 겁내는 자인가? 아닌가"에 있는 것입니다. 성경은 말씀합니다. "군사로 다니는 자는 자기 생활에 얽매이는 자가 하나도 없나니 이는 군사로 모집한 자를 기쁘게 하려 함이라"(딤후 2:4).

㉡ "백성에게 이르기를 필한 후에 군대의 장관들을 세워 무리를 거느리게 할지니라"(9) 하십니다. 이것이 "여호와의 군대의 정신무장"입니다. 솔직히 말해봅시다. 형제가 "새 집을 건축하고 낙성식을 행치 못한 자"이기 때문에 전투에서 면제되었다면, 행운으로 생각할 것인가? 아니면 부끄러운 일로 여길 것인가?

둘째 단원(10-20) 분석도표
주제 : 여호와의 군대의 작전지침

10-20
10 **네가 어떤 성읍으로 나아가서 치려할 때에**

① **그 성에 먼저 평화를 선언하라** 11, **그 성읍이 만일 평화하기로 회답하고**
너를 향하여 성문을 열거든 그 온 거민으로 네게 공을 바치고 너를 섬기게 할 것이요

12 ② **만일 너와 평화하기를 싫어하고 너를 대적하여 싸우려하거든** 너는 그 성읍을 에워쌀 것이며
13 네 하나님 여호와께서 그 성읍을 **네 손에 붙이시거든** 너는 칼날로 그 속의 남자를 다 쳐 죽이고
14 오직 여자들과 유아들과 육축과 무릇 그 성중에서 네가 탈취한 모든 것은 네 것이니 취하라
네가 대적에게서 탈취한 것은 네 하나님 여호와께서 네게 주신 것인즉 너는 그것을 누릴 지니라
15 네가 네게서 멀리 떠난 성읍들 곧 이 민족들에게 속하지 아니한 성읍들에게는 이같이 행하려니와

16 ③ 오직 네 하나님 여호와께서 네게 기업으로 주시는 이 민족들의 성읍에서는
호흡 있는 자를 하나도 살리지 말지니
17 곧 헷 족속과 아모리 족속과 가나안 족속과 브리스 족속과 히위 족속과 여부스 족속을
네가 진멸하되 네 하나님 여호와께서 네게 명하신대로 하라
18 이는 그들이 그 신들에게 행하는 **모든 가증한 일로 너희에게 가르쳐 본받게 하여**
너희로 너희의 하나님 여호와께 범죄케 할까 함이니라

19 너희가 어느 성읍을 오래 동안 에워싸고 쳐서 취하려할 때에도 도끼를 **둘러**
그곳의 나무를 작벌하지 말라 이는 너희의 먹을 것이 될 것임이니 찍지 말라
밭의 수목이 사람이냐 너희가 어찌 그것을 에워싸겠느냐
20 오직 과목이 아닌 줄로 아는 수목은 작벌하여 너희와 싸우는 그 성읍을 치는 기구를 만들어
그 성읍을 함락시킬 때까지 쓸 지니라

둘째 단원의 중심점은 "여호와의 군대의 작전지침"이라 할 수가 있습니다. 도표를 보시면 "네가 어떤 성읍으로 나아가서 치려할 때에"를 중심으로, ① "그 성에 먼저 평화를 선언하라" 하고, ② "만일 평화하기를 싫어하고 대적하여 싸우려하거든", 에워쌀 것이요, ③ 그러나 "여호와께서 네게 기업으로 주시는 이 민족들의 성읍에서는, 하나도 살리지 말지니" 합니다. 왜 그래야만 하는가? "가증한 일로 너희에게 가르쳐 본받게 하여, 여호와께 범죄케" 할 것이기 때문입니다.

둘째 단원(10-20) 여호와의 군대의 작전지침

"네가 어떤 성읍으로 나아가서 치려할 때에"(10상),

① "그 성에 먼저 평화(平和)를 선언하라"(10하) 하십니다. 그래서 모세가 우선적으로, "시혼에게 사자를 보내어 평화의 말"(2:26)을 전했던 것입니다.

㉠ "그 성읍이 만일 평화하기로 회답(回答)하고 너를 향하여 성문을 열거든 그 온 거민으로 네게 공을 바치고 너를 섬기게 할 것이요"(11) 합니다.

② "만일 너와 평화(平和)하기를 싫어하고 너를 대적(對敵)하여 싸우려하거든"(12상),

㉡ "너는 그 성읍을 에워쌀 것이며 네 하나님 여호와께서 그 성읍을 네 손에 붙이시거든 너는 칼날로 그 속의 남자를 다 쳐 죽이고 오직 여자들과 유아들과 육축과 무릇 그 성중에서 네가 탈취한 모든 것은 네 것이니 취하라 네가 대적에게서 탈취한 것은 네 하나님 여호와께서 네게 주신 것인즉 너는 그것을 누릴 지니라"(12하-14) 합니다.

③ 그런데 "네가 네게서 멀리 떠난 성읍들 곧 이 민족들에게 속하지 아니한 성읍들에게는 이같이 행하려니와"(15),

㉠ "오직 네 하나님 여호와께서 네게 기업으로 주시는 이 민족들의 성읍에서는 호흡 있는 자를 하나도 살리지 말지니 곧 헷 족속과 아모리 족속과 가나안 족속과 브리스 족속과 히위 족속과 여부스 족속을 네가 진멸하되 네 하나님 여호와께서 네게 명하신대로 하라"(16-17), 즉 가나안 족속은 진멸하라는 말씀입니다.

㉡ 왜냐하면 "이는 그들이 그 신들에게 행하는 모든 가증한 일로 너희에게 가르쳐 본받게 하여 너희로 너희의 하나님 여호와께 범죄케 할까 함이니라"(18) 하십니다. 일견 무자비한 것 같지만 하나님은 더욱

큰 비참한 상황에 직면하게 될 것을 아셨기에 이렇게 명하셨으나,

㉢ 사사기 1장에 보면, "쫓아내지 못하였다"는 말이 9번이나 나오고, 3장에서는, "이스라엘 자손이 마침내 가나안 사람 사이에 거하여, 통혼하고 그들의 신들을 섬겼더라"(삿 3:5-6) 합니다. 끝내는 "여호와의 군대의 작전지침"을 거역했다가, 예루살렘이 멸망을 하고, 성전이 불에 타고, 도리어 하나님의 백성들이 바벨론으로 추방을 당하는 심판을 당하게 되었던 것입니다. 이것이 "여호와의 군대의 작전지침"입니다.

④ 묵상해보겠습니다.

㉠ 제사장이 여호와의 군대에게 행한 훈령에 대해서,

㉡ 유사(지휘관)들이 "돌아가라" 한 대상에 대해서,

㉢ 진멸하라와, 평화를 선언하라한 작전지침에 대해서.

신명기 21장 개관도표

주제 : 자신의 자화상과 그리스도의 예표

구분	절	내용
미제 살인 사건	1 ②	**네 하나님 여호와께서 네게 주어 얻게 하시는 땅에서** 혹시 **피살한 시체가 들에 엎드러진 것을 발견하고 그 쳐 죽인 자가 누구인지 알지 못하거든**
	2	너의 장로들과 재판장들이 나가서 그 피살한 곳에서 사면에 있는 각 성읍의 원근을 잴 것이요
	3	그 피살한 곳에서 **제일 가까운 성읍 곧 그 성읍의 장로들이** 아직 부리우지 아니하고 멍에를 메지 아니한 **암송아지를 취하고**
	4	성읍의 장로들이 물이 항상 흐르고 갈지도 심지도 못하는 골짜기로 **그 송아지를 끌고 가서 그 골짜기에서 그 송아지의 목을 꺾을 것이요**
	5	**레위 자손 제사장들도 그리로 올지니** 그들은 네 하나님 여호와께서 택하사 자기를 섬기게 하시며 또 여호와의 이름으로 축복하게 하신 자라 모든 소송과 모든 투쟁이 그들의 말대로 판결될 것이니라
	6	그 피살된 곳에서 **제일 가까운 성읍의 모든 장로들은 그 골짜기에서 목을 꺾은 암송아지 위에 손을 씻으며**
	7	말하기를 **우리의 손이 이 피를 흘리지 아니하였고 우리의 눈이 이것을 보지도 못하였나이다**
	8	여호와여 **주께서 속량하신 주의 백성 이스라엘을 사하시고** 무죄한 피를 주의 백성 **이스라엘 중에 머물러 두지 마옵소서 하면 그 피 흘린 죄가 사함을 받으리니**
	9	너는 이와 같이 여호와의 보시기에 정직한 일을 행하여 무죄자의 **피 흘린 죄를 너희 중에서 제할지니라**
포로된 여인	10 ③	네가 나가서 대적과 싸움함을 당하여 네 하나님 여호와께서 그들을 네 손에 붙이시므로 네가 그들을 사로잡은 후에
	11	네가 만일 그 **포로 중의 아리따운 여자를 보고 연련하여 아내를 삼고자 하거든**
	12	그를 네 집으로 데려갈 것이요 그는 그 머리를 밀고 손톱을 베고
	13	또 포로의 의복을 벗고 네 집에 거하며 그 부모를 위하여 일 개월 동안 애곡한 후에 네가 그에게로 들어가서 그 남편이 되고 그는 네 아내가 될 것이요
	14	**그 후에 네가 그를 기뻐하지 아니하거든** 그 마음대로 가게하고 결코 돈을 받고 팔지 말지라 네가 그를 욕보였은즉 **종으로 여기지 말지니라**
미운 아내의 자식	15 ④	**어떤 사람이 두 아내를 두었는데 하나는 사랑을 받고 하나는 미움을 받다가** **그 사랑을 받는 자와 미움을 받는 자가 둘 다 아들을 낳았다 하자** 그 미움을 받는 자의 소생이 장자여든
	16	자기의 소유를 그 아들들에게 기업으로 나누는 날에 그 사랑을 받는 자의 아들로 장자를 삼아 참 장자 곧 미움을 받는 자의 아들보다 앞세우지 말고
	17	**반드시 그 미움을 받는 자의 아들을 장자로 인정하여** 자기의 소유에서 그에게는 두 몫을 줄 것이니 그는 자기의 기력의 시작이라 장자의 권리가 그에게 있음이니라
패역한 아들	18 ⑤	**사람에게 완악하고 패역한 아들이 있어 부모가 징책하여도 듣지 아니하거든** 그 아비의 말이나 그 어미의 말을 순종치 아니하고
	19	그 부모가 그를 잡아가지고 성문에 이르러 그 성읍 장로들에게 나아가서
	20	그 성읍 장로들에게 말하기를 우리의 이 자식은 완악하고 패역하여 우리 말을 순종치 아니하고 방탕하며 술에 잠긴 자라 하거든
	21	**그 성읍의 모든 사람들이 그를 돌로 쳐 죽일지니 이같이 네가 너희 중에 악을 제하라** 그리하면 온 이스라엘이 듣고 두려워하리라
죽을 죄	22 ①	**사람이 만일 죽을 죄를 범하므로 네가 그를 죽여 나무 위에 달거든**
	23	그 시체를 나무 위에 밤새도록 두지 말고 당일에 장사하여 네 하나님 여호와께서 네게 기업으로 주시는 땅을 더럽히지 말라 **나무에 달린 자는 하나님께 저주를 받았음이니라**

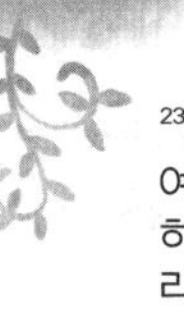

21장

자신의 자화상과 그리스도의 예표

[23]그 시체를 나무 위에 밤새도록 두지 말고 당일에 장사하여 네 하나님 여호와께서 네게 기업으로 주시는 땅을 더럽히지 말라 나무에 달린 자는 하나님께 저주를 받았음이니라.

21장부터 26장까지는, 4장 44절부터 시작된 두 번째 설교(4:44-26장)의 마지막에 해당이 되는 부분들인데, 하나님의 백성들이 약속의 땅에 들어가서 직면하게 될 다양(多樣)한 상황들을 예로 들어가면서 교훈을 하고 있습니다. 도표에 표시된 대로 본장에만도 예제(例題)로 제시하고 있는 것이 다섯 가지나 됩니다. 이런 내용들을 접근할 때는 기록할 당시의 문화적(文化的)인 배경과, 1차 독자들이 처한 상황(狀況), 관습(慣習), 인식(認識)수준 등을 염두에 두고 이해되어야만 합니다.

문제는 기록된 말씀이 오늘의 우리들에게 어떤 의미가 있으며 어떻게 적용(適用)이 되느냐 하는 점입니다. 교훈적인 관점으로 해석하여 적용을 시키는 것이 일반적인 일입니다. 그러나 본서는 주님께서, "너희가 성경에서 영생을 얻는 줄 생각하고 성경을 상고하거니와 이 성경이 곧 내게 대하여 증거하는 것이로다"(요 5:39) 하신 대원칙에 근거하여, 구속사의 관점으로 접근하고자 합니다. 그래서 "자신의 자화상과 그리스도의 예표"라는 제목을 붙이게 된 것입니다.

이 방법은 부활하신 주님께서 부활을 믿지 못해하는 제자들에게 나타나셔서 친히 하신 방법이기도 합니다. 주님께서는, "내가 너희와 함께 있을 때에 너희에게 말한바 곧 모세의 율법과 선지자의 글과 시편에 나를 가리켜 기록된 모든 것이 이루어져야 하리라 한 말이 이것이라 하시고 이에 저희 마음을 열어 성경을 깨닫게 하시고 또 이르시되 이같이 그리스도가 고난을 받고 제 삼일에 죽은 자 가운데서 살아날 것과 또 그의 이름으로 죄 사함을 얻게 하는 회개가 예루살렘으로부터 시작하여 모든 족속에게 전파될 것이 기록되었으니 너희는 이 모든 일의 증인이라"(눅 24:44-48) 말씀하셨습니다.

주님은 실의에 빠져 엠마오라는 고향으로 낙향을 하고 있는 두 제자에게 나타나셔서도, "미련하고 선지자들의 말한 모든 것을 마음에 더디 믿는 자들이여 그리스도가 이런 고난을 받고 자기의 영광에 들어가야 할 것이 아니냐 하시고 이에 모세와 및 모든 선지자의 글로 시작하여 모든 성경에 쓴바 자기에 관한 것을 자세히 설명"하셨습니다. 그러자 제자들의 눈이 밝아지고 마음이 뜨거워져서 그 밤으로 예루살렘으로 올라가서(눅 24:31-33), "그리스도의 증인"이 되었던 것입니다. 우리 모두가 이와 같이 되기를 기대하면서, 저는 교훈을 하는 선생의 입장이 아니라, "그리스도의 증인"의 입장에서 말씀을 드리고자 합니다.

나무에 달린 저주 받은 자(22-23)

우선적으로 22-23절에 나타난 "나무에 달린 자는 하나님께 저주를 받았음이니라"(23하) 한 말씀부터 다루고자 합니다. 왜냐하면 신약성경이 본문을 인용(引用)하여 그리스도께서 십자가라는 "나무에 달린" 사건을 증거하고 있기 때문입니다. 그러므로 이 말씀이 21장을 해석하는 몽학선생이 될 수 있기 때문입니다.

① "사람이 만일 죽을죄를 범하므로 네가 그를 죽여 나무 위에 달거든"(22), 약속의 땅에 들어간 후에 이런 일이 일어날 수가 있는 것입니다.

㉠ "그 시체를 나무 위에 밤새도록 두지 말고 당일에 장사하여 네 하나님 여호와께서 네게 기업으로 주시는 땅을 더럽히지 말라"(23상) 하십니다. 왜냐하면 "나무에 달린 자는 하나님께 저주를 받은" 것이기 때문이라는 것입니다. 그러므로 그 저주의 증표가 되는 "시체"를 당일에 땅에 묻음으로 저주를 덮어버려 보이지 않게 하라는 그런 뜻입니다.

㉡ 그런데 어찌하여 사도 바울이, "그리스도께서 우리를 위하여 저주를 받은바 되사 율법의 저주에서 우리를 속량하셨으니 기록된바 나무에 달린 자마다 저주 아래 있는 자라 하였음이라"(갈 3:13) 하고, 본문을 들어 그리스도의 십자가 사건을 변증(辨證)하고 있는가?

㉢ "너희가 십자가에 못을 박아 죽인 분이 누군지 아느냐? 하나님의 아들 그리스도시다" 하고 증거하니까 대적들은, 신명기 21:23절을 보라, "나무에 달린 자는 하나님께 저주를 받은 자"라고 기록되어 있지 아니하냐 하고 반격을 했을 것입니다. 어느 때나 교조주의자(教條主義者)들은 이런 일에 능수이기 때문입니다. 이런 추론에서 바울은, "그렇다 우리 주님은 저주를 받아서 나무에 달리신 거다. 그러나 너는 알라, 네가

당해야할 저주를 대신 받으셨다는 사실을" 하고, 응수한 셈입니다.

㉣ 어떤 자를 나무에 달게 되는가? "죽을죄를 범하므로"(22상) 라고 말씀합니다. 우리는 "네가 먹는 날에는 정녕 죽으리라"(창 2:17) 하신, 죽을죄를 범한 아담 안에 있는 자들로 죽어 마땅한 자들입니다. 그런데 사도 바울은 주님께서 대신 저주를 받으심으로, "율법의 저주에서 우리를 속량하셨다", 즉 정녕 죽으리라 한 법조문에서 자유케 해주셨다고 증거하고 있으니, 놀랍지 아니한가? 이렇게 하는 것이 "그리스도의 증인" 된 사명입니다.

영구 미제 살인사건의 처리(1-9)

"네 하나님 여호와께서 네게 주어 얻게 하시는 땅에서"(1상),

② "혹시 피살(被殺)한 시체가 들에 엎드러진 것을 발견하고 그 쳐죽인 자가 누구인지 알지 못하거든"(1하),

㉠ "너의 장로들과 재판장들이 나가서 그 피살한 곳에서, 제일 가까운 성읍 곧 그 성읍의 장로들이 아직 부리우지 아니하고 멍에를 메지 아니한 암송아지를 취하고"(2-3),

㉡ "성읍의 장로들이 물이 항상 흐르고 갈지도 심지도 못하는 골짜기로 그 송아지를 끌고 가서 그 골짜기에서 그 송아지의 목을 꺾을 것이요"(4), 즉 잡으라는 말씀입니다. 여기 두 가지 요점(要點)이 드러나는데, 첫째는, ㉮ "제일 가까운 성읍의 장로들"이, 미지(未知)의 살인자의 대역을 하고 있다는 점이고 둘째는, ㉯ "그 송아지의 목을 꺾을 것이요" 한 송아지가 살인자를 대신하여 죽임을 당하고 있다는 점입니다.

㉢ 그리고 하나님과 죄인 사이에 중보자로 세움을 받은, "레위 자손 제사장들도 그리로 올지니"(5) 하고, 등장을 합니다. 그리하여 "그 피살된 곳에서 제일 가까운 성읍의 모든 장로들은 그 골짜기에서 목을 꺾은

암송아지 위에 손을 씻으며 말하기를 우리의 손이 이 피를 흘리지 아니하였고 우리의 눈이 이것을 보지도 못하였나이다"(6-7),

㉣ "여호와여 주께서 속량하신 주의 백성 이스라엘을 사(赦)하시고 무죄한 피를 주의 백성 이스라엘 중에 머물러 두지 마옵소서 하면 그 피 흘린 죄가 사함을 받으리니"(8) 하십니다. 이렇게 하여 "영구 미제 살인사건"을 처리하라는 것입니다. 그렇지 아니하면, "피를 흘린 죄", 즉 저주가 그 땅에 계속 "머물러"(8) 있게 될 것이기 때문입니다.

㉤ "너는 이와 같이 여호와의 보시기에 정직한 일을 행하여 무죄자의 피 흘린 죄를 너희 중에서 제(除)할지니라"(9) 하십니다. 여기서 말씀하는 "암송아지"로 대속하는 방도는, 민수기 19장에서 말씀하는, "암송아지를 불사른 재로 부정을 깨끗케 하는 물을 만드는데 쓸 것이니"(민 19:9) 한 방도와 상통하는 것으로, 모두가 그리스도께서 담당하실 "대속"에 대한 예표라 하겠습니다. 이것이 "영구 미제 살인사건의 처리" 방법입니다.

포로 된 여자를 아내로 삼고자 할 경우(10-14)

③ "네가 나가서 대적과 싸움함을 당하여 네 하나님 여호와께서 그들을 네 손에 붙이시므로 네가 그들을 사로잡은 후에"(10),

㉠ "네가 만일 그 포로 중의 아리따운 여자를 보고 연련(戀戀)하여 아내를 삼고자 하거든"(11), 이런 일은 실제로 일어날 수 있는 일입니다. 절차를 거쳐서, "네 아내가 될 것이요"(13) 합니다.

㉡ "그 후에 네가 그를 기뻐하지 아니하거든 그 마음대로 가게하고 결코 돈을 받고 팔지 말지라" 하시면서, "종으로 여기지 말지니라"(14) 하는 말씀이 인상적입니다. 그런데 그토록 연연하던 여인을 왜 기뻐하지 않게 되었을까?

㉢ 구속사의 맥락으로 보면 하나님께서는, "바로의 노예"였던 자들을, "내가 그들의 남편이 되었어도"(렘 31:32) 하고, 아내로 맞아드린 것입니다. 그런데 왜 기뻐하지 않게 되었는가? 에스겔 16장을 보십시오, 배꼽 줄도 자르지 않은 채 버림을 당한 핏덩어리를 데려다가 왕후(王后)로 삼아주셨는데, "네가 네 화려함을 믿고 네 명성을 인하여 행음하되 무릇 지나가는 자면 더불어 음란을 많이 행했다" 하시면서, "이런 일은 전무후무(前無後無) 하니라"(겔 16:13, 15-16) 하십니다. 그래도 그들을 종으로 팔지 않으시고, "남은 자"를 돌아오게 해주셔서 받아주셨던 것입니다.

㉣ 생각해보면 우리들도, "또 죽기를 무서워하므로 일생에 매여 종노릇 하던"(히 2:15) 포로들이었는데, 그런 우리를 "정결한 처녀로 한 남편인 그리스도께 드리려고 중매함이로다"(고후 11:2) 하십니다. 그렇다면 망극하신 사랑과 은혜 입은 것을 생각하여 "주께 기쁘시게 할 것이 무엇인지"(엡 5:10) 사모해야 마땅하지 않겠습니까?

사랑하는 자와 미워하는 자의 장자권(15-17)

④ "어떤 사람이 두 아내를 두었는데 하나는 사랑을 받고 하나는 미움을 받다가 그 사랑을 받는 자와 미움을 받는 자가 둘 다 아들을 낳았다 하자 그 미움을 받는 자의 소생이 장자(長子)여든"(15), 두 아내를 둔다는 것이 옳은 일은 아니지만 당시에는 있을 수 있었던 일이었던 것입니다.

㉠ "자기의 소유를 그 아들들에게 기업으로 나누는 날에 그 사랑을 받는 자의 아들로 장자를 삼아 참 장자 곧 미움을 받는 자의 아들보다 앞세우지 말고 반드시 그 미움을 받는 자의 아들을 장자로 인정하여 자기의 소유에서 그에게는 두 몫을 줄 것이니"(16-17) 하십니다.

㉡ 이런 경우가 야곱에게서 일어났습니다. 야곱은 레아보다는 동생 라헬을 사랑했습니다. 그리고 라헬의 소생은, "요셉과 베냐민"입니다. 야곱은 요셉에게 장자가 차지하는 기업의 두 몫을 주기 위해서 요셉의 두 아들, "므낫세와 에브라임은 내 아들이라" 했고, 약속의 땅을 분배받을 때에 두 몫을 받았습니다. 그러나 하나님은 미움을 받던 레아의 소생인 유다에게, "홀이 유다를 떠나지 아니하며, 실로가 오시기까지 미치리니"(창 49:10) 하고, 구속사의 장자권을 유다에게 주셨던 것입니다. 형제는 어떤 자의 소생인 것 같으십니까?

완악하고 패역한 아들의 경우

⑤ "사람에게 완악하고 패역한 아들이 있어 그 아비의 말이나 그 어미의 말을 순종치 아니하고 부모가 징책하여도 듣지 아니하거든"(18), 이런 일이 실제로 일어날 수 있는 일입니다.

㉠ 구제불능일 경우, "그 부모가 그를 잡아가지고 성문에 이르러 그 성읍 장로들에게 나아가서 그 성읍 장로들에게 말하기를 우리의 이 자식은 완악하고 패역하여 우리 말을 순종치 아니하고 방탕하며 술에 잠긴 자라 하거든"(19-20),

㉡ "그 성읍의 모든 사람들이 그를 돌로 쳐 죽일지니 이같이 네가 너희 중에 악을 제하라"(21상) 하십니다. 여기서 돌에 맞아 죽임을 당하는 자식만을 볼 것이 아니라, "너희 중에" 한, 공동체(共同體)를 볼 수 있어야만 하는 것입니다.

㉢ 그 "완악하고 패역하고, 방탕하고, 술에 잠겨, 부모의 징책"도 듣지 아니하는 자는, 아무개 집 자식 이전에 "성민(聖民) 이스라엘"의 일원(一員)이라는 점입니다. 그러므로 그 자식은 가문의 명예를 더럽히고 부모에게 욕을 돌린 것만이 아니라, "그의 나라와 그의 의" 곧 하나님의

이름을 더럽히고 하나님의 명예를 모독한 자입니다. 이를 방치한다면 "적은 누룩이 온 덩어리에 퍼질" 위험이 있는 것입니다.

ⓔ 그래서 "그리하면 온 이스라엘이 듣고 두려워하리라"(21하) 하시는 것입니다. 하나님은 "하늘이여 들으라 땅이여 귀를 기울이라" 하시면서, "여호와께서 말씀하시기를 내가 자식(子息)을 양육하였거늘 그들이 나를 거역하였도다, 슬프다 범죄한 나라요 허물진 백성이요 행악의 종자요 행위가 부패한 자식(子息)이로다"(사 1:2, 4) 하십니다. 우리들이 그런 자식들이었다는 말씀입니다.

ⓜ 21장 안에는, "살인(殺人) 자, 포로(捕虜)로 잡혀온 여인, 미움을 받는 자의 소생, 패역한 아들, 죽을죄를 범하고 나무에 달린 자" 등이 있습니다. 이들을 통해서 나 자신의 자화상(自畵像)을 봅니다. 그리고 포로가 되었던 자를 아내로 맞이해주었는데도 남편을 기쁘게 해드리지 못한 여인, 완악하고 패역한 자식과 같은 우리들을 용서하시고 받아주시기 위해서, 대신 죽임을 당하는 "암송아지같이, 대신 나무에 달려 저주를 받으신" 주님을 바라봅니다.

⑥ 묵상해보겠습니다.

ⓐ 미제 살인사건처럼 해결하지 못한 숨은 죄가 있는지에 대해서,

ⓑ 연애하던 포로 된 여인을 왜 기뻐하지 않게 되었을까 에 대해서,

ⓒ 21장을 통한 자화상과, 그리스도의 예표에 대해서.

신명기 22장 개관도표

주제 : 성민의 순결과 정절을 지키라

못 본체 하지 말라	1 ① **네 형제의 우양의 길 잃은 것을 보거든** 못 본체하지 말고 너는 반드시 끌어다가 네 형제에게 돌릴 것이요 2 네 형제가 네게서 멀거나 네가 혹 그를 알지 못하거든 그 짐승을 네 집으로 끌고 와서 네 형제가 찾기까지 네게 두었다가 그에게 돌릴지니 3 **나귀라도 그리하고 의복이라도 그리하고 무릇 형제의 잃은 아무 것이든지** 네가 얻거든 다 그리하고 못 본체하지 말 것이며 4 ② 네 형제의 **나귀나 소가 길에 넘어진 것을 보거든** 못 본체하지 말고 너는 반드시 형제를 도와서 그것을 일으킬 지니라 5 ⑧ **여자는 남자의 의복을 입지 말 것이요** 남자는 여자의 의복을 입지 말 것이라 이같이 하는 자는 네 하나님 여호와께 가증한 자니라 6 ③ 노중에서 **나무에나 땅에 있는 새의 보금자리에 새 새끼나 알이 있고 어미새가** 그 새끼나 알을 품은 것을 만나거든 그 어미 새와 새끼를 아울러 취하지 말고 7 어미는 반드시 놓아 줄 것이요 새끼는 취하여도 가하니 그리하면 네가 복을 누리고 장수하리라 8 ④ **네가 새 집을 건축할 때에 지붕에 난간을 만들어 사람으로 떨어지지 않게 하라** 그 피 흐른 죄가 네 집에 돌아갈까 하노라
섞지 말라	9 ⑤ **네 포도원에 두 종자를 섞어 뿌리지 말라** 그리하면 네가 뿌린 씨의 열매와 포도원의 소산이 다 빼앗김이 될까 하노라 10 ⑥ **너는 소와 나귀를 겨리하여 갈지 말며** 11 ⑦ **양털과 베실로 섞어 짠 것을 입지 말지니라** 12 ⑨ **입는 겉옷 네 귀에 술을 만들지니라**
성적 순결을 지켜라	13 ⑩ **누구든지 아내를 취하여** 그와 동침한 후에 그를 미워하여 14 비방거리를 만들어 그에게 누명을 씌워 가로되 내가 이 여자를 취하였더니 그와 동침할 때에 그의 처녀인 표적을 보지 못하였노라 하면 15 그 처녀의 부모가 처녀의 처녀인 표를 얻어 가지고 그 성읍문 장로들에게로 가서 16 처녀의 아비가 장로들에게 말하기를 내 딸을 이 사람에게 아내로 주었더니 그가 미워하여 17 비방거리를 만들어 말하기를 내가 네 딸의 처녀인 표적을 보지 못하였노라 하나 보라 내 딸의 처녀인 표적이 이것이라 하고 그 부모가 그 자리옷을 그 성읍 장로들 앞에 펼 것이요 18 그 성읍 장로들은 그 사람을 잡아 때리고 19 **이스라엘 처녀에게 누명 씌움을 인하여** 그에게서 은 일백 세겔을 벌금으로 받아 여자의 아비에게 주고 그 여자로 그 남자의 평생에 버리지 못할 아내가 되게 하려니와 20 **그 일이 참되어 그 처녀에게 처녀인 표적이 없거든** 21 처녀를 그 아비 집 문에서 끌어내고 그 성읍 사람들이 그를 돌로 쳐 죽일지니 이는 그가 그 아비 집에서 창기의 행동을 하여 **이스라엘 중에서 악을 행하였음이라 너는 이와 같이 하여** **너의 중에 악을 제할지니라** 22 **남자가 유부녀와 통간함을 보거든** 그 통간한 남자와 그 여자를 **둘 다 죽여** **이스라엘 중에 악을 제할지니라** 23 **처녀인 여자가 남자와 약혼한 후에** 어떤 남자가 그를 성읍 중에서 만나 통간하면 24 너희는 그들을 둘 다 성읍 문으로 끌어내고 그들을 돌로 쳐 죽일 것이니 그 처녀는 성읍 중에 있어서도 소리지르지 아니하였음이요 그 남자는 그 이웃의 아내를 욕보였음이라 **너는 이같이 하여 너의 중에 악을 제할지니라** 25 **만일 남자가 어떤 약혼한 처녀를 들에서 만나서 강간하였거든** 그 강간한 남자만 죽일 것이요 26 처녀에게는 아무 것도 행치 말 것은 처녀에게는 죽일 죄가 없음이라 이 일은 사람이 일어나 그 이웃을 쳐 죽인 것과 일반이라 27 남자가 처녀를 들에서 만난 까닭에 그 약혼한 처녀가 소리질러도 구원할 자가 없었음이니라 28 **만일 남자가 어떤 약혼하지 아니한 처녀를 만나** 그를 붙들고 통간하는 중 그 두 사람이 발견되거든 29 그 통간한 남자는 그 처녀의 아비에게 은 오십 세겔을 주고 그 처녀로 아내를 삼을 것이라 그가 그 처녀를 욕보였은즉 평생에 그를 버리지 못하리라 30 **사람이 그 아비의 후실을 취하여** 아비의 하체를 드러내지 말찌니라

22장

성민의 순결과 정절을 지키라

[1]네 형제의 우양의 길 잃은 것을 보거든 못 본체 하지 말고
너는 반드시 끌어다가 네 형제에게 돌릴 것이요.

22장에도 다양한 사례(事例)들을 들어서 교훈합니다. 본장도, "네 하나님 여호와께서 네게 주어 얻게 하시는 땅에서"(21:1), 일어날 수 있는 사례들이요, 실천해야할 규범들입니다. 왜 이렇게 행해야만 하는가? "이스라엘 중에 악을 제할 지니라"(22하), 즉 하나님께서 택하셔서 성민으로 삼아주셨기 때문에 그 정체성을 지키기 위해서라는 것입니다.

못 본체 하지 말라(1-8)

① "네 형제의 우양(牛羊)의 길 잃은 것을 보거든"(1상)

㉠ "못 본체 하지 말고 너는 반드시 끌어다가 네 형제에게 돌릴 것이요 네 형제가 네게서 멀거나 네가 혹 그를 알지 못하거든 그 짐승을

네 집으로 끌고 와서 네 형제가 찾기까지 네게 두었다가 그에게 돌릴지니 나귀라도 그리하고 의복이라도 그리하고 무릇 형제의 잃은 아무 것이든지 네가 얻거든 다 그리하고 못 본체 하지 말 것이며"(1하-3) 하십니다.

ⓛ 이는 잃어버린 "소, 양, 나귀, 의복, 아무 것이든지" 보거든 주인에게 돌려주라는 말씀인데, 핵심은 "못 본체 하지 말라"(1, 3, 4)는 말씀에 있습니다. 하나님은 잠언서를 통해서, "너는 사망으로 끌려가는 자를 건져주며 살육을 당하게 된 자를 구원하지 아니치 말라 네가 말하기를 나는 그것을 알지 못하였노라 할지라도 마음을 저울질하시는 이가 어찌 통찰하지 못하시겠으며 네 영혼을 지키시는 이가 어찌 알지 못하시겠느냐"(잠 24:11-12) 하십니다.

② "네 형제의 나귀나 소가 길에 넘어진 것을 보거든 못 본체 하지 말고 너는 반드시 형제를 도와서 그것을 일으킬 지니라"(4), 본문은 잃어버린 것이 아니라, "넘어진" 위급한 상태를 두고 하시는 말씀입니다.

㉠ 그런데 주님께서 본문을 염두에 두고 하신 말씀일까요. "어떤 사람이 예루살렘에서 여리고로 내려가다가 강도를 만나매 강도들이 그 옷을 벗기고 때려 거반 죽은 것을 버리고 갔더라 마침 한 제사장이 그 길로 내려가다가 그를 보고 피하여 지나가고 또 이와 같이 한 레위인도 그곳에 이르러 그를 보고 피하여 지나갔다"(눅 10:30-32) 하고 말씀하십니다. 누구들이 못 본체 했다고 말씀하시는가? 다른 사람들이 다 못 본체해도 자신의 몸을 던져 돌보아야할 책임이 있는 "제사장, 레위인"입니다. 우리의 마음을 찔러 쪼개는 말씀입니다.

③ 5절은, 둘째 단락에서 함께 다루기로 하고, "노중에서 나무에나 땅에 있는 새의 보금자리에 새 새끼나 알이 있고 어미 새가 그 새끼나 알을 품은 것을 만나거든 그 어미 새와 새끼를 아울러 취하지 말고 어미는 반드시 놓아 줄 것이요 새끼는 취하여도 가하니 그리하면 네가 복

을 누리고 장수하리라"(6) 하십니다.

㉠ 이상 상고한 내용 중에는, "잃어버린 소, 양, 나귀를 돌아보시고, 넘어진 나귀와 소, 그리고 새끼나 알을 품고 있는 어미 새" 등을 생각해 주시는 하나님으로 계시되어 있습니다. 성경은 말씀합니다. "네 양떼의 형편을 부지런히 살피며 네 소 떼에 마음을 두라"(잠 27:23), 어찌 소나 양을 염려하심이겠는가? 본문과 결부하여 복음이 밝히 드러난 신약성경에서 키워드를 찾는다면, "너희는 이것들보다 귀하지 아니 하냐, 하물며 너희일까 보냐"(마 6:26, 30) 하신 말씀이 될 것입니다.

㉡ 주님은 백 마리 양 중에 하나를 잃으면 "그 잃은 것을 찾도록 찾아다니지 아니 하느냐" 하시면서, "이와 같이 죄인 하나가 회개하면 (찾으면) 하늘에서는 회개할 것 없는 의인 아흔 아홉을 인하여 기뻐하는 것보다 더하리라"(눅 15:1-7) 하심으로, 이것이 양이나 소나 나귀나 새에 국한 된 말씀이 아니라, 바로 인간 영혼의 귀중성을 가리키는 것임을 깨닫게 합니다.

④ 그러므로 이 단락의 작은 결론이라 할 수 있는 8절에서는, "네가 새 집을 건축할 때에 지붕에 난간을 만들어 사람으로 떨어지지 않게 하라 그 피 흐른 죄가 네 집에 돌아갈까 하노라" 하고, "사람"으로 귀결(歸結)이 되고 있는 것입니다. 두 가지를 잊지 말아야만 하겠습니다. 첫째는 주 하나님께서는 나 같은 죄인을 얼마나 사랑하시고 생각하시는가 하는 점이고, 둘째는 그런데 나는 이웃의 잃어버리고, 넘어진 영혼들을 "못 본체" 하고 있는 것은 아닌가 하는 각성입니다.

혼합주의자가 되지 말고 순수성을 지키라(9-12)

⑤ "네 포도원에 두 종자(種子)를 섞어 뿌리지 말라 그리하면 네가 뿌린 씨의 열매와 포도원의 소산이 다 빼앗김이 될까 하노라"(9) 하시

는데, 중심점은 "섞지 말라"는 뜻입니다. "성민"(聖民)의 뜻은 구별됨을 의미합니다. 그리고 성경에서 "포도원"은 교회를 상징합니다. 그런데 두 종자를 섞어 뿌린다는 것은 혼합종교화 됨을 상징한다 하겠습니다.

⑥ "너는 소와 나귀를 겨리하여 갈지 말며"(10) 한 말씀도, "소"는 제물로 드려지는 정결한 짐승으로, 나귀는 "목을 꺾을 지니라"(출 13:13) 한 부정한 것으로 분류가 된 것입니다. 그런데 이를 한 멍에를 메워 겨리하여 간다는 것은, "너희는 믿지 않는 자와 멍에를 같이 하지 말라 의와 불법이 어찌 함께 하며 빛과 어두움이 어찌 사귀며"(고후 6:14) 한 말씀으로 적용이 된다 하겠습니다.

⑦ "양털과 베실로 섞어 짠 것을 입지 말지니라"(11) 하심도, 성경에서 의복은 "행위"(엡 4:22, 창 35:2)를 상징합니다. 계시록 19:8절에서는, "빛나고 깨끗한 세마포(베옷)를 입게 하셨은즉 이 세마포는 성도의 옳은 행실이로다" 하십니다. 그런데 "양털과 베실"로 짠 혼방(混紡)한 옷이란, 거룩한(베실) 척 외식하는 이중생활(二重生活)을 상징하는 것이 아니겠는가?

⑧ 그리고 건너뛴 5절에서는, "여자는 남자의 의복을 입지 말 것이요 남자는 여자의 의복을 입지 말 것이라" 하시는데, 요즘은 남녀를 구별하기가 어려울 때가 종종 있습니다. 이것은 성적(性的)인 혼합을 경계한 것이라 하겠습니다. 그래서 "이같이 하는 자는 네 하나님 여호와께 가증한 자니라" 하시는 것입니다.

⑨ 그런데 이제까지는 "하지 말라"는 말씀뿐이었는데 이 단락의 작은 결론과 같은 12절에서는, "입는 겉옷 네 귀에 술을 만들 지니라", 즉 "하라"고 말씀하십니다. 이렇게 말씀하시는 의도가 민수기 15:37-41절에 있습니다. "이스라엘 자손에게 명하여 그들의 대대로 그 옷단 귀에 술을 만들고 청색 끈을 귀의 술에 더하라" 하십니다. 왜냐하면 "이 술은 너희로 보고 여호와의 모든 계명을 기억하여 준행하고 너희로 방종케

하는 자기의 마음과 눈의 욕심을 좇지 않게 하기 위함이라" 하십니다. 얼마나 명백하고 분명한 경계인가? 이것이 "혼합주의자가 되지 말고 정체성을 지키라"입니다.

성적 순결과 정절을 지키라(13-30)

⑩ "누구든지 아내를 취하여 그와 동침한 후에 그를 미워하여"(13),

㉠ 13-30절까지는, "처녀성 문제(13-21), 유부녀와 통간한 경우(22), 약혼녀의 음행(23-24), 약혼녀에 대한 강간(25-27), 처녀와의 통간"(28-29) 등, 모두가 "성적(性的) 순결"을 강조하는 내용입니다.

㉡ 이를 말씀하는 의도는 세 번이나 강조하고 있는, "이와 같이 하여 너의 중에 악을 제할 지니라"(21, 22, 24) 한, 성별(聖別)에 있습니다. 이점에서 중요한 요점은, "너의 중에, 이스라엘 중에"(22)라는 말씀입니다. 이는 한 개인(個人)이나 가정(家庭)의 문제가 아니라, "하나님의 성민" 이스라엘이라는 공동체의 순수성과 거룩을 지키기 위해서라는 말씀입니다. 이점을 계시록에서는, "이 사람들은 여자로 더불어 더럽히지 아니하고 정절(貞節)이 있는 자라 어린양이 어디로 인도하든지 따라가는 자며 사람 가운데서 구속을 받아 처음 익은 열매로 하나님과 어린양에게 속한 자들이라"(계14:4) 말씀합니다.

㉢ 이 말씀이 신약성경에서는, "너희의 자랑하는 것이 옳지 아니하도다 적은 누룩이 온 덩어리에 퍼지는 것을 알지 못하느냐 너희는 누룩 없는 자인데 새 덩어리 (공동체)가 되기 위하여 묵은 누룩을 내어버리라 우리의 유월절 양 곧 그리스도께서 희생이 되셨느니라 이러므로 우리가 명절을 지키되 묵은 누룩도 말고 괴악하고 악독한 누룩도 말고 오직 순전함과 진실함의 누룩 없는 떡으로 하자"(고전 5:6-8) 하신 말씀으로 적용이 되는 것입니다. 이상 말씀이 "성민의 순결과 정절을 지키라"

입니다.

⑪ 묵상해보겠습니다.

㉠ 잃어버린 우양과, "못 본체 하지 말라"는 말씀에 대해서,

㉡ 포도원에 두 종자를 섞어 뿌리지 말라는 경계에 대해서,

㉢ 영적 간음과 정절을 지킴에 대해서.

신명기 23장 개관도표

주제 : 여호와의 총회, 여호와의 진중

여호와의 총회	1-8 1 ① **신낭이 상한 자나 신을 베인 자는** **여호와의 총회에 들어오지 못하리라** 2 ② **사생자는 여호와의 총회에 들어오지 못하리니** 십대까지라도 **여호와의 총회에 들어오지 못하리라** 3 ③ **암몬 사람과 모압 사람은** **여호와의 총회에 들어오지 못하리니** 그들에게 속한 자는 십대뿐 아니라 영원히 **여호와의 총회에 들어오지 못하리라** 4 그들은 너희가 애굽에서 나올 때에 떡과 물로 너희를 길에서 영접하지 아니하고 메소보다미아의 브돌 사람 브올의 아들 발람에게 뇌물을 주어 너희를 저주케 하려 하였으나 5 네 하나님 여호와께서 너를 사랑하시므로 발람의 말을 듣지 아니하시고 그 6 **저주를 변하여 복이 되게 하셨나니** 너의 평생에 그들의 평안과 형통을 영영히 구하지 말지니라 7 ④ **너는 에돔 사람을 미워하지 말라** 그는 너의 형제니라 **애굽 사람을 미워하지 말라** 네가 그의 땅에서 객이 되었었음이니라 8 그들의 삼대 후 자손은 **여호와의 총회에 들어올 수 있느니라**
여호와의 진중	9-20 9 ⑤ **네가 대적을 치러 출진할 때에 모든 악한 일을 스스로 삼갈지니** 10 너희 중에 누가 밤에 몽설함으로 부정하거든 진 밖으로 나가고 진 안에 들어오지 아니하다가 11 해 질 때에 목욕하고 해 진 후에 진에 들어올 것이요 12 ⑥ **너의 진 밖에 변소를 베풀고 그리로 나가되** 13 너의 기구에 작은 삽을 더하여 밖에 나가서 대변을 통할 때에 그것으로 땅을 팔 것이요 몸을 돌이켜 그 배설물을 덮을찌니 14 **이는 네 하나님 여호와께서 너를 구원하시고 적군을 네게 붙이시려고 네 진중에 행하심이라** 그러므로 네 진을 거룩히 하라 그리하면 네게서 불합한 것을 보시지 않으므로 너를 떠나지 아니하시리라 15 ⑦ **종이 그 주인을 피하여 네게로 도망하거든** 너는 그 주인에게로 돌리지 말고 16 그가 너의 성읍 중에서 기뻐하는 곳을 택하는 대로 너와 함께 네 가운데 거하게 하고 그를 압제하지 말지니라 17 ⑧ **이스라엘 여자 중에 창기가 있지 못할 것이요 이스라엘 남자 중에 미동이 있지 못할지니** 18 창기의 번 돈과 개 같은 자의 소득은 아무 서원하는 일로든지 네 하나님 여호와의 전에 가져오지 말라 이 둘은 다 네 하나님 여호와께 가증한 것임이니라 19 ⑨ **네가 형제에게 꾸이거든 이식을 취하지 말지니** 곧 돈의 이식, 식물의 이식, 무릇 이식을 낼만한 것의 이식을 취하지 말 것이라 20 타국인에게 네가 꾸이면 이식을 취하여도 가하거니와 너의 형제에게 꾸이거든 이식을 취하지 말라 그리하면 네 하나님 **여호와께서 네가 들어가서 얻을 땅에서 네 손으로 하는 범사에 복을 내리시리라**
사랑의 공동체	21-25 21 ⑩ **네 하나님 여호와께 서원하거든 갚기를 더디하지 말라** 네 하나님 여호와께서 반드시 그것을 네게 요구하시리니 더디면 네게 죄라 22 네가 서원치 아니하였으면 무죄하니라 마는 23 네 입에서 낸 것은 그대로 실행하기를 주의하라 무릇 자원한 예물은 네 하나님 여호와께 네가 서원하여 입으로 언약한대로 행할 지니라 24 ⑪ **네 이웃의 포도원에 들어갈 때에** 마음대로 그 포도를 배불리 먹어도 가하니라 그러나 그릇에 담지 말것이요 25 **네 이웃의 곡식밭에 들어갈 때에** 네가 손으로 그 이삭을 따도 가하니라 그러나 네 이웃의 곡식밭에 낫을 대지 말지니라

23장

여호와의 총회, 여호와의 진중(陣中)

[2]사생자는 여호와의 총회에 들어오지 못하리니 십대까지
라도 여호와의 총회에 들어오지 못하리라.

23장의 중심점은 도표에 나타난 대로, "여호와의 총회"(總會)에 있습니다. "여호와의 총회에 들어오지 못하리라"는 말씀이, 4번(1, 2, 2, 3)이나 강조되어 있습니다. 그런데 8절에서는 "그들의 3대 후 자손은 "여호와의 총회에 들어올 수 있느니라" 하고 말씀합니다. 이는 23장을 통해서 말씀하시려는 바가, "여호와의 총회에 들어올 수 있는 자와, 들어오지 못할 자"가 누구인가를 말씀하면서, "여호와의 총회"에 들어온 자는 어떤 삶을 살아야만 하는가를 훈계하시려는데 있다 하겠습니다. 그렇다면 여호와의 총회에 들어오지 못한다 하시는 자들은 어떤 자들인가?

첫째 단원(1-8) **여호와의 총회**

첫째 단원의 중심점은 도표에서 보시는 바대로 "여호와의 총회에 들어오지 못하리니" 하는 말씀에 있습니다.

① "신낭이 상한 자나 신을 베인 자는 여호와의 총회에 들어오지 못하리라"(1) 하십니다. 레위기 21장 20절에서도, "불알 상한 자나 제사장 아론의 자손 중에 흠이 있는 자는 나아와 여호와의 화제를 드리지 못할지니" 하십니다. 이는 의문(儀文) 하에 있을 때에 해당이 되는 말씀입니다.

㉠ 그러니까 "여호와의 총회"가, 당시의 제사의식이나 성직(聖職)을 가리키는 것으로 볼 수가 있습니다. 이점이 "무릇 너의 대대 자손 중 육체에 흠이 있는 자는 그 하나님의 식물을 드리려고 가까이 오지 못할 것이라"(레 21:17) 하신 점에도 나타납니다. 그러나 신약시대에는, "할례는 마음에 할지니 신령(神靈)에 있고 의문(儀文)에 있지 아니한 것이라"(롬 2:29) 하십니다.

② 또한 "사생자는 여호와의 총회에 들어오지 못하리니 십대까지라도 여호와의 총회에 들어오지 못하리라" 하시는데, 여기서 사생자(私生子)란, 그 아비가 확실치 않은, 즉 음란의 자식을 가리키는 것으로 여겨집니다.

㉠ 이에 대한 신령한 의미가 무엇인가? 이는 주님께서, "진실로 진실로 네게 이르노니 사람이 물과 성령으로 나지 아니하면 하나님의 나라에 들어갈 수 없느니라 육으로 난 것은 육이요 성령으로 난 것은 영이니 내가 네게 거듭나야 하겠다 하는 말을 기이히 여기지 말라"(요 3:5-7) 하신, "거듭남"으로 적용이 된다 하겠습니다. 하나님의 나라에 들어가는 여부는 "거듭남" 외에 아무런 차별이 없기 때문입니다.

③ "암몬 사람과 모압 사람은 여호와의 총회에 들어오지 못하리니 그

들에게 속한 자는 십대뿐 아니라 영원히 여호와의 총회에 들어오지 못하리라"(3) 하시는데, 왜 그런가?

㉠ "그들은 너희가 애굽에서 나올 때에 떡과 물로 너희를 길에서 영접하지 아니하고 메소보다미아의 브돌 사람 브올의 아들 발람에게 뇌물을 주어 너희를 저주케 하려 하였으나 네 하나님 여호와께서 너를 사랑하시므로 발람의 말을 듣지 아니하시고 그 저주를 변하여 복이 되게 하셨나니 너의 평생에 그들의 평안과 형통을 영영히 구하지 말지니라"(4-6) 하십니다.

㉡ 이에 대한 신령한 의미가 무엇인가? 이와 반대되는 경우를 보면 알 수가 있는데, "또 이와 같이 기생 라합이 사자를 접대(接待)하여 다른 길로 나가게 할 때에 행함으로 의롭다하심을 받은 것이 아니냐"(약 2:25) 하고, 라합은 주의 사자를 영접함으로 의롭다하심을 받았다, 즉 여호와의 총회에 들어오게 되었다는 것입니다. 주님은 말씀하십니다. "여기 내 형제 중에 지극히 작은 자 하나에게 한 것이 곧 내게 한 것이니라"(마 25:40), 정답은, 그리스도를 영접하느냐? 대적하느냐에 달린 것입니다.

④ 그런데 "너는 에돔 사람을 미워하지 말라 그는 너의 형제니라 애굽 사람을 미워하지 말라 네가 그의 땅에서 객이 되었었음이니라 그들의 삼대 후 자손은 여호와의 총회에 들어올 수 있느니라"(7-8) 하시는 것이 아닌가?

㉠ 이스라엘의 입장에서, "에돔과, 애굽"은 누군가? "에돔"은 이복(異腹) 형제요, "애굽"은 한 때는 요셉을 총리대신의 위에 올리고, 아비 야곱과 형제들을 영접해주었던, "관계성"입니다. 하나님의 자녀 된 우리들은 많은 사람들과의 관계성 속에서 살아가고 있습니다. 이들 중에는 아직 여호와의 총회에 들어오지 않은 사람들도 있지만 우리의 "에돔과, 애굽"으로 볼 수는 없을 것인가?

ⓛ 그리고 사도 바울은 이렇게 말씀합니다. "아내 된 자여 네가 남편을 구원할는지 어찌 알 수 있으며 남편 된 자여 네가 네 아내를 구원할는지 어찌 알 수 있으랴"(고전 7:16), 그래서 핍박을 하는 남편도, 바가지를 긁는 아내도 버리지 말라는 말씀입니다. 형제의 "에돔과, 애굽"도, 형제로 인하여 총회에 들어오게 될지도 모릅니다.

둘째 단원(9-20) 여호와의 진중

둘째 단원의 중심점은, "이는 네 하나님 여호와께서 너를 구원하시고 적군을 네게 붙이시려고 네 진중(陣中)에 행하심이라"(14)는 말씀에 있습니다. 20:1절에서도, "네가 나가 대적과 싸우려 할 때에 말과 병거와 민중이 너보다 많음을 볼지라도 그들을 두려워 말라 애굽 땅에서 너를 인도하여 내신 네 하나님 여호와께서 너와 함께 하시느니라" 말씀합니다. 여호와께서 "진중(陣中)에, 교회(敎會)에, 가정(家庭)에, 내 심령"(心靈)에 계시다면 어떻게 해야 마땅한가를 말씀하시는 것입니다.

⑤ "네가 대적을 치러 출진(出陣)할 때에 모든 악한 일을 스스로 삼갈지니"(9),

㉠ 얼마나 삼가고 조심하라 하시는가를 주목하십시다. "너희 중에 누가 밤에 몽설함으로 부정하거든 진 밖으로 나가고 진 안에 들어오지 아니하다가 해 질 때에 목욕하고 해 진 후에 진에 들어올 것이요"(10-11), "몽설"힌 자린 진 밖으로 나가야할, 한 자은 사례(事例)에 불과할 것입니다. 형제 중 누군가를 미워했다면 그도 진 밖으로 나가야 할 것입니다. 왜냐하면 그는 여호와의 군사를 미워한 것이요, 여호와께서 진중에 계시기 때문이라는 것입니다.

⑥ "너의 진 밖에 변소를 베풀고 그리로 나가되"(12),

㉠ 이런 말씀들은 당시의 상황과 인식수준에서 이해해야할 것입니다. “용변”은 생리적인 현상입니다. 그런데도, “너의 기구에 작은 삽을 더하여 밖에 나가서 대변을 통할 때에 그것으로 땅을 팔 것이요 몸을 돌이켜 그 배설물을 덮을지니”, 왜냐하면 “이는 네 하나님 여호와께서 너를 구원하시고 적군을 네게 붙이시려고 네 진중(陣中)에 행하심이라 그러므로 네 진을 거룩히 하라 그리하면 네게서 불합(不合)한 것을 보시지 않으므로 너를 떠나지 아니하시리라”(13-14) 하십니다.

⑦ “종이 그 주인을 피하여 네게로 도망하거든”(15상), 이는 도망친 모든 종을 가리키는 말이 아니라, 포악한 주인의 학대에 의한 그런 경우를 가리키는 말일 것입니다.

㉠ “너는 그 주인에게로 돌리지 말고 그가 너의 성읍 중에서 기뻐하는 곳을 택하는 대로 너와 함께 네 가운데 거하게 하고 그를 압제하지 말지니라”(15하-16) 합니다. 돌려보낸다는 것은 곧 그 종의 죽음을 뜻하기 때문입니다. 종에게 있어서는 “성민의 성읍”이 도피성(逃避性)의 역할을 하고 있는 것입니다.

⑧ “이스라엘 여자 중에 창기가 있지 못할 것이요 이스라엘 남자 중에 미동이 있지 못할지니”(17), 왜냐하면 그들은 하나님의 성민이기 때문입니다. “창기의 번 돈과 개 같은 자의 소득은 아무 서원하는 일로든지 네 하나님 여호와의 전에 가져오지 말라 이 둘은 다 네 하나님 여호와께 가증한 것임이니라”(18) 합니다.

⑨ “네가 형제에게 꾸이거든 이식(利殖)을 취하지 말지니 곧 돈의 이식, 식물의 이식, 무릇 이식을 낼만한 것의 이식을 취하지 말 것이라”(19), 왜냐하면 그는 “여호와의 총회”에 함께 들어온 나의 형제(兄弟)요, “여호와의 진중”에 함께 소속된 나의 전우(戰友)이기 때문입니다.

㉠ “타국인(他國人)에게 네가 꾸이면 이식(利殖)을 취하여도 가하거니와”, 왜냐하면 그들은 “금생에서 저희 분깃을 받은 세상 사람들”(시

17:14)이기 때문입니다. 그러나 "너의 형제에게 꾸이거든 이식을 취하지 말라 그리하면 네 하나님 여호와께서 네가 들어가서 얻을 땅에서 네 손으로 하는 범사에 복을 내리시리라"(20), 즉 하나님이 대신 갚아주시되 후히 되어 누르고 고봉으로 안겨주시겠다는 말씀입니다. 이것이 "여호와의 진중"에서 살아가는 삶입니다.

셋째 단원(21-25) 사랑의 공동체

셋째 단원은 "서원과, 형제 사랑"을 담고 있습니다.

⑩ "네 하나님 여호와께 서원하거든 갚기를 더디 하지 말라 네 하나님 여호와께서 반드시 그것을 네게 요구하시리니 더디면 네게 죄라 네가 서원치 아니하였으면 무죄 하니라 마는 네 입에서 낸 것은 그대로 실행하기를 주의하라 무릇 자원한 예물은 네 하나님 여호와께 네가 서원하여 입으로 언약한대로 행할 지니라"(21-23) 하십니다.

㉠ "서원"한 것 때문에 정죄감에 빠져 있는 분들이 의외로 많이 있는 것을 대하게 됩니다. 이에 대한 자세한 설명은 "민수기 파노라마" 30장 강해를 참고하시기 바라면서 권면하고 싶은 말씀은, "그리스도께서 우리로 자유케 하려고 자유를 주셨으니 그러므로 굳세게 서서 다시는 종의 멍에를 메지 말라"(갈 5:1)는 말씀입니다.

⑪ "네 이웃의 포도원에 들어갈 때에 마음대로 그 포도를 배불리 먹어도 가하니라 그러나 그릇에 담지 말것이요"(24),

㉠ "네 이웃의 곡식밭에 들어갈 때에 네가 손으로 그 이삭을 따도 가하니라 그러나 네 이웃의 곡식밭에 낫을 대지 말지니라"(25) 하십니다. 키워드는 "배불리 먹어도"에 있습니다. 이 사람은 몹시 굶주린 형제입니다. 그래서 형제의 포도원이나 곡식밭에 들어가서 배불리 먹는 것

은 가하다 하시는 것입니다. 그러나 그릇에 담는다든가, 낫을 대는 행위는, 탐심으로 행하는 절도와 같기 때문에 금하는 것입니다. 이것이 "여호와의 총회, 여호와의 진중"에 소속된 자들의 공동체적 사랑의 삶입니다.

㉡ 이상의 경계가 신약의 성도들에게는 더욱 고차원적으로 적용이 되는 것입니다. "너희가 하나님의 성전인 것과 하나님의 성령이 너희 안에 거하시는 것을 알지 못하느뇨 누구든지 하나님의 성전을 더럽히면 하나님이 그 사람을 멸하시리라 하나님의 성전은 거룩하니 너희도 그러하니라"(고전 3:16-17) 하십니다. 그런데 현대교회의 실정은 어떤 상태에 있는가?

⑫ 묵상해보겠습니다.

㉠ 의문 하에 있는 "여호와의 총회"에 대해서,

㉡ 여호와의 진중에 소속된 자의 경건성에 대해서,

㉢ "서원"의 신중성과 복음적인 자유 함에 대해서.

신명기 24장 개관도표

주제 : 구속함을 얻은 사람의 공동체의 규범들

공동체의 성별을 위한 규범	1-9 1 ① **사람이 아내를 취하여 데려온 후에** 수치 되는 일이 그에게 있음을 발견하고 그를 기뻐하지 아니하거든 **이혼 증서를 써서 그 손에 주고 그를 자기 집에서 내어 보낼 것이요** 2 그 여자는 그 집에서 나가서 다른 사람의 아내가 되려니와 3 그 후부도 그를 미워하여 **이혼 증서를 써서 그 손에 주고** 그를 자기 집에서 내어 보내었거나 혹시 그를 아내로 취한 후부가 죽었다 하자 4 **그 여자가 이미 몸을 더럽혔은즉 그를 내어 보낸 전부가 그를 다시 아내로 취하지 말지니** 이 일은 여호와 앞에 **가증한 것이라** 네 하나님 여호와께서 네게 **기업으로 주시는 땅으로 너는 범죄케 하지 말지니라** 5 ② **사람이 새로이 아내를 취하였거든 그를 군대로 내어 보내지 말 것이요** 무슨 직무든지 그에게 맡기지 말것이며 그는 일년 동안 집에 한가히 거하여 그 취한 아내를 즐겁게 할지니라 6 ③ **사람이 맷돌의 전부나 그 위짝만이나 전집하지 말지니** 이는 그 생명을 전집 함이니라 7 ④ **사람이 자기 형제 곧 이스라엘 자손 중 한 사람을 후려다가 그를 부리거나 판 것이** 발견되거든 그 후린 자를 죽일지니 이같이 하여 너의 중에 악을 제할 지니라 8 ⑤ **너는 문둥병에 대하여 삼가서** 레위 사람 제사장들이 너희에게 가르치는 대로 네가 힘써 다 행하되 곧 내가 그들에게 명한대로 너희는 주의하여 행하라 9 **너희가 애굽에서 나오는 길에서** 네 하나님 여호와께서 미리암에게 행하신 일을 기억할 지니라
공동체의 사랑의 실천	10-22 10 ⑥ **무릇 네 이웃에게 꾸어줄 때에** 네가 그 집에 들어가서 전집물을 취하지 말고 11 너는 밖에 섰고 네게 꾸는 자가 전집물을 가지고 나와서 네게 줄 것이며 12 그가 가난한 자여든 너는 그의 전집물을 가지고 자지 말고 13 **해 질 때에 그 전집물을 반드시 그에게 돌릴 것이라** 그리하면 그가 그 옷을 입고 자며 **너를 위하여 축복하리니** 그 일이 네 하나님 여호와 앞에서 네 의로움이 되리라 14 ⑦ **곤궁하고 빈한한 품군은** 너의 형제든지 네 땅 성문 안에 우거하는 객이든지 그를 학대하지 말며 15 그 품삯을 당일에 주고 해진 후까지 끌지 말라 이는 그가 빈궁하므로 마음에 품삯을 사모함이라 두렵건대 **그가 너를 여호와께 호소하**면 죄가 네게로 돌아갈까 하노라 16 ⑧ **아비는 그 자식들을 인하여 죽임을 당치 않을 것이요** 자식들은 그 아비를 인하여 죽임을 당치 않을 것이라 각 사람은 자기 죄에 죽임을 당할 것이니라 17 ⑨ **너는 객이나 고아의 송사를** 억울하게 말며 과부의 옷을 전집하지 말라 18 **너는 애굽에서 종이 되었던 일과 네 하나님 여호와께서 너를 거기서 속량하신 것을 기억하라 이러므로 내가 네게 이 일을 행하라 명하노라** 19 ⑩ **네가 밭에서 곡식을 벨 때에** 그 한 뭇을 밭에 잊어버렸거든 다시 가서 취하지 말고 객과 고아와 과부를 위하여 버려두라 그리하면 네 하나님 여호와께서 네 손으로 하는 **범사에 복을 내리시리라** 20 네가 네 감람나무를 떤 후에 그 가지를 다시 살피지 말고 그 남은 것은 객과 고아와 과부를 위하여 버려두며 21 네가 네 포도원의 포도를 딴 후에 그 남은 것을 다시 따지 말고 객과 고아와 과부를 위하여 버려두라 22 **너는 애굽 땅에서 종 되었던 것을 기억하라 이러므로 내가 네게 이 일을 행하라 명하노라**

24장

구속함을 얻은 사랑의 공동체의 규범들

[18]너는 애굽에서 종이 되었던 일과 네 하나님 여호와께서 너를 거기서 속량하신 것을 기억하라 이러므로 내가 네게 이 일을 행하라 명하노라.

24장에는, "너는 애굽에서 종이 되었던 일과 네 하나님 여호와께서 너를 거기서 속량하신 것을 기억하라"는 말씀이, 18절과 22절에 거듭 강조되어 있는데, 이 말씀이 24장뿐만이 아니라 신명기 전체를 준행하지 않으면 아니 될 근거가 되는 원리입니다. 그래서 "이러므로 내가 네게 이 일을 행하라 명하노라"(18하) 하시는 것입니다. 본장에는 도표에 표시된 대로 지켜야할 10가지 규범들이 있는데 이는, "여호와의 구속함을 얻은 사랑의 공동체"의 규범이라 할 수가 있습니다.

첫째 단원(1-9) 공동체의 성별을 위한 규범

첫째 단원을, "공동체의 성별을 위한 규범"이라는 제목을 붙인 것은, "여호와께서 네게 기업으로 주시는 땅으로 너는 범죄케 하지 말지니라(4), 이같이 하여 너희 중에 악을 제할 지니라"(7) 한 말씀에 근거해서 입니다.

① "사람이 아내를 취하여 데려온 후에 수치 되는 일이 그에게 있음을 발견하고 그를 기뻐하지 아니하거든 이혼 증서를 써서 그 손에 주고 그를 자기 집에서 내어 보낼 것이요"(1) 합니다.

㉠ 복음서에 보면 바리새인들이 이 구절을 들어 주님을 시험한 것이 나오는데 주님은, "모세가 너희 마음의 완악함을 인하여 아내 내어버림을 허락하였거니와 본래는 그렇지 아니 하니라"(마 19:3-8) 하고 말씀하십니다. 주님의 답변을 통해서 두 가지를 깨닫게 되는데 첫째는, "이혼증서를 주어 내어보내라" 한 것이, 이혼을 정당화(正當化)하기 위해서가 아니라 도리어, 이혼을 억제하기 위한 의도에서라는 것과, 둘째는 "이혼" 자체가 하나님의 창조원리와 질서(秩序)에 위배되는 일이라는 것입니다. 또 한 가지 유념해야할 점은 그러므로 신명기를 해석할 때에 문자(文字)만을 볼 것이 아니라, 이렇게 말씀하시는 하나님의 의도, 즉 "하나님의 마음"을 읽을 수 있어야만 한다는 점입니다.

㉡ "그 여자는 그 집에서 나가서 다른 사람의 아내가 되려니와 그 후부도 그를 미워하여 이혼증서를 써서 그 손에 주고 그를 자기 집에서 내어 보내었거나 혹시 그를 아내로 취한 후부가 죽었다 하자 그 여자가 이미 몸을 더럽혔은즉 그를 내어 보낸 전부(前夫)가 그를 다시 아내로 취하지 말지니"(2-4상) 합니다. 즉 그가 이혼당한 상태로 그냥 있었던 것이 아니라, 남의 아내가 되었던 자임으로 전 남편이 다시 맞아드리지 말라는 말씀입니다.

㉢ 만일 그렇게 한다면, "이 일은 여호와 앞에 가증한 것이라 네 하나님 여호와께서 네게 기업으로 주시는 땅으로 너는 범죄케 하지 말지니라"(4하), 즉 결혼의 신성함을 지켜서, "구속함을 얻은 공동체의 거룩함"을 지키라는 말씀입니다.

㉣ 예레미야서를 보면 하나님께서는 본문을 인용하셔서, "가령 사람이 그 아내를 버리므로 그가 떠나 타인(他人)의 아내가 된다 하자 본부(本夫)가 그를 다시 받겠느냐 그리하면 그 땅이 크게 더러워지지 않겠느냐 하느니라 나 여호와가 말하노라 네가 많은 무리와 행음하고도 내게로 돌아오려느냐"(렘 3:1) 하고 묻고 계십니다.

㉤ 그래서 하나님은 우리들을 영영 받아주실 수가 없다는 말씀인가? 하나님은 호세아 선지자를 통해서, "이스라엘 자손이 다른 신을 섬기고 건포도 떡(우상의 제물)을 즐길지라도 여호와가 저희를 사랑하나니 너는 가서 타인(他人)에게 연애를 받아 음부 된 그 여인을 사랑하라"(호 3:1) 하고, 말씀하십니다. 그래서 호세아 선지자는 아내 되었다가 또다시 음부가 된 고멜을, "내가 은 열다섯 개와 보리 한 호멜 반으로 나를 위하여 저를 사왔다"(호 3:2) 하고 말씀합니다. "사왔다"는 것이 속량하여 왔다는 뜻입니다. 거룩하시고 의로우신 하나님께서 음부와 같은 우리들을 받아주실 수 있는 것이 가능하여지는 방도는, 자기 아들을 통한 구속으로 말미암아 뿐이라는 점을 말씀하시려는 것입니다. 이것이 본문을 대하면서 역설적(逆說的)으로 읽을 수 있어야 하는 하나님의 마음입니다.

② "사람이 새로이 아내를 취하였거든 그를 군대로 내어 보내지 말 것이요 무슨 직무든지 그에게 맡기지 말 것이며 그는 일년 동안 집에 한가히 거하여 그 취한 아내를 즐겁게 할지니라"(5) 하십니다.

㉠ 신약의 성도들도 이를 문자적으로 지키라는 말씀이 아닙니다. 이를 통해서, "그가 너를 인하여 기쁨을 이기지 못하여 하시며 너를 잠

잠히 사랑하시며 너로 인하여 즐거이 부르며 기뻐하시리라"(습 3:17) 하시는, 우리 신랑 되시는 그리스도의 사랑을 깨닫기를 원하시는 것입니다.

③ "사람이 맷돌의 전부나 그 위짝만이나 전집(典執)하지 말지니 이는 그 생명을 전집 함이니라"(6),

④ "사람이 자기 형제 곧 이스라엘 자손 중 한 사람을 후려 (납치)다가 그를 부리거나 판 것이 발견되거든 그 후린 자를 죽일지니 이같이 하여 너의 중에 악을 제할 지니라"(7) 합니다. 이상의 규범들이 신약의 성도들에게는 문자적으로가 아니라, "네 이웃을 네 몸과 같이 사랑하라"는 말씀이 됩니다.

⑤ "너는 문둥병에 대하여 삼가서 레위 사람 제사장들이 너희에게 가르치는 대로 네가 힘써 다 행하되 곧 내가 그들에게 명한대로 너희는 주의하여 행하라 너희가 애굽에서 나오는 길에서 네 하나님 여호와께서 미리암에게 행하신 일을 기억할 지니라"(8-9) 하시는데, 모세를 거역하다가 문둥병이 발한 그를 어떻게 하셨는가? "그를 진밖에 7일을 가두고 그 후에 들어오게 할지니라"(민 12:14) 하셨습니다. 왜 이렇게 해야만 하는가? "여호와의 구속함을 얻은 사랑의 공동체의 거룩"을 위해서인 것입니다. 그래서 "권징"이 바르게 시행이 되어야 참 교회라 하는 것입니다.

둘째 단원(10-22) 공동체의 사랑의 실천

둘째 단원 안에는, "객과 고아와 과부"에 대한 배려가, 17절, 19절, 21절, 세 번이나 강조되어 있습니다. 또한 "너는 애굽 땅에서 종 되었던 것을 기억하라"는 말씀도, 18절과, 22절에 나옵니다. 그리고 말씀하시기를, “이러므로 내가 네게 이 일을 행하라 명하노라”(18하, 22하) 하십니다. 그래서 본 단원의 제목을 “공동체의 사랑의 실천”이라고 정한 것입니다.

⑥ “무릇 네 이웃에게 꾸어줄 때에 네가 그 집에 들어가서 전집물을 취하지 말고 너는 밖에 섰고 네게 꾸는 자가 전집물을 가지고 나와서 네게 줄 것이며 그가 가난한 자여든 너는 그의 전집물을 가지고 자지 말고 해 질 때에 그 전집물을 반드시 그에게 돌릴 것이라”(10-13상),

㉠ “그리하면 그가 그 옷을 입고 자며 너를 위하여 축복하리니 그 일이 네 하나님 여호와 앞에서 네 의로움이 되리라”(13하) 하십니다. 가난한 이웃에 대한 얼마나 자상하신 배려인가?

⑦ “곤궁하고 빈한한 품꾼은 너의 형제든지 네 땅 성문 안에 우거하는 객이든지 그를 학대하지 말며 그 품삯을 당일에 주고 해진 후까지 끌지 말라 이는 그가 빈궁하므로 마음에 품삯을 사모함이라”(14-15상),

㉠ “두렵건대 그가 너를 여호와께 호소(呼訴)하면 죄가 네게로 돌아갈까 하노라”(15하) 하십니다. 13절과 15절의 대조(對照)를 유념하시기 바랍니다. 상대자(相對者)로 하여금 나 자신을, “축복하게” 하도록 할 것인가? 아니면 하나님께 “호소하게” 하도록 할 것인가를 깊이 생각하면서 행동을 해야만 할 것입니다.

⑧ “아비는 그 자식들을 인하여 죽임을 당치 않을 것이요 자식들은 그 아비를 인하여 죽임을 당치 않을 것이라 각 사람은 자기 죄에 죽임을 당할 것이니라”(16) 하시는데, 이렇게 말씀하는 의도가 무엇인가? 자신이 잘못하고는 변명이나 탓하지 말라는 것입니다. 앞에서 말씀한, “축복도, 호소도” 자신이 행한 대로 받는 결과라는 말씀입니다.

⑨ “너는 객이나 고아의 송사를 억울하게 말며 과부의 옷을 전집하지 말라”(17) 하시면서, “너는 애굽에서 종이 되었던 일과 네 하나님 여호와께서 너를 거기서 속량하신 것을 기억하라” 하십니다. 그리고 여기에

근거해서, "이러므로 내가 네게 이 일을 행하라 명하노라"(18) 하십니다. 22절에서도 거듭 말씀하십니다.

㉠ "거기서 속량하신 것을 기억하라" 하시는데 이점을 신약성경에서는, "사랑은 여기 있으니 우리가 하나님을 사랑한 것이 아니요 오직 하나님이 우리를 사랑하사 우리 죄를 위하여 화목제로 그 아들을 보내셨음이니라 사랑하는 자들아 하나님이 이같이 우리를 사랑하셨은즉 우리도 서로 사랑하는 것이 마땅하니라"(요일 4:10-11) 하십니다.

⑩ "네가 밭에서 곡식을 벨 때에 그 한 뭇을 밭에 잊어버렸거든 다시 가서 취하지 말고 객과 고아와 과부를 위하여 버려두라 그리하면 네 하나님 여호와께서 네 손으로 하는 범사에 복을 내리시리라"(19).

㉠ "네가 네 감람나무를 떤 후에 그 가지를 다시 살피지 말고 그 남은 것은 객과 고아와 과부를 위하여 버려두며 네가 네 포도원의 포도를 딴 후에 그 남은 것을 다시 따지 말고 객과 고아와 과부를 위하여 버려두라"(20-21) 하십니다.

㉡ "구속함을 얻은 사랑의 공동체의 규범들"이라는 제목으로 상고한 22장은, "너는 애굽 땅에서 종 되었던 것을 기억하라 이러므로 내가 네게 이 일을 행하라 명하노라"(22) 하고 마치고 있습니다. 이 말씀을 상고하면서 사랑을 실천하지 못했던 지난날의 후회되는 일이 떠오르지 아니합니까? 문제는 앞으로 어떤 삶을 살겠노라 하는 다짐입니다. 이것이 "구속함을 얻은 사랑의 공동체의 규범들"입니다.

⑪ 묵상해보겠습니다.

㉠ 예시(例示) 된 10가시 규범 중에서 가장 마음에 집히는 점은 무엇입니까?

㉡ "축복하리니"와, "호소하면 죄가 네게로 돌아가리라 하신 점에 대해서,

㉢ 이렇게 행하라 명하시는 근거를 어디에 두고 있는가에 대해서.

신명기 25장 개관도표

주제 : 사랑의 하나님, 의로우신 하나님

이름이 끊어지지 않게 하라	1-10 1 ① **사람과 사람 사이에 시비가 생겨서 재판을 청하거든** 재판장은 그들을 재판하여 의인은 의롭다 하고 악인은 정죄할 것이며 2 악인에게 태형이 합당하거든 재판장은 그를 엎드리게 하고 그 죄의 경중대로 여수히 자기 앞에서 때리게 하라 3 사십까지는 때리려니와 그것을 넘기지는 못할지니 만일 그것을 넘겨 과다히 때리면 네가 네 형제로 천히 여김을 받게 할까 하노라 4 ② **곡식 떠는 소의 입에 망을 씌우지 말지니라** 5 ③ **형제가 동거하는데 그 중 하나가 죽고 아들이 없거든** 그 죽은 자의 아내는 나가서 타인에게 시집가지 말 것이요 그 남편의 형제가 그에게로 들어가서 그를 취하여 아내를 삼아 **그의 남편의 형제 된 의무를 그에게 다 행할 것이요** 6 **그 여인의 낳은 첫 아들로 그 죽은 형제의 후사를 잇게 하여** **그 이름을 이스라엘 중에서 끊어지지 않게 할 것이니라** 7 그러나 그 사람이 만일 그 형제의 아내 취하기를 즐겨하지 아니하거든 그 형제의 아내는 그 성문 장로들에게로 나아가서 말하기를 내 남편의 형제가 **그 형제의 이름을 이스라엘 중에 잇기를 싫어하여** 남편의 형제 된 의무를 내게 행치 아니 하나이다 할 것이요 8 그 성읍 장로들은 그를 불러다가 이를 것이며 그가 이미 정한 뜻대로 말하기를 내가 그 여자 취하기를 즐겨 아니하노라 하거든 9 그 형제의 아내가 장로들 앞에서 그에게 나아가서 그의 발에서 신을 벗기고 그 얼굴에 침을 뱉으며 이르기를 **그 형제의 집 세우기를 즐겨 아니하는 자에게는** 이같이 할 것이라 할 것이며 10 이스라엘 중에서 그의 이름을 신 벗기운 자의 집이라 칭할 것이니라
의롭고 정당하게 행하라	11-29 11 ④ **두 사람이 서로 싸울 때에 한 사람의 아내가** 그 남편을 그 치는 자의 손에서 구하려 하여 가까이 가서 손을 벌려 그 사람의 음낭을 잡거든 12 너는 그 여인의 손을 찍어 버릴 것이고 네 눈이 그를 불쌍히 보지 말지니라 13 ⑤ **너는 주머니에 같지 않은 저울추** 곧 큰 것과 작은 것을 넣지 말 것이며 14 네 집에 같지 않은 되 곧 큰 것과 작은 것을 두지 말 것이요 15 오직 십분 공정한 저울추를 두며 십분 공정한 되를 둘 것이라 그리하면 네 하나님 여호와께서 **네게 주시는 땅에서 네 날이 장구하리라** 16 **무릇 이같이 하는 자, 무릇 부정당히 행하는 자는 네 하나님 여호와께 가증하니라** 17 ⑥ **너희가 애굽에서 나오는 길에 아말렉이 네게 행한 일을 기억하라** 18 곧 그들이 하나님을 두려워하지 아니하고 너를 길에서 만나 너의 피곤함을 타서 **네 뒤에 떨어진 약한 자들을 쳤느니라** 19 그러므로 네 하나님 여호와께서 네게 주어 기업으로 얻게 하시는 땅에서 네 하나님 여호와께서 너로 사면에 있는 모든 대적을 벗어나게 하시고 네게 안식을 주실 때에 **너는 아말렉의 이름을 천하에서 도말할지니라 너는 잊지 말지니라**

25장

사랑의 하나님, 의로우신 하나님

6그 여인의 낳은 첫 아들로 그 죽은 형제의 후사를 잇게 하여 그 이름을 이스라엘 중에서 끊어지지 않게 할 것이니라.

모세가 요단 동편 모압 땅에서 죽기 전에 행한 두 번째 설교는 다음 장에서 마치게 됩니다. 그러므로 모세는 저들이 약속의 땅에 들어가서 준행해야할 여러 가지 규범들을 마치 어린아이들에게 교훈을 하듯이 사례를 들어가며 말씀하고 있는 중입니다. 25장 안에도 도표에 표시한 대로 여섯 가지 사례(事例)들을 들어 명하고 있습니다.

이점에서 명심해야할 점은 이런 규범들을 이방인(불신자)들에게 하고 있는 것이 아니라, "너는 애굽에서 종이 되었던 일과 네 하나님 여호와께서 너를 거기서 속량하신 것을 기억하라"(24:18) 하는, 하나님의 구속함을 얻은 언약백성들에게 행하고 있다는 점입니다. 그리고 구약의 성도들에게는 모세로 말미암아 주어진 시내산 언약이 규범이 되고, 신약의 성도들에게는 주님께서, “새 계명을 너희에게 주노니 서로 사랑하라 내가 너희를 사랑한 것같이 너희도 서로 사랑하라”(요 13:34) 하신, “새 계명”이 규범이 된다는 점입니다. 그러므로 이 규범들이 구약의 성도들에게는 의문(儀文), 즉 문자적으로 준행해야 하는 규범들이었지만 신약의 성도들에게는 사랑으로 행해야 하는 말씀들인 것입니다.

그 한 예를 들면, “곡식 떠는 소의 입에 망을 씌우지 말지니라”(4) 하신 말씀을, 사도 바울은 해석하기를 “모세 율법에 곡식을 밟아 떠는 소에게 망을 씌우지 말라 기록하였으니 하나님이 어찌 소들을 위하여 염려하심이냐 전혀 우리를 위하여 말씀하심이 아니냐 과연 우리를 위하여 기록된 것이니”(고전 9:9-10) 하고, 영적 추수꾼들에게 적용을 시키고 있는 것을 보게 됩니다.

첫째 단원(1-10) 이름이 끊어지지 않게 하라

① “사람과 사람 사이에 시비가 생겨서 재판을 청하거든 재판장은 그들을 재판하여 의인은 의롭다 하고 악인은 정죄할 것이며”(1),

㉠ 이 말씀을 받아 잠언에서는, “악인을 의롭다하며 의인을 악하다 하는 이 두 자는 다 여호와의 미워하심을 입느니라”(잠 17:15) 하고 말씀합니다. “재판장”들은 궁극적으로 심판 주되시는 그리스도를 예표하고 있다는 점에서 공의로 행하라는 말씀입니다.

㉡ “악인에게 태형이 합당하거든 재판장은 그를 엎드리게 하고 그 죄의 경중대로 여수히 자기 앞에서 때리게 하라 사십까지는 때리려니와 그것을 넘기지는 못할지니 만일 그것을 넘겨 과다히 때리면 네가 네 형제로 천(賤)히 여김을 받게”(2-3), 즉 폐인이 되게 할 수도 있다는 뜻으로 여겨집니다. 초대교회 당시도 이 법이 지켜지고 있었는데 바울이,

"유대인들에게 40에 하나 감한 매를 5번 맞았으며"(고후 11:24) 한 것이 이를 가리킵니다. 하나님은 형벌 중에도 긍휼을 베풀라 하신 뜻으로 말씀하셨는데, 저들은 최대한의 매를 가했던 것입니다.

② "곡식 떠는 소의 입에 망을 씌우지 말지니라"(4) 합니다. "성경에 일렀으되 곡식을 밟아 떠는 소의 입에 망을 씌우지 말라 하였고 또 일꾼이 그 삯을 받는 것이 마땅하다 하였느니라 장로에 대한 송사는 두 세 증인이 없으면 받지 말 것이요"(딤전 5:18-19) 하고, 바울이 사랑하는 디모데에게 "곡식 밟아 떠는 소와, 송사"를 함께 언급하고 있는 것은 본문을 염두에 두었기 때문으로 여겨집니다.

③ "형제가 동거하는데 그 중 하나가 죽고 아들이 없거든 그 죽은 자의 아내는 나가서 타인에게 시집가지 말 것이요 그 남편의 형제가 그에게로 들어가서 그를 취하여 아내를 삼아 그의 남편의 형제 된 의무를 그에게 다 행할 것이요"(5) 합니다.

㉠ 이를 가리켜 "계대(繼代)결혼"이라 하는데, 이 제도가 윤리적인 면에서는 우리에게 맞지 아니합니다만 성경은 이를 가리켜, "형제 된 의무"(義務)라고 말씀합니다. 그 의무가 무엇인가? "그 여인의 낳은 첫 아들로 그 죽은 형제의 후사(後嗣)를 잇게 하여 그 이름을 이스라엘 중에서 끊어지지 않게"(6) 하는 일입니다. 그러므로 핵심은 계대결혼이 아니라 "후사" 문제임을 깨닫게 됩니다. 이스라엘은 언약백성입니다. 그런데 후사(後嗣)가 없이 죽는다는 것은 언약백성에서 끊어지는 것으로 여겼기 때문입니다.

㉡ 그러므로 성경은 교훈집이 아니라, 후사를 끊이지지 않고 이어지게 하여 궁극적으로는 그리스도를 탄생시키어 인류를 구원하시려는 구속사인 것입니다. 예를 들면, 가인이 죽인 아벨 대신에 "다른 씨"(창 4:25)인 셋을 주셨다고 말씀하고, "주께서 내게 씨를 아니 주셨으니 내 집에서 길리운 자가 나의 후사가 될 것이니이다" 하는 아브라함에게,

"그 사람은 너의 후사가 아니라 네 몸에서 날 자가 네 후사가 되리라" (창 15:3-4) 하고, 아브라함에게 "후사"를 주실 것을 언약하셨습니다. 그 후사가 "그리스도"요, 그 한 씨를 통해서 하나님의 자손들이 번성하게 된 것입니다.

㉢ 계대결혼이라는 규례가 뒤에 나오는 룻기서에서 메시아의 계보를 이어주는 결정적인 역할을 하는 것만 보아도 분명합니다. 이를 "기업 무를 자"라 하는데, "아무개"는 내 기업에 손해가 있을까 하여 거부하고 "그 신을 벗는지라"(룻 4:8), 그래서 보아스가 기업 무를 자가 되어 룻과 함께 예수 그리스도의 족보에 오르는 영광을 얻게 되었던 것입니다. 성경이 말씀하는 후사(後嗣) 문제는 "여자의 후손"을 예수 그리스도에게까지 이어지게 하시려는 하나님의 구원계획인데, 대적자는 그 대를 끊어놓으려고, 아벨을 죽이고, 야곱을 죽이려 하고, 종내는 태어난 그리스도를 죽이기 위해서 베들레헴 영아들을 살해하지만 하나님의 구원계획은 언약하신대로 "아브라함과 다윗의 자손"으로 후사를 보내셔서 성취하시고야 말았던 것입니다.

㉣ 그래서 성경은 "그러나 그 사람이 만일 그 형제의 아내 취하기를 즐겨하지 아니하거든, 그 형제의 이름을 이스라엘 중에 잇기를 싫어하는" 자로 여겨, "그 형제의 아내가 장로들 앞에서 그에게 나아가서 그의 발에서 신을 벗기고 그 얼굴에 침을 뱉으며 이르기를 그 형제의 집 세우기를 즐겨 아니하는 자에게는 이같이 할 것이라 할 것이며 이스라엘 중에서 그의 이름을 신 벗기운 자의 집이라 칭할 것이니라"(7-10) 하고 말씀합니다.

㉤ 여러 가지 사례를 들어 말씀하는 중에 "후사를 잇는" 이 주제를 얼마나 비중(比重) 있게 다루고 있는가를 보십시오. 핵심은 "형제의 집 세우기를 즐겨 아니하는 자"라는데 있습니다. 사탄은 무너뜨리려 하나, 하나님은 다시 "세우시는", 이것이 회복의 역사인 것입니다. 그런 하나

님의 뜻에 역행하는 자는 "신 벗기운 자의 집", 즉 모든 축복을 박탈당하게 되리라는 것입니다.

ⓑ 이점에서 나에게는 영적인 후사가 있는가를 생각하게 합니다. 성경은, "그리스도 예수 안에서 복음으로써 내가 너희를 낳았음이라"(고전 4:15) 하고 말씀하시는데, 내 마음 밭에 복음의 씨가 뿌려지게 된 것은 그 누군가를 통해서인데 하나님은 이 씨가, "생육하고 번성"하기를 원하십니다. 그런데 내 대에서 후사가 끊어지게 해서야 되겠습니까? 이것이 "이름이 끊어지지 않게 하라"입니다.

둘째 단원(11–19) 의롭고 정당하게 행하라

④ "두 사람이 서로 싸울 때에 한 사람의 아내가 그 남편을 그 치는 자의 손에서 구하려 하여 가까이 가서 손을 벌려 그 사람의 음낭을 잡거든 너는 그 여인의 손을 찍어 버릴 것이고 네 눈이 그를 불쌍히 보지 말지니라"(11-12), 이는 가증하다는 의미만이 있는 것이 아니라, "후사를 잇게 하라"는 주제와 결부시킨다면, 세우는 일을 파괴하는 행위가 되기 때문에 그 손을 찍어 버리라 하시는 것입니다.

⑤ "너는 주머니에 같지 않은 저울추 곧 큰 것과 작은 것을 넣지 말 것이며 네 집에 같지 않은 되 곧 큰 것과 작은 것을 두지 말 것이요 오직 십분 공정(公正)한 저울추를 두며 십분 공정한 되를 둘 것이라"(13-15상) 하십니다.

㉠ 이 말씀이 "곡식을 밟아 떠는 소"와 같은 영적 추수꾼들에게는 어떤 의미가 되는가? "저울추와, 되"는 모두 측량(測量)하는 기구들이요, 요청되는 것은 두 번이나 언급하고 있는 공정성(公正性)입니다. 그렇다면 그 의미는 분명해진다 하겠습니다. "내가 너희에게 명하는 말을 너

희는 가감(加減)하지 말고 내가 너희에게 명하는 너희 하나님 여호와의 명령을 지키라(4:2), 내가 너희에게 명하는 이 모든 말을 너희는 지켜 행하고 그것에 가감하지 말지니라"(12:32) 하는 뜻으로 적용이 된다 하겠습니다.

㉡ 그래서 "그리하면 네 하나님 여호와께서 네게 주시는 땅에서 네 날이 장구하리라 무릇 이같이 하는 자, 무릇 부정당(不正當)히 행하는 자는 네 하나님 여호와께 가증하니라"(15하-16) 하시는 것입니다. "하나님의 말씀을 가감"하는 것, 이 보다 하나님의 백성들에게 더욱 "부정당"(不正當)하고, 가공스러운 결과를 초래하는 일은 달리는 없습니다.

⑥ "너희가 애굽에서 나오는 길에 아말렉이 네게 행한 일을 기억하라"(17).

㉠ "곧 그들이 하나님을 두려워하지 아니하고 너를 길에서 만나 너의 피곤함을 타서 네 뒤에 떨어진 약한 자들을 쳤느니라 그러므로 네 하나님 여호와께서 네게 주어 기업으로 얻게 하시는 땅에서 네 하나님 여호와께서 너로 사면에 있는 모든 대적을 벗어나게 하시고 네게 안식을 주실 때에 너는 아말렉의 이름을 천하에서 도말할 지니라 너는 잊지 말지니라"(18-19) 하는 말씀으로 25장은 마치고 있습니다.

㉡ 이 명령을 본장의 요절로 정한, "후사를 잇게 하여 그 이름을 이스라엘 중에서 끊어지지 않게 할 것이니라"는 말씀과 결부시켜보면, 아말렉은 "후사를 끊으려는 자"가 되고, "형제의 집 세우려는 자"(9)가 아니라, 파괴하려는 자로 등장하는 것입니다. 그래서 도말하라 하시는 것입니다. 이것이 "의롭고 정당하게 행하라"입니다.

⑦ 묵상해보겠습니다.

㉠ "곡식 떠는 소"의 신약적인 의미에 대해서,

㉡ 후사를 잇는 문제를 중요시하고 있는 구속사적 의미에 대해서,

㉢ 내게는 같지 않은 저울추와, 되가 있지는 아니한가에 대해서.

26장

하나님의 보배로운 백성의 영광과 책임

[18]여호와께서도 네게 말씀하신 대로 오늘날 너를 자기의 보배로운 백성으로 인정하시고 또 그 모든 명령을 지키게 하리라 확언하셨은즉,

26장은 4:44절부터 시작된 두 번째 설교(4:44-26장)의 총결론 부분입니다. 결론은, "네가 오늘날 여호와를 네 하나님으로 인정하고, 법도를 지키기로 확언(確言)하면, 여호와께서도 너를 자기의 보배로운 백성으로 인정하시고, 확언(確言)"(17-18)하시리라는데 있습니다. 두 번째 설교의 결론으로 얼마나 합당한 결론인가?

26장은, "네 하나님 여호와께서 네게 기업으로 주사 얻게 하시는 땅에 네가 들어가서 거기 거할 때에"(1), 두 가지를 명합니다. ㉠ "당시 제사장에게 나아가서 그에게 이르기를 내가 오늘날 당신의 하나님 여호와께 고하나이다 내가 여호와께서 우리에게 주리라고 우리 열조(烈祖)에게 맹세하신 땅에 이르렀나이다"(3) 하고, ㉡ "여호와여 이제 내가 주께서 내게 주신 토지소산의 만물을 가져왔나이다 하고 너는 그것을 네 하나님 여호와 앞에 두고 네 하나님 여호와 앞에 경배할 것이며"(10) 합니다. 참으로 감격적인 장면입니다. 이런 말씀에 근거해서 "추수감사절"은 유래하게 된 것입니다.

이점에서 놓치지를 말아야 할 점이 있습니다. 그것은 이것이 저들에게 자격이 있어서가 아니라, "여호와께서 우리에게 주리라고 우리 열조(烈祖)에게 맹세하셨다"(3, 15) 하는, 하나님의 주권적인 언약에 근거한 것이라는 점입니다. 그래서 하나님의 선수적인 언약(言約)이 언제나 핵심이 되는 것입니다.

첫째 단원(1-11) **약속의 땅에 이르러 맏물을 드리라**

둘째 단원(12-15) **고아와 과부를 돌아보시는 하나님**

셋째 단원(16-19) **보배로운 백성의 고백과 결단**

첫째 단원(1-11) 분석도표

주제 : 약속의 땅에 이르러 맏물을 드리라

1-15
1 **네 하나님 여호와께서 네게 기업으로 주사 얻게 하시는 땅에 네가 들어가서 거기 거할 때에**

2 ① **네 하나님 여호와께서 네게 주시는 땅에서 그 토지 모든 소산의 맏물을 거둔 후에** 그것을 취하여 광주리에 담고
네 하나님 여호와께서 그 이름을 두시려고 택하신 곳으로 그것을 가지고 가서
3 당시 제사장에게 나아가서 그에게 이르기를 **내가 오늘날 당신의 하나님 여호와께 고하나이다** 내가 여호와께서
② **우리에게 주리라고 우리 열조에게 맹세하신 땅에 이르렀나이다** 할 것이요
4 제사장은 네 손에서 그 광주리를 취하여 다가 네 하나님 여호와의 단 앞에 놓을 것이며

5 ③ **너는 또 네 하나님 여호와 앞에 아뢰기를** 내 조상은 유리하는 아람 사람으로서 소수의 사람을 거느리고
애굽에 내려가서 거기 우거하여 필경은 거기서 크고 강하고 번성한 민족이 되었더니
6 애굽 사람이 우리를 학대하며 우리를 괴롭게 하며 우리에게 중역을 시키므로
7 우리가 우리 조상의 하나님 여호와께 부르짖었더니 여호와께서 우리 음성을 들으시고
우리의 고통과 신고와 압제를 하감하시고
8 ④ **여호와께서 강한 손과 편 팔과 큰 위엄과 이적과 기사로 우리를 애굽에서 인도하여 내시고**
9 이곳으로 인도하사 이 땅 곧 젖과 꿀이 흐르는 땅을 **주셨나이다**

10 ⑤ **여호와여 이제 내가 주께서 내게 주신 토지 소산의 맏물을 가져왔나이다** 하고
너는 그것을 네 하나님 여호와 앞에 두고 네 하나님 여호와 앞에 경배할 것이며
11 네 하나님 여호와께서 너와 네 집에 주신 모든 복을 인하여 너는 레위인과 **너의 중에 우거하는 객과 함께 즐거워할 지니라**

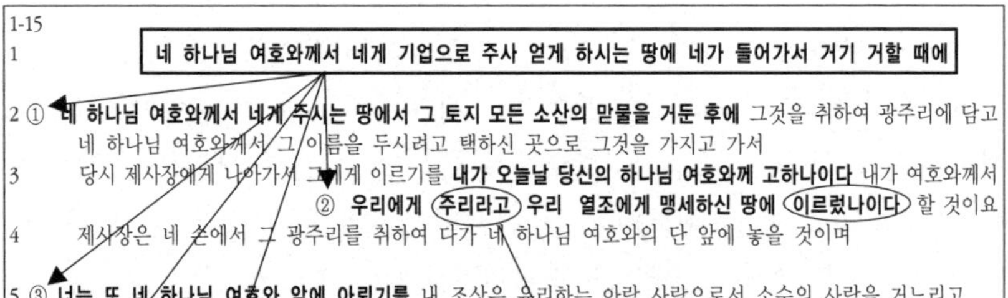

첫째 단원은 "기업으로 주사 얻게 하시는 땅에 들어가서", 토지소산의 만물을 거둔 후에 행할 일입니다.

도표를 보시면 "기업으로 주사 얻게 하시는 땅에 네가 들어가서"를 중심으로, ① "토지소산의 만물을 거둔 후에 광주리에 담고", ② 제사장에게 나아가, "열조에게 맹세하신 땅에 이르렀나이다", ③ "내 조상은 유리하는 소수로, 애굽 땅에 종이 되었는데" ④ "여호와께서 강한 손과 편 팔로 애굽에서 인도하여 내시고, 이 땅을 주셨나이다", ⑤ "내게 주신 토지소산의 만물을 가져왔나이다" 하고, 함께 즐거워하라는 말씀입니다. 하나님이 왜 이렇게 해주셨는가? 열조에게 세워주신 언약을 이루시기 위해서입니다.

첫째 단원(1–11) **약속의 땅에 이르러 맏물을 드리라**

"네 하나님 여호와께서 네게 기업으로 주사 얻게 하시는 땅에 네가 들어가서 거기 거할 때에"(1),

① "네 하나님 여호와께서 네게 주시는 땅에서 그 토지 모든 소산(所産)의 만물을 거둔 후에 그것을 취하여 광주리에 담고 네 하나님 여호와께서 그 이름을 두시려고 택(擇)하신 곳으로 그것을 가지고 가서"(2),

㉠ "당시 제사장에게 나아가서 그에게 이르기를 내가 오늘날 당신의 하나님 여호와께 고(告)하나이다"(3상),

② "내가 여호와께서 우리에게 주리라고 우리 열조(烈祖)에게 맹세하신 땅에 이르렀나이다 할 것이요"(3),

㉠ 2-3절 안에는 복음의 요소들이 농축이 되어 있습니다. 첫째는 ㉮ "여호와께서 그 이름을 두시려고 택하신 곳"(2)으로 가지고 가라는 말씀인데, 이는 구원의 유일(唯一)한 근거를 나타냅니다. 둘째는 ㉯ "제

사장에게 나아가서"(3) 하는데, 제사장은 그리스도의 중보사역을 예표하는 자입니다. 셋째는, ㊁ "열조에게 맹세하신 땅에 이르렀나이다"(3) 한, 맹세입니다.

ⓛ 이 "맹세"란 아브라함, 이삭, 야곱에게 세워주신 메시아언약을 가리킵니다. 신명기는 첫 장(1:8)부터, 마지막 장(34:4)까지, 열조에게 언약하시고 맹세로 보증하여주신 것을 붙잡고 놓치지를 않고 있습니다. 왜냐하면 하나님과의 관계는 언약(言約)의 관계요, 믿음이란 언약을 믿는 것을 의미하고, 그러므로 언약을 놓치는 순간 하나님과의 관계가 끊어지게 되기 때문입니다. 그래서 15절에서도, "우리 열조에게 맹세하여 우리에게 주신바" 하고 거듭 고백하고 있는 것입니다.

ⓒ 도표를 보시면 첫째 단원은, "주리라하셨는데, 주셨나이다, 가져왔나이다" 하는 구도(構圖)입니다. 첫 열매는 전체를 대표하는 것으로, "제사하는 처음 익은 곡식 가루가 거룩한즉 떡덩이도 그러하다"(롬 11:16), 즉 교회도 거룩하다고 말씀하는 것입니다. 이런 맥락에서 약속의 땅에서 거둔 "토지소산의 맏물"(2, 10)은, 첫 열매가 되시는 그리스도를 상징한다고 볼 수가 있습니다. 왜냐하면 신약성경이, "첫 열매가 되셨도다"(고전 15:20) 하고 증거하고 있기 때문입니다. "제사장은 네 손에서 그 광주리를 취하여 다가 네 하나님 여호와의 단 앞에 놓을 것이며"(3하-4),

③ "너는 또 네 하나님 여호와 앞에 아뢰기를 내 조상(祖上)은 유리하는 아람 사람으로서 소수의 사람을 거느리고 애굽에 내려가서 거기 우거하여 필경은 거기서 크고 강하고 번성한 민족이 되었더니"(5) 하는데, 이는 하나님의 은혜를 회상하며 감사를 드리는 대목입니다.

㉠ "애굽 사람이 우리를 학대하며 우리를 괴롭게 하며 우리에게 중역(重役)을 시키므로 우리가 우리 조상의 하나님 여호와께 부르짖었더니 여호와께서 우리 음성을 들으시고 우리의 고통과 신고와 압제를 하

감하시고"(6-7),

④ "여호와께서 강한 손과 편 팔과 큰 위엄과 이적과 기사로 우리를 애굽에서 인도하여 내시고 이곳으로 인도하사 이 땅 곧 젖과 꿀이 흐르는 땅을 주셨나이다"(8-9) 합니다.

⑤ 그리고 "여호와여 이제 내가 주께서 내게 주신 토지소산의 맏물을 가져왔나이다"(10상) 하고, 고하라는 것입니다.

㉠ 다시 한 번 요약을 하면, 3절에서는, "우리에게 주리라고 열조에게 맹세하셨는데" 9절에서는, "젖과 꿀이 흐르는 땅을 주셨나이다" 말씀하고, 3절 하반 절에서는 "맹세하신 땅에 이르렀나이다" 하고, 10절에서는 "토지소산의 맏물을 가져왔나이다" 하고, 고하며 감사를 드리라는 말씀입니다.

㉡ 본문 안에는, "여호와께 고하나이다(3), 여호와 앞에 아뢰기를(4), 여호와 앞에 아뢰기를"(13) 하는 말씀이 거듭 나오는데 이는 신앙고백과 같은 표현입니다. 유리(遊離) 하는 소수의 무리로 애굽에 내려가서 바로의 노예가 되었던 야곱의 자손들을, 하나님께서 어떻게 번성하게 하시고, 약속의 땅까지 인도해주셨는가 하는, "에벤에셀"의 은혜를 진술하라는 말씀입니다. 과거의 나의 신분과 처지가 어떠했는데, 그것이 변하여 오늘의 나의 신분과 사명이 무엇인가를 생각한다는 것은 신앙생활의 활력소가 됩니다.

㉢ 이점을 신약성경에서는, "그러므로 생각하라 너희는 그 때에 육체로 이방인이요 손으로 육체에 행한 할례당이라 칭하는 자들에게 무할례당이라 칭함을 받는 자들이라 그 때에 너희는 그리스도 밖에 있었고 이스라엘 나라 밖의 사람이라 약속의 언약들에 대하여 외인(外人)이요 세상에서 소망이 없고 하나님도 없는 자이더니 이제는 전에 멀리 있던 너희가 그리스도 예수 안에서 그리스도의 피로 가까워졌느니라"(엡 2:11-13) 하고 말씀합니다.

㉣ 그래서 본 단원은, "너는 그것을 네 하나님 여호와 앞에 두고 네 하나님 여호와 앞에 경배(敬拜)할 것이며 네 하나님 여호와께서 너와 네 집에 주신 모든 복(福)을 인하여 너는 레위인과 너의 중에 우거하는 객과 함께 즐거워할 지니라"(10하-11) 하고, "즐거움"으로 마치고 있습니다. "레위인과, 즉 사역자들과 우거하는 객"과 함께 말입니다. 이 말씀을 듣는 2세대들은 얼마나 마음이 설레었을 것인가? 이것이 "약속의 땅에 이르러 만물을 드리라"입니다.

둘째 단원(12-15) 분석도표

주제 : 고아와 과부를 돌아보시는 하나님

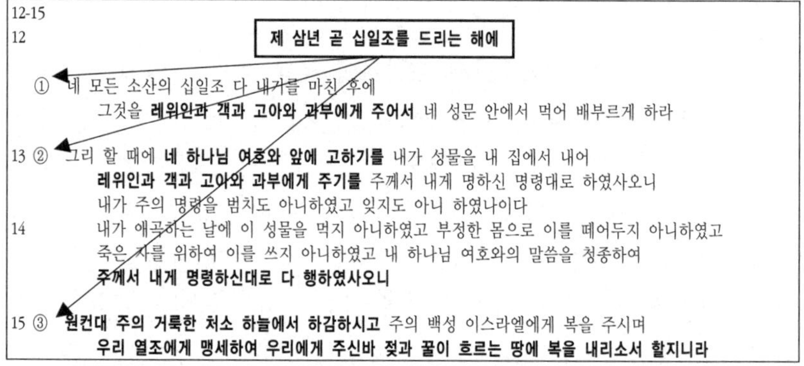

12-15
12 **제 삼년 곧 십일조를 드리는 해에**

① 네 모든 소산의 십일조 다 내기를 마친 후에
그것을 **레위인과 객과 고아와 과부에게 주어서** 네 성문 안에서 먹어 배부르게 하라

13 ② 그리 할 때에 **네 하나님 여호와 앞에 고하기를** 내가 성물을 내 집에서 내어
레위인과 객과 고아와 과부에게 주기를 주께서 내게 명하신 명령대로 하였사오니
내가 주의 명령을 범치도 아니하였고 잊지도 아니 하였나이다
14 내가 애곡하는 날에 이 성물을 먹지 아니하였고 부정한 몸으로 이를 떼어두지 아니하였고
죽은 자를 위하여 이를 쓰지 아니하였고 내 하나님 여호와의 말씀을 청종하여
주께서 내게 명령하신대로 다 행하였사오니

15 ③ **원컨대 주의 거룩한 처소 하늘에서 하감하시고** 주의 백성 이스라엘에게 복을 주시며
우리 열조에게 맹세하여 우리에게 주신바 젖과 꿀이 흐르는 땅에 복을 내리소서 할지니라

둘째 단원의 중심점은 드려야할 "십일조"에 있습니다. 이는 첫째 단원의 은혜를 입은 자들이 행해야할 의무입니다. 그런데 놓치지 말아야 할 점은 그 십일조가 하나님께서 거둬들이는 세금(稅金)과 같은 것이 아니라, "레위인과 객과 고아와 과부"와 나누기 위해서라는 점입니다. 이점이 중요합니다. 우주만물의 중심은 사람에 있고, 하나님의 관심은 오직 잃어버린 자기 백성을 찾아 복 주시려는데 있는 것입니다.

도표를 보시면 "제 삼년 곧 십일조를 드리는 해에"를 중심으로, ①

"네 모든 소산의 십일조를, 레위인과 객과 고아와 과부에게 주어서 먹어 배부르게 하라" 하시고, ② "여호와 앞에 고하기를 내가 성물을, 레위인과 객과 고아와 과부에게 주기를 명령대로 하였사오니", ③ "원컨대 우리 열조에게 맹세하여 우리에게 주신바 젖과 꿀이 흐르는 땅에 복을 내리소서 할지니라" 합니다. 이렇게 하면 물질도 복을 받게 된다는 말씀입니다.

둘째 단원(12-15) 고아와 과부를 돌아보시는 하나님

"제 삼년 곧 십일조를 드리는 해에"(12상), "제 3년"이란 무엇을 뜻하는 것일까? 이에 근거하여, 제2 십일조, 제3 십일조라고 분류하기도 하는데, 구제를 위한 특별헌물로 보면 될 것입니다.

① "네 모든 소산의 십일조 다 내기를 마친 후에 그것을 레위인과 객과 고아와 과부에게 주어서 네 성문 안에서 먹어 배부르게 하라"(12하).

② "그리 할 때에 네 하나님 여호와 앞에 고하기를 내가 성물을 내 집에서 내어 레위인과 객과 고아와 과부에게 주기를 주께서 내게 명하신 명령대로 하였사오니"(13상),

㉠ "내가 주의 명령을 범치도 아니하였고 잊지도 아니 하였나이다"(13하), "범하지도 않았고, 잊지도 아니하였다" 하고 아뢰라 합니다.

㉡ "내가 애곡하는 날"이란, 부모가 돌아가신 비상시를 가리킵니다. 그런 때도 급하다고 하여, "이 성물을 먹지 아니하였고 부정한 몸으로 이를 떼어두지 아니하였고 죽은 자를 위하여 (추도일 음식을 만드느라) 이를 쓰지 아니하였고 내 하나님 여호와의 말씀을 청종하여 주께서 내게 명령하신대로 다 행하였사오니"(14),

③ "원컨대 주의 거룩한 처소 하늘에서 하감(下鑑)하시고 주의 백성

이스라엘에게 복을 주시며 우리 열조에게 맹세하여 우리에게 주신바 젖과 꿀이 흐르는 땅에 복을 내리소서 할지니라"(15) 합니다.

㉠ 다시 한 번 구속사의 맥락에서 본 첫째와, 둘째 단원의 구별 점을 말씀드려야만 하겠습니다. 첫째 단원에는 토지소산의 "맏물"(2, 10)이 강조되어 있는데, 이는 첫 열매가 되신 그리스도를 상징한다 하겠습니다. 그런데 둘째 단원의 "제3년 곧 십일조 드리는 해"에, 레위인과 객과 고아와 과부에게 나누어준다는 것은, 주님의 죽으시고 다시 사심을 통해서 전개될 복음시대를 상징한다 하겠습니다.

㉡ 여기서 주목하게 되는 것은 본문에 등장하는 인칭대명사(人稱代名詞)입니다. 13-14절은, "내게 명하신 대로 하였다, 내가 주의 명령을 범치도 아니하였다(13), 내가 애곡하는 날에 성물을 먹지 아니하였다, 내게 명하신 대로 다 행하였다"(14) 하고, 1인칭단수인 "나"로 되어 있는데, 결론인 15절에 이르러서는 "우리 열조, 우리에게 주신" 하고, 호칭이 우리로 바뀌고 있다는 점입니다.

㉢ 이것이 "공동체의식"입니다. "애굽 사람이 우리를 학대하여(6), 우리가 우리 조상의 하나님께 부르짖었더니(7), 우리를 애굽에서 인도하여 내셨다"(8) 하고 고백하고 있습니다. 이렇게 고백함으로 출애굽 당시에 나 자신도 조상 안에서 그 때 거기 있었다는 하나가 될 수가 있는 것입니다. 이점이 왜 중요하냐 하면, 그리스도께서 십자가에 달리셨을 때, 나 자신도 "그리스도 안에서" 함께 못 박혔다는 연합교리와 관련이 되기 때문입니다. 나 복 받고, 내 교회 부흥되면 그만 이라는 자기중심이나, 개교회주의는 찾아볼 수가 없는 것입니다. "주의 백성 이스라엘에게 복을 주시며 우리 열조에게 맹세하여 우리에게 주신바 젖과 꿀이 흐르는 땅에 복을 내리소서"(15) 합니다.

㉣ 이럴 경우 반대의 경우도 생각해야만 합니다. 나 하나가 이 규례와 법도를 지키지 않는다면, 나 자신 잘못되는 것이 문제가 아니라, 아

간 하나로 인하여 이스라엘 전체가 고통을 당함과 같이, 교회 전체(全體)가 "복"이 아닌 화를 당할 수도 있다는 책임감입니다. 하나님은 성도 각 사람을 "개인"(個人)으로 보고 계시는 것이 아니라, 몸의 한 지체, 공동체(共同體)의 일원으로 보고 계시기 때문입니다. 그래서 연약한 지체인 "고아와 과부를 돌아보시는 하나님"이십니다.

셋째 단원(16-19) 분석도표

주제 : 보배로운 백성의 고백과 결단

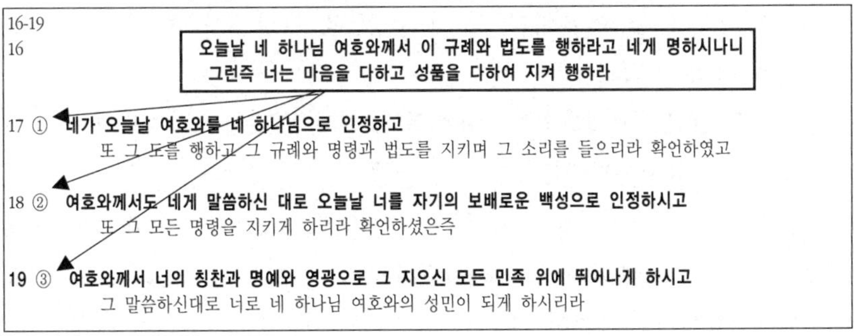

16-19
16 **오늘날 네 하나님 여호와께서 이 규례와 법도를 행하라고 네게 명하시나니 그런즉 너는 마음을 다하고 성품을 다하여 지켜 행하라**

17 ① **네가 오늘날 여호와를 네 하나님으로 인정하고**
또 그 도를 행하고 그 규례와 명령과 법도를 지키며 그 소리를 들으리라 확언하였고

18 ② **여호와께서도 네게 말씀하신 대로 오늘날 너를 자기의 보배로운 백성으로 인정하시고**
또 그 모든 명령을 지키게 하리라 확언하셨은즉

19 ③ **여호와께서 너의 칭찬과 명예와 영광으로 그 지으신 모든 민족 위에 뛰어나게 하시고**
그 말씀하신대로 너로 네 하나님 여호와의 성민이 되게 하시리라

셋째 단원은 26장의 결론만이 아니라, 4:44절로부터 시작된 두 번째 설교의 총 결론(結論)입니다. 하나님께서 너희를 "보배로운 백성", 즉 성민으로 삼아주셨으니 마음을 다하고 성품을 다하여 이 규례와 법도를 지키라는 말씀입니다.

도표를 보시면 "여호와께서 이 규례와 법도를 행하라고 명하시나니"를 중심으로, ① "오늘날 여호와를 네 하나님으로 인정하고, 확언"하였고, ② "여호와께서도 오늘날 너를 보배로운 백성으로 인정하시고, 확언하셨은즉", ③ 이대로 준행하기만 하면, "여호와께서 너로 모든 민족 위에 뛰어나게 하시고, 여호와의 성민이 되게 하시리라" 합니다.

셋째 단원(16-19) 보배로운 백성의 고백과 결단

"오늘날 네 하나님 여호와께서 이 규례와 법도를 행하라고 네게 명하시나니 그런즉 너는 마음을 다하고 성품을 다하여 지켜 행하라"(16), 이것이 결론(結論)입니다. 모세는 6:5절에서, "너는 마음을 다하고 성품을 다하고 힘을 다하여 네 하나님 여호와를 사랑하라" 한 말씀으로 되돌아온 셈입니다. 이제까지 말씀한 모든 규례와 법도는, "여호와를 사랑하라"는 한 말씀 안에 다 들어있는 것입니다.

① "네가 오늘날 여호와를 네 하나님으로 인정(認定)하고", 이는 "고백"(告白)하라는 말과 같은 뜻입니다.

㉠ "또 그 도를 행하고 그 규례와 명령과 법도를 지키며 그 소리를 들으리라 확언(確言)하였고"(17), 결단했다는 것입니다.

② 또한 "여호와께서도 네게 말씀하신 대로 오늘날 너를 자기의 보배로운 백성으로 인정하시고", 즉 성민으로 인정하시고, "또 그 모든 명령을 지키게 하리라 확언하셨다"(18), 즉 분명히 말씀하셨다는 것입니다.

③ 그렇다면 총 결론은, "여호와께서 너의 칭찬과 명예와 영광으로 그 지으신 모든 민족 위에 뛰어나게 하시고"(19상),

㉠ 이점을 출애굽기 19:5-6절에서는, "너희가 내 말을 잘 듣고 내 언약을 지키면 너희는 열국 중에서 내 소유가 되겠고 너희가 내게 대하여 제사장 나라가 되며 거룩한 백성이 되리라" 하십니다. 그래서 "그 말씀하신대로 너로 네 하나님 여호와의 성민(聖民)이 되게 하시리라"(19하) 하십니다. 얼마나 합당한 결론인가! 이 말씀을 듣는 2세대들은 감격하여 결의에 차 있었을 것입니다.

㉡ 이 말씀이 신약의 성도들에게는, "그가 우리를 대신하여 자신을 주심은 모든 불법에서 우리를 구속하시고 우리를 깨끗하게 하사 선한 일에 열심하는 친 백성(百姓)이 되게 하려 하심이니라"(딛 2:14) 한 말

씀으로 적용이 된다 하겠습니다. 이것이 "보배로운 백성의 고백과 결단" 입니다. 이것이 두 번째 설교의 결론입니다.

④ 묵상해보겠습니다.

㉠ "주리라 → 주셨나이다 → 맏물을 드리나이다"의 결부에 대해서,

㉡ 제3년의 십일조를 객과 고아와 과부와 함께 나누며 "즐거워하라" 에 대해서,

㉢ 보배로운 백성의 고백과 결단에 대해서.

27장

에발산에 세운 돌비와 돌로 쌓은 번제단

[7-6]너는 다듬지 않은 돌로 네 하나님 여호와의 단을 쌓고 그 위에 네 하나님 여호와께 번제를 드릴 것이며 또 화목제를 드리고 거기서 먹으며 네 하나님 여호와 앞에서 즐거워하라.

27장 이하(以下)는 모세의 3차 설교이면서, 신명기의 결론부분입니다. 그 중에 27장의 중심점은, "너희가 요단을 건너 네 하나님 여호와께서 네게 주시는 땅에 들어가는 날에"(2), 우선적으로 행해야할 일이 무엇인가를 말씀하는 내용입니다. ㉠ "큰 돌들을 세우고"(2), ㉡ "이 율법의 말씀을 그 위에 기록하라", ㉢ 그리고 "다듬지 않은 돌로 단을 쌓고 번제와 화목제를 드리고 하나님 앞에서 먹고 즐거워하라" 하십니다. ㉣ 그런 후에, 축복을 상징하는 그리심산과, 저주를 상징하는 에발산에 각각 6지파씩 서서 "복과 주저"를 선포하라 하십니다. 이는 기록한 율법의 말씀을 준행하여 복을 받는 길로 행하겠다는 선서라 하겠습니다.

첫째 단원(1-8) **율법을 기록한 돌과 다듬지 않은 돌단**

둘째 단원(9-26) **제사장이 선포한 저주받을 12가지 항목**

첫째 단원(1-8) 분석도표
주제 : 율법을 기록한 돌과 다듬지 않은 돌단

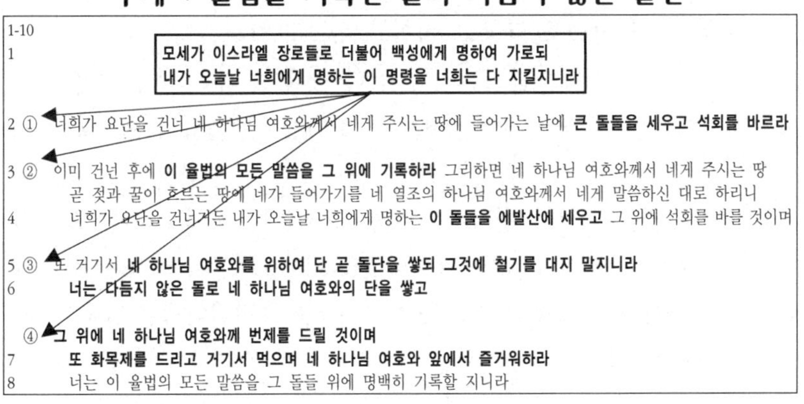

1-10
1 **모세가 이스라엘 장로들로 더불어 백성에게 명하여 가로되**
내가 오늘날 너희에게 명하는 이 명령을 너희는 다 지킬지니라

2 ① 너희가 요단을 건너 네 하나님 여호와께서 네게 주시는 땅에 들어가는 날에 **큰 돌들을 세우고 석회를 바르라**

3 ② 이미 건넌 후에 **이 율법의 모든 말씀을 그 위에 기록하라** 그리하면 네 하나님 여호와께서 네게 주시는 땅
곧 젖과 꿀이 흐르는 땅에 네가 들어가기를 네 열조의 하나님 여호와께서 네게 말씀하신 대로 하리니
4 너희가 요단을 건너거든 내가 오늘날 너희에게 명하는 **이 돌들을 에발산에 세우고** 그 위에 석회를 바를 것이며

5 ③ 또 거기서 **네 하나님 여호와를 위하여 단 곧 돌단을 쌓되 그것에 철기를 대지 말지니라**
6 **너는 다듬지 않은 돌로 네 하나님 여호와의 단을 쌓고**

④ **그 위에 네 하나님 여호와께 번제를 드릴 것이며**
7 **또 화목제를 드리고 거기서 먹으며 네 하나님 여호와 앞에서 즐거워하라**
8 너는 이 율법의 모든 말씀을 그 돌들 위에 명백히 기록할 지니라

첫째 단원은 약속의 땅에 들어가서 우선해야 할 일인데 그것은, 큰 돌을 세워, 율법의 말씀을 기록하고, 단을 쌓고 여호와께 번제와 화목제를 드리고 즐거워하라 합니다. 이는 둘째 단원에서 "복과, 저주"를 선포하기 위한 준비(準備)라 할 수가 있습니다.

도표를 보시면 "모세가 이스라엘 장로들로 더불어 백성에게 명하여 가로되"를 중심으로, ① "너희가 요단을 건너 주시는 땅에 들어가는 날에 큰 돌들을 세우고 석회를 바르라", ② "이 율법의 모든 말씀을 그 위에 기록하라" ③ "또 여호와를 위하여 단 곧 돌단을 쌓되, 다듬지 않은 돌로 단을 쌓고", ④ "그 위에 여호와께 번제와, 또 화목제를 드리고, 즐거워하라" 하십니다. 여기에는 어떤 의미가 있는가?

첫째 단원(1-8) 율법을 기록한 돌과 다듬지 않은 돌단

"모세가 이스라엘 장로들로 더불어 백성에게 명하여 가로되 내가 오늘날 너희에게 명하는 이 명령을 너희는 다 지킬 지니라"(1).

① "너희가 요단을 건너 네 하나님 여호와께서 네게 주시는 땅에 들어가는 날에 큰 돌들을 세우고 석회를 바르라"(2),

㉠ 본문을 유의해보면, "요단을 건너 간다"는 말이 2절, 3절, 4절, 12절에 강조되어 있음을 보게 됩니다. 이스라엘 백성들이 요단을 건너 간다는 것은 참으로 역사적(歷史的)인 순간이었던 것입니다. 출애굽 한 1세대들은 물론, 심지어 신명기를 말씀하고 있는 모세 자신도 건너갈 수 없는, 40년 동안이나 소망하던 일이요, 그보다 앞서 약 600년 전에 열조 아브라함이 하나님의 약속을 받고 꿈꾸던 비전이었던 것입니다.

㉡ "요단을 건너 간다"는 뜻을 구속사적으로 본다면, 개인적인 면과, 역사적인 면이 있습니다. ㉮ 개인적으로는, "이미 그의 안식에 들어간 자는 하나님이 자기 일을 쉬심과 같이 자기 일을 쉬느니라"(히 4:10) 한 죽음, 즉 개인적인 종말(終末)을 의미합니다. ㉯ 그런데 역사적으로는 3대절기 중 마지막 절기인 "초막절", 그것도, "명절 끝날 곧 큰 날"(요 7:37)인 마지막 날을 의미합니다. 그 날은 오래전 선지자 꿈꾸던 날이요, 모든 그리스도인들이 대망하던 주님의 재림의 날인 것입니다. 그러니 "요단을 건너 간다"는 점을 어찌 강조하지 않을 수가 있으랴!

② "이미 건넌 후에 이 율법의 모든 말씀을 그 위에 기록(記錄)하라 그리하면 네 하나님 여호와께서 네게 주시는 땅 곧 젖과 꿀이 흐르는 땅에 네가 들어가기를"(3상),

㉠ "네 열조의 하나님 여호와께서 네게 말씀하신 대로 하리니"(3) 하고, 또다시 "열조(烈祖)의 하나님 여호와", 즉 하나님께서 아브라함에게 세워주신 언약을 상기시킵니다. 이점에서 유념해야할 점은 열조에게

언약하시고 맹세로 보증하여주신 것을 요약하면,

㉮ 땅을 주리라,

㉯ 자손을 주리라,

㉰ 천하 만민이 복을 받으리라 하신 세 가지라는 점입니다. 이는 아브라함의 자손으로 그리스도를 보내셔서, 천하 만민이 구원의 복을 받게 하시려는 메시아언약입니다. 가나안을 택한 백성들에게 주심은 메시아가 탄생할 땅을 준비함이었던 것입니다.

㉡ 다시 한 번, "너희가 요단을 건너거든 내가 오늘날 너희에게 명하는 이 돌들을 에발산에 세우고 그 위에 석회를 바를 것이며"(4), 석회를 바른 그 위에 율법의 말씀을 기록한 후에,

③ "또 거기서 네 하나님 여호와를 위하여 단 곧 돌단을 쌓되 그것에 철기를 대지 말지니라"(5) 합니다.

㉠ 여기서 말하는 "단"은 번제단을 가리킵니다. 그리고 "철기를 대지 말라"는 것은 모세가 임의로 말하는 것이 아니라 하나님께서, "네가 내게 돌로 단을 쌓거든 다듬은 돌로 쌓지 말라 네가 정(철기)으로 그것을 쪼면 부정하게 함이니라"(출 20:25) 하고, 하나님께서 명하셨기 때문입니다.

㉡ 그래서 "너는 다듬지 않은 돌로 네 하나님 여호와의 단을 쌓으라"(6상) 하고 거듭 명합니다. 그러면 어찌하여 "그것을 쪼면 부정하게 된다" 하시는가? 그것은 번제단에서 드려지는 제물(祭物)이 누구의 무엇을 예표 하는가를 아는 그리스도인이라면 누구나 깨달을 수가 있는 것입니다. 그 단에서 드려지는 제물은 그리스도께서 담당해주실 대속제물에 대한 그림자입니다. 구속사역은 주님께서 십자가상에서, "다 이루었다" 하신 홀로, 단번에 완성하여주신 것입니다. 거기에 인간이 무엇인가를 가미(加味)해야 하는 양 정으로 쫀다는 것은 복음을 변질(變質)을 시키는 것이 됩니다. 그래서 "부정하게 함이니라" 하시는 것입니다.

㉢ 이는 결코 소위 말하는 "알레고리"가 아닙니다. 성경이 바벨탑을 어떻게 쌓았다고 말씀하고 있는가를 확인해보시기를 바랍니다. "이에 벽돌로 돌을 대신(代身)하며, 역청으로 진흙을 대신하여"(창 11:3) 쌓았다 하고, "대신"이 강조되어 있습니다. 이것이 무심한 일이란 말인가? 그들은 순수한 돌, 진흙 대신에 인공적(人工的)인 "벽돌, 역청"으로 쌓았던 것입니다. 바벨탑은 인본주의(人本主義)의 상징물이었던 것입니다.

④ "다듬지 않은 돌로 단을 쌓으라" 하신 다음에 이어지는 말씀이 무엇인가? "그 위에 네 하나님 여호와께 번제를 드릴 것이며"(6하) 하십니다.

㉠ 얼마나 명백한 진리인가? "번제"를 드린 후에, "또 화목제를 드리라" 하시는데 이는 압축적으로 한 표현으로, "번제"라는 말이 단독적으로 사용이 될 때에는 "속죄제, 속건제" 등을 포괄하는 표현입니다. 이를 순서적으로 한다면, 속죄제→화목제→번제의 순서가 되는 것입니다.

㉡ "화목제"란 기름 등 중요한 부분만을 드리고 나머지는, "거기서 먹으며 네 하나님 여호와 앞에서 즐거워하라"(7하) 하신, 화목으로 말미암아 가능하여진 교제(交際)를 의미합니다. 그리고 하나님과의 교제를 막힘이나 좁아짐이 없이 지속해나가는 비결은, "너는 이 율법의 모든 말씀을 그 돌들 위에 명백히 기록할 지니라"(8) 하신, 기록된 말씀을 순종하는 삶인 것입니다.

㉢ 첫째 단원을 마치기 전에 종합적으로 드려야할 중요한 말씀이 있습니다. 하나님께서는 시내산에서 모세에게, 십계명을 기록한 "돌비"만을 주신 것이 아니라, "성막 식양"도 주셨다는 점입니다. 왜냐하면 인간의 무능(無能)으로 말미암아 율법의 행위로 의롭다함을 받을 수 없음을 아시는 하나님께서는, 죄 사함을 얻는 방도로 성막의 번제단을 마련해주신 것입니다.

㉣ 이 은혜와 계시가 본문 첫째 단원에도 나타나고 있다는 점입니

다. 큰 돌들에 기록된 율법은 "십계명"을, 다듬지 않은 돌로 쌓은 단은 "번제단"이기 때문입니다. 그리고 그 번제단은, "이 예수를 하나님이 그의 피로 인하여 믿음으로 말미암는 화목제물로 세우셨으니"(롬 3:25) 한, 자기 아들을 우리의 대속물로 내어주실 단이라는 점입니다. 십계명만이 아니라 번제단을 마련해주신 하나님은 찬양을 받으시기에 너무나 합당하십니다. 이점을 다음 단원에서 더욱 분명히 깨닫게 될 것입니다. 이것이 "율법을 기록한 돌과 다듬지 않은 돌단"입니다.

둘째 단원(9-26) 분석도표

주제 : 제사장이 선포한 저주받을 12가지 항목

9-26
9 **모세가 레위 제사장들로 더불어 온 이스라엘에게 고하여 가로되 이스라엘아 잠잠히 들으라**

① **오늘날 네가 네 하나님 여호와의 백성이 되었으니**
10 그런즉 네 하나님 여호와의 말씀을 복종하여 내가 오늘날 네게 명하는 그 명령과 규례를 행할 지니라
11 모세가 당일에 백성에게 명하여 가로되 12, **너희가 요단을 건넌 후에**

② 시므온과 레위와 유다와 잇사갈과 요셉과 베냐민은 **백성을 축복하기 위하여 그리심산에 서고**

13 ③ 르우벤과 갓과 아셀과 스불론과 단과 납달리는 **저주하기 위하여 에발산에 서고**

14 ④ **레위 사람은 큰 소리로 이스라엘 모든 사람에게 말하여 이르기를**
15 ㉠ 장색의 손으로 **조각하였거나 부어 만든 우상은** 여호와께 가증하니 그것을 만들어 은밀히 세우는 자는 **저주를 받을 것이라** 할 것이요 모든 백성은 응답하여 **아멘 할 지니라**

16 ㉡ **그 부모를 경홀히 여기는 자는** 저주를 받을 것이라 할 것이요 모든 백성은 **아멘 할지니라**
17 ㉢ **그 이웃의 지계표를 옮기는 자는** 저주를 받을 것이라 할 것이요 모든 백성은 **아멘 할지니라**
18 ㉣ **소경으로 길을 잃게 하는 자는** 저주를 받을 것이라 할 것이요 모든 백성은 **아멘 할지니라**
19 ㉤ **객이나 고아나 과부의 송사를 억울케 하는 자는** 저주를 받을 것이라 할 것이요 모든 백성은 **아멘 할지니라**

20 ㉥ **계모와 구합하는 자는** 그 아비의 하체를 드러내었으니 저주를 받을 것이라 할 것이요 모든 백성은 **아멘 할지니라**
21 ㉦ **무릇 짐승과 교합하는 자는** 저주를 받을 것이라 할 것이요 모든 백성은 **아멘 할지니라**
22 ㉧ **그 자매 곧 그 아비의 딸이나 어미의 딸과 구합하는 자는** 저주를 받을 것이라 할 것이요 모는 백성은 **아멘 할지니라**
23 ㉨ **장모와 구합하는 자는** 저주를 받을 것이라 할 것이요 모든 백성은 **아멘 할지니라**

24 ㉩ **그 이웃을 암살하는 자는** 저주를 받을 것이라 할 것이요 모든 백성은 **아멘 할지니라**
25 ㉪ **무죄자를 죽이려고 뇌물을 받는 자는** 저주를 받을 것이라 할 것이요 모든 백성은 **아멘 할지니라**
26 ㉫ **이 율법의 모든 말씀을 실행치 아니하는 자는** 저주를 받을 것이라 할 것이요 모든 백성은 **아멘 할지니라**

둘째 단원은 요단을 건넌 후에 12지파를 두 편으로 나누어 그리심산과 에발산에 서고, 언약궤를 멘 레위지파 제사장들은 그 중간에 서서, 큰 소리로 12항목에 달하는 저주받을 죄목을 낭독하라는 내용입니다. "축복"은 다음 장에 등장합니다.

도표를 보시면 "모세가 레위 제사장들로 더불어 온 이스라엘에게 고하여 가로되"를 중심으로, ① "오늘날 네가 네 하나님 여호와의 백성이 되었으니, 네게 명하는 그 명령과 규례를 행할 지니라"하고, ② 여섯 지파씩 그리심산과, ③ 에발산에 서고, ④ "레위 사람은 큰 소리로 이스라엘 모든 사람에게 말하여 이르기를" 하고, 저주받을 12항목을 낭독하면, 백성들은 "아멘" 합니다. 왜 이렇게 "아멘"으로 선서를 하라 하시는가? 하나님의 백성이 되었기 때문입니다.

둘째 단원(9-26) 제사장이 선포한 저주받을 12가지 항목

"모세가 레위 제사장들로 더불어 온 이스라엘에게 고하여 가로되 이스라엘아 잠잠히 들으라"(9) 합니다. 이점에서 유념해야할 점은, "큰 돌에 율법을 기록하는" 첫째 단원의 준비(準備)과정은, "모세가 이스라엘 장로(長老)들로 더불어 백성들에게 명하였으나"(1), 축복과 저주를 선포하는 둘째 단원은 "모세가 레위 제사장(祭司長)들로 더불어 온 이스라엘에게 고하고"(9) 있다는 점입니다. 왜나하면 백성들에게 "축복"할 수 있는 권한은, "여호와께서 레위 지파를 구별하여 언약궤를 메이며 여호와의 이름으로 축복하게"(10:8) 하셨기 때문입니다. 이 제사장은 우리의 중보자이신 그리스도를 예표하는 인물입니다.

① "오늘날 네가 네 하나님 여호와의 백성(百姓)이 되었으니 그런즉

네 하나님 여호와의 말씀을 복종하여 내가 오늘날 네게 명하는 그 명령과 규례를 행할 지니라"(10) 하고, 말씀합니다. 이는 서문(序文)인데 어찌하여 이런 삶을 살지 않으면 아니 되는가를 밝혀주는 말씀입니다.

㉠ "오늘날 네가 여호와의 백성이 되었다"는 말씀은 가까운 문맥(文脈)으로는 26:17-18절에서, "오늘날 여호와를 네 하나님으로 인정하고, 규례와 명령과 법도를 지키기로 확언하고", 하나님께서도 "너를 자기의 보배로운 백성으로 인정을 하고 확언"한 맹약을 가리킵니다. 그런데 근원적인 근거(根據)는 출애굽 당시, "너희를 구속(救贖)하여 너희로 내 백성을 삼고 나는 너희 하나님이 되리니"(출 6:6-7) 하신, 유월절 어린 양의 "구속"으로 말미암아 가능하여졌다는 점을 잊어서는 아니 됩니다. 이처럼 서문을 말씀한 다음에, "모세가 당일에 백성에게 명하여 가로되 너희가 요단을 건넌 후에"(11-12상),

② "시므온과 레위와 유다와 잇사갈과 요셉과 베냐민은 백성을 축복하기 위하여 그리심산에 서고"(12),

③ "르우벤과 갓과 아셀과 스불론과 단과 납달리는 저주하기 위하여 에발산에 서라"(13) 하십니다.

㉠ 이점은 이미 11:29절에서, "여호와께서 네가 가서 얻을 땅으로 너를 인도하여 들이실 때에 너는 그리심산에서 축복을 선포하고 에발산에서 저주를 선포하라" 하고 말씀한 바입니다. 또한 마지막 부분인 30장에 이르러서도, "보라 내가 오늘날 생명과 복과 사망과 화를 네 앞에 두었나니"(30:15) 하고 말씀합니다. 그러니까 신명기는 "복과, 저주"로 된 내용이라 할 수가 있습니다. 왜 그리심산과 에발산인기? 이는 두 산이 가나안의 중심부인 "길갈 맞은 편 모레 상수리나무 곁"(11:30)에 위치해 있으면서 비슷한 높이로 마주 대하고 있기 때문에 "축복과, 저주", 두 길 중 어느 쪽을 택할 것인가를 가장 실감(實感) 있게 드러내기에 적합하다는 지형적인 특성 때문으로 여겨집니다.

④ "레위 사람은 큰 소리로 이스라엘 모든 사람에게 말하여 이르기를"(14), 그리고 도표에 표시된 대로 12가지 저주받을 항목을 선포를 합니다. 12가지 항목은 크게 4가지로 분류가 되는데,

㉠ 첫째가 하나님께 대한 경건치 아니함(㉠), 즉 우상숭배입니다.

㉡ 둘째로 이웃에 대한 불의(㉡, ㉢, ㉣, ㉤)입니다.

㉢ 셋째가 가증스러운 음행(㉥, ㉦, ㉧, ㉨)입니다,

㉣ 넷째가 생명을 해하는 살인(㉩, ㉪, ㉫)으로 되어 있습니다.

㉤ 항목이 선포될 때마다, "모든 백성은 아멘 할지어다" 하고, 12번이나 언급이 되어 있습니다. 이 장면은, ㉮ 큰 돌에 기록한 율법은 가나안에 세워진 신정국의 헌법(憲法)과 같고, 그 앞에서 조문이 선포될 때마다 온 백성이 "아멘" 하는 것은 이런 가증한 죄를 범치 않겠다는 선서(宣誓)와 같은 것입니다. 이것이 27장을 명하는 1차적인 목적입니다.

㉥ 신명기 다음에 나오는 여호수아 8장에 보면 선민 이스라엘이 요단을 건넌 후 아이 성을 정복한 후에, "때에 여호수아가 이스라엘의 하나님 여호와를 위하여 에발산에 한 단을 쌓으니, 철 연장으로 다듬지 아니한 새 돌로 만든 단이라"(수 8:30-31) 합니다. 그리고 모세가 명한 대로 12지파가 그리심산과 에발산에 절반씩 서서 "축복과 저주하는 율법의 모든 말씀을 낭독하였다"(수 8:34) 하고, 이대로 실천했다고 말씀합니다.

㉦ 얼마나 철저합니까? 얼마나 확실합니까? 얼마나 엄격합니까? 얼마나 빈틈이 없습니까? 그런데 말입니다. "여호수아가 일백 십세에 죽으매, 그 세대 사람도 다 그 열조에게로 돌아갔고 그 후에 일어난 다른 세대는 여호와를 알지 못하며 여호와께서 이스라엘을 위하여 행하신 일도 알지 못하였더라"(삿 2:8, 10), 그리하여 "마침내" 가나안 족속들 사이에 거하여 서로 통혼하고, "또 그들의 신들을 섬겼더라"(삿 3:5-6) 하

는 말씀을 대한다는 것은, 얼마나 통탄(痛嘆)할 일입니까?

ⓞ 12항목 중 맨 마지막 조항은, "이 율법의 모든 말씀을 실행치 아니하는 자는 저주를 받을 것이라 할 것이요 모든 백성은 아멘 할지니라"(26) 하는 말씀으로 마치고 있습니다. 형제도 "아멘" 하십니까?

ⓩ 그런데 12번이나 선포된 "저주"에 멈춰서는 아니 됩니다. 왜냐하면 27장을 통해서 계시하시려는 구속사적인 의미가 있기 때문입니다. 그러므로 주목해야할 점이 있는데 그것은 ㉮ 율법을 기록한 돌들이 에발산에 세워졌고(4), ㉯ "번제단"도 "거기" 곧 에발산에 쌓았다(5, 수 8:30)는 점입니다. 그리고 27장에서 "축복"은 한마디도 선포됨이 없이 "저주"만 12번이나 퍼부어지고 있다는 사실입니다. 이를 통해서 계시하시려는 바가 무엇인가? "무릇 율법 행위에 속한 자들은 저주 아래 있나니 기록된바 누구든지 율법책에 기록된 대로 온갖 일을 항상 행하지 아니하는 자는 저주 아래 있는 자"(갈 3:10)임을 나타냅니다.

ⓒ 그렇다면 어찌하여 번제단이 저주를 상징하는 에발산에 세워졌는가? 성경은 대답합니다. "그리스도께서 우리를 위하여 저주를 받은바 되사 율법의 저주에서 우리를 속량하셨으니 기록된바 나무에 달린 자마다 저주 아래 있는 자라 하였음이라"(갈 3:13), 이제 분명합니까? 그러므로 율법이 기록된 돌비 앞에 머물러있지 말고, 번제단으로 나아가서 그리스도를 만나야만 소망이 있는 것입니다.

ⓚ 마지막으로 이 12항목이 신약의 성도들에게는 어떤 교훈적인 의미가 있는가 하는 점입니다.

㉮ 우상숭배(15)는 복음을 망각하고 자기중심적인 기복신앙에 빠지는 일입니다.

㉯ "지계표를 옮기고, 소경으로 길을 잃게 하는 것"(17-18)은 말씀을 가감하고 곡해하여 성도들을 구렁텅이에 빠지게 하는 것으로 적용이 될 수가 있습니다.

㉰ 음란(20-23)은, "겨우 피한 자들을 음란으로써 육체의 정욕 중에 유혹한다"(벧후 2:18) 한, 사탄의 마지막 무기입니다. 죄들에는 12가지 항목만이 아니라 억 만 가지가 있지만 크게는, "경건치 아니함과, 불의"(롬 1:18)라는 두 가지 뿐이요, 하나님의 진노는 "경건치 아니함과 불의에 대하여 하늘로 좇아 나타난다" 하고 말씀합니다. 이것이 "제사장이 선포한 저주받을 12가지 항목"들입니다.

⑤ 묵상해보겠습니다.

㉠ 27장을 명하시는 1차적인 의도가 무엇인가에 대해서,

㉡ 저주가 퍼부어지는 에발산에 번제단을 쌓으라 한 구속사적 의미에 대해서,

㉢ 선포된 12항목이 신약의 성도들에게 어떻게 적용이 되는가에 대해서.

28장

순종과 불순종, 복과 저주

[1]네가 네 하나님 여호와의 말씀을 삼가 듣고 내가 오늘날 네게 명하는 그 모든 명령을 지켜 행하면 네 하나님 여호와께서 너를 세계 모든 민족 위에 뛰어나게 하실 것이라.

28장은, 27장에서 언급한 "그리심산 축복과, 에발산 저주"에 대한 상론(詳論)이라 할 수가 있습니다. 1-14절은 "축복"이고, 15절 이하 마지막 절까지는 "저주"입니다. 주목하게 되는 것은 "저주"가 축복에 비해서 약 4배 정도나 더 많다는 것입니다. 이는 전적타락, 전적부패 한 인간의 심성이 순종보다는 불순종할 가능성이 4배 정도로 많기 때문이라고 이해할 수도 있습니다. 그런데 이는 단순한 경계만이 아니라, 이렇게 되리라는 예언(豫言)적인 의미가 있다는 점과, 슬프게도 그대로 당하고야 말았다는 점을 염두에 두고 상고해야 할 것입니다.

첫째 단원(1-14) **순종하면 받게 될 축복들**

둘째 단원(15-36) **불순종하면 당하게 될 저주들**

셋째 단원(47-68) **불순종하면 당하게 될 예언적인 저주**

첫째 단원(1-14) 분석도표
주제 : 순종하면 받게 될 축복들

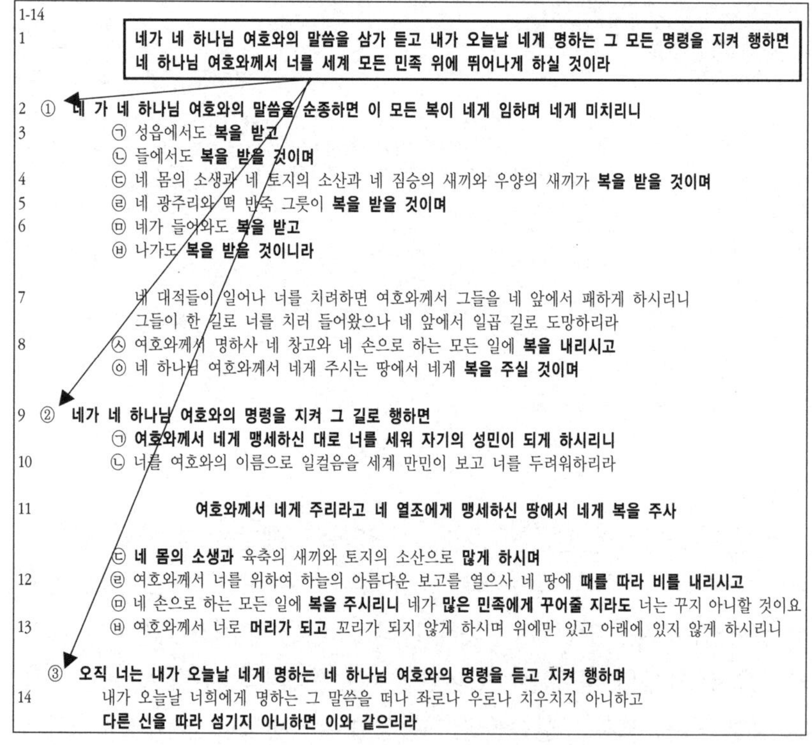

1-14

1 **네가 네 하나님 여호와의 말씀을 삼가 듣고 내가 오늘날 네게 명하는 그 모든 명령을 지켜 행하면 네 하나님 여호와께서 너를 세계 모든 민족 위에 뛰어나게 하실 것이라**

2 ① **네 가 네 하나님 여호와의 말씀을 순종하면 이 모든 복이 네게 임하며 네게 미치리니**

3 ㉠ 성읍에서도 **복을 받고**

㉡ 들에서도 **복을 받을 것이며**

4 ㉢ 네 몸의 소생과 네 토지의 소산과 네 짐승의 새끼와 우양의 새끼가 **복을 받을 것이며**

5 ㉣ 네 광주리와 떡 반죽 그릇이 **복을 받을 것이며**

6 ㉤ 네가 들어와도 **복을 받고**

㉥ 나가도 **복을 받을 것이니라**

7 네 대적들이 일어나 너를 치려하면 여호와께서 그들을 네 앞에서 패하게 하시리니 그들이 한 길로 너를 치러 들어왔으나 네 앞에서 일곱 길로 도망하리라

8 ㉦ 여호와께서 명하사 네 창고와 네 손으로 하는 모든 일에 **복을 내리시고**

㉧ 네 하나님 여호와께서 네게 주시는 땅에서 네게 **복을 주실 것이며**

9 ② **네가 네 하나님 여호와의 명령을 지켜 그 길로 행하면**

㉠ **여호와께서 네게 맹세하신 대로 너를 세워 자기의 성민이 되게 하시리니**

10 ㉡ 너를 여호와의 이름으로 일컬음을 세계 만민이 보고 너를 두려워하리라

11 **여호와께서 네게 주리라고 네 열조에게 맹세하신 땅에서 네게 복을 주사**

㉢ **네 몸의 소생과** 육축의 새끼와 토지의 소산으로 **많게 하시며**

12 ㉣ 여호와께서 너를 위하여 하늘의 아름다운 보고를 열으사 네 땅에 **때를 따라 비를 내리시고**

㉤ 네 손으로 하는 모든 일에 **복을 주시리니** 네가 **많은 민족에게 꾸어줄 지라도** 너는 꾸지 아니할 것이요

13 ㉥ 여호와께서 너로 **머리가 되고** 꼬리가 되지 않게 하시며 위에만 있고 아래에 있지 않게 하시리니

③ **오직 너는 내가 오늘날 네게 명하는 네 하나님 여호와의 명령을 듣고 지켜 행하며**

14 내가 오늘날 너희에게 명하는 그 말씀을 떠나 좌로나 우로나 치우치지 아니하고 **다른 신을 따라 섬기지 아니하면 이와 같으리라**

첫째 단원의 중심점은, "순종하면 받게 될 축복들"에 있습니다. 축복은 크게 두 부류로 나눌 수가 있는데, 2-8절은 대내적(對內的)인 축복이고, 9-13절은 주로 대외적(對外的)인 축복입니다.

도표를 보시면 "여호와의 말씀을 삼가 듣고, 모든 명령을 지켜 행하면"을 중심으로, ① "이 모든 복이 네게 임하며 네게 미치리니" 하시면서, "---복을 받을 것이라" 하고, 8복이 나옵니다. 이는 주로 대내적인 축복들이고, ② 그런 후에 또다시 "네가 네 하나님 여호와의 명령을 지켜 그 길로 행하면" 하고 재차 다짐하면서, 6가지 특혜를 말씀하시는데 이는 일찍이 아브라함에게 언약하셨던 대외적인 축복들입니다. ③ 그런 후에 결론적으로, "다른 신"에 대한 경계를 하시면서, "내가 오늘날 너희에게 명하는 그 말씀을 떠나 좌로나 우로나 치우치지" 말라 하십니다.

첫째 단원(1-14) 순종하면 받게 될 축복들

"네가 네 하나님 여호와의 말씀을 삼가 듣고 내가 오늘날 네게 명하는 그 모든 명령을 지켜 행하면 네 하나님 여호와께서 너를 세계 모든 민족 위에 뛰어나게 하실 것이라"(1) 하십니다. 이는 명제(命題)가 되는 서문인데, "세계 모든 민족 위에 뛰어나게 하실 것이라"는 말씀은, "제사장 나라가 되게 하시겠다"는 뜻입니다.

① "네가 네 하나님 여호와의 말씀을 순종하면 이 모든 복이 네게 임하며 네게 미치리니"(2) 하고, 8복을 말씀하시는데 주로 대내적으로 받게 될 축복들입니다.

㉠ "성읍에서도 복을 받고,

㉡ 들에서도 복을 받을 것이며"(3),

㉢ "네 몸의 소생과 네 토지의 소산과 네 짐승의 새끼와 우양의 새끼가 복을 받을 것이며"(4),

㉣ "네 광주리와 떡 반죽 그릇이 복을 받을 것이며"(5),

㉤ "네가 들어와도 복을 받고",

ⓑ "나가도 복을 받을 것이니라"(6), "네 대적들이 일어나 너를 치려 하면 여호와께서 그들을 네 앞에서 패하게 하시리니 그들이 한 길로 너를 치러 들어왔으나 네 앞에서 일곱 길로 도망하리라"(7).

ⓢ "여호와께서 명하사 네 창고와 네 손으로 하는 모든 일에 복을 내리시고",

ⓞ "네 하나님 여호와께서 네게 주시는 땅에서 네게 복을 주실 것이며"(8) 하십니다. 이상이 주로 대내적(對內的)으로 받게 될 8가지 복입니다.

② 이렇게 말씀한 후에, "네가 네 하나님 여호와의 명령을 지켜 그 길로 행하면"(9상) 하고, 재 다짐함으로 앞의 말씀과 구분(區分)을 두면서, 주로 대외적(對外的)인 축복을 말씀하시는데,

㉠ "여호와께서 네게 맹세하신 대로 너를 세워 (만국 중에서) 자기의 성민이 되게 하시리니"(9하),

㉡ "너를 여호와의 이름으로 일컬음을 세계 만민(萬民)이 보고 너를 두려워하리라"(10) 하시면서, 28장 전체를 통해서 핵심이라 할 수 있는, "여호와께서 네게 주리라고 네 열조(烈祖)에게 맹세하신 땅에서 네게 복을 주사"(11상) 합니다. 열조에게 하신 "맹세"란 아브라함에게 세워주신 언약을 가리키는 말인데, 이는 근원적(根源的)인 뿌리가 되는 말씀으로, ㉮ 이스라엘이 세계 만국 중 성민으로 택함을 받게 된 것과, ㉯ 출애굽하게 된 것과, ㉰ 가나안 땅을 얻게 된 것 등이, 저들에게 자격이나 공로가 있어서가 아니라, 하나님께서 아브라함에게 언약하신 전적인 하나님의 은혜임을 증거하는 말씀인 것입니다.

㉢ 그러므로 "네 몸의 소생과 육축의 새끼와 토지의 소산으로 많게 하시며"(11하),

㉣ "여호와께서 너를 위하여 하늘의 아름다운 보고를 열으사 네 땅에 때를 따라 비를 내리시고"(12상),

ⓜ "네 손으로 하는 모든 일에 복을 주시리니 네가 많은 민족에게 꾸어줄 지라도 너는 꾸지 아니할 것이요"(12하),

ⓑ "여호와께서 너로 머리가 되고 꼬리가 되지 않게 하시며 위에만 있고 아래에 있지 않게 하시리니"(13상) 하시는 축복들은 일찍이 하나님께서 아브라함과 이삭과 야곱에게 약속하신 축복들인 것입니다.

③ 그리하여 첫째 단원의 결론은, "오직 너는 내가 오늘날 네게 명하는 네 하나님 여호와의 명령을 듣고 지켜 행하며 내가 오늘날 너희에게 명하는 그 말씀을 떠나 좌로나 우로나 치우치지 아니하고 다른 신을 따라 섬기지 아니하면 이와 같으리라"(13하-14) 하고 마치고 있습니다.

ⓖ 이점에서 다시 한번 강조하고자 하는바는, 열조(烈祖)에게 세워주신 "맹세(9)와, 다른 신"(14)의 대조(對照)입니다. 열조에게 세워주신 맹세의 핵심은 메시아언약입니다. 이스라엘 백성들이 가나안 땅에 들어가서, 메시아언약을 보수해나갈 것이냐? 아니면 가나안의 다른 신을 택할 것이냐에 따라, "축복과, 저주"가 갈라지게 된다는 말씀입니다.

ⓝ 본문에는 나타나 있지 않지만 또 하나의 가능성을 말씀드린다면, "이와 같이 저희가 여호와도 경외하고 또한 어디서부터 옮겨 왔든지 그 민족의 풍속대로 자기의 신들도 섬겼더라"(왕하 17:33) 한 혼합(混合)종교가 될 가능성입니다. 우리는 지금 옛날이야기를 하고 있는 것이 아닙니다. 오늘날 복음은, "심리학, 철학, 처세론" 등 너무나 많은 것들로 혼잡이 되어 순수한 복음이 희귀하여졌습니다. 이것이 "순종하면 받게 될 축복들"입니다. 불순종하게 되면 어떻게 될 것이라고 경고하고 있는가?

둘째 단원(15-46) 분석도표

주제 : 불순종하면 당하게 될 저주들

15-46
15 **네가 만일 네 하나님 여호와의 말씀을 순종하지 아니하여**
내가 오늘날 네게 명하는 그 모든 명령과 규례를 지켜 행하지 아니하면

① **이 모든 저주가 네게 임하고 네게 미칠 것이니**

16 ㉠ 네가 성읍에서도 **저주를 받으며** ㉡ 들에서도 **저주를 받을 것이요**
17 ㉢ 또 네 광주리와 떡 반죽 그릇이 **저주를 받을 것이요**
18 ㉣ 네 몸의 소생과 네 토지의 소산과 네 우양의 새끼가 **저주를 받을 것이며**
19 ㉤ 네가 들어와도 **저주를 받고** ㉥ 나가도 **저주를 받으리라**

20 ② **네가 악을 행하여 그를 잊으므로**
네 손으로 하는 모든 일에 여호와께서 저주와 공구와 견책을 내리사 망하며 속히 파멸케 하실 것이며
21 ㉠ 여호와께서 네 몸에 염병이 들게 하사 네가 들어가 얻을 땅에서 **필경 너를 멸하실 것이며**
22 ㉡ 여호와께서 폐병과 열병과 상한과 학질과 한재와 풍재와 썩는 재앙으로 너를 치시리니
이 재앙들이 너를 따라서 **너를 진멸케 할 것이라**
23 ㉢ 네 머리 위의 하늘은 놋이 되고 네 아래의 땅은 철이 될 것이며
24 ㉣ 여호와께서 비 대신에 티끌과 모래를 네 땅에 내리시리니 그것들이 하늘에서 네 위에 내려서 필경 **너를 멸하리라**

25 ㉤ 여호와께서 너로 네 대적 앞에 패하게 하시리니 네가 한 길로 그들을 치러 나가서는 그들의 앞에서
일곱 길로 도망할 것이며 네가 또 세계 **만국 중에 흩음을 당하고**
26 네 시체가 공중의 모든 새와 땅 짐승들의 밥이 될 것이나 그것들을 쫓아 줄자가 없을 것이며
27 ㉥ 여호와께서 애굽의 종기와 치질과 괴혈병과 개창으로 너를 치시리니 네가 치료함을 얻지 못할 것이며
28 ㉦ 여호와께서 또 너를 미침과 눈멂과 경심증으로 치시리니
29 소경이 어두운데서 더듬는 것과 같이 네가 백주에도 더듬고 네 길이 형통치 못하여
항상 압제와 노략을 당할 뿐이니 **너를 구원할 자가 없을 것이며**

30 ㉧ 네가 여자와 약혼하였으나 다른 사람이 그와 같이 잘 것이요 집을 건축하였으나 거기 거하지 못할 것이요
㉨ 포도원을 심었으나 네가 그 과실을 쓰지 못할 것이며
31 ㉩ 네 소를 네 목전에서 잡았으나 네가 먹지 못할 것이며 네 나귀를 네 목전에서 빼앗아 감을 당하여도
도로 찾지 못할 것이며 네 양을 대적에게 빼앗길 것이나 너를 도와 줄 자가 없을 것이며
32 ㉪ 네 자녀를 다른 민족에게 빼앗기고 종일 생각하고 알아봄으로 눈이 쇠하여지나 네 손에 능이 없을 것이며
33 ㉫ 네 토지소산과 네 수고로 얻은 것을 네가 알지 못하는 민족이 먹겠고 너는 항상 압제와 학대를 받을 뿐이리니
34 이러므로 네 눈에 보이는 일로 인하여 네가 미치리라

35 ㉬ 여호와께서 네 무릎과 다리를 쳐서 고치지 못할 심한 종기로 발하게 하여 발바닥으로 정수리까지 이르게 하시리라
36 ㉭ 여호와께서 너와 네가 세울 네 임금을 너와 네 열조가 알지 못하던 나라로 끌어가시리니
네가 거기서 목석으로 만든 다른 신들을 섬길 것이며
37 여호와께서 너를 끌어가시는 모든 민족 중에서 네가 놀램과 속담과 비방거리가 될 것이라
38 ㉮ 네가 많은 종자를 들에 심을지라도 메뚜기가 먹으므로 거둘 것이 적을 것이며

39 ㉯ 네가 포도원을 심고 다스릴지라도 벌레가 먹으므로 포도를 따지 못하고 포도주를 마시지 못할 것이며
40 네 모든 경내에 감람나무가 있을지라도 그 열매가 떨어지므로 그 기름을 네 몸에 바르지 못할 것이며
41 ㉰ 네가 자녀를 낳을지라도 그들이 포로가 되므로 네게 있지 못할 것이며
42 ㉱ 네 모든 나무와 토지소산은 메뚜기가 먹을 것이며
43 ㉲ 너의 중에 우거하는 이방인은 점점 높아져서 네 위에 뛰어나고 너는 점점 낮아질 것이며
44 그는 네게 꾸일지라도 너는 그에게 꿔지 못하리니 **그는 머리가 되고 너는 꼬리가 될 것이라**

45 ③ **네가 네 하나님 여호와의 말씀을 순종치 아니하고 네게 명하신 그 명령과 규례를 지키지 아니하므로**
이 모든 저주가 네게 임하고 너를 따르고 네게 미쳐서 필경 너를 멸하리니
46 **이 모든 저주가 너와 네 자손에게 영원히 있어서 표적과 감계가 되리라**

둘째 단원은, "네가 만일 네 하나님 여호와의 말씀을 순종하지 아니하여"(15), 이렇게 시작이 됩니다. 첫째 단원은 "여호와의 말씀을 순종하면"(2) 누리게 될 축복을 말씀했는데, 둘째와 셋째 단원에서는 "만일 순종하지 아니하면" 당하게 될 화와, 저주를 진술하는 내용입니다. 저주의 내용을 대별(大別)하면, 대내적(對內的)으로 겪게 될 것과, 대외적(對外的)으로 당하게 될 것으로 되어 있습니다. 그래서 본 단원의 제목을, "불순종하면 당하게 될 저주"라 하고, 다음 단원을, "불순종하면 당하게 될 예언적인 저주"라 한 것입니다.

도표를 보시면 "네가 만일 여호와의 말씀에 순종하지 아니하여, 오늘날 네게 명하는 명령과 규례를 지켜 행하지 아니하면"을 중심으로, ① "이 모든 저주가 네게 임하고 미칠 것이니" 하면서, 6가지 저주를 말씀한 후에, ② 그 원인으로, "네가 악을 행하여 그를 잊었기" 때문이라 하면서, 도표에 표시된 대로 무려 19가지의 화를 말씀합니다. ③ 그리고 단원의 결론으로, "네가 여호와의 말씀을 순종치 아니하고, 그 명령과 규례를 지키지 아니하므로, 이 모든 저주가 네게 임하고 너를 따르고 네게 미쳐서 필경 너를 멸하리니" 하십니다.

둘째 단원(15-46) **불순종하면 당하게 될 저주들**

"네가 만일 네 하나님 여호와의 말씀을 순종하지 아니하여 내가 오늘날 네게 명하는 그 모든 명령과 규례를 지켜 행하지 아니하면"(15상),

① "이 모든 저주가 네게 임하고 네게 미칠 것이니"(15하),

㉠ "네가 성읍에서도 저주를 받으며,

㉡ 들에서도 저주를 받을 것이요"(16),

㉢ "또 네 광주리와 떡 반죽 그릇이 저주를 받을 것이요"(17),

ⓔ "네 몸의 소생과 네 토지의 소산과 네 우양의 새끼가 저주를 받을 것이며"(18),

ⓜ "네가 들어와도 저주를 받고,

ⓑ "나가도 저주를 받으리라"(19) 하십니다. 첫째 단원에서는 8복(福)을 말씀하고, 둘째 단원에서는 6저주(咀呪)를 말씀하여, "내가 오늘날 복과 저주를 너희 앞에 두나니"(11:26) 한, 그대로 모세는 하고 있는 것입니다. "복과 저주" 중 어느 길로 행하려느냐 하고 묻고 있는 셈입니다.

② 6가지 저주를 말씀한 후에, "네가 악을 행하여 그를 잊으므로 네 손으로 하는 모든 일에 여호와께서 저주와 공구와 견책을 내리사 망하며 속히 파멸케 하실 것이며"(20) 하고, "저주"에서 한걸음 더 나아가, "망(亡)하며 속히 파멸(破滅)케 하실 것"이라 하십니다.

ⓖ 이렇게 되는 원인은, "네가 악을 행하여 그를 잊으므로", 즉 메시아언약을 버리고 우상을 숭배하면 이렇게 된다는 경고인 것입니다. 그리고 도표에서 보시는 바대로 21-44절까지에 무려 19가지 화가 열거되고 있는데, 이는 징벌(懲罰)의 차원이 아니라, 심판하시리라는 경고임을 유념해야만 합니다.

ⓛ "망하며 속히 파멸케 하실 것이며(20), 필경 너를 멸하실 것이며(21), 너를 진멸케 할 것이라(22), 필경 너를 멸하리라"(24) 하고, "심판"이 강조되어 있는데, 이는 윤리적인 죄로 인해서가 아닙니다. 열조에게 세워주신 메시아언약을 배반하고, 우상을 숭배한 결과로 당하는 멸망(滅亡)임을 다시 한 번 명심해야만 합니다. 그래서 29절에서는, "너를 구원(救援)할 자가 없을 것이며" 하시는 것입니다. 신구약을 막론하고 구원은 오직 메시아언약 안에만 있기 때문입니다.

③ 그리고 둘째 단원의 결론은, "네가 네 하나님 여호와의 말씀을 순종치 아니하고 네게 명하신 그 명령과 규례를 지키지 아니하므로 이 모든 저주가 네게 임하고 너를 따르고 네게 미쳐서 필경 너를 멸(滅)하리니 이 모든 저주가 너와 네 자손에게 영원히 있어서 표적과 감계(鑑戒)가 되리라"(45-46)

하고 마치고 있습니다. 이것이 "불순종하면 당하게 될 저주들"입니다.

셋째 단원(47-68) 분석도표

주제 : 불순종하면 당하게 될 예언적인 저주

47-68

47 **네가 모든 것이 풍족하여도 기쁨과 즐거운 마음으로**
네 하나님 여호와를 섬기지 아니함으로 말미암아

48 ① 네가 주리고 목마르고 헐벗고 모든 것이 부족한 중에서 **여호와께서 보내사 너를 치게 하실**
적군을 섬기게 될 것이니 그가 철 멍에를 네 목에 메워 **마침내 너를 멸할 것이라**
49 **곧 여호와께서 멀리 땅 끝에서 한 민족을 독수리가 날아오는 것 같이 너를 치러 오게 하시리니**

이는 네가 그 언어를 알지 못하는 민족이요
50 그 용모가 흉악한 민족이라 노인을 보살피지 아니하며 유아를 불쌍히 여기지 아니하며
51 네 가축의 새끼와 네 토지의 소산을 먹어 마침내 너를 멸망시키며 또 곡식이나 포도주나 기름이나
소의 새끼나 양의 새끼를 너를 위하여 남기지 아니하고 **마침내 너를 멸절시키리라**
52 그들이 전국에서 네 모든 성읍을 에워싸고 네가 의뢰하는 높고 견고한 성벽을 다 헐며
네 하나님 여호와께서 네게 주시는 땅의 **모든 성읍에서 너를 에워싸리니**
53 네가 적군에게 에워싸이고 맹렬한 공격을 받아 곤란을 당하므로 네 하나님 여호와께서 네게 주신 자녀
곧 **네 몸의 소생의 살을 먹을 것이라**

54 너희 중에 온유하고 연약한 남자까지도 그의 형제와 그의 품의 **아내와 그의 남은 자녀를 미운 눈으로 바라보며**
55 자기가 먹는 그 자녀의 살을 그 중 누구에게든지 주지 아니하리니 이는 네 적군이 네 모든 성읍을 에워싸고
맹렬히 너를 쳐서 곤란하게 하므로 아무것도 그에게 남음이 없는 까닭일 것이며
56 또 너희 중에 온유하고 연약한 부녀 곧 온유하고 연약하여 자기 발바닥으로 땅을 밟아 보지도 아니하던 자라도
자기 품의 남편과 자기 자녀를 미운 눈으로 바라보며
57 자기 다리 사이에서 나온 태와 **자기가 낳은 어린 자식을 남몰래 먹으리니** 이는 네 적군이 네 생명을 에워싸고
맹렬히 쳐서 곤란하게 하므로 아무것도 얻지 못함이리라

58 ② **네가 만일 이 책에 기록한 이 율법의 모든 말씀을 지켜 행하지 아니하고**
네 하나님 여호와라 하는 영화롭고 두려운 이름을 경외하지 아니하면
59 여호와께서 **네 재앙과 네 자손의 재앙을 극렬하게 하시리니** 그 재앙이 크고 오래고 그 질병이 중하고 오랠 것이라
60 여호와께서 네가 두려워하던 애굽의 모든 질병을 네게로 가져다가 네 몸에 들어붙게 하실 것이며
61 또 이 율법책에 기록하지 아니한 모든 질병과 **모든 재앙을 네가 멸망하기까지 여호와께서 네게 내리실 것이니**

62 ③ **너희가 하늘의 별 같이 많을지라도 네 하나님 여호와의 말씀을 청종하지 아니하므로**
남는 자가 얼마 되지 못할 것이라
63 여호와께서 너희에게 선을 행하시고 너희를 번성하게 하시기를 기뻐하시던 것 같이 이제는 여호와께서
너희를 망하게 하시며 멸하시기를 기뻐하시리니 너희가 들어가 차지할 땅에서 뽑힐 것이요
64 여호와께서 너를 땅 이 끝에서 저 끝까지 만민 중에 흩으시리니 네가 그 곳에서 너와 네 조상들이 알지 못하던
목석 우상을 섬길 것이라

65 그 여러 민족 중에서 네가 평안함을 얻지 못하며 네 발바닥이 쉴 곳도 얻지 못하고
여호와께서 거기에서 네 마음을 떨게 하고 눈을 쇠하게 하고 정신을 산란하게 하시리니
66 네 생명이 위험에 처하고 주야로 두려워하며 네 생명을 확신할 수 없을 것이라
67 네 마음의 두려움과 눈이 보는 것으로 말미암아 아침에는 이르기를 아하 저녁이 되었으면 좋겠다 할 것이요
저녁에는 이르기를 아하 아침이 되었으면 좋겠다 하리라

68 여호와께서 너를 배에 싣고 전에 네게 말씀하여 이르시기를 네가 다시는 그 길을 보지 아니하리라 하시던
그 길로 너를 애굽으로 끌어가실 것이라 거기서 너희가
너희 몸을 적군에게 남녀 종으로 팔려 하나 너희를 살 자가 없으리라

셋째 단원은 "불순종하면 당하게 될 예언적인 저주들"입니다. 지금 이스라엘 백성들은 가나안을 목전(目前)에 둔 요단 동편 모압에 머물고 있으면서 모세로부터 약속의 땅에 들어가서 준행해야할 하나님의 훈령을 받고 있는 중입니다. 이처럼 희망에 부풀러 있는 백성들을 향해서 15-68절에 이르는 54개절을 통해서 "저주와, 화"를 선포하는 의도가 무엇인가? 그럴 가능성(可能性)이 있기 때문입니다. 보다 더 그렇게 될 것을 내다보고 하는 경고(警告)라고 하는 말이 더욱 적절할 것입니다. 이렇게 하는 모세의 심정은 어떠했을 것인가?

불순종의 결과는 한마디로 적군에 의하여 참혹하게 멸망을 당하게 되리라는 경고입니다. 그런데 모세의 예언적(豫言的)인 경고는 문자대로 역사적(歷史的)으로 응하고야 말았던 것입니다. 이점에서 사활(死活)적으로 중요한 요점은, 멸망을 당하게 한 핵심적(核心的)인 원인이 무엇인가를 간파(看破)하는 일입니다. "저들은 이렇게 행하지 않았다가 멸망을 당했다, 그러므로 우리는 이렇게 행해야만 한다" 하는 식으로 말한다면, 신명기를 말씀하시는 하나님의 의도를 곡해하는 것이 됩니다. 그렇게 말한다면 "이 성경이 곧 내게 대하여 증거하는 것이라"(요 5:39) 하신 그리스도는 필요 없는 것이 되어 설자리를 잃고, 설교 중에서 쫓겨나게 됩니다. 그래서 주님은 교회 문밖에서 문을 두드리시고 계시는 것입니다.

핵심적인 원인은, "다른 신을 섬긴데 있고, 이는 메시아언약을 망각한 것"이라는 점에 확고해야만 합니다. 신명기에만 "다른 신"에 대한 경고가 20번이나 등장을 합니다. "여호와께서 홀로 그들을 인도하셨고 함께 한 다른 신이 없었도다"(32:12) 하십니다. 그런데 저들이 "배부르고 살찌매, 구원하신 반석(盤石)을 경홀히 여기고 발로 찼도다"(32:15) 합니다. 저들이 발로 찬 "구원하신 반석"은, "다 같은 신령한 음료를 마셨으니 이는 저희를 따르는 신령한 반석으로부터 마셨으매 그 반석은 곧 그리스도시라"(고전 10:4) 합니다. 하나님께서는 그리스도를 통하여 천하 만민이 복을 받게 하시려는데 저들은 "다른 신, 다른 복음"을 통해서 복을 받으려했다가 멸망을 당하고야 말았던 것입니다.

하나님께서는 솔로몬이 성전을 건축하고 있는 축복받을만한 경사스러운 때에도 두 번이나 나타나셔서, "내가 너희 앞에 둔 나의 계명과 법도를 지키지 아니하고 가서 다른 신을 섬겨 그것을 숭배하면 내가 이스라엘을 나의 준 땅에서 끊어버릴 것이요 내 이름을 위하여 내가 거룩하게 구별한 이 전이라도 내 앞에서 던져 버리리니"(왕상 9:6-7, 6:11-13) 하고 경고하셨던 것입니다. 왜 그렇게 하셨는가? 그렇게 배반할 가능성이 있고, 그렇게 배신하게 될 것을 아셨기 때문입니다. 현대교회가 이런 지경에 있기 때문에 정신 차리자는 의미에서 이처럼 강조하는 것입니다.

도표를 보시면 "네가 모든 것이 풍족하여도 기쁨과 즐거운 마음으로 네 하나님 여호와를 섬기지 아니함으로 말미암아"를 중심으로, ① "네가 주리고 목마르고 헐벗고 모든 것이 부족한 중에서 여호와께서 보내사 너를 치게 하실 적군을 섬기게 될 것이니", 하시면서 참혹한 화를 말씀하는데, ② 그렇게 되는 원인으로, "네가 만일 이 책에 기록한 이 율법의 모든 말씀을 지켜 행하지 아니하면" 그렇게 되리라 합니다. ③ 그런 진노 중에서도, "너희가 하늘의 별 같이 많을지라도 네 하나님 여호와의 말씀을 청종하지 아니하므로 남는 자가 얼마 되지 못할 것이라" 하고, "남은 자"가 있게 될 것을 예언적으로 말씀하십니다.

셋째 단원(47-68) 불순종하면 당하게 될 예언적인 저주

"네가 모든 것이 풍족하여도 기쁨과 즐거운 마음으로 네 하나님 여호와를 섬기지 아니함으로 인하여"(47),

㉠ 배부르고 살찌게 되니까 "여호와를 섬기지 않게" 되리라 경고하시는데, 28장에는 세 방면의 "섬기는 길"이 있습니다. ㉮ "여호와를 섬기는" (47) 길이 있습니다. ㉯ "다른 신을 섬기는"(14) 길이 있습니다. ㉰ 그 결과로 "너를 치게 하실 대적(對敵)을 섬기게 될 것"(48)이라 경고하고 있는데, 본문의 중심점이 여기에 있습니다.

① "네가 주리고 목마르고 헐벗고 모든 것이 부족한 중에서 여호와께서 보내사 너를 치게 하실 적군(敵軍)을 섬기게 될 것이니 그가 철 멍에를 네 목에 메워 마침내 너를 멸할 것이라"(48) 하십니다.

㉠ 47절과, 48절은 극단적으로, ㉮ "하나님을 섬김"과, "대적을 섬김"이 대조(對照)가 되어 있습니다. ㉯ "모든 것이 풍족함"과, "주리고 목마르고 헐벗고 핍절"이 대조되어 있습니다. ㉰ "기쁨과 즐거움"과, "철 멍에를 목에 메게 될 것"이 대조되어 있습니다. 어느 길을 택할 것인가? "너와 네 자손이 살기 위하여 생명을 택하라"(30:19) 하십니다.

㉡ "곧 여호와께서 멀리 땅 끝에서 한 민족을 독수리가 날아오는 것 같이 너를 치러 오게 하시리니 이는 네가 그 언어를 알지 못하는 민족이요 그 용모가 흉악한 민족이라 노인을 보살피지 아니하며 유아를 불쌍히 여기지 아니하며"(49-50), 이런 민족을 들어서 심판하실 것이라는 경고입니다. 역사는 이런 "진노의 막대기"(사 10:5)로, 앗수를, 바벨론, 로마 등을 사용하셨음을 증언해주고 있습니다.

㉢ 그 적군이, "전국에서 네 모든 성읍을 에워싸고 네가 의뢰하는 높고 견고한 성벽을 다 헐며 네 하나님 여호와께서 네게 주시는 땅의 모든 성읍에서 너를 에워싸리니"(52), 그리하여 "네가 적군에게 에워싸

이고 맹렬한 공격을 받아 곤란을 당하므로 네 하나님 여호와께서 네게 주신 자녀 곧 네 몸의 소생의 살을 먹을 것이라"(53) 경고하는데, 이는 앗수르 군에게 에워싸였을 때에 이런 가증스런 일이 역사적으로 일어났던(왕하 6:28) 것입니다.

㉣ 54-57절은 참아 상상하기도 끔찍한 일인데, 남편과 아내가 자식 중 누구를 잡아먹을까 하고 맹수와 같은 눈으로 바라보면서, "자녀의 살을 누구에게든지 주지 않고" 혼자 먹으리라는 것입니다. 훗날 요시야 왕은 성전을 수리하다가 발견한 모세의 율법책을 듣던 중 "옷을 찢고 통곡했다"(대하 34:27) 한 것은, 이런 대목을 들었기 때문일 것입니다.

② "네가 만일 이 책에 기록한 이 율법의 모든 말씀을 지켜 행하지 아니하고 네 하나님 여호와라 하는 영화롭고 두려운 이름을 경외하지 아니하면"(58) 하고, 재차 다짐을 하면서,

㉠ "모든 재앙을 멸망하기까지 내리실 것"(61)이라 합니다. 메시아 언약을 "버리고, 떠나고, 벗어나" 밖으로 나가면 그 마지막은 "멸망"인 것입니다. ㉮ "여호와께서 너를 땅 이 끝에서 저 끝까지 만민 중에 흩으시리니"(64), 즉 포로로 끌려가게 될 것과, ㉯ "여호와께서 너를 배에 싣고 전에 네게 말씀하여 이르시기를 네가 다시는 그 길을 보지 아니하리라 하시던 애굽"(68)으로 노예로 팔려갈 것을 경고하는데, ㉰ 36절에서는 "네 임금을 너와 네 열조가 알지 못하던 나라로 끌어가시리니" 합니다. 그런데 이런 일이 역사적으로 응하고야 말았던 것입니다.

③ 이런 진노 중에서도, "너희가 하늘의 별 같이 많을지라도 네 하나님 여호와의 말씀을 청종하지 아니하므로 남는 자가 얼마 되지 못할 것이라"(62) 하고, "남은 자"가 있을 것을 듣게 된다는 것은, 하나님의 구원계획을 포기하거나 중단하실 수 없으시다는 점을 암시하는 대목입니다. 물론 "남은 자가 얼마 되지 못할 것"이라 하심은, 재앙이 그토록 클 것을 경고하는 문맥에서 한 말씀이지만, 이를 구속사의 맥락으로 본다

면 하나님의 긍휼히 여기심이 아닐 수가 없습니다.

㉠ 30:1-5절을 보십시오. "너를 긍휼히 여기사 네 포로를 돌리시되 네 하나님 여호와께서 너를 흩으신 그 모든 백성 중에서 너를 모으시리니"(30:3) 하고, "너를 모으시리니(3), 너를 모으실 것이며, 너를 이끄실 것이라(4), 돌아오게 하리라"(5) 하십니다. 이점을 이사야 선지자는, "이스라엘이여 네 백성이 바다의 모래 같을지라도 남은 자만 돌아오리니"(사 10:22) 하고 예언합니다. 어찌하여 "남은 자가 있게 하셔서, 돌아오게" 하시는가? 열조 아브라함에게 세워주신 메시아언약을 성취하시기 위해서인 것입니다.

㉡ 그러므로 "축복과, 저주"의 주제를 강론할 때에 교훈적인 면만을 강조해서는 아니 됩니다. 왜 이런 삶을 살아가지 않으면 아니 되는가? "하나님 여호와의 백성이 되었기"(27:9) 때문입니다. 그리고 하나님의 백성이 된 근거(根據)는 "열조에게 맹세"(11)하신 메시아언약에 있고, 하나님의 백성이 되는 것을 가능하게 한 것은 십계명을 지켰기 때문이 아니라, 오직 "유월절 어린양의 피"(출 6:6)의 구속으로 말미암아 뿐입니다. 그런데 "다른 신"을 섬긴다면 그 마지막은 "멸망"뿐이라는 점을 증거 해야만 하는 것입니다.

㉢ 오해가 없기 위해서 한마디만 부언을 해야 하겠습니다. 내 죄를 속하기 위해서 하나님의 아들이 대신 죽으셔야만 했다는 "복음"을 알고 진실로 믿는 자라면, 십계명만이 아니라, "오직 사랑으로 서로 종노릇하라"(갈 5:13) 하신, 섬김의 삶을 살아가게 된다는 점입니다. 이것이 "불순종하면 당하게 될 예언적인 저주"입니다.

④ 묵상해보겠습니다.

㉠ 만민 중에 이스라엘이 선민이 될 수 있었던 근거에 대해서,

㉡ 바로의 노예가 하나님의 백성이 되는 것을 가능케 한 것에 대해서,

ⓒ 하나님의 백성이 된 자들이 준행해야할 규례와 법도에 대해서,

ⓓ 구속사의 맥락에서 다른 신을 섬긴다는 것이 무엇을 의미하는가에 대해서.

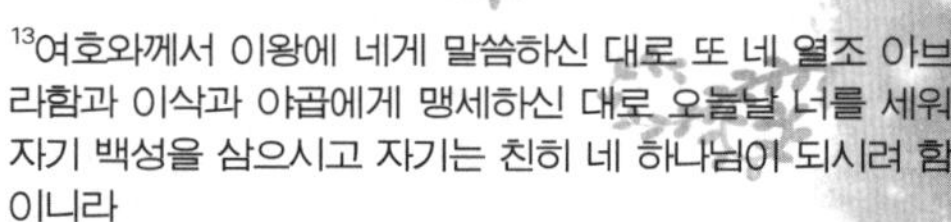

13여호와께서 이왕에 네게 말씀하신 대로 또 네 열조 아브라함과 이삭과 야곱에게 맹세하신 대로 오늘날 너를 세워 자기 백성을 삼으시고 자기는 친히 네 하나님이 되시려 함이니라

29장은, "호렙에서 이스라엘 자손과 세우신 언약 외에 여호와께서 모세에게 명하사 모압 땅에서 또 그들과 세우신 언약의 말씀이 이러 하니라"(1) 하고 시작이 됩니다. 그렇다면 "모압 언약"은 무엇을 가리키는가? 이점에서 유념해야할 점은, "호렙, 즉 시내산에서 세우신 언약과, 모압 땅에서 세워주신 언약이 별개(別個)의 것이 아니라는 점입니다. 문제는 약속의 땅에 입성해야할 2세대들이 시내산 언약 때에는 어린 아이들이었거나, 광야 40년간 방황하는 중에 태어난 자들이라는 점입니다. 그러므로 제2세대들은 시내산 언약에 직접 참여하지 못한 자들이었던 것입니다.

그래서 모세는, "너희가 하나님 여호와 앞에 선 것은 너의 하나님 여호와의 언약에 참여(參與)하며, 또 너의 하나님 여호와께서 오늘날 네게 향하여 하시는 맹세에 참여"(12)시키는 것이라 말씀하는 것입니다. 이를 문맥적으로 보면, 모세가 이제까지 말씀한 것은 "언약서"를 낭독한 것과 같고 이제 이를 준행하기로, "언약과 맹세"에 참여시키는 것은 선서식(宣誓式)과 같다 하겠습니다. 이런 맥락에서 29장은 신명기의 중심장이라 할 수가 있습니다.

첫째 단원(1-9) **여기까지 인도하신 에벤에셀의 하나님**

둘째 단원(10-17) **여호와의 언약과 여호와의 맹세에 참여함**

셋째 단원(18-29) **여호와의 언약을 버리고 다른 신을 섬기면**

첫째 단원(1-9) 분석도표

주제 : 여기까지 인도하신 에벤에셀의 하나님

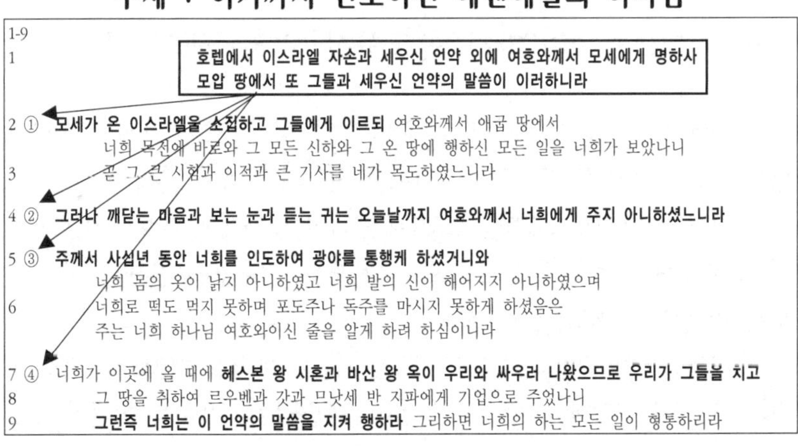

첫째 단원은 "언약과 맹세에 참여"시키기 위한 서문(序文)이라 할 수가 있습니다. 모세는 2세대들이 어찌하여 "언약과 맹세"에 참여해야 하

는지 그 이유를 말씀해주고 있는 것입니다. 본문에 함축된 뜻을 풀어서 말씀을 드린다면, 애굽 바로의 노예였던 자들을 구속하여 하나님의 백성으로 삼으시고, 이제 약속의 땅으로 들어가게 되었기 때문에 "언약과 맹세"에 참여해야만 한다는 것입니다.

도표를 보시면 "모압 땅에서 그들과 세우신 언약의 말씀이 이러 하니라"를 중심으로, ① "모세가 온 이스라엘을 소집하고, 여호와께서 애굽 땅에서" 인도하여내신 일을 상기시키면서, ② "깨닫는 마음과 보는 눈과 듣는 귀는 오늘날까지 너희에게 주지 아니 하셨다" 하고 말씀하고는, ③ "사십년 동안 광야"를 통과케 하시고, ④ "헤스본 왕 시혼과 바산 왕 옥"을 정복케 하시고, 여기 모압까지 인도하여주신 것을 진술합니다. 이렇게 말씀함은 약속의 땅에 입성하기 전에, "언약과 맹세"에 참여해야 하는 당위성(當爲性)을 인식시키기 위해서입니다.

첫째 단원(1-9) 여기까지 인도하신 에벤에셀의 하나님

"호렙에서 이스라엘 자손과 세우신 언약 외에 여호와께서 모세에게 명하사 모압 땅에서 또 그들과 세우신 언약의 말씀이 이러 하니라"(1),

① "모세가 온 이스라엘을 소집(召集)하고 그들에게 이르되 여호와께서 애굽 땅에서 너희 목전에 바로와 그 모든 신하와 그 온 땅에 행하신 모든 일을 너희가 보았나니"(2),

㉠ "곧 그 큰 시험과 이적과 큰 기사를 네가 목도하였느니라"(3) 합니다. 모세가 언약에 참여시키기 전에 "출발점"(出發點)을 어디에 두고 있는가를 주목해야만 합니다. "애굽 땅, 바로" 하고, 출애굽에 두고 있다는 것입니다. "이적과 큰 기사"라 말씀하는데, 기사 중에 제일 큰 기사는 애굽을 심판하실 때에, 이스라엘을 유월절 어린양의 피로 구속하

여 내신 점입니다. 이는 이스라엘인이라면 잊어서는 아니 될, 또한 잊을 수도 없는 근원이요, 뿌리요, 원점이 되는 말씀입니다. 그러므로 16절에서도, "우리가 애굽 땅에 어떻게 거하였었는지, 너희가 여러 나라를 어떻게 통과하여 왔었는지 너희가 알며" 하고 이점을 다시 상기시키고 있는 것입니다.

㉡ 신약의 성도들도 이점에 더욱 확신을 가져야만, 정체성에 확고할 수가 있습니다. 왜냐하면 "유월절 어린양"이라는 그림자를 통해서 보여주셨던 구속교리가, 실체(實體)로 성취가 된 이후 시대를 살아가고 있기 때문입니다. 이점이 바울 서신에는 "말미암아" 라는 접속사(接續詞)를 통해서 너무나 명백하게 나타납니다. 한 예를 들면, "그리스도 예수 안에 있는 구속(救贖)으로 〈말미암아〉 하나님의 은혜로 값없이 의롭다 하심을 얻은 자 되었느니라, 그러므로 우리가 믿음으로 의롭다 하심을 얻었은즉 우리 주 예수 그리스도로 〈말미암아〉 하나님으로 더불어 화평을 누리자, 또한 그로 〈말미암아〉 우리가 믿음으로 서 있는 은혜 안에 들어감을 얻었으며, 우리 주 예수 그리스도로 〈말미암아〉 하나님 안에서 또한 즐거워하느니라"(롬 3:24, 5:1-2, 11) 하고, "말미암아" 라는 접속사가 끊어지지를 않고 있습니다.

㉢ 육적 이스라엘 백성들이, "유월절 어린양의 피로 말미암아"에 연결이 되어 있음과 같이, 영적 이스라엘 백성들의 모든 은혜와 축복이 우리 주 예수 그리스도의 구속으로 "말미암아"에 걸려 있다는 점을 놓쳐서는 아니 됩니다. 이 "말미암아"가 끊어지게 되면 "그리스도에게서 끊어지고 은혜에서 떨어진 자"(갈 5:4)가 되는 것입니다. 모세는 이 뿌리를 상기시켜주고 있는 것입니다.

② "그러나 깨닫는 마음과 보는 눈과 듣는 귀는 오늘날까지 여호와께서 너희에게 주지 아니 하셨느니라"(4) 합니다. 무슨 뜻인가? "출애굽"의 역사는 그 자체로 완결(完決)이 된 사건이 아니라, 보다 심오한 하나

님의 구원계획에 대한 예표라는 뜻입니다.

㉠ 여기에 그림자와 모형과 예표로 보여주시던 구약시대를 산 사람들과, 실체(實體)로 성취하여주신 신약시대를 살아가고 있는 그리스도인들의 차이가 드러나고 있습니다. 바로의 노예였던 이스라엘 백성들을 유월절 어린양의 피를 대문에 뿌리라는 기이(奇異)한 방법으로 구원하여 내신 하나님의 의도를 그들은 다 깨달을 수가 없었던 것입니다. 왜냐하면 의문(儀文)이라는 베일에 가려있었던, "하나님 속에 감취었던 비밀의 경륜"(엡 3:9)이었기 때문입니다. 그리하여 구약성경을 해석할 때에 신약의 빛을 받아 해석해야 하는 당위성이 나타납니다.

㉡ 이점을 주님께서는, "그러나 너희 눈은 봄으로, 너희 귀는 들음으로 복이 있도다 내가 진실로 너희에게 이르노니 많은 선지자와 의인이 너희 보는 것들을 보고자 하여도 보지 못하였고 너희 듣는 것들을 듣고자 하여도 듣지 못하였느니라"(마 13:16-17) 말씀하시고, 바울 사도는, "이제 그의 거룩한 사도들과 선지자들에게 성령으로 나타내신 것같이 다른 세대(구약시대)에서는 사람의 아들들에게 알게 하지 아니하셨다"(엡 3:5) 하고 말씀합니다.

㉢ 그런데 신약의 성도들에게는, "이 비밀은 만세와 만대로부터 옴으로 감취었던 것인데 이제는 그의 성도들에게 나타났다"(골 1:26) 하고 말씀하십니다. 그러므로 "이는 하나님이 우리(신약의 성도들)를 위하여 더 좋은 것을 예비(豫備)하셨은즉 우리가 아니면 저희(구약의 성도들)로 온전함을 이루지 못하게 하려 하심이니라"(히 11:40) 하시는 것입니다. 그럼에도 불구하고 우리의 "깨닫는 마음과 듣는 귀"는 얼마나 부끄러운 상태인가?

③ "주께서 사십년 동안 너희를 인도하여 광야를 통행케 하셨거니와 너희 몸의 옷이 낡지 아니하였고 너희 발의 신이 해어지지 아니하였으며"(5) 하고, 40년 광야생활을 상기시킵니다.

㉠ "너희로 떡도 먹지 못하며 포도주나 독주를 마시지 못하게 하셨음은 주는 너희 하나님 여호와이신 줄을 알게 하려 하심이니라"(6) 하고, 광야 40년의 생활이 무의미한 방황만이 아니라, 훈련(訓練) 기간이었다는 것입니다. 하나님은 저들을 애굽에서 구원하여 내시고 이제 내가 할 일은 끝났다 하신 것이 아닙니다. "주께서 그 구속하신 백성을 은혜로 인도(引導)하시되 주의 힘으로 그들을 주의 성결한 처소에 들어가게 하시나이다"(출 15:13) 하고, 끝까지 책임을 져주신다는 것입니다.

④ 모세는 마지막으로, "너희가 이곳에 올 때에 헤스본 왕 시혼과 바산 왕 옥이 우리와 싸우러 나왔으므로 우리가 그들을 치고"(7) 하고, 대적의 마지노선과 같았던 "시혼과, 옥"을 정복케 하시고 이곳 모압 평지까지 인도하여주신 것을 증거하고는,

㉠ 결론을 맺기를, "그런즉 너희는 이 언약(言約)의 말씀을 지켜 행하라 그리하면 너희의 하는 모든 일이 형통하리라"(9) 하고 마칩니다. 이제 2세대들을, "언약과, 맹세"에 참여시킬 준비(準備)가 된 것입니다. 이것이 "여기까지 인도하신 에벤에셀의 하나님"입니다.

둘째 단원(10-21) 분석도표

주제 : 여호와의 언약과 여호와의 맹세에 참여함

10-17
10 ① **오늘날 너희 곧 너희 두령과 너희 지파와 너희 장로들과 너희 유사와 이스라엘 모든 남자와**
11 너희 유아들과 너희 아내와 및 네 진중에 있는 객과 무릇 너를 위하여 나무를 패는 자로부터 물 긷는 자까지

다 너희 하나님 여호와 앞에 선 것은

12 ② **너의 하나님 여호와의 언약에 참예하며 또 너의 하나님 여호와께서 오늘날 네게 향하여 하시는 맹세에 참예하여**

13 ③ **여호와께서 이왕에 네게 말씀하신 대로 또 네 열조 아브라함과 이삭과 야곱에게 맹세하신 대로**
오늘날 너를 세워 자기 백성을 삼으시고 자기는 친히 네 하나님이 되시려 함이니라

14 내가 이 **언약과 맹세를 너희에게만 세우는 것이 아니라**
15 오늘날 우리 하나님 여호와 앞에서 우리와 함께 **여기 선 자와**
오늘날 우리와 함께 **여기 있지 아니한 자에게 까지니**
16 (우리가 애굽 땅에 어떻게 거하였었는지, 너희가 여러 나라를 어떻게 통과하여 왔었는지 너희가 알며
17 너희가 또 그들 중에 있는 가증한 것과 목석과 은금의 우상을 보았느니라)

둘째 단원의 중심점은 2세대들을 "언약과 맹세에 참여"시키는데 있습니다. 신명기는 세 편의 설교로 이루어져 있다고 말씀드렸습니다. 첫 번 설교는, 출애굽 1세대들이 실패한 원인을 말씀한 내용이고, 두 번째 설교에서는 2세대들이 약속의 땅에 들어가서 준행해야할 규례와 법도를 말씀하고는, 이제 세 번째 설교에서 이들을, "여호와의 언약과 맹세"에 참여시키고 있는 것입니다. 이런 맥락에서 첫째와 둘째의 설교는 이들을, "언약과 맹세"에 참여시키기 위한 준비라 할 수가 있습니다.

이렇게 하는 근거(根據)를 어디에 두고 있는가? 그러므로 본장의 핵심(核心)은, "네 열조 아브라함과 이삭과 야곱에게 맹세하신 대로"(13)에 있다는 점을 놓쳐서는 아니 됩니다. 이를 놓치기 때문에 모세가 참여시키고 있는, "언약과, 맹세"를 시내산 언약으로 한정(限定)하는 잘못을 범하는 것입니다. 신학적인 근거는 아브라함에게 세워주신 "메시아 언약"에 있고, 시내산 언약은 하나님의 백성 된 자들이 준행해야할 윤리적인 근거인 것입니다.

12-13절 안에는 모두 "맹세"라는 말이 있습니다. 이 "맹세"는 쌍방언약인 율법과 결부가 되는 것이 아니라, 일방적(一方的)인 언약인 아브라함에게 세워주신 메시아언약과 결부가 되는 것입니다. 그러므로 "언약과, 맹세"를 가리켜서, "이 두 가지 변치 못할 사실"(히 6:18)이라고 말씀하는데, 모세에게 세워주신 시내산 언약은 파(破)해졌던 것입니다.

도표를 보시면 "다 너희 하나님 여호와 앞에 선 것은"을 중심으로, ① "오늘날 두령과, 지파와, 장로들과, 물 긷는 자까지" 여호와 앞에 선 것은, ② "여호와의 언약에 참예하며, 맹세에 참예"하기 위해서라고 말씀하면서, ③ "너를 세워 자기 백성을 삼으시고 자기는 친히 네 하나님이 되시려 함이라" 하고 목적(目的)을 말씀합니다.

둘째 단원(10-17) 여호와의 언약과 여호와의 맹세에 참여함

① "오늘날 너희 곧 너희 두령과 너희 지파와 너희 장로들과 너희 유사와 이스라엘 모든 남자와"(10),

㉠ "너희 유아들과 너희 아내와 및 네 진중에 있는 객과 무릇 너를 위하여 나무를 패는 자로부터 물 긷는 자까지 다 너희 하나님 여호와 앞에 선 것은"(11) 합니다. 참으로 중요(重要)하고도 엄중한 말씀입니다. 2절에서는 분명 "모세가 온 이스라엘을 소집(召集)하고" 라고 말씀하였습니다. 그런데 "언약과, 맹세"에 참여시키는 이 마당에서는, "다 너희 하나님 여호와 앞에 선 것은" 하고 말씀을 합니다. 이렇게 말씀하는 모세는 분명 40년 전 호렙산 기슭 떨기나무 불꽃 가운데서, "모세야 모세야 네가 선 곳은 거룩한 땅이니 네 발에서 신을 벗으라"(출 3:5) 하신 장면을 생각했을 것입니다. 모세는 임종을 앞두고 백성들을 하나님 앞에 세워놓고, "언약과 맹세"에 참여시키고 있는 것입니다.

㉡ "하나님 앞에"란, 모든 일을 하나님이 보시는 앞에서 행하고 있다는 것을 자각하는, 신전신앙(神前信仰)을 가리킵니다. 바울의 서신서에는 "하나님 앞에서" 라는 말이 자주 나오는데, 그는 마지막 서신에서 디모데에게, "하나님 앞과 산 자와 죽은 자를 심판하실 그리스도 예수 앞에서 그의 나타나실 것과 그의 나라를 두고 엄히 명하노니" 하고 말씀합니다. 이는 디모데를 하나님 앞에 세워놓고, 자신도 하나님 앞에서서 명한다는 뜻입니다. 그 명령이 무엇인가? "너는 말씀을 전파하라"(딤후 4:1-2)는 것입니다. 그리고 그는 순교했습니다. 지금 모세도 그렇게 하고 있는 것입니다.

㉢ 그러면 "여호와의 언약과 맹세"에 참여할 자격자(資格者)는 누군가? "너희 두령과 너희 지파와 너희 장로들과 너희 유사와 이스라엘 모든 남자와, 너희 유아들과 너희 아내와 및 네 진중에 있는 객과 무릇

너를 위하여 나무를 패는 자로부터 물 긷는 자까지 다 너희 하나님 여호와 앞에 선 것은"(10-11) 합니다. 누구든지 "여호와를 네 하나님으로 인정(認定)하고, 또 그 도를 행하리라 확언(確言)하는 자"(26:17)면 차별이 없다는 것입니다. 이점을 신약성경에서는, "곧 예수 그리스도를 믿음으로 말미암아 모든 믿는 자에게 미치는 하나님의 의니 차별(差別)이 없느니라"(롬 3:22) 하십니다. 오직 한 가지 차별만이 있는데 "믿느냐, 믿지 않느냐" 하는 차별뿐입니다.

② "너의 하나님 여호와의 언약(言約)에 참예하며 또 너의 하나님 여호와께서 오늘날 네게 향하여 하시는 맹세에 참예하여"(12) 합니다.

㉠ 이점에서 다시 한 번 다짐해야할 점이 있습니다. 그것은 "언약과, 맹세"가 무엇을 가리키느냐 하는 점입니다. 문자(文字)와 표면(롬 2:28)만을 본다면, 시내산 언약, 즉 율법이라고 말하게 될 것입니다. 그런데 "언약과 맹세"에 참여시키시는 목적(目的)이 어디 있는지를 주목해보시기를 바랍니다. 또한 우리도 어찌하여 언약과 맹세에 참여해야만 하는가? 여기에는 신학적인 면과 윤리적인 면이 포함이 되는 것입니다.

③ "여호와께서 이왕에 네게 말씀하신 대로 또 네 열조 아브라함과 이삭과 야곱에게 맹세하신 대로 오늘날 너를 세워 자기 백성(百姓)을 삼으시고 자기는 친(親)히 네 하나님이 되시려 함이니라"(13) 하십니다.

㉠ 여기 중요한 두 가지 요점이 드러나는데 그것은 "자기 백성과, 맹세"라는 말입니다. 먼저 "하나님의 백성"이 되는 것이 어떻게 가능하여지는가 하는 점인데, 바로의 종이었던 저들을 "하나님의 백성"으로 삼으신 것은 율법으로 가능하여지는 것이 아닙니다. "아브라함"에게 세워주신 "메시아언약" 안에서만이 가능하여지는 것입니다. 다음은 "맹세"인데, 12절 13절에 등장합니다. 이는 율법과 결부되는 것이 아니라, "내가 나의 거룩함으로 한번 맹세하였은즉 다윗에게 거짓을 아니할 것이라"(시 89:35) 하신, 메시아언약과 결부되는 것입니다. 그래서 모세는

"또 네 열조 아브라함과 이삭과 야곱에게 맹세하신 대로 오늘날 너를 세워 자기 백성(百姓)을 삼으시고 자기는 친(親)히 네 하나님이 되시려 함이니라"(13) 하고 말씀하는 것입니다. 이것이 신학적(神學的)인 의미입니다.

㉡ 모세는 2세대들이 아브라함에게 세워주신 언약과 맹세에 근거한 "하나님의 백성"이라는 정체성을 확고(確固)하게 세워준 후에, 하나님의 백성답게 책임 있는 삶을 살아가도록 시내산 언약에도 참여시키고 있는 것입니다. 이것이 윤리적인 면입니다. 이점을 강조하는 이유는, "너희는 하나님의 백성(百姓), 하나님은 너희 하나님"이라는 주제는 성경 전체의 주제라 할 수 있는 그토록 중요한 말씀이기 때문입니다.

㉢ 하나님은 에덴에서 자기 형상대로 지으신, 자기 백성을 잃어버리신 것입니다. 그런데 첫 창조는 "말씀"만으로 가능하였으나, 잃어버린 자를 찾기 위한 회복의 역사는 그들이 범한 죄를 대속(代贖)해야만 했던 것입니다. 그래서 주님은, "인자가 온 것은 잃어버린 자를 찾아 구원하려 함이니라(눅 19:10), 인자가 온 것은, 자기 목숨을 많은 사람의 대속물로 주려함이니라"(마 20:28) 하고, 오신 목적을 밝히셨습니다. 그리고 성경 마지막 책, 마지막 부분에 이르러서, "하나님의 장막이 사람들과 함께 있으매 하나님이 저희와 함께 거하시리니 저희는 하나님의 백성이 되고 하나님은 친히 저희와 함께 계셔서", 즉 저희의 하나님이 되신다고 말씀하시고, "이루었도다 나는 알파와 오메가요 처음과 나중이라"(계 21:3, 6) 하고 선언하심으로 하나님의 구원계획은 완성(完成)이 되는 것입니다.

㉣ 그런데 이것이 시내산 언약에 근거한 것이 아니라, "네 열조 아브라함과 이삭과 야곱에게 맹세하신"(13) 언약에 근거한 성취(成就)라는 것입니다. 이스라엘 백성들이 출애굽하게 된 것도, "아브라함과 이삭과 야곱에게 세우신 그 언약"(출 2:24)에 근거 하고, 가나안 땅을 주

심도, "이는 내가 아브라함과 이삭과 야곱에게 맹세하여 그 후손에게 주리라 한 땅이라"(34:4) 하십니다.

ⓜ 그러므로 "내가 이 언약과 맹세를 너희에게만 세우는 것이 아니라"(14) 하면서, ㉮ "오늘날 우리 하나님 여호와 앞에서 우리와 함께 여기 선 자와, ㉯ 오늘날 우리와 함께 여기 있지 아니한 자에게 까지니"(15) 합니다. 그러면 "오늘 여기 있지 아니한 자"란 누구를 가리키는가? 좁은 의미에서는, 이스라엘의 후손 대대를 의미한다고 볼 수가 있습니다. 그런데 이를 구속사라는 지평(地平)으로 본다면, "아브라함은 하나님 앞에서 우리 모든 사람의 조상(祖上)이라"(롬 4:16, 11) 합니다. "또 하나님이 이방을 믿음으로 말미암아 의로 여기실 것을 성경이 미리 알고 먼저 아브라함에게 복음을 전하되 모든 이방이 너를 인하여 복을 받으리라 하였으니 그러므로 믿음으로 말미암은 자는 믿음이 있는 아브라함과 함께 복을 받느니라(갈 3:8-9) 하고 말씀합니다.

ⓑ 그렇다면 "여기 있지 아니한 자" 속에는, 아브라함의 자손으로 오신 그리스도 예수를 믿는 모든 그리스도인들이 다 포함이 된다고 보아야만 합니다. 주님께서도 잡히시던 날 밤, "내가 비옵는 것은 이 사람들만 위함이 아니요 또 저희 말을 인하여 나를 믿는 사람들도 위함이라"(요 17:20) 하고 기도하셨고, "또 이 우리에 들지 아니한 다른 양들(이방인)이 내게 있어 내가 인도하여야 할 터이니"(요 10:16) 하셨습니다.

ⓢ 불신자들이란, "언약과 맹세"에 참여하지 못한 언약 밖에 있는 자들을 가리킵니다. 그들에게 복음을 전해 주어야한다는 것은, 그리스도의 구속을 믿음으로 말미암아 "언약에 참여시키고, 맹세에 참여시키기" 위해서인 것입니다. 이처럼 "여호와의 언약에 참여하며, 맹세에 참여한다"는 것은 사활(死活)을 좌우하는 중요한 의미가 있는 것입니다. 이것이 "여호와의 언약과 여호와의 맹세에 참여함"입니다.

셋째 단원(18-29) 분석도표

주제 : 여호와의 언약을 버리고 다른 신을 섬기면

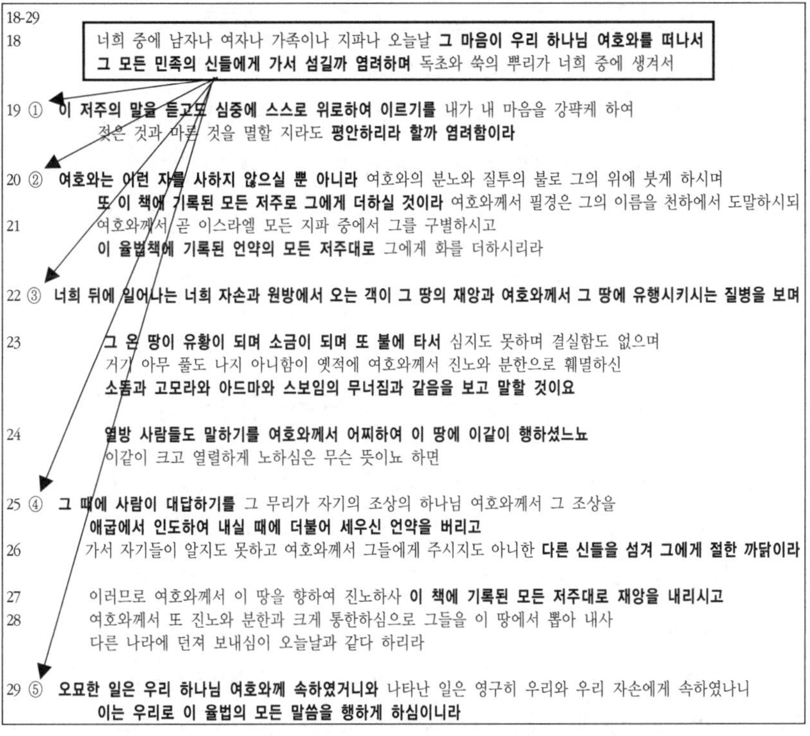
18-29
18 너희 중에 남자나 여자나 가족이나 지파나 오늘날 **그 마음이 우리 하나님 여호와를 떠나서**
그 모든 민족의 신들에게 가서 섬길까 염려하며 독초와 쑥의 뿌리가 너희 중에 생겨서

19 ① **이 저주의 말을 듣고도 심중에 스스로 위로하여 이르기를** 내가 내 마음을 강퍅케 하여
젖은 것과 마른 것을 멸할 지라도 **평안하리라 할까 염려함이라**

20 ② **여호와는 어런 자를 사하지 않으실 뿐 아니라** 여호와의 분노와 질투의 불로 그의 위에 붓게 하시며
또 이 책에 기록된 모든 저주로 그에게 더하실 것이라 여호와께서 필경은 그의 이름을 천하에서 도말하시되
21 여호와께서 곧 이스라엘 모든 지파 중에서 그를 구별하시고
이 율법책에 기록된 언약의 모든 저주대로 그에게 화를 더하시리라

22 ③ **너희 뒤에 일어나는 너희 자손과 원방에서 오는 객이 그 땅의 재앙과 여호와께서 그 땅에 유행시키시는 질병을 보며**

23 **그 온 땅이 유황이 되며 소금이 되며 또 불에 타서** 심지도 못하며 결실함도 없으며
거기 아무 풀도 나지 아니함이 옛적에 여호와께서 진노와 분한으로 훼멸하신
소돔과 고모라와 아드마와 스보임의 무너짐과 같음을 보고 말할 것이요

24 **열방 사람들도 말하기를 여호와께서 어찌하여 이 땅에 이같이 행하셨느뇨**
이같이 크고 열렬하게 노하심은 무슨 뜻이뇨 하면

25 ④ **그 때에 사람이 대답하기를** 그 무리가 자기의 조상의 하나님 여호와께서 그 조상을
애굽에서 인도하여 내실 때에 더불어 세우신 언약을 버리고
26 가서 자기들이 알지도 못하고 여호와께서 그들에게 주시지도 아니한 **다른 신들을 섬겨 그에게 절한 까닭이라**

27 이러므로 여호와께서 이 땅을 향하여 진노하사 **이 책에 기록된 모든 저주대로 재앙을 내리시고**
28 여호와께서 또 진노와 분한과 크게 통한하심으로 그들을 이 땅에서 뽑아 내사
다른 나라에 던져 보내심이 오늘날과 같다 하리라

29 ⑤ **오묘한 일은 우리 하나님 여호와께 속하였거니와** 나타난 일은 영구히 우리와 우리 자손에게 속하였나니
이는 우리로 이 율법의 모든 말씀을 행하게 하심이니라

셋째 단원의 중심점은 "모든 민족의 신들을 섬기게 될까 염려"(18)라는데 있습니다. 앞에서도 말씀을 드렸습니다만, 2세대들은 비어 있는 땅으로 들어가는 것이 아니라 가나안 일곱 족속들의 죄악이 관영한 지역으로 들어가고 있는 것입니다. 그것은 마치 전염병이 창궐하는 곳으로 들어가는 것과 같아서 전염이 될까 염려라는 것입니다. 만일 그렇게 하면 "이 책에 기록된 모든 저주로 그에게 더하실 것이라"(20) 하고 경고합니다.

도표를 보시면 "민족의 신들을 섬길까 염려"를 중심으로, ① "이 저주의 말을 듣고도, 평안하리라 할까 염려함이라", ② "여호와는 이런 자를 사하지 않을 뿐만 아니라, 이 책에 기록된 모든 저주를 더하실 것이라", ③ 너의 뒤에 일어나는 자손과, 원방에서 오는 객이 말하기를, "온 땅이 유황이 되고 소금이 되어, 소돔과 고모라" 같이 된 이유가 무엇이냐 묻게 되리라, ④ 그 원인(原因)은, "언약을 버리고 다른 신들을 섬겨 그에게 절한 까닭이라"(26) 하고 대답하리라 합니다. ⑤ 그리고 "오묘한 일은 여호와께 속하였다" 하고 마칩니다.

셋째 단원(18–29) 언약을 버리고 다른 신을 섬기면

모세는 2세대들을 "언약과, 맹세"에 참여시킨 후에 18-29절을 통해서, 경고를 합니다. "너희 중에 남자나 여자나 가족이나 지파나 오늘날 그 마음이 우리 하나님 여호와를 떠나서 그 모든 민족의 신들에게 가서 섬길까 염려라"(18상) 하고 말씀합니다. 이점에서 "다른 신"을 섬긴다는 것이 무엇을 의미하는지가 확연히 드러납니다. 그것은 아브라함에게 세워주신 "언약과 맹세", 즉 메시아언약에 대한 배신(背信)이라는 것입니다.

① 그래서 "독초와 쑥의 뿌리가 너희 중에 생겨서 이 저주의 말을 듣고도 심중에 스스로 위로하여 이르기를 내가 내 마음을 강퍅케 하여 젖은 것과 마른 것을 멸할 지라도 평안하리라" (18하-19), 즉 경고를 무시하고 자기 마음대로 해도 무사하리라 할까 염려라는 것입니다.

② 그러나 "여호와는 이런 자를 사하지 않으실 뿐 아니라 여호와의 분노와 질투의 불로 그의 위에 붓게 하시며 또 이 책에 기록된 모든 저주로 그에게 더하실 것이라 여호와께서 필경은 그의 이름을 천하에서

도말하시되"(20),

㉠ "여호와께서 곧 이스라엘 모든 지파 중에서 그를 구별하시고 이 율법책에 기록된 언약의 모든 저주대로 그에게 화를 더하시리라"(21) 하고, 경고합니다. "이 책에 기록된 모든 저주"가 임하게 되리라는 말을 20절과 21절에서 반복적으로 강조하고 있습니다. 여호수아도 그의 마지막 설교에서, "너희 하나님 여호와께서 너희에게 말씀하신 모든 선(善)한 일이 너희에게 임한 것같이 여호와께서 모든 불길(不吉)한 일도 너희에게 임하게 하사 너희 하나님 여호와께서 너희에게 주신 이 아름다운 땅에서 너희가 멸절하기까지 하실 것이라"(수 23:15) 하고 경고합니다.

③ "너희 뒤에 일어나는 너희 자손과 원방에서 오는 객이 그 땅의 재앙과 여호와께서 그 땅에 유행시키시는 질병을 보며"(22),

㉠ "그 온 땅이 유황이 되며 소금이 되며 또 불에 타서 심지도 못하며 결실함도 없으며 거기 아무 풀도 나지 아니함이 옛적에 여호와께서 진노와 분한으로 훼멸하신 소돔과 고모라와 아드마와 스보임의 무너짐과 같음을 보고 말할 것이요"(23),

㉡ "열방 사람들도 말하기를 여호와께서 어찌하여 이 땅에 이같이 행하셨느뇨"(24상) 하리라는 "이 땅"이 어느 땅인가? 아브라함과 이삭과 야곱에게 네 자손에게 주리라 하신 약속의 땅입니다. 지금 2세대들이 입성하려고 하는 가나안 땅입니다. 그 땅이 마치 "소돔 고모라와, 그와 함께 망한 아드마와 스보임"같이 될 것이라는 경고입니다. 그래서 사람들이, "이같이 크고 열렬하게 노하심은 무슨 뜻이뇨"(24하) 하고 묻게 되리라는 것입니다.

④ "그 때에 사람이 대답하기를 그 무리가 자기의 조상의 하나님 여호와께서 그 조상을 애굽에서 인도하여 내실 때에 더불어 세우신 언약을 버리고 가서 자기들이 알지도 못하고 여호와께서 그들에게 주시지도

아니한 다른 신들을 섬겨 그에게 절한 까닭이라"(25-26) 하고 대답하리라는 것입니다.

㉠ 이는 세 마디로 되어 있는데,

㉮ "조상의 하나님 여호와께서 그 조상을 애굽에서 인도하여 내실 때에" 하고, 애굽에서 인도하여 내신 하나님과,

㉯ "더불어 세우신 언약을 버린" 것과,

㉰ "다른 신들을 섬겨 그에게 절한 까닭이라"하고 대답하리라는 것입니다.

㉡ 여기 "언약과, 다른 신"이 대조(對照)가 되어 있는데 그러면 무슨 "언약"을 가리키는가? 십계명의 "우상을 섬기지 말라" 하신 언약이라 할 것입니다. 이는 맞는 말이면서 미흡한 것입니다. 왜냐하면 둘째 단원에서 참여시킨 "언약과 맹세"를 놓치고 있기 때문입니다. 즉 구속사라는 맥락에서 보지 않고, 교훈적인 점으로 보기 때문에 범하는 한계입니다.

㉢ 신명기 안에는 "다른 신"이라는 언급이 20회 정도 나오는데 이는 열조에게 세워주신 메시아언약과 대조적으로 하는 말씀입니다. 그러므로 이를 십계명을 범했기 때문이라고만 말해서는 아니 됩니다. 그렇게 되면 "교훈"(教訓)이 되고 맙니다. 그리고 자신과 상관이 없는 것으로 여기게 됩니다. 왜냐하면 우리는 형상(形象)으로 된 우상을 숭배하고 있지 않기 때문입니다. 그러나 아브라함과 이삭과 야곱에게 세워주신 메시아언약, 즉 복음을 버렸기 때문으로 보게 되면, 복음을 옆으로 밀어놓고 기복신앙에 열광하고 있는 현대교회의 실상이 드러나게 되는 것입니다.

㉣ 그렇게 할 때, "이러므로 여호와께서 이 땅을 향하여 진노하사 이 책에 기록된 모든 저주대로 재앙을 내리시고 여호와께서 또 진노와 분한과 크게 통한하심으로 그들을 이 땅에서 뽑아 내사 다른 나라에 던져 보내심이 오늘날과 같다 하리라"(27-28) 한 말씀이 옛날이야기가 아

니라 우리들의 이야기가 될 수가 있습니다. 27-28절 안에는 각각, "이 땅"이라는 말이 있는데, 그래야만 성경이 말씀하는 "이 땅"이 한국 땅이라는 경각심을 갖게 됩니다. 한국교회는 6,25라는 동족상쟁을 겪었고, 이제도 지구상에서 유일한 분단국가(分斷國家)로 남아있습니다. 우리가 믿는 하나님을 역사의 주관자로 고백을 하면서, 이 역사적인 현실이 한국교회와는 무관하다고 말할 수가 있단 말입니까?

⑤ "오묘한 일은 우리 하나님 여호와께 속하였거니와 나타난 일은 영구히 우리와 우리 자손에게 속하였나니"(29상) 하시는데 무슨 뜻인가?

㉠ 이에 대한 답변이 전도서에 있습니다. "그러나 하나님의 하시는 일의 시종(始終)을 사람으로 측량할 수 없게 하셨도다"(전 3:11) 합니다. 왜 그렇게 하시는가? "이는 우리로 이 율법의 모든 말씀을 행하게 하심이니라"(29하), 즉 교만하지 않고 겸손한 마음으로 하나님을 섬기게 하기 위해서라는 것입니다. 이것이 "언약을 버리고 다른 신을 섬기면" 당하게 될 화입니다.

⑥ 묵상해보겠습니다.

㉠ 여호와의 언약과 여호와의 맹세에 참여시키는 의도에 대해서,

㉡ "언약과 맹세"에 대한 구속사적 의미에 대해서,

㉢ 소돔 고모라와 같은 심판을 당하게 되리라는 원인에 대해서.

생명과 복과, 사망과 화를 네 앞에 두노니

15보라 내가 오늘날 생명과 복과 사망과 화를 네 앞에 두었나니.

30장의 중심점은, "보라 내가 오늘날 생명과 복과 사망과 화를 네 앞에 두었나니"(15)에 있습니다. 이 말씀은 이제까지 행한 모든 말씀을 한마디로 요약해주고 있는 것과 같은 표현입니다. 모세는 29장에서 크게 두 가지를 행했습니다. 첫째는 2세대들을 하나님 여호와의 "언약과 맹세"에 참여시킨 일입니다. 이것은 "생명과 복"입니다. 그런 후에 이 "언약과 맹세"를 배신하게 되면 이 책에 기록된 모든 저주와 화가 임하게 되리라는 경고(18-29)했습니다. 이것이 "사망과 화"입니다.

그런데 30장은, "내가 네게 진술한 모든 복과 저주가 네게 임하므로 네가 네 하나님 여호와께 쫓겨 간 모든 나라 가운데서 이 일이 마음에서 기억이 나거든"(1) 하고 시작이 됩니다. 이는 이처럼 경고했음에도 불구하고 종래는 저들이 "사망과 화", 즉 추방을 당하게 될 것을 내다보고 하는 예언적인 말씀인 것입니다. 그런데 추방이 끝이 아니라, "포로를 돌리시되, 너를 모으시리니(3), 모으실 것이며, 이끄실 것이라(4), 돌아오게 하사"(5, 8) 하고, "돌아오게" 해주시겠다고 말씀하십니다. 그러면 돌아오는 것이 어떻게 가능하여진단 말인가?

첫째 단원(1-10) **돌아와서 생명을 얻게 하리라**

둘째 단원(11-20) **표면적인 의문에 쌓여있는 이면적인 복음**

첫째 단원(1-10) 분석도표

주제 : 돌아와서 생명을 얻게 하리라

1-10
1 **내가 네게 진술한 모든 복과 저주가 네게 임하므로 네가 네 하나님 여호와께 쫓겨간 모든 나라 가운데서 이 일이 마음에서 기억이 나거든**

2 ① 너와 네 자손이 네 하나님 **여호와께로 돌아와 내가 오늘날 네게 명한 것을 온전히 따라서 마음을 다하고 성품을 다하여 여호와의 말씀을 순종하면**

3 ② 네 하나님 **여호와께서 마음을 돌이키시고 너를 긍휼히 여기사 네 포로를 돌리시되**
네 하나님 여호와께서 **너를 흩으신** 그 모든 백성 중에서 **너를 모으시리니**
4 너의 쫓겨 간 자들이 하늘가에 있을지라도 네 하나님 여호와께서 **거기서 너를 모으실 것이며 거기서부터 너를 이끄실 것이라**

5 ③ 네 하나님 여호와께서 너를 네 **열조가 얻은 땅으로 돌아오게 하사** 너로 다시 그것을 얻게 하실 것이며
여호와께서 또 네게 선을 행하사 너로 네 열조보다 더 번성케 하실 것이며
6 네 하나님 여호와께서 **네 마음과 네 자손의 마음에 할례를 베푸사** 너로 마음을 다하며 성품을 다하여
네 하나님 여호와를 사랑하게 하사 너로 생명을 얻게 하실 것이며

7 ④ 네 하나님 여호와께서 **네 대적과 너를 미워하고 핍박하던 자에게 이 모든 저주로 임하게 하시리니**
8 **너는 돌아와 다시 여호와의 말씀을 순종하고** 내가 오늘날 네게 명한 그 모든 명령을 행할 것이라

9-10 네가 네 하나님 여호와의 말씀을 순종하여 이 율법 책에 기록된 그 명령과 규례를 지키고
네 마음을 다하며 성품을 다하여 여호와 네 하나님께 돌아오면 네 하나님 여호와께서 네 손으로 하는
모든 일과 네 몸의 소생과 네 육축의 새끼와 네 토지소산을 많게 하시고 네게 복을 주시되
곧 여호와께서 네 열조를 기뻐하신 것과 같이 너를 다시 기뻐하사 네게 복을 주시리라

첫째 단원의 중심점은, "쫓겨나겠지만, 돌아오게" 해주시겠다는데 있

습니다. 추방을 당하게 되는 것은 인간의 행위(行爲)때문이지만, 돌아오게 하심은 전적인 하나님의 은혜(恩惠)인 것입니다. 이런 맥락에서 "돌아오게 하겠다"는 것이 "원 복음"(창 3:15)이요, 구원계획이라 할 수가 있습니다. 왜냐하면 아담 하와가 범죄한 현장(現場)에서, "여자의 후손으로 하여금 뱀의 머리를 상하게 하시겠다" 하고 선언하심은, 여자의 후손을 통해서 돌아오게 하시겠다는 묵시적인 언약(言約)이었기 때문입니다.

지금 모세는 제2세들이 약속의 땅에 들어가서 준행해야할 규례와 법도를 말씀하는 중입니다. 그런데 이제 막 들어가려는 시점(時點)에서, 약속의 땅에서 추방을 당하게 될 것과, 소수의 남은 자들을 돌아오게 해주실 것이라는 예언적(豫言的)인 경고를 듣는다는 것은 우리의 마음을 무겁게 합니다.

도표를 보시면 "쫓겨 간 모든 나라에서 이 일이 마음에서 기억이 나거든"을 중심으로, ① "여호와께로 돌아와, 마음을 다하고 성품을 다하여 여호와의 말씀을 순종하면", ② "여호와께서 너를 긍휼히 여기사 네 포로를 돌리시고, 흩으신 그 모든 백성을 모으시리니", ③ "열조가 얻은 땅으로 돌아오게 하사, 생명을 얻게 하실 것이고", ④ "네 대적과 너를 미워하고 핍박하던 자에게 이 모든 저주로 임하게 하시리니" 하십니다.

첫째 단원(1-10) 돌아와서 생명을 얻게 하리라

"내가 네게 진술한 모든 복과 저주가 네게 임하므로 네가 네 하나님 여호와께 쫓겨 간 모든 나라 가운데서 이 일(경고하신 말씀)이 마음에서 기억이 나거든"(1),

① "너와 네 자손이 네 하나님 여호와께로 돌아와 내가 오늘날 네게

명한 것을 온전히 따라서 마음을 다하고 성품을 다하여 여호와의 말씀을 순종하면"(2) 하십니다.

㉠ 1-2절을 요약을 하면, ㉮ 저들이 다른 신을 섬기다가 "저주를 받아 쫓겨 날 것"과, ㉯ "이 일이 마음에서 기억이 나거든", 즉 경고의 말씀을 기억(記憶)을 하여, ㉰ "여호와께로 돌아와", 즉 회개(悔改)하고, ㉱ "여호와의 말씀을 순종하면", 이라는 뜻입니다. 회개란 단순한 후회가 아닙니다. 결단(決斷)을 하고 돌아서는 것을 말합니다.

㉡ 이렇게 한 대표적인 인물(人物)이 다니엘입니다. 바벨론으로 쫓겨 간 포로 중에, 예레미야로 하신 70년이 차면 돌아오게 해주시겠다는 말씀을 깨닫고 자복하기를, "언약을 지키시고 그에게 인자를 베푸시는 자시여 우리는 이미 범죄하여 패역하며 행악하며 반역하여 주의 법도와 규례를 떠났사오며"(단 9:2-5) 하고 회개자복을 했던 것입니다.

② 이점을 본문에서도, "네 하나님 여호와께서 마음을 돌이키시고 너를 긍휼히 여기사 네 포로를 돌리시되 네 하나님 여호와께서 너를 흩으신 그 모든 백성 중에서 너를 모으시리니"(3) 하십니다.

㉠ 이점에서 성경을 교훈적(教訓的)으로 보는 것과, 구속사(救贖史)적으로 보는 것의 차이가 확연(確然)하게 드러나게 됩니다. ㉮ "추방당한 자의 돌아옴"이 무엇을 의미하는가? ㉯ 그들의 돌아옴이 어떻게 가능하여지는가 하는, 두 가지 문제가 제기됩니다. 포로에서 돌아오게 하시겠다는 예언적인 경고는, 바벨론에서 돌아오게 해주심으로 1차적으로 성취가 되게 됩니다. 그러나 하나님의 나라건설은 바벨론의 포로가 돌아옴으로 회복이 되는 것이 아니라, 궁극직인 돌아옴은 에덴에서 추방을 당한 아담의 후예들이 돌아와야만 된다는 점입니다. "출애굽, 출 바벨론"은 이에 대한 예표였던 것입니다.

㉡ 그리고 죄 값에 팔린 자들을 돌아오게 하기 위해서는 오직, "구속"(救贖)을 통해서만이 가능하여진다는 것이 성경적인 원리입니다. 출

애굽의 예표 때에도, "너희를 구속하여 너희로 내 백성을 삼고"(출 6:6) 하십니다. "죄의 삯은 사망이요, 피 흘림이 없은즉 사함이 없느니라"(롬 6:23, 히 9:22) 하는 것이 성경적인 원칙입니다.

㉢ 본문을 교훈적으로만 대한다면 "포로"(3중)를 돌아오게 하는 것이, "여호와께서 마음을 돌이키시기만"(3상) 하면 되는 것 같지만, 아닙니다. "마음을 돌이키시고 너를 긍휼히 여기사 네 포로를 돌리시되"(3) 하시는 것은 하나님의 긍휼과 사랑을 나타냅니다. 그러나 "악을 참아 보지 못하시는"(합 1:13) 하나님의 공의(公義)는 만족히 여김을 받으실 수가 없는 것입니다. 이점에서 열조에게 세워주신 "언약과, 맹세"가 무엇인가를 생각해야 합니다. 이는 아브라함의 자손으로 그리스도를 보내셔서, "대신하여 번제로 드렸더라"(창 22:13) 한, 대속을 통해서 구원하시겠다는 언약인 것입니다.

㉣ 이점을 로마서에서는, "곧 이 때(자기 아들을 화목제물로 세우신)에 자기의 의로우심을 나타내사 자기도 의로우시며 또한 예수 믿는 자를 의롭다 하려 하심이니라"(롬 3:26, 25) 하고, 대속의 필요성을 말씀하는 것입니다. 하나님의 구원행사는 하나님의 공의에 손상(損傷)을 입으시면서 행해주신 일이 절대로 아닙니다. 둘째 단원에서 보게 될 것입니다만 이런 맥락에서 사도 바울은 본문 30장에서 "복음"을 보았던 것입니다.

㉤ "너의 쫓겨 간 자들이 하늘가에 있을지라도 네 하나님 여호와께서 거기서 너를 모으실 것이며 거기서부터 너를 이끄실 것이라"(4) 하고 말씀하는데, 이는 "돌아오게 하시겠다"는 하나님의 강한 의지(意志)를 나타냅니다.

③ "네 하나님 여호와께서 너를 네 열조가 얻은 땅으로 돌아오게 하사 너로 다시 그것을 얻게 하실 것이며"(5상) 하십니다.

㉠ 이상의 말씀이, 이사야서로부터 말라기서에 이르기까지 모든 선

지서(先知書)의 요약이라 해도 과언이 아닙니다. 선지자들은 한결같이, ㉮ 죄를 책망하고, ㉯ 심판을 경고했습니다. 그러나 예루살렘의 멸망을 막은 선지자는 한 사람도 없습니다. 그것은 선지자들이 무능(無能)해서가 아니라, 인간의 전적타락에 그 원인이 있는 것입니다. 그러므로 선지자들은 심판에서 끝인 것이 아니라, 본문에서와 같이 하나님께서 주권적으로 행해주실, ㉰ "돌아오게 하리라"는 소망(所望)을 말씀하고 있는 것입니다. 이 소망이 "메시아예언"으로 나타나게 됩니다.

㉡ 예레미야 선지자는 예루살렘이 멸망을 당하고, 백성들이 포로로 끌려가는 것을 목격한 선지자입니다. 그런 예레미야 28장-33장에는 "돌아오게 하리라"는 말씀이 반복적으로 나옵니다. "나 여호와가 이같이 말하노라 바벨론에서 70년이 차면 내가 너희를 권고하고 나의 선한 말을 너희에게 실행하여 너희를 이곳으로 돌아오게 하리라"(렘 29:10, 28:4, 29:10, 30:3, 31:23, 32:44, 33:7, 26) 하십니다. 하나님은 다른 신을 섬기다가 추방을 당하는 배은망덕한 자들이 보이지 아니할 때까지 손을 흔드시면서, "돌아오게 하리라, 돌아오게 하리라" 하시는 셈입니다. "돌아옴"이 어떻게 가능해진다고 말씀하시는가? "새 언약을 세우리니"(렘 31:31) 하십니다. 그래서 "너희를 향한 나의 생각은 내가 아나니 재앙이 아니라 곧 평안이요 너희 장래에 소망을 주려 하는 생각이라"(렘 29:11) 하시는 것입니다. 이것이 본문에 나타난 하나님의 마음입니다.

㉢ 에스겔 선지자를 통해서도, "내가 너희를 (쫓겨 간) 열국 중에서 취하여 내고 열방 중에서 모아 데리고 고토(古土)에 들어가서 맑은 물로 너희에게 뿌려서 너희로 정결케 하되 곧 너희 모든 더러운 것에서와 모든 우상을 섬김에서 너희를 정결케 할 것이며"(겔 36:24-25) 하십니다. 그런데 이렇게 하심이 어떻게 해서 가능해지는가 하는 점입니다. 여기에 바벨론의 포로귀환이라는 예표를 통해서 말씀하시려는 신학적(神學的)인 면이 대두되는 데, "내가 한 목자를 그들의 위에 세워 먹이

게 하리니 그는 내 종 다윗이라 그가 그들을 먹이고 그들의 목자가 될지라(겔 34:23), 내 종 다윗이 그들의 왕이 되리니 그들에게 다 한 목자가 있을 것이라"(겔 37:24) 하십니다. 죽은 지 수백 년이나 되는 다윗이 "왕이 되고 목자"가 된다는 것은 명백한 메시아 예언인 것입니다. 이렇게 행해주심이 자격이나 공로가 있어서가 아니라,

㉣ "여호와께서 또 네게 선(善)을 행하사 너로 네 열조보다 더 번성케 하실 것이며 네 하나님 여호와께서 네 마음과 네 자손의 마음에 할례를 베푸사 너로 마음을 다하며 성품을 다하여 네 하나님 여호와를 사랑하게 하사 너로 생명을 얻게 하실 것이며"(5하-6) 하시는, 하나님의 선하신 은혜 때문입니다. 우상을 숭배하던 "마음에 할례를 베푸신다"는 점을 에스겔서에서는, "또 새 영을 너희 속에 두고 새 마음을 너희에게 주되 너희 육신에서 굳은 마음을 제하고 부드러운 마음을 줄 것이며 또 내 신을 너희 속에 두어 율례를 행하게 하리니"(겔 36:26-27) 하고 말씀하십니다.

④ 반면, "네 하나님 여호와께서 네 대적(對敵)과 너를 미워하고 핍박하던 자에게 이 모든 저주로 임하게 하시리니"(7),

㉠ "너는 돌아와 다시 여호와의 말씀을 순종하고 내가 오늘날 네게 명한 그 모든 명령을 행할 것이라 네가 네 하나님 여호와의 말씀을 순종하여 이 율법 책에 기록된 그 명령과 규례를 지키고 네 마음을 다하며 성품을 다하여 여호와 네 하나님께 돌아오면 네 하나님 여호와께서 네 손으로 하는 모든 일과 네 몸의 소생과 네 육축의 새끼와 네 토지소산을 많게 하시고 네게 복을 주시되 곧 여호와께서 네 열조를 기뻐하신 것과 같이 너를 다시 기뻐하사 네게 복을 주시리라"(8-10) 하고, "저주"(1)로 시작된 본 단원은 "복(福)을 주시리라"(10하) 하고 마치고 있습니다. 인간의 행위로는 "저주"를 받을 수밖에 없지만, 하나님은 저주를 변하여 "복"을 주시리라는 말씀입니다. 이것이 "돌아와서 생명(生命)을 얻

게 하리라"입니다.

둘째 단원(11-20) 분석도표

주제 : 표면적인 의문에 쌓여있는 이면적인 복음

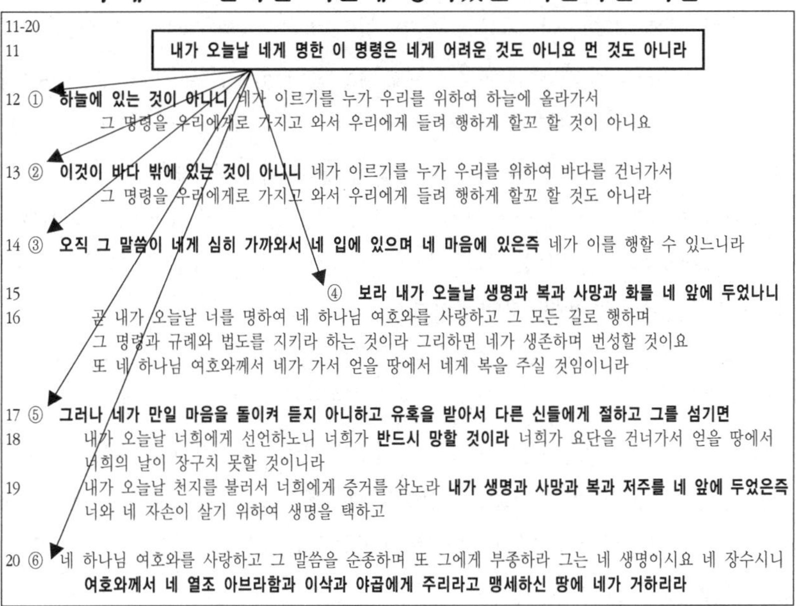

11-20

11 **내가 오늘날 네게 명한 이 명령은 네게 어려운 것도 아니요 먼 것도 아니라**

12 ① **하늘에 있는 것이 아니니** 네가 이르기를 누가 우리를 위하여 하늘에 올라가서
그 명령을 우리에게로 가지고 와서 우리에게 들려 행하게 할꼬 할 것이 아니요

13 ② **이것이 바다 밖에 있는 것이 아니니** 네가 이르기를 누가 우리를 위하여 바다를 건너가서
그 명령을 우리에게로 가지고 와서 우리에게 들려 행하게 할꼬 할 것도 아니라

14 ③ **오직 그 말씀이 네게 심히 가까와서 네 입에 있으며 네 마음에 있은즉** 네가 이를 행할 수 있느니라

15 ④ **보라 내가 오늘날 생명과 복과 사망과 화를 네 앞에 두었나니**

16 곧 내가 오늘날 너를 명하여 네 하나님 여호와를 사랑하고 그 모든 길로 행하며
그 명령과 규례와 법도를 지키라 하는 것이라 그리하면 네가 생존하며 번성할 것이요
또 네 하나님 여호와께서 네가 가서 얻을 땅에서 네게 복을 주실 것임이니라

17 ⑤ **그러나 네가 만일 마음을 돌이켜 듣지 아니하고 유혹을 받아서 다른 신들에게 절하고 그를 섬기면**

18 내가 오늘날 너희에게 선언하노니 너희가 **반드시 망할 것이라** 너희가 요단을 건너가서 얻을 땅에서
너희의 날이 장구치 못할 것이니라

19 내가 오늘날 천지를 불러서 너희에게 증거를 삼노라 **내가 생명과 사망과 복과 저주를 네 앞에 두었은즉**
너와 네 자손이 살기 위하여 생명을 택하고

20 ⑥ 네 하나님 여호와를 사랑하고 그 말씀을 순종하며 또 그에게 부종하라 그는 네 생명이시요 네 장수시니
여호와께서 네 열조 아브라함과 이삭과 야곱에게 주리라고 맹세하신 땅에 네가 거하리라

둘째 단원을 해석하는 키워드는 14절에서, "오직 그 말씀이 네게 심히 가까워서 네 입에 있으며 네 마음에 있다" 한, "말씀"이 무엇을 가리키느냐를 규명하는데 있습니다. 모세는 "어려운 것도 아니요, 먼 것도 아니라"(11) 합니다. 그러면 이것이 "율법인가, 복음인가" 하는 점입니다. 여기에는 교훈적인 면과, 신학적(神學的)인 면이 있는 것입니다. 달리 표현하면 "표면적인 의문에 쌓여있는 이면적인 복음"이라는 말씀입니다.

이를 교훈적으로 본다면 "어려운 것이 아니라" 한 것이 모세가 이제까지 말씀한 규례와 법도라 할 수가 있습니다. 그러나 의문(儀文)이라는 수건을 벗기고 보게 되면, 다시 말해 복음이 밝히 드러난 신약을 통해서 본문을 보게 되면 의미가 달라지는 것입니다. 왜냐하면 율법을 지킴으로 구원을 얻는다는 것은 쉬운 것이기는 커녕, "율법의 행위로 그의 앞에 의롭다 하심을 얻을 육체가 없나니"(롬 3:20) 하고 말씀하기 때문입니다. 다시 말하면 율법을 지킴으로 하나님께로 돌아올 수 있는 자는 한 사람도 없다는 말씀입니다. 그래서 사도 바울은, "율법이 육신으로 말미암아 연약하여 할 수 없는 그것을 하나님은 하시나니"(롬 8:3), 즉 불가능하기 때문에, 하나님께서 자기 아들을 통해서 대신 행해주셨다고 말씀하는 것입니다. 이것이 복음인 것입니다. 바울은 본장에서 놀랍게도 복음을 보았던 것입니다.

도표를 보시면 "이 명령은 네게 어려운 것도 아니요 먼 것도 아니라"를 중심으로, ① "하늘에 있는 것이 아니니", ② "바다 밖에 있는 것이 아니니" 하면서, ③ "네게 심히 가까워서 네 입에 있고 마음에 있다", ④ 이에 따라 "생명과 복과, 사망과 화"가 갈라지게 된다 하면서, ⑤ "다른 신들"을 섬기는 길과, ⑥ "여호와를 사랑하고 그 말씀을 순종" 하는 길을 제시합니다.

둘째 단원(11-20) 표면적인 의문에 쌓여있는 이면적인 복음

"내가 오늘날 네게 명한 이 명령은 네게 어려운 것도 아니요 먼 것도 아니라"(11), 즉 인간이 지킬 수 없는 불가능한 것이 아니라는 것입니다. 예를 들어 설명하기를,

① "하늘에 있는 것이 아니니 네가 이르기를 "(12상),

㉠ "누가 우리를 위하여 하늘에 올라가서 그 명령을 우리에게로 가

지고 와서 우리에게 들려 행하게 할꼬"(12하) 할 것이 아니고,

② "이것이 바다 밖에 있는 것이 아니니 네가 이르기를"(13상),

㉠ "누가 우리를 위하여 바다를 건너가서 그 명령을 우리에게로 가지고 와서 우리에게 들려 행하게 할꼬 할 것도 아니라"(13하)는 것입니다.

③ "오직 그 말씀이 네게 심히 가까 와서 네 입에 있으며 네 마음에 있은즉 네가 이를 행할 수 있느니라"(14) 합니다.

㉠ 본문을 통해서 사도 바울은 "복음"을 발견했던 것입니다. 이는 박해자였던 바울이 한 것이 아니라 성령께서 그를 감동하셔서 보게 하신 것입니다. "율법의 의로는 흠이 없는 자로라"(빌 3:6) 하고 자부하던 사울로서는 도저히 불가능한 일입니다. 이처럼 자고하던 그가 다메섹 도상에서 해보다 더 밝은 빛에 조명을 받은 후에 십계명의 마지막 계명인, "탐내지 말라"(롬 7:7)를 통해서 계명을 지킨다는 것이, "탐심"(貪心)이라는 마음의 문제임을 깨닫게 되고, 자력구원의 불가능성을 고백하게 되었던 것입니다.

㉡ 이점에서 다시 한 번 구약을 해석(解釋)하는 원리를 말씀드려야만 하겠습니다. ㉮ 구약으로 구약을 해석하는 방법입니다. 이는 신약성경을 인정하지 않는 유대주의 학자들이 하는 방법입니다. ㉯ 구약으로 신약을 해석하려는 방법입니다. 이는 마음에서 수건이 벗어지지 아니한 "의문(儀文)의 직분"(고후 3:14)자들이 하는 방법입니다. ㉰ 밝히 드러난 신약의 빛을 받아 구약을 해석하는 방법이 그리스도의 증인들이 하는 빙법입니다.

㉢ 자력구원의 불가능성을 깨닫게 된 바울이, "오직 그 말씀이 네게 심히 가까 와서 네 입에 있으며 네 마음에 있다"는 본문을 통해서, "그러면 무엇을 말하느뇨 말씀이 네게 가까워 네 입에 있으며 네 마음에 있다 하였으니 곧 우리가 전파(傳播)하는 믿음의 말씀이라" 하고 증거

한다는 것은 너무나 당연한 것입니다. 그러므로 "네가 만일 네 입으로 예수를 주로 시인하며 또 하나님께서 그를 죽은 자 가운데서 살리신 것을 네 마음에 믿으면 구원을 얻으리니"(롬 10:8-9) 하십니다. 그래서 "네 입에 있고, 네 마음에 있다" 한 것입니다. 얼마나 쉽고 가까운 생명의 말씀인가!

㉣ 만일 본문을 문자(文字)적으로만 본다면 어떻게 되는가? ㉮ 행위구원론이 되고 맙니다. 왜냐하면, "이 명령은 네게 어려운 것도 아니요 먼 것도 아니라, 네가 이를 행(行)할 수 있느니라"(11, 14) 하고 말씀하기 때문입니다. ㉯ 복음(福音)이 필요 없는 것이 됩니다. 왜냐하면, "그 명령과 규례와 법도를 지키라 하는 것이라 그리하면 네가 생존(生存)하며 번성할 것이요(16), 너로 생명(生命)을 얻게 하실 것이며"(6) 하고 말씀하기 때문입니다. ㉰ 궁극적으로는, "만일 의롭게 되는 것이 율법(律法)으로 말미암았으면 그리스도께서 헛되이 죽으셨느니라"(갈 2:21) 한, 그리스도의 대속적인 죽으심을 헛수고한 것으로 만드는 것입니다.

㉤ 그러면 모세가 잘못 말하고 있다는 말이냐? 아닙니다. 하나님께서 율법을 주신 목적이 무엇인가를 생각해보시기 바랍니다. 1차적인 목적은 하나님의 백성답게 살아가게 하기 위해서입니다. 모세도 지금 그런 의도에서 이렇게 말씀을 하고 있는 것입니다. 문제는 이것이 전부가 아니라는데 있습니다. 표면에 덮여있는 의문(儀文)이라는 수건을 벗기고 나면 그 안에 복음이 들어있다는 것입니다. 바울은 표면(表面)만을 본 것이 아니라 이면(裏面)(롬 2:28-29)을 보았던 것입니다.

㉥ 16절에서, "하나님 여호와를 사랑하고 그 모든 길로 행하며 그 명령과 규례와 법도를 지키라" 한, "규례와 법도" 속에는 십계명의 돌비만이 있는 것이 아니라 메시아의 모형이요, 그림자가 되는 "성막의 번제단"도 들어있다는 점입니다. "마음에서 수건이 벗어진" 바울은 보고 있는데, 오늘까지도 유대주의자들은 보지 못하기 때문에 예수 그리스도

를 배척하고 있고, 의문에 속한 자들은 그리스도는 증거하지 않고 축복만을 보고 있는 것입니다.

④ "보라 내가 오늘날 생명(生命)과 복과 사망(死亡)과 화를 네 앞에 두었나니 곧 내가 오늘날 너를 명하여 네 하나님 여호와를 사랑하고 그 모든 길로 행하며 그 명령과 규례와 법도를 지키라 하는 것이라 그리하면 네가 생존하며 번성할 것이요 또 네 하나님 여호와께서 네가 가서 얻을 땅에서 네게 복을 주실 것임이니라"(15-16) 합니다.

㉠ 오해하지 마시기 바랍니다. 신명기의 말씀들은 약속의 땅에 입성하게 될 2세대들이 준행해야할 "규례와 법도"들입니다. 그리하여 하나님의 성민(聖民)으로써 성별(聖別)된 삶을 살아가야만 합니다. 그러나 이렇게 행(行)하므로 구원에 이르는 것은 아니라는 것입니다. 만일 율법을 행함으로 구원을 얻을 수 있다면 그리스도는 오실 필요도 없고 더욱이나 죽으셔야할 이유가 없는 것입니다. 이점이 이어지는 17절과의 대조(對照)에 분명히 나타나는데,

⑤ "그러나 네가 만일 마음을 돌이켜 듣지 아니하고 유혹을 받아서 다른 신들에게 절하고 그를 섬기면"(17) 합니다.

㉠ 그러면 "다른 신"을 섬긴다는 것이 무엇을 의미하는가? 교훈적으로 잘못이 되었다는 것이 아닙니다. 신학적(神學的)인 오류, 즉 열조 아브라함에게 세워주신 메시아언약을 배신했음을 의미합니다. 그래서 "내가 오늘날 너희에게 선언하노니 너희가 반드시 망(亡)할 것이라 너희가 요단을 건너가서 얻을 땅에서 너희의 날이 장구치 못할 것이니라"(18) 하는 깃입니다. 신구약시대를 막론하고 "구원과, 멸망"으로 갈라시게 되는 것은 "메시아언약으로 말미암아"에 참여하느냐 여부(與否)에 있다는 점에 확신을 가져야만 합니다.

㉡ "내가 오늘날 천지를 불러서 너희에게 증거를 삼노라 내가 생명과 사망과 복과 저주를 네 앞에 두었은즉 너와 네 자손이 살기 위하여

생명을 택하라"(19) 말씀하는데, 여기에는 "생명과 사망, 복과 저주"가 대조(對照)되어 있습니다. 이것이 어떻게 해서 갈라지게 되는가? 17절의 "다른 신"과, 20절의 "아브라함과 이삭과 야곱에게 하신 맹세" 중 어느 길을 따르느냐에 따라 갈라지게 되는 것입니다.

⑥ "네 하나님 여호와를 사랑하고 그 말씀을 순종하며 또 그에게 부종하라 그는 네 생명이시요 네 장수시니 여호와께서 네 열조(烈祖) 아브라함과 이삭과 야곱에게 주리라고 맹세하신 땅에 네가 거하리라"(20) 합니다. 30장이 무엇으로 끝맺고 있는가? "여호와께서 네 열조(烈祖) 아브라함과 이삭과 야곱에게 주리라고 맹세하신 땅", 즉 결론은 메시아 언약입니다. 이것이 메시아언약을 보수하면서, 성별의 삶을 살아가는 "생명으로 인도"하는 유일한 문이요, 길입니다. 이것이 "표면적인 의문에 쌓여있는 이면적인 복음"입니다.

⑦ 묵상해보겠습니다.

㉠ "돌아오게 하리라"에 함의되어 있는 인간의 무능과 하나님의 주권적인 은혜에 대해서,

㉡ 둘째 단원의 "어려운 것이 아니라" 한 교훈적인 면과 신학적인 면에 대해서,

㉢ 구약성경에 나타난 표면적인 의문에 쌓여있는 이면적인 복음에 대해서.

31장

앞서 행하시는 너희 하나님 여호와

23 여호와께서 또 눈의 아들 여호수아에게 명하여 가라사대 너는 이스라엘 자손을 인도하여 내가 그들에게 맹세한 땅으로 들어가게 하리니 마음을 강하게 하고 담대히 하라 내가 너와 함께 하리라.

31장은 하나님의 백성들을 인도할 영도자(領導者)가 모세로부터 여호수아로 교체가 되는 장면입니다. "여호와께서 모세에게 이르시되 너의 죽을 기한이 가까웠으니 여호수아를 불러서 함께 회막으로 나아오라 내가 그에게 명을 내리리라"(14) 하십니다. 율법의 대명사인 모세의 사명은 요단 동편 모압 땅까지이고, 백성들을 거느리고 요단을 건너 약속의 땅에 입성(入城)하는 것은 예수 그리스도를 예표하는 "여호수아"의 사명이었던 것입니다. 모세는 "내가 오늘날 120세라"(2) 말씀하는데 그의 일생은, 40년은 바로의 공주의 아들로 애굽의 문물을 익히고, 40년은 양을 치면서 목자의 훈련을 받았고, 40년은 하나님 앞에 온전히 쓰임을 받고 이제 생을 마감하려고 하는 것입니다.

이런 맥락에서 본문에는 중요한 변화가 있는데 그것은, "네 하나님 여호와"(3, 6)라는 호칭(呼稱)입니다. 출애굽을 하여 모압 평지에 이르기까지는, "내가 정녕 너와 함께 있으리라"(출 3:12) 하신, "모세의 하나님"이셨습니다. 그런데 모세는 이제 떠나려하고 있습니다. 그러나 하나님은 떠나시지 아니하시고 "너의 하나님 여호와", 즉 여호수아의 하나님이 되셔서, "네 앞서 건너가사 이 민족들을 네 앞에서 멸하시고 너로 이 땅을 얻게 하실 것이라"(3), 즉 구원계획을 계속 성취해나가시리라고 말씀하는 것입니다.

그러므로 "너는 마음을 강하게 하고 담대히 하라 그들을 두려워 말라 그들 앞에서 떨지 말라 이는 〈네 하나님 여호와〉 그가 너와 함께 행하실 것임이라 반드시 너를 떠나지 아니하시며 버리지 아니하시리라"(6) 합니다.

첫째 단원(1-8) **전투하는 교회에 하시는 하나님의 격려**
둘째 단원(9-13, 24-29) **율법을 써서 전수한 모세의 마지막 사역**
셋째 단원(14-23, 30) **모세와 여호수아의 이 취임식**

첫째 단원(1-8) 분석도표
주제 : 전투하는 교회에 하시는 하나님의 격려

1-8
8 **모세가 가서 온 이스라엘에게 이 말씀을 베푸니라**

2 ① 곧 그들에게 이르되 내가 오늘날 일백 이십 세라 내가 더는 출입하기 능치 못하고
여호와께서도 내게 이르시기를 너는 이 요단을 건너지 못하리라 하셨느니라

3 ② 여호와께서 이미 말씀하신 것과 같이 **여호수아가 너를 거느리고 건널 것이요 네 하나님 여호와**
그가 네 앞서 건너가사 이 민족들을 네 앞에서 멸하시고 너로 그 땅을 얻게 하실 것이며
4 여호와께서 이미 멸하신 아모리 왕 시혼과 옥과 및 그 땅에 행하신 것과 같이 그들에게도 행하실 것이라
5 여호와께서 그들을 너희 앞에 붙이시리니 너희는 내가 너희에게 명한 모든 명령대로 그들에게 행할 것이라
6 ③ **너는 마음을 강하게 하고 담대히 하라 그들을 두려워 말라** 그들 앞에서 떨지 말라 이는 네 하나님 여호와
그가 너와 함께 행하실 것임이라 반드시 너를 떠나지 아니하시며 버리지 아니하시리라 하고

7 ④ **모세가 여호수아를 불러 온 이스라엘 목전에서 그에게 이르되** 너는 마음을 강하게 하고 담대히 하라
너는 이 백성을 거느리고 **여호와께서 그들의 열조에게 주리라고 맹세하신 땅에 들어가서** 그들로 그 땅을 얻게 하라
8 **여호와 그가 네 앞서 행하시며 너와 함께하사** 너를 떠나지 아니하시며 버리지 아니하시리니
너는 두려워 말라 놀라지 말라

첫째 단원은 약속의 땅에 함께 입성하지 못하고 떠나야 하는 모세가, 백성들과 후계자 여호수아에게 격려하는 내용입니다. 도표를 보시면 "모세가 온 이스라엘에게 이 말씀을 베푸니라"를 중심으로, ① 백성들을 향해서, "여호와께서 너는 이 요단을 건너지 못하리라 하셨다" 하고 말하면서, ② "여호수아가 너를 거느리고 건널 것이라", ③ 그러므로 "마음을 강하게 하고 담대히 하라 그들을 두려워 말라" 하고 격려합니다. ④ 또한 여호수아에게도, "너는 마음을 강하게 하고 담대히 하라 너는 이 백성을 거느리고 여호와께서 그들의 열조에게 주리라고 맹세하신 땅에 들어가서 그들로 그 땅을 얻게 하라" 합니다. 이점에서 놓치지 말아야 할 두 가지 요점이 있는데 첫째는 가나안 땅은, "여호와께서 열조에게 주리라고 맹세하신 땅"이라는 점이고, 둘째는 "하나님 여호와가 앞서 건너가신다"(3, 8)는 말씀입니다.

첫째 단원(1–8) 전투하는 교회에 하시는 하나님의 격려

"모세가 가서 온 이스라엘에게 이 말씀을 베푸니라"(1).

① "곧 그들에게 이르되 내가 오늘날 일백 이십 세라 내가 더는 출입하기 능치 못하고 여호와께서도 내게 이르시기를 너는 이 요단을 건너지 못하리라 하셨느니라"(2).

② "여호와께서 이미 말씀(3:28)하신 것과 같이 여호수아가 너를 거느리고 건널 것이요 네 하나님 여호와 그가 네 앞서 건너가사 이 민족들을 네 앞에서 멸하시고 너로 그 땅을 얻게 하실 것이며"(3) 합니다.

㉠ 서론에서 말씀드린 대로 명심해야할 첫째 요점은, ㉮ "네 하나님 여호와"라 말씀하는 구속사(救贖史)적 의미입니다. 여호수아 23장에 보면 여호수아도 죽기 전에 백성들을 향해서, "너희 하나님 여호와"라 말

씀합니다. 이런 호칭이 23장 한 장 안에만 12번이나 강조되어 있습니다. 그리고 이 맥락이 신약성경 히브리서에 이르러서는, "저희 믿음을 본받으라" 하면서, "예수 그리스도는 어제나 오늘이나 영원토록 동일(同一)하시니라"(히 13:7-8) 하십니다.

㉡ 아브라함, 모세, 여호수아, 다윗 등 그들이 강하고 담대할 수 있었던 것은 여호와 하나님께서 그들과 함께 하셨기 때문입니다. 베드로, 요한, 바울 등이 그토록 담대할 수 있었던 것도 임마누엘 하신 그리스도께서 함께 하셨기 때문입니다. 그들은 자기시대 자신들의 사명(使命)을 완수하고 구속사의 무대에서 떠났으나, 그리스도는 떠나심이 없이 "어제나 오늘이나 영원토록 동일(同一)하시다", 즉 형제(兄弟)의 하나님이 되셔서 이제도 앞서 행하신다는 말씀입니다. 문제는 "저희 믿음"이 나에게 있느냐 하는 점입니다.

㉢ 두 번째 요점은 "그가 네 앞서 건너가사(3), 여호와 그가 네 앞서 행하시며"(8) 하는 말씀입니다. 하나님은, 그리고 주님은 우리와 "함께"만 하시는 것이 아닙니다. ㉮ "앞서 행하신다" 하고 말씀합니다. 앞장서서 나가시는 것만이 아니라, ㉯ "너희를 위하여 싸우신 자시니라(수 23:3), 너희를 위하여 싸우심이라"(수 23:10) 하십니다. 이점을 시편에서는, "하나님이여 주의 백성 앞에서 앞서 나가사 광야에 행진(行進)하셨을 때에 (셀라)(시 68:7) 하고 감격해 합니다.

㉣ 모세가 떠나는 마당에, "여호와께서 이미 멸하신 아모리 왕 시혼과 옥과 및 그 땅에 행하신 것과 같이 그들에게도 행하실 것이라"(4) 하고, "시혼과, 옥"을 정복한 사실을 상기시키는 의도가 무엇인가? 아모리 왕 시혼과, 바산 왕 옥을 패배시켰다는 소문은, 여리고성 사람들을 전율(戰慄)하게(수 2:10) 할 만큼 이스라엘의 능력으로는 도저히 불가능한 승리였기 때문입니다. "시혼과, 옥"을 정복하게 해주셨다면, 가나안의 7족속도 능히 물리치고도 남음이 있다는 뜻입니다. 그래서 "여호와

께서 그들을 너희 앞에 붙이시리니 너희는 내가 너희에게 명한 모든 명령대로 그들에게 행할 것이라"(5), 즉 "무슨 언약도 말고, 혼인하지도 말고, 진멸하라"(7:2-3) 하는 것입니다.

③ 그리고 백성들에게 하는 결론적인 격려는, "너는 마음을 강하게 하고 담대히 하라 그들을 두려워 말라 그들 앞에서 떨지 말라", 왜냐하면, "이는 네 하나님 여호와 그가 너와 함께 행하실 것임이라 반드시 너를 떠나지 아니하시며 버리지 아니하시리라"(6) 합니다.

㉠ 모든 격려와 능력의 원동력(原動力)은 "하나님이 너와 함께 하신다"(6, 8, 23)는 한 마디 속에 다 들어 있는 것입니다. 제자들 곁을 떠나시려는 주님은, "또 다른 보혜사를 너희에게 주사 영원토록 너희와 함께 있게 하시리니, 저는 너희와 함께 거하심이요 또한 너희 속에 계시겠음이라 내가 너희를 고아(孤兒)와 같이 버려두지 아니하고 너희에게로 오리라"(요 14:16-18) 하고 말씀하십니다. "하나님이 함께 하신다" 하심은, 구약의 성도들에 비해 신약의 성도들이 더욱더 확고한 것입니다. 왜냐하면 그리스도의 구속으로 말미암아 우리의 몸이 성전이 되어 내주(內住)하심이 가능하여졌기 때문입니다. 그렇다면 더욱더 "강하고 담대해야" 할 것이 아닌가!

④ 백성들을 격려한 후에, "모세가 여호수아를 불러 온 이스라엘 목전(目前)에서 그에게 이르되"(7상)

㉠ "너는 마음을 강하게 하고 담대히 하라"(7중),

㉡ "너는 이 백성을 거느리고 여호와께서 그들의 열조(烈祖)에게 주리라고 맹세하신 땅에 들어가서 그들로 그 땅을 얻게 하라"(7하),

㉢ "여호와 그가 네 앞서 행하시며"(8상),

㉣ "너와 함께 하사 너를 떠나지 아니하시며 버리지 아니하시리니"(8중),

㉤ "너는 두려워 말라 놀라지 말라"(8하) 하고 격려합니다.

ⓑ 제가 본문을 이토록 세분화(細分化)하여 보여주는 이유를 아시겠습니까? 모세가 죽은 후에 하나님께서 여호수아에게 하신 말씀이 무엇인가? "내가 모세와 함께 있던 것같이 너와 함께 있을 것임이라 내가 너를 떠나지 아니하며 버리지 아니하리니 마음을 강하게 하라 담대히 하라"(수 1:5-6) 하신 말씀입니다. 이 말씀이 바로 전투하는 교회의 병사(兵士)들인 우리들에게 하시는 격려이기 때문입니다.

ⓢ 보십시오. 신약교회는 이 말씀을 받아서, "그가 친히 말씀하시기를 내가 과연 너희를 버리지 아니하고 과연 너희를 떠나지 아니하리라 하셨느니라 그러므로 우리가 담대히 가로되 주는 나를 돕는 자시니 내가 무서워 아니 하겠노라 사람이 내게 어찌하리요 하노라" 하면서, "예수 그리스도는 어제나 오늘이나 영원토록 동일하시니라"(히 13:5-6, 8) 하고 선언하고 있습니다. 이런 맥락에서 본문은 하나님께서 형제에게, 그리고 전투하는 교회에 하시는 격려입니다. 왜냐하면, 오늘날 우리는 구속사의 동일선상(同一線上)에서 하나님의 나라건설을 위한 동일한 싸움을 싸우고 있는 하나님의 군사(軍士)들이기 때문입니다. 이것이 "전투하는 교회에 하시는 하나님의 격려"입니다.

둘째 단원(9-13, 24-29) 분석도표

주제 : 율법을 써서 전수한 모세의 마지막 사역

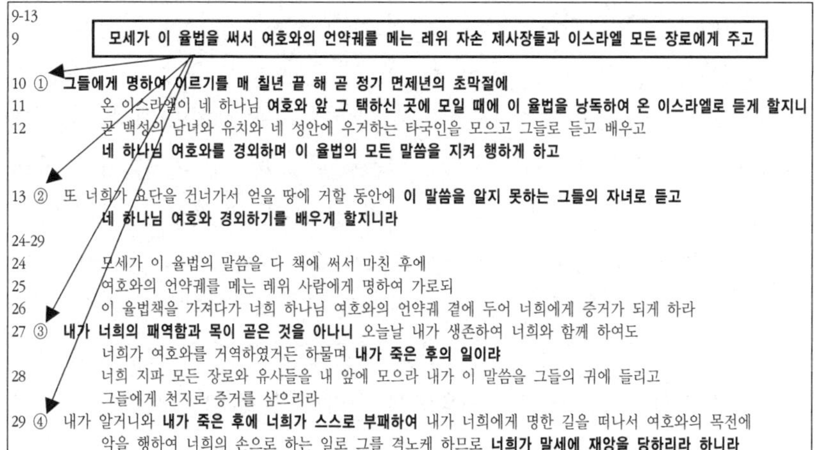

9-13
9 **모세가 이 율법을 써서 여호와의 언약궤를 메는 레위 자손 제사장들과 이스라엘 모든 장로에게 주고**

10 ① **그들에게 명하여 이르기를 매 칠년 끝 해 곧 정기 면제년의 초막절에**
11 온 이스라엘이 네 하나님 **여호와 앞 그 택하신 곳에 모일 때에 이 율법을 낭독하여 온 이스라엘로 듣게 할지니**
12 곧 백성의 남녀와 유치와 네 성안에 우거하는 타국인을 모으고 그들로 듣고 배우고
네 하나님 여호와를 경외하며 이 율법의 모든 말씀을 지켜 행하게 하고

13 ② 또 너희가 요단을 건너가서 얻을 땅에 거할 동안에 **이 말씀을 알지 못하는 그들의 자녀로 듣고**
네 하나님 여호와 경외하기를 배우게 할지니라
24-29
24 모세가 이 율법의 말씀을 다 책에 써서 마친 후에
25 여호와의 언약궤를 메는 레위 사람에게 명하여 가로되
26 이 율법책을 가져다가 너희 하나님 여호와의 언약궤 곁에 두어 너희에게 증거가 되게 하라
27 ③ **내가 너희의 패역함과 목이 곧은 것을 아나니** 오늘날 내가 생존하여 너희와 함께 하여도
너희가 여호와를 거역하였거든 하물며 **내가 죽은 후의 일이랴**
28 너희 지파 모든 장로와 유사들을 내 앞에 모으라 내가 이 말씀을 그들의 귀에 들리고
그들에게 천지로 증거를 삼으리라
29 ④ 내가 알거니와 **내가 죽은 후에 너희가 스스로 부패하여** 내가 너희에게 명한 길을 떠나서 여호와의 목전에
악을 행하여 너희의 손으로 하는 일로 그를 격노케 하므로 **너희가 말세에 재앙을 당하리라 하니라**

둘째 단원과, 셋째 단원은 주제를 따라 본문을 재구성했음을 유념하시기를 바라면서, 둘째 단원은 모세가 율법서를 써서 언약궤를 메는 제사장들에게 주면서 명한 내용입니다.

도표를 보시면 "모세가 율법을 써서, 언약궤를 메는 제사장들에게 주고"를 중심으로, ① "매 칠년 끝, 면제년의 초막절"에 낭독하고, ② "말씀을 알지 못하는 자녀로 듣고" 배우게 하라, ③ "너희의 패역을 아나니, 내가 죽은 후의 일이랴", ④ "부패하여, 명한 길을 떠나 악을 행하여, 말세에 재앙을 당하리라" 하고 예언적인 경고를 합니다.

둘째 단원(9–13, 24–29) 율법을 써서 전수한 모세의 마지막 사역

"모세가 이 율법을 써서 여호와의 언약궤를 메는 레위 자손 제사장들

과 이스라엘 모든 장로에게 주고"(9),

① "그들에게 명하여 이르기를 매 칠년 끝 해 곧 정기 면제년의 초막절에"(10), 즉 7년마다 돌아오는 안식년(레 25:4-7)을 가리킵니다.

㉠ "온 이스라엘이 네 하나님 여호와 앞 그 택하신 곳에 모일 때에 이 율법을 낭독(朗讀)하여 온 이스라엘로 듣게 할지니 곧 백성의 남녀와 유치와 네 성안에 우거하는 타국인을 모으고 그들로 듣고 배우고 네 하나님 여호와를 경외하며 이 율법의 모든 말씀을 지켜 행하게 하라" (11-12) 하십니다.

㉡ 초막절에 낭독하게 하라 한 의도가 무엇일까? "택하신 곳에 모일 때"를 근거로 해서 생각하면, ㉮ 하나님의 구속의 은혜를 잊지 않게 하려는 하나님중심이 됩니다. 초막절을 근거로 해서 생각하면 ㉯ 첫째는, 방황하던 광야생활을 청산하고 약속의 땅에 입성케 하신 하나님의 은혜를 망각하지 않게 하기 위해서요, ㉰ 둘째는 메시아를 대망(待望)케 하기 위해서요, ㉱ 셋째는 영원한 본향을 사모하게 하는 나그네 정신으로 살라는 종말론적인 의미가 있다 하겠습니다.

㉢ 임종을 앞둔 모세가 "율법을 써서, 제사장에게 주었다" 하고 말씀하는데, 이것이 얼마나 중요(重要)한 일인지! 이스라엘의 특권(特權)이 무엇인지 아십니까? 바울은, "범사에 많으니 첫째는 저희가 하나님의 말씀을 맡았음이니라"(롬 3:2) 합니다. 그렇습니다. 하나님의 말씀을 받아 기록(記錄)하고 보존(保存)하여 전(傳)해주었다는 것은 선민 이스라엘의 가장 큰 업적인 것입니다. 만일 이 사명을 감당하지 못했다면 우리는 구약성경을 갖지 못하게 되었을 것이요, 그렇게 되면 "예수"가 아브라함과 다윗에게 언약하신 그리스도이심을 입증(立證)할 증거(證據)를 잃어버리게 되었을 것입니다. 그래서 모세는 율법을 기록하여 제사장과 장로들에게 주었던 것입니다.

② "또 너희가 요단을 건너가서 얻을 땅에 거할 동안에 이 말씀을 알지 못하는 그들의 자녀(子女)로 듣고 네 하나님 여호와 경외하기를 배

우게 할지니라"(13) 합니다.

㉠ 그런데 사사시대에 이르러, "그 세대 사람도 다 그 열조에게로 돌아갔고 그 후에 일어난 다른 세대는 여호와를 알지 못하며 여호와께서 이스라엘을 위하여 행하신 일도 알지 못하였더라"(삿 2:10) 한 것은 자녀교육에 실패(失敗)하였다는 점을 말해주고 있는 것입니다. 이제 본문은 24-29절로 연결이 됩니다.

㉡ "모세가 이 율법의 말씀을 다 책에 써서 마친 후에 여호와의 언약궤를 메는 레위 사람에게 명하여 가로되 이 율법책을 가져다가 너희 하나님 여호와의 언약궤 곁에 두어 너희에게 증거가 되게 하라"(24-26), 즉 초막절에 낭독(朗讀)하여 들려주고, 자녀들에게 가르치라는 말씀입니다.

③ "내가 너희의 패역함과 목이 곧은 것을 아나니 오늘날 내가 생존(生存)하여 너희와 함께 하여도 너희가 여호와를 거역하였거든 하물며 내가 죽은 후의 일이랴"(27),

㉠ 모세가 노예 신분이었던 장정만 60만이나 되는 무지몽매한 백성들을 지도했던 공생애 40은 그야말로 파란만장한 생애였던 것입니다. 여호수아가 후임자로 세움을 받았다 해도 권위 면에서는 모세만은 못했을 것입니다. 그래서 "너희 지파 모든 장로와 유사들을 내 앞에 모으라 내가 이 말씀을 그들의 귀에 들리고 그들에게 천지로 증거를 삼으리라"(28) 하면서,

④ "내가 알거니와 내가 죽은 후에 너희가 스스로 부패(腐敗)하여 내가 너희에게 명한 길을 떠나서 여호와의 목전에 악을 행하여 너희의 손으로 하는 일로 그를 격노케 하므로 너희가 말세에 재앙을 당하리라"(29), 종래(從來)는 재앙을 당하게 되리라 하고, 예언적인 경고를 합니다.

㉠ 생각나는 말씀이 있습니다. 그것은 바울이 순교를 당하기 직전에 신약교회를 향해서 한 예언적인 경고입니다. "네가 이것을 알라 말세에 고통 하는 때가 이르리니 사람들은 자기를 사랑하며 돈을 사랑하

며, 쾌락을 사랑하기를 하나님 사랑하는 것보다 더하며" 하고 말씀하면서, "때가 이르리니 사람이 바른 교훈을 받지 아니하며 귀가 가려워서 자기의 사욕(私慾)을 좇을 스승을 많이 두고 또 그 귀를 진리(眞理)에서 돌이켜 허탄한 이야기를 좇으리라"(딤후 3:1-2, 4, 4:3-4) 한 경고입니다. 이 말씀을 증거삼아 지금이 그 때가 아닌지 각성(覺醒)해야 할 것입니다. 이것이 "율법을 써서 전수한 모세의 마지막 사역"입니다. 모세의 마지막 사역을 요약을 하면, ㉮ 백성과 여호수아를 격려하고, ㉯ 율법을 기록하여 전수시키고, ㉰ 다음 32장에서 상고하게 될 노래를 지어 부르게 한 것입니다.

셋째 단원(14-23, 30) 분석도표

주제 : 모세와 여호수아의 이 취임식

14-23
14 **여호와께서 모세에게 이르시되 너의 죽을 기한이 가까왔으니 여호수아를 불러서 함께 회막으로 나아오라 내가 그에게 명을 내리리라 모세와 여호수아가 나아가서 회막에 서니**

15 여호와께서 구름 기둥 가운데서 장막에 나타나시고 구름 기둥은 장막문 위에 머물렀더라
16 ① 여호와께서 모세에게 이르시되 너는 너의 열조와 함께 자려니와 이 백성은 들어가 거할 그 땅에서 일어나서
이방 신들을 음란히 좇아 나를 버리며 내가 그들과 세운 언약을 어길 것이라

17 ② **그 때에 내가 그들에게 진노하여 그들을 버리며 내 얼굴을 숨겨** 그들에게 보이지 않게 할 것인즉
그들이 삼킴을 당하여 허다한 재앙과 환난이 그들에게 임할 그 때에 그들이 말하기를 이 재앙이 우리에게 임함은
우리 하나님이 우리 중에 계시지 않은 까닭이 아니뇨 할 것이라

18 ③ **그들이 돌이켜 다른 신을 좇는 모든 악행을 인하여 내가 그 때에 반드시 내 얼굴을 숨기리라**

19 ④ 그러므로 이제 너희는 **이 노래를 써서 이스라엘 자손에게 가르쳐서 그 입으로 부르게 하여**
이 노래로 나를 위하여 이스라엘 자손에게 증거가 되게 하라
20 ⑤ **내가 그들의 열조에게 맹세한바** 젖과 꿀이 흐르는 땅으로 그들을 인도하여 들인 후에
그들이 먹어 배부르고 살찌면 **돌이켜 다른 신들을 섬기며 나를 멸시하여 내 언약을 어기리니**
21 그들이 재앙과 환난을 당할 때에 그들의 자손이 부르기를 잊지 아니한 **이 노래가 그들 앞에 증인처럼 되리라**
나는 내가 맹세한 땅으로 그들을 인도하여 들이기 전 오늘날에 나는 그들의 상상하는 바를 아노라
22 **모세가 당일에 이 노래를 써서 이스라엘 자손에게 가르쳤더라**

23 ⑥ **여호와께서 또 눈의 아들 여호수아에게 명하여 가라사대** 너는 이스라엘 자손을 인도하여 내가 그들에게
맹세한 땅으로 들어가게 하리니 **마음을 강하게 하고 담대히 하라 내가 너와 함께 하리라**

30 **모세가 이스라엘 총회에게 이 노래의 말씀을 끝까지 읽어 들리니라**

셋째 단원은 여호와의 회막 앞에서 모세는 이임(離任)을 하고, 여호수아는 취임(就任)을 하는 위임식 장면입니다. 도표를 보시면 "여호와께서 모세에게 이르시되 여호수아를 불러서 함께 회막으로 나아오라"는 말씀을 중심으로, ① "모세는 열조와 함께 자려니와 이 백성은 들어가 거할 땅에서, 이방 신들을 음란히 좇아 언약을 어길 것이라", ② "그 때에, 진노하여 그들을 버리며 내 얼굴을 숨기리라", ③ "그들이 다른 신을 좇는 악행을 인하여 내 얼굴을 숨기리라" 하고 거듭 말씀하시면서, ④ "그러므로 너희는 이 노래를 써서 이스라엘 자손에게 가르쳐서 부르게 하라", ⑤ "그들이 먹어 배부르고 살찌면 돌이켜 다른 신들을 섬겨, 재앙과 환난을 당할 때에 그들의 자손이 부르는 노래가 증인처럼 되리라" 하시고, ⑥ "여호와께서 여호수아에게, 너는 이스라엘 자손을 인도하여 맹세한 땅으로 들어가게 하리니 마음을 강하게 하고 담대히 하라 내가 너와 함께 하리라" 하십니다.

셋째 단원(14-23, 30) 모세와 여호수아의 이 취임식

"여호와께서 모세에게 이르시되 너의 죽을 기한이 가까왔으니 여호수아를 불러서 함께 회막(會幕)으로 나아오라 내가 그에게 명을 내리리라 모세와 여호수아가 나아가서 회막에 서니"14),

㉠ "여호와께서 구름 기둥 가운데서 장막에 나타나시고 구름 기둥은 장막문 위에 머물렀더라"(15), 이점에서 주목하게 되는 것은, "내가 그에게 명을 내리리라" 하고, 중심점이 모세에게서 여호수아로 이동(移動)하고 있다는 점입니다. 하나님 앞에서 "이 취임식"을 거행하려는 것입니다.

① "여호와께서 모세에게 이르시되 너는 너의 열조와 함께 자려니와

이 백성은 들어가 거할 그 땅에서 일어나서 이방 신들을 음란히 좇아 나를 버리며 내가 그들과 세운 언약을 어길 것이라"(16) 하십니다.

㉠ 타락을 말씀할 때마다 우선적으로 대두되는 것이 무엇인지 아십니까? "이방 신, 다른 신"을 섬긴다는 우상숭배입니다. 이는 십계명을 범했다는 차원이 아니라, 근원적으로는 열조에게 세워주신 〈메시아언약〉을 버렸다는 뜻임을 잊지 말아야만 합니다. 메시아언약을 버리는 것이 하나님을 버리는 것입니다. 왜냐하면 하나님과의 관계는 메시아언약 안에서만 가능하여지기 때문입니다.

㉡ 그러므로 우상을 숭배한다는 것은, 하나님중심에서 사욕을 좇는 자기중심이 되는 것이라는 점을 인식해야만 합니다. 그래야만 현대교회의 실상을 직시(直視)할 수가 있기 때문입니다. 하나님은 백성들이 이처럼 타락하게 될 것을 아셨습니다. 그래서 30장에서 이미, "여호와께 쫓겨 간 모든 나라 가운데서 이 일이 마음에 기억이 나거든(1), 너의 쫓겨 간 자들이 하늘가에 있을지라도 네 하나님 여호와께서 거기서 너를 모으실 것이며, 너를 이끄실 것이라"(4) 말씀하셨던 것입니다.

② "그 때에 내가 그들에게 진노하여 그들을 버리며 내 얼굴을 숨겨 그들에게 보이지 않게 할 것인즉"(17상) 하고, "얼굴을 숨기시겠다" 하시는데 무슨 뜻인가?

㉠ 11장에 해답이 있습니다. "네가 들어가 얻으려 하는 땅은, 네 하나님 여호와께서 권고하시는 땅이라 세초(歲初)부터 세말(歲末)까지 네 하나님 여호와의 눈이 항상 그 위에 있느니라"(11:12) 하십니다. "여호와는 그 얼굴로 네게 비취사 은혜 베푸시기를 원하며, 여호와는 그 얼굴을 네게로 향하여 드사 평강 주시기를 원하노라"(민 6:25-26) 하고 축복하라 하신, 이 축복을 거두시겠다는 말씀입니다.

㉡ "얼굴을 숨기시게" 되면, "그들이 삼킴을 당하여 허다한 재앙과 환난이 그들에게 임할 그 때에 그들이 말하기를 이 재앙이 우리에게 임

함은 우리 하나님이 우리 중에 계시지 않은 까닭이 아니뇨 할 것이라"(17하)는 것입니다. 이 말씀 속에는 자신들의 악행은 생각하지 않고, 그리하여 회개하지는 않고 하나님을 원망하게 되리라는 뜻이 있습니다.

③ "그들이 돌이켜 다른 신을 좇는 모든 악행을 인하여 내가 그 때에 반드시 내 얼굴을 숨기리라"(18) 하고 재차 말씀하십니다. 저들의 악행의 근본적인 문제가 어디에 있는가를 유념하시기를 바랍니다.

㉠ 16절에서는, "이방 신들"이라 말씀하고, 18절에서는 "다른 신을 좇는 모든 악행"이라 하십니다. 여기서 "다른 신"이, "하나님"과 대조하는 표현인가? 물론 그렇습니다. 그런데 이를 구속사라는 전체 문맥으로 보면, "천하 인간에 구원을 얻을 만한 다른 이름을 우리에게 주신 일이 없음이니라"(행 4:12) 한, 메시아언약과 대조가 되는 표현이라는 점에 확고해야만 합니다. 그래야만 구약의 성도들에게도, "구원을 얻을 만한 다른 이름을 주신 일이 없다"는데 확신을 갖게 되고, "내가 너희 중에서 예수 그리스도와 그의 십자가에 못 박히신 것 외에는 아무 것도 알지 아니하기로 작정하였음이라"(고전 2:2) 하는, 진짜 그리스도의 증인이 될 수가 있기 때문입니다.

④ "그러므로 이제 너희는 이 노래를 써서 이스라엘 자손에게 가르쳐서 그 입으로 부르게 하라"(19상) 하십니다. 이 노래가 다음 장인 32장의 내용입니다.

㉠ 그러면 노래를 지어 부르게 하라 하시는 의도가 무엇인가? 첫째는, ㉮ 이는 일종의 찬송가와 같아서 하나님께서, 구속하시고, 인도하시고, 약속의 땅을 주신 은총을 잊지 않게 하시기 위해시일 것입니다. 그런데 ㉯ "이 노래로 나를 위하여 이스라엘 자손에게 증거(證據)가 되게 하라"(19하) 하심은, 그들이 다른 신을 섬겨 재앙을 당하게 될 때에 하나님을 원망하지 못하게 하시려는 의도에서입니다. 왜냐하면 자녀들이 부르는 노래 가사(歌辭)가 증거가 될 것이기 때문입니다.

⑤ "내가 그들의 열조에게 맹세한바 젖과 꿀이 흐르는 땅으로 그들을 인도하여 들인 후에"(20상),

㉠ 여기서 잠시 멈추고 이처럼 "다른 신"을 섬기다가 쫓겨나게 될 것을 아시면서도 어찌하여 가나안 땅으로 인도하여 들이시는가? "열조(烈祖)에게 맹세한바", 이것이 답변입니다. 하나님은 아브라함에게 언약하시고 맹세로 보증하여주신 약속을 지키시고 이루시기 위해서입니다. 다시 말하면 그리스도를 아브라함의 자손으로 가나안 땅 베들레헴에서 나게 하시어 천하 만민을 구원하여 하나님의 나라를 건설하시려는 계획을 성취하시기 위해서인 것입니다.

㉡ 그런데 배은망덕한 인간은, "그들이 먹어 배부르고 살찌면 돌이켜 다른 신들을 섬기며 나를 멸시하여 내 언약을 어기리니 그들이 재앙과 환난을 당할 때에 그들의 자손이 부르기를 잊지 아니한 이 노래가 그들 앞에 증인처럼 되리라"(20하-21상), "나는 내가 맹세한 땅으로 그들을 인도하여 들이기 전 오늘날에 나는 그들의 상상(想像)하는 바를 아노라", 즉 그들의 부패한 심령상태를 아신다는 것입니다. "모세가 당일에 이 노래를 써서 이스라엘 자손에게 가르쳤더라"(21하-22).

⑥ "여호와께서 또 눈의 아들 여호수아에게 명하여 가라사대 너는 이스라엘 자손을 인도하여 내가 그들에게 맹세한 땅으로 들어가게 하리니"(23상) 하고, 회막 앞 곧 하나님 앞에서 백성들을 정식으로 여호수아에게 위임(委任)을 하십니다.

㉠ 그리고 하신 권면의 말씀이, "마음을 강하게 하고 담대히 하라 내가 너와 함께 하리라"(23하)는 말씀입니다. 모세와 함께하신 하나님은 이제 여호수아와 함께 하십니다. 그리고 여호수아와 함께 하셨던 하나님은 지금 형제와 함께 하시는 것입니다.

㉡ "모세가 이스라엘 총회에게 이 노래의 말씀을 끝까지 읽어 들리니라"한 마지막 절(30)은, 31장과 32장을 이어주는 교량역할을 하고 있

습니다. 이것이 "앞서 행하시는 너희 하나님 여호와"입니다.

⑦ 묵상해보겠습니다.

㉠ 전투하는 교회에 하시는 하나님의 격려에 대해서,

㉡ 율법을 써서 전수한 모세의 마지막 사역의 중요성에 대해서,

㉢ 노래를 써서 부르게 하신 하나님의 의도에 대해서.

32장

인간의 배은망덕과 하나님의 무궁한 사랑

[43]너희 열방은 주의 백성과 즐거워하라 주께서 그 종들의 피를 갚으사 그 대적에게 보수하시고 자기 땅과 백성을 위하여 속죄하시리로다

신명기 32장은 하나님께서 "너희는 이 노래를 써서 이스라엘 자손으로 부르게 하라"(31:19) 하신, "모세의 노래"입니다. 이제 모세는 본장에서 "노래를 써서" 가르치고, 33장에서 "축복"을 하고, 34장에서 "느보산에 올라" 약속의 땅을 바라보고 구속사의 무대에서 퇴장을 하게 됩니다.

모세의 노래의 주제는, "인간의 배은망덕과 하나님의 무궁한 사랑"입니다. 크게 세 부분으로 나눌 수가 있는데 첫째는, 선하시고 은혜로우신 하나님을 상기시키는 내용이고, 둘째는 배부르고 살찌매 하나님을 배신하는 인간의 배은망덕을 고발하고, 마지막으로 하나님 외에 다른 구원자가 없음을 증거하는 내용입니다. 이는 구약교회만이 아니라, 신

약교회에도 해당이 되는 노래이고, 교회만이 아니라 성도 개개인에게도 적용이 되는 노래라는 점에서 우리의 경계가 됩니다.

첫째 단원(1-14) **택하시고 구속하시고 인도하신 하나님**
둘째 단원(15-30) **구원하신 반석을 배척한 인간의 배은망덕**
셋째 단원(31-52) **대적을 심판하시고 백성의 죄를 속하시는 하나님**

첫째 단원(1-14) 분석도표
주제 : 택하시고 구속하시고 인도하신 하나님

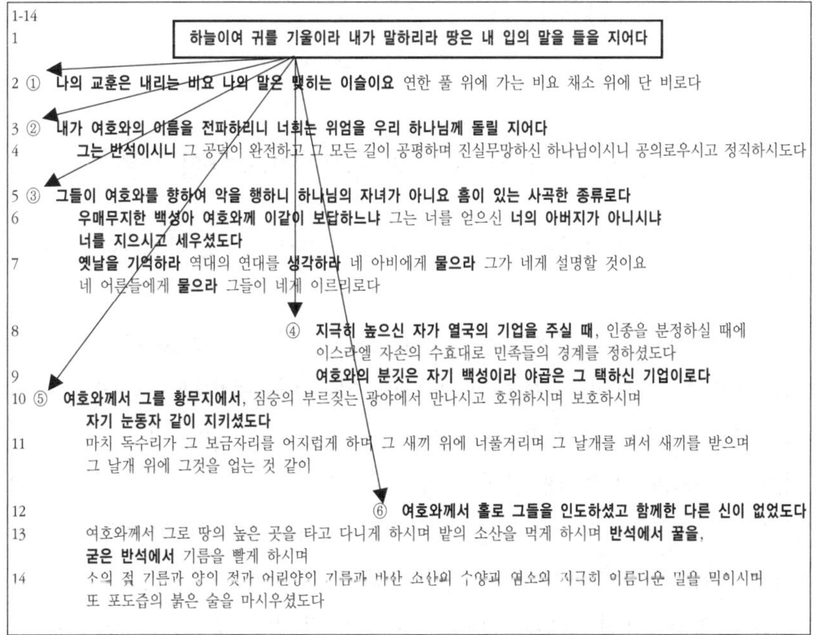

1-14
1 **하늘이여 귀를 기울이라 내가 말하리라 땅은 내 입의 말을 들을 지어다**
2 ① **나의 교훈은 내리는 비요 나의 말은 맺히는 이슬이요** 연한 풀 위에 가는 비요 채소 위에 단 비로다
3 ② **내가 여호와의 이름을 전파하리니 너희는 위엄을 우리 하나님께 돌릴 지어다**
4 **그는 반석이시니** 그 공덕이 완전하고 그 모든 길이 공평하며 진실무망하신 하나님이시니 공의로우시고 정직하시도다
5 ③ **그들이 여호와를 향하여 악을 행하니 하나님의 자녀가 아니요 흠이 있는 사곡한 종류로다**
6 **우매무지한 백성아 여호와께 이같이 보답하느냐** 그는 너를 얻으신 **너의 아버지가 아니시냐**
너를 지으시고 세우셨도다
7 **옛날을 기억하라** 역대의 연대를 **생각하라** 네 아비에게 **물으라** 그가 네게 설명할 것이요
네 어른들에게 **물으라** 그들이 네게 이르리로다
8 ④ **지극히 높으신 자가 열국의 기업을 주실 때**, 인종을 분정하실 때에
이스라엘 자손의 수효대로 민족들의 경계를 정하셨도다
9 **여호와의 분깃은 자기 백성이라 야곱은 그 택하신 기업이로다**
10 ⑤ **여호와께서 그를 황무지에서**, 짐승의 부르짖는 광야에서 만나시고 호위하시며 보호하시며
자기 눈동자 같이 지키셨도다
11 마치 독수리가 그 보금자리를 어지럽게 하며 그 새끼 위에 너풀거리며 그 날개를 펴서 새끼를 받으며
그 날개 위에 그것을 업는 것 같이
12 ⑥ **여호와께서 홀로 그들을 인도하셨고 함께한 다른 신이 없었도다**
13 여호와께서 그로 땅의 높은 곳을 타고 다니게 하시며 밭의 소산을 먹게 하시며 **반석에서 꿀을**,
굳은 반석에서 기름을 빨게 하시며
14 소의 젖 기름과 양의 젖과 어린양의 기름과 바산 소산의 수양과 염소와 지극히 아름다운 밀을 먹이시며
또 포도즙의 붉은 술을 마시우셨도다

첫째 단원의 중심점은, "내가 여호와의 이름을 전파하리니" 한, 하나님의 선하심을 증거하는데 있습니다. 증거하는 목적(目的)이 무엇인가?

"너희는 위엄을 우리 하나님께 돌릴 지어다"(3), 즉 하나님께 영광을 돌리게 하기 위해서입니다.

도표를 보시면 "하늘이여, 땅은 내 입의 말을 들을 지어다"를 중심으로, ① "나의 교훈은 내리는 비요 나의 말은 맺히는 이슬이요" 하면서, ② "내가 여호와의 이름을 전파하리니" 합니다. ③ "그들이 여호와를 향하여 악을 행하니, 우매무지한 백성아 여호와께 이같이 보답하느냐" 하면서, ④ "열국의 기업을 분정하실 때", 즉 이스라엘을 택하신 사실을 말하고, ⑤ "여호와께서 광야에서 만나시고 호위하시며 보호하신", 출애굽 과정의 구속의 은총을 증거하고, ⑥ "여호와께서 홀로 인도하셨고, 다른 신이 없었도다" 합니다.

첫째 단원(1-14) 택하시고 구속하시고 인도하신 하나님

"하늘이여 귀를 기울이라 내가 말하리라 땅은 내 입의 말을 들을 지어다"(1) 합니다.

㉠ 이점을 30:19절에서는, "내가 오늘날 천지(天地)를 불러서 너희에게 증거를 삼노라" 말씀하고 있는데, 이는 영원불변한 하나님의 말씀임을 드러내기 위해서입니다. 뿐만 아니라, "하늘이여 귀를 기울이라 내가 말하리라, 땅은 내 입의 말을 들을 지어다" 하는 것은, 예나 이제나 거짓된 인간들이, "그 귀를 진리에서 돌이켜 허탄한 이야기를 좇는"(딤후 4:4) 것을 개탄하는 뜻(사 1:2)도 있다 하겠습니다.

① 그래서 "나의 교훈은 내리는 비요 나의 말은 맺히는 이슬이요 연한 풀 위에 가는 비요 채소 위에 단 비로다"(2) 하는 것입니다.

㉠ "내리는 비, 맺히는 이슬, 가는 비, 단비" 등은 성경의 용예로는 모두가 하나님의 은혜를 상징합니다. "비나 이슬"은 채소를 내고 열매

를 맺게 합니다. 반면 비가 내리지 않게 되면 황무지가 될 수밖에 없습니다. 그러므로 "나의 교훈은 내리는 비요" 한 뜻에는, 이 교훈을 듣고 준행을 하면 복을 받지만, 만일 귓등으로 듣는다면 화를 당하리라는 뜻이 내포되어 있는 것입니다.

② "내가 여호와의 이름을 전파하리니 너희는 위엄을 우리 하나님께 돌릴 지어다"(3) 하는데 이는 설교자가 명심해야할 점입니다.

㉠ 성경은 분량이 많다하여도, 하나님이 행해주신 행사와, 인간이 준행해야할 일로 되어 있습니다. 중요하고도 우선하는 것은 여호와의 행사(行事)입니다. 그래야만 기관차가 객차를 끌고 가듯이 "그리스도의 사랑의 강권"(고후 5:14)함을 받는 삶을 살아갈 수가 있기 때문입니다. 모세가 "여호와의 이름을 전파하리니" 한 것은, 하나님의 선하신 성품에서 나오는 여호와의 행사를 말해주겠다는 뜻입니다.

㉡ 시편 77편에 좋은 예가 있는데 이 사람은, "주께서 영원히 버리실까 다시는 은혜를 베풀지 아니하실까 그 인자(仁慈)하심이 길이 다하였는가 그 허락을 영구히 폐하셨는가 하나님이 은혜(恩惠) 베푸심을 잊으셨는가" 하고, 갈등을 겪고 있습니다. 이에 대한 치료책이 무엇인가? "지존(至尊)자의 오른손의 해 곧 여호와의 옛적 기사를 기억하여 그 행하신 일을 진술하리이다 또 주의 모든 일을 묵상(默想)하며 주의 행사(行事)를 깊이 생각하리이다"(시 77:6-12) 한, 하나님께서 행해주신 일을 진술하고 묵상하는 일입니다. 지금 모세가 그렇게 하고 있는 것입니다.

㉢ "그는 반석이시니 그 공덕(功德)이 완전하고 그 모든 길이 공평(公平)하며 진실무망(眞實無妄)하신 하나님이시니 공의(公義)로우시고 정직(正直)하시도다"(4) 합니다. 여기 하나님의 속성을 말씀하는 중에, "반석"(盤石)이라는 말이 나오는데 이 반석을, 구약으로 구약을 해석하려는 관점으로 보면 "하나님"을 가리킵니다. 그런데 밝히 드러난 신약

의 빛을 받아 구약을 바라보게 되면, "저희를 따르는 신령한 반석으로부터 마셨으매 그 반석은 곧 그리스도시라"(고전 10:4)가 되는 것입니다. 이점을 이어지는 말씀에서 확인하게 될 것입니다.

③ 그런데 "그들이 (이토록 진실무망하신) 여호와를 향하여 악을 행하니 하나님의 자녀가 아니요 흠이 있는 사곡한 종류로다"(5) 합니다.

㉠ 이는 이제 곧 요단을 건너 약속의 땅에 입성하려는 자들에게는 경종이 되고, 장차 "이방신들을 음란히"(31:16) 섬길 것을 내다보면서 하는 예언적(豫言的)인 경고인 것입니다. 이사야 선지자는, "슬프다 범죄한 나라요 허물진 백성이요 행악의 종자요 행위가 부패한 자식이로다"(사 1:4) 합니다. 생각나는 말씀이 있습니다. 주님은 당시의 교권주의자들을 향해서, "너희는 너희 아비 마귀에게서 났으니 너희 아비의 욕심을 너희도 행하고자 하는도다"(요 8:44) 하셨고 또한, "뱀들아 독사의 새끼들아 너희가 어떻게 지옥의 판결을 피하겠느냐"(마 23:33) 하신 말씀입니다. 당시의 지도자들은 자신들이 "사곡한 종류, 독사의 자식"들이란 점을 알았단 말인가? 이 말씀을 상고하는 우리들도 심각하게 고민해야할 말씀입니다.

㉡ 그러면서 "우매무지한 백성아 여호와께 이같이 보답하느냐 그는 너를 얻으신 너의 아버지가 아니시냐 너를 지으시고 세우셨도다 옛날을 기억하라 역대의 연대를 생각하라 네 아비에게 물으라 그가 네게 설명할 것이요 네 어른들에게 물으라 그들이 네게 이르리로다"(6-7) 합니다. 여기 종합검진을 하듯이 교회의 건강(健康)상태를 진단하고, 치료하는 처방이 다 들어 있습니다.

㉮ "그는 너를 얻으신"(6) 한, 하나님께서 나를 위하여 행해주신 행사를 아는 것이 우선합니다. 자기 아들의 구속을 통해서 나를 하나님의 백성으로, 자녀로 삼아주신, 이것이 "너의 아버지가 아니시냐" 한 표현 속에 들어 있습니다. 이점을 사도 바울은, "능히 모든 성도와 함께

지식에 넘치는 그리스도의 사랑을 알아 그 넓이와 길이와 높이와 깊이가 어떠함을 깨달아 하나님의 모든 충만하신 것으로 너희에게 충만하게 하시기를 구하노라"(엡 3:18-19) 합니다. 우리가 행할 것이 먼저가 아니라, 하나님의 행사를 아는 것이 우선합니다. "알고 믿는" 만큼 충만해질 수가 있습니다.

㈏ 다음은 이를 잊지 않고(8:11, 14, 19), "기억하는 것"(7)이 중요합니다.

㈐ 기억하기 위해서는, "생각하라"(7) 한, 묵상이 필요합니다. 묵상은, "마음과 생각을 지키게" 하는 비결입니다.

㈑ 그런데 "기억하고, 생각하고" 싶어도 자신 속에 생각할 "말씀"이 없다면 소용이 없는 것입니다. 그래서 "너의 아비에게 물으라, 네 어른들에게 물으라"(7) 한, 가르침을 받아야만 하는 것입니다. 그러므로 새 언약은, "생각에 두고 마음에 기록하리라"(렘 31:33, 히 8:10) 하신 것입니다. 이 외에 다른 지름길은 없습니다.

④ 그러면 이스라엘에게 행해주신 첫손에 꼽는 하나님의 행사가 무엇인가? "지극히 높으신 자가 열국(列國)의 기업을 주실 때, 인종(人種)을 분정하실 때에 이스라엘 자손의 수효대로 민족(民族)들의 경계를 정하셨도다"(8) 합니다.

㉠ 이는 "여호와의 분깃은 자기 백성이라 야곱은 그 택하신 기업이로다"(9) 한, 열방 중에서 이스라엘을 선민(選民)으로 택하신 사실을 가리킵니다. 좀 더 말씀을 드린다면 "이스라엘 민족"을 택하셔서 세계 중심(中心)으로 삼으셨다는 뜻입니다. 이점을 아모스 선지자를 통해서는, "내가 땅의 모든 족속 중에 너희만 알았나니"(암 3:2) 하십니다. 이 말씀이 신약의 성도들에게는, "오직 너희는 택하신 족속이요 왕 같은 제사장들이요 거룩한 나라요 그의 소유된 백성이니"(벧전 2:9) 하시는 말씀으로 적용이 되는 것입니다. 너무나 많이, 그리고 쉽게 말하기 때문

에 범상(凡常)하게 여기지만 이는 참으로 비상(非常)한 말씀입니다. "여호와의 분깃, 택하신 기업"(9)이라 하시는데, 형제가 하나님의 나라의 국보(國寶) 제1호라는 그런 뜻이기 때문입니다.

⑤ "여호와께서 그를 황무지에서, 짐승의 부르짖는 광야에서 만나시고 호위(護衛)하시며 보호(保護)하시며 자기 눈동자 같이 지키셨도다"(10) 하십니다.

㉠ 이는 바로의 종 되었던 자들을 구속하여 내셔서 40년 동안 광야 생활을 하는 동안 인도하여주심을 진술하는 내용입니다. "만나주시고, 호위하시며, 보호하시며, 눈동자 같이 지켜주시는 하나님"! 이에 대해 저들은, "저희가 광야에서 그를 반항하며 사막에서 그를 슬프시게 함이 몇 번인고 저희가 돌이켜 하나님을 재삼 시험하며 이스라엘의 거룩한 자를 격동하였도다 저희가 그의 권능을 기억치 아니하며 대적에게서 구속하신 날도 생각지 아니 하였도다"(시 78:40-42) 합니다.

㉡ 그러나 하나님은, "마치 독수리가 그 보금자리를 어지럽게 하며 그 새끼 위에 너풀거리며 그 날개를 펴서 새끼를 받으며 그 날개 위에 그것을 업는 것 같이"(11), 즉 독수리가 새끼를 훈련시키듯이,

⑥ "여호와께서 홀로 그들을 인도하셨고 함께한 다른 신이 없었도다"(12) 합니다. 이점을 출애굽기에서는, "내가 어떻게 독수리 날개로 너희를 업어 내게로 인도하였음을 너희가 보았느니라"(출 19:4) 말씀하고 1:31절에서는, "광야에서도 너희가 당하였거니와 사람이 자기 아들을 안음같이 너희 하나님 여호와께서 너희의 행로 중에 너희를 안으사 이곳까지 이르게 하셨느니라" 하고 말씀합니다.

㉠ 이점에서 "홀로 그들을 인도하셨고 다른 신이 없다" 하신 말씀을 음미해보고자 합니다. 이를 좁은 문맥으로만 본다면 "하나님 외에 다른 신이 없다"는 것이 되지만, "이는 저희를 따르는 신령한 반석으로부터 마셨으매 그 반석은 곧 그리스도시라"(고전 10:4) 한, 구속사의 넓은 맥

락으로 보면, 바로의 노예였던 저들을 "구속"하시고 "인도"하여주신 구원자는 그리스도 외에는 없다는 뜻이 되는 것입니다. 이점을 드러내고 강조하는 이유가 어디에 있는지 아십니까? 13절 이하에 8번이나 등장하는 "반석"(盤石)에 대한 해석 때문입니다.

ⓛ "여호와께서 그로 땅의 높은 곳을 타고 다니게 하시며 밭의 소산을 먹게 하시며 반석에서 꿀을, 굳은 반석에서 기름을 빨게 하시며 소의 젖기름과 양의 젖과 어린양의 기름과 바산 소산의 수양과 염소와 지극히 아름다운 밀을 먹이시며 또 포도즙의 붉은 술을 마시우셨도다"(13-14) 하는데, 이는 이스라엘 백성들이 젖과 꿀이 흐르는 가나안 땅에 들어가서 누리게 될 풍요로움을 나타냅니다.

ⓒ 그러면 묻습니다. 신약의 성도들에게 이 말씀이 어떤 의미가 있느냐는 것입니다. 우리의 가나안은 어디이며, 우리가 꿀을 빨아먹고, 기름을 빨아먹어야 할 "반석"은 무엇이냐 하는 점입니다. "또 포도즙의 붉은 술을 마시우셨도다" 하는데 우리가 마실 포도주는 무엇인가 하는 점입니다.

ⓡ 성경은 말씀합니다. "너희 목마른 자들아 물로 나아오라 돈 없는 자도 오라 너희는 와서 사 먹되 돈 없이 값없이 와서 포도주와 젖을 사라 너희가 어찌하여 양식 아닌 것을 위하여 은을 달아주며 배부르게 못할 것을 위하여 수고하느냐 나를 청종하라 그리하면 너희가 좋은 것을 먹을 것이며 너희 마음이 기름진 것으로 즐거움을 얻으리라 너희는 귀를 기울이고 내게 나아와 들으라 그리하면 너희 영혼이 살리라 내가 너희에게 영원한 언약(言約)을 세우리니 곧 다윗에게 허락한 확실(確實)한 은혜니라"(사 55:1-3).

ⓜ 이런 맥락에서 보면 13-14절에 등장하는, "밭의 소산, 반석의 꿀, 기름, 소의 젖, 양의 젖, 포도즙" 등은 모두가 "다윗에게 허락한 확실한 은혜"의 상징임을 깨닫게 됩니다. 그리고 이 은혜는, "내가 오찬을 준비

하되 나의 소와 살진 짐승을 잡고 모든 것을 갖추었으니 혼인 잔치에 오소서"(마 22:4) 하신, 자기 아들의 구속을 통하여 하나님께서 마련하신 잔치임을 잊지 말아야만 합니다.

둘째 단원(15-30) 분석도표

주제 : 구원하신 반석을 배척한 인간의 배은망덕

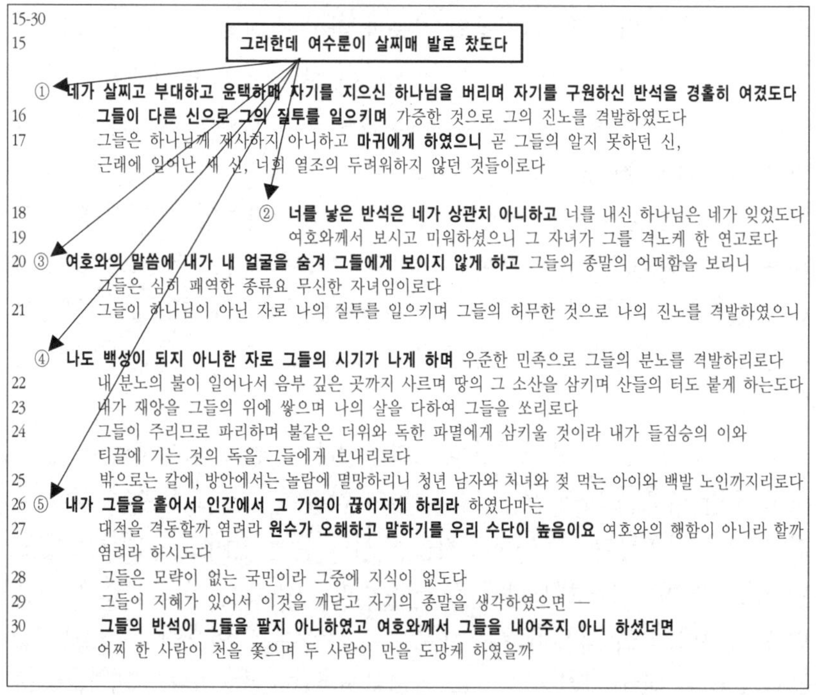

15-30
15 **그러한데 여수룬이 살찌매 발로 찼도다**
① **네가 살찌고 부대하고 윤택하매 자기를 지으신 하나님을 버리며 자기를 구원하신 반석을 경홀히 여겼도다**
16 **그들이 다른 신으로 그의 질투를 일으키며** 가증한 것으로 그의 진노를 격발하였도다
17 그들은 하나님께 제사하지 아니하고 **마귀에게 하였으니** 곧 그들의 알지 못하던 신,
근래에 일어난 새 신, 너희 열조의 두려워하지 않던 것들이로다
18 ② **너를 낳은 반석은 네가 상관치 아니하고** 너를 내신 하나님은 네가 잊었도다
19 여호와께서 보시고 미워하셨으니 그 자녀가 그를 격노케 한 연고로다
20 ③ **여호와의 말씀에 내가 내 얼굴을 숨겨 그들에게 보이지 않게 하고** 그들의 종말의 어떠함을 보리니
그들은 심히 패역한 종류요 무신한 자녀임이로다
21 그들이 하나님이 아닌 자로 나의 질투를 일으키며 그들의 허무한 것으로 나의 진노를 격발하였으니
④ **나도 백성이 되지 아니한 자로 그들의 시기가 나게 하며** 우준한 민족으로 그들의 분노를 격발하리로다
22 내 분노의 불이 일어나서 음부 깊은 곳까지 사르며 땅의 그 소산을 삼키며 산들의 터도 붙게 하는도다
23 내가 재앙을 그들의 위에 쌓으며 나의 살을 다하여 그들을 쏘리로다
24 그들이 주리므로 파리하며 불같은 더위와 독한 파멸에게 삼키울 것이라 내가 들짐승의 이와
티끌에 기는 것의 독을 그들에게 보내리로다
25 밖으로는 칼에, 방안에서는 놀람에 멸망하리니 청년 남자와 처녀와 젖 먹는 아이와 백발 노인까지리로다
26 ⑤ **내가 그들을 흩어서 인간에서 그 기억이 끊어지게 하리라** 하였다마는
27 대적을 격동할까 염려라 **원수가 오해하고 말하기를 우리 수단이 높음이요** 여호와의 행함이 아니라 할까
염려라 하시도다
28 그들은 모략이 없는 국민이라 그중에 지식이 없도다
29 그들이 지혜가 있어서 이것을 깨닫고 자기의 종말을 생각하였으면 —
30 **그들의 반석이 그들을 팔지 아니하였고 여호와께서 그들을 내어주지 아니 하셨더면**
어찌 한 사람이 천을 쫓으며 두 사람이 만을 도망케 하였을까

둘째 단원의 중심점은, 첫 단원에서 상고한 그토록 선하시고 은혜로우신 하나님을, "그러한데 여수룬이 살찌고 발로 찼도다"(15) 한, 인간의 배은망덕을 고발하는 내용입니다. 가나안 입성을 하기도 전에 벌써 가나안에서 추방(追放)을 당하게 될 것을 경고하고 있다는데 더욱 경각

심을 갖게 합니다. 그러므로 본 단원은 현재의 상황이 아니라, 미래(未來)에 되어질 예언적인 경고인 것입니다. 인간의 건망증을 아시는 하나님은 이를 노래로 만들어 부르게 하라 하시는 것입니다.

도표를 보시면 "그러한데 여수룬이 살찌매 발로 찼도다"를 중심으로, ① "네가 살찌고 부대하고 윤택하매, 구원하신 반석을 경홀히 여겼도다", ② "너를 낳은 반석은, 네가 잊었도다", ③ "여호와께서 내 얼굴을 숨겨, 그들의 종말의 어떠함을 보리니" 하시면서, ④ "나도 백성이 아닌 자로 그들을 시기 나게 하고", ⑤ "그들을 흩어서 끊어지게 하려 하시지만", 대적이 자신들의 능력인양 오해할까 하노라 하십니다.

둘째 단원(15-30) 구원하신 반석을 배척한 인간의 배은망덕

둘째 단원은 첫마디가, "그러한데 여수룬이 살찌매 발로 찼도다"(15상) 하십니다. "여수룬"은, 이스라엘에 대한 애칭(愛稱)입니다. "발로 찼다"는 인간의 배신과, 하나님의 사랑을 대비(對比)시키기 위해서 "여수룬"(33:5, 26)이라는 애칭으로 부르고 있는 것입니다. 하나님이 사랑하시던 자에 의하여 발로 채심을 당했다는 뜻입니다. 얼마나 기가 막힌 표현인가?

① "네가 살찌고 부대하고 윤택하매 자기를 지으신 하나님을 버리며 자기를 구원하신 반석을 경홀히 여겼도다"(15하) 합니다.

㉠ "자기를 구원하신 반석"이라 말씀하십니다. 이점에서, 이스라엘이 어떤 방도로 구원을 얻었는가를 상기해야만 합니다. 홍수로 세상을 심판하시고, 유황불로 소돔 고모라를 심판하신 하나님께서, 바로를 굴복시키기 위해서 10가지 재앙을 동원하셔야할 필요가 있었겠습니까? 하나님께서는, "이제 한 가지 재앙을 바로와 애굽에 내린 후에야 그가

너희를 여기서 보낼지라"(출 11:1) 하십니다. 그 "한 가지 재앙"이 무엇인가? 장자를 치는 재앙입니다. 그런데 이스라엘 집에서는 장자 대신에 "어린양"이 죽었고, 하나님은 그 피를 보시고 "건너고 넘으시고", 그리고 그들은 바로의 노예에서 구원을 얻었습니다.

㉡ 하나님은 말씀하십니다. "큰 재앙으로 구속하여 너희로 내 백성을 삼고 나는 너희 하나님이 되리니"(출 6:6-7), 저들은 유월절 어린양의 피로 구속을 받아 구원을 얻었던 것입니다. 이 한 가지 "표징"(출 10:1)에 초점(焦點)을 맞추고 이를 부각(浮刻)시키기 위해서 10가지 재앙은 동원이 되었던 것입니다. 그래서 "내가 그 가운데서 행한 표징(表徵)을 네 아들과 네 자손의 귀에 전하게 하려 함이라"(출 10:2) 말씀하시는데, 그래도 "구원하신 반석"이 그리스도에 대한 상징임을 전하기를 주저할 것입니까?

㉢ "구원하신 반석을 경홀히 여겼다" 하시는데, 어떻게 경홀히 여겼는가? "그들이 다른 신으로 그의 질투를 일으키며 가증한 것으로 그의 진노를 격발하였도다"(16) 합니다. "구원하신 반석"이 무엇과 대조(對照)되어 있는가를 주목하십시오. "다른 신"입니다. 저들은 메시아언약을 "다른 신"과 바꿔치기를 한 것입니다. 그래서 "그들은 하나님께 제사하지 아니하고 마귀에게 하였으니 곧 그들의 알지 못하던 신, 근래에 일어난 새 신, 너희 열조의 두려워하지 않던 것들이로다"(16-17) 하시는 것입니다.

② 노래는 계속됩니다. "너를 낳은 반석은 네가 상관치 아니하고 너를 내신 하나님은 네가 잊었도다 여호와께서 보시고 미워하셨으니 그 자녀가 그를 격노케 한 연고로다"(18-19) 하십니다.

㉠ 15절에서는 "구원하신 반석"이라 하고, 18절에서는 "너를 낳은 반석"이라 하십니다. 그러므로 "너를 낳았다" 하는 뜻이 "창조하셨다"는 뜻일 수가 없습니다. 왜냐하면 모세의 노래의 주제가, "창조주 하나님"

을 배신했다는데 있는 것이 아니라, "광야에서 만나시고 호위하시며 보호하시며 자기 눈동자 같이 지켜주시고, 인도하신"(10-12) 출애굽에 근거를 두고 있기 때문입니다. 그러므로 "구원하신 반석, 낳으신 반석"이란 뜻은 바로의 노예에서 "구속하여 하나님의 백성으로 삼으신 것"을 가리키는 것입니다. 이점을 신약성경에서는, "복음으로써 내가 너희를 낳았음이라(고전 4:15), 진리의 말씀으로 우리를 낳으셨느니라"(약 1:18) 하고 말씀하십니다. 그러니까 저들은 장차 자신을 낳아준 부모를 "발로 차버릴" 것이라는 말입니다.

③ 그러므로 "여호와의 말씀에 내가 내 얼굴을 숨겨 그들에게 보이지 않게 하고 그들의 종말의 어떠함을 보리니 그들은 심히 패역한 종류요 무신(無信)한 자녀임이로다"(20) 하십니다.

㉠ 저들이 "이방신들을 음란히 섬길 것과, 얼굴을 숨기시겠다" 하신 말씀은 이미 31:16-17절에서 경고하신 바입니다. "그들이 하나님이 아닌 자로 나의 질투를 일으키며 그들의 허무한 것으로 나의 진노를 격발하였으니"(21상),

④ "나도 백성이 되지 아니한 자로 그들의 시기가 나게 하며 우준한 민족으로 그들의 분노를 격발하리로다"(21하) 하십니다.

㉠ "백성이 되지 아니한 자"가 누군가? 신약성경은 본문을 인용(引用)하여 해설하기를, "모세가 이르되 내가 백성 아니 자로써 너희를 시기 나게 하며 미련한 백성으로써 너희를 노엽게 하리라 하였다"(롬 10:19) 하고, 구원이 이방인에게 옮겨지게 된 것으로 말씀합니다. 이점은 호세아 선지자를 통해서도, "너희는 내 백성이 아니라 한 그곳에서 저희에게 이르기를 너희는 사신 하나님의 자녀라 할 것이라"(호 1:10) 하고 예언하신 바입니다. 주님께서도, "하나님의 나라를 너희는 빼앗기고 그 나라의 열매 맺는 백성이 받으리라"(마 21:43) 하셨습니다. 그 원인이 무엇인가? "구원하신 반석, 너를 낳은 반석"이신 메시아언약을 배척

했기 때문입니다.

ⓛ 22-25절은, "내 분노의 불이 일어나서 음부 깊은 곳까지 사르며 땅의 그 소산을 삼키며 산들의 터도 붙게 하는도다"(22) 하는, 심판선언입니다. 명심하십시다. 신구약시대를 막론하고 구원의 근거는 오직 그리스도의 구속의 은총이요, 심판당하는 원인도 그리스도를 배척하기 때문이라는 사실을!

⑤ 둘째 단원은, "내가 그들을 흩어서 인간에서 그 기억이 끊어지게 하리라 하였다마는"(26) 하고, 배은망덕한 자들을 열방으로 흩으실 것으로 마치고 있습니다.

㉠ 그런데 문제가 있다는 것입니다. 그것은 "여호와 하나님의 선민"이라는 〈하나님의 이름〉이 걸려있다는 점입니다. "대적을 격동할까 염려라 원수가 오해(誤解)하고 말하기를 우리 수단이 높음이요 여호와의 행함이 아니라 할까 염려라"(27) 하십니다. 하나님께서는 앗수르나 바벨론을 "진노의 막대기"(사 10:5)로 사용하셨을 뿐인데, 저들은 자신들의 능력으로 하나님의 백성들을 정복한 양 여길까 염려라는 것입니다.

ⓛ 이점이 "그들의 반석이 그들을 팔지 아니하였고 여호와께서 그들을 내어주지 아니 하셨더면 어찌 한 사람이 천을 쫓으며 두 사람이 만을 도망케 하였을까"(30) 하는 뜻입니다. 고대(古代)에는 전쟁에서 승리하면 자신들이 섬기는 신(神)이 승리(勝利)케 한 것으로 여겼습니다. 그러면 저들은 자신들이 섬기는 신 곧 우상이, "여호와 하나님"을 이긴 것으로 여길 것이 아닌가? 여호와 하나님의 거룩하신 이름과 영예가 더럽힘을 입을까 이것이 염려라는 것입니다. 형제도 자신의 고난이나 손해보다는, 자신으로 인하여 하나님의 거룩하신 이름에 모독을 돌리게 될 것을 우선시하고 있습니까? 이것이 "구원하신 반석을 배척한 인간의 배은망덕"입니다.

셋째 단원(31-52) 분석도표

주제 : 대적을 심판하시고 백성의 죄를 속하시는 하나님

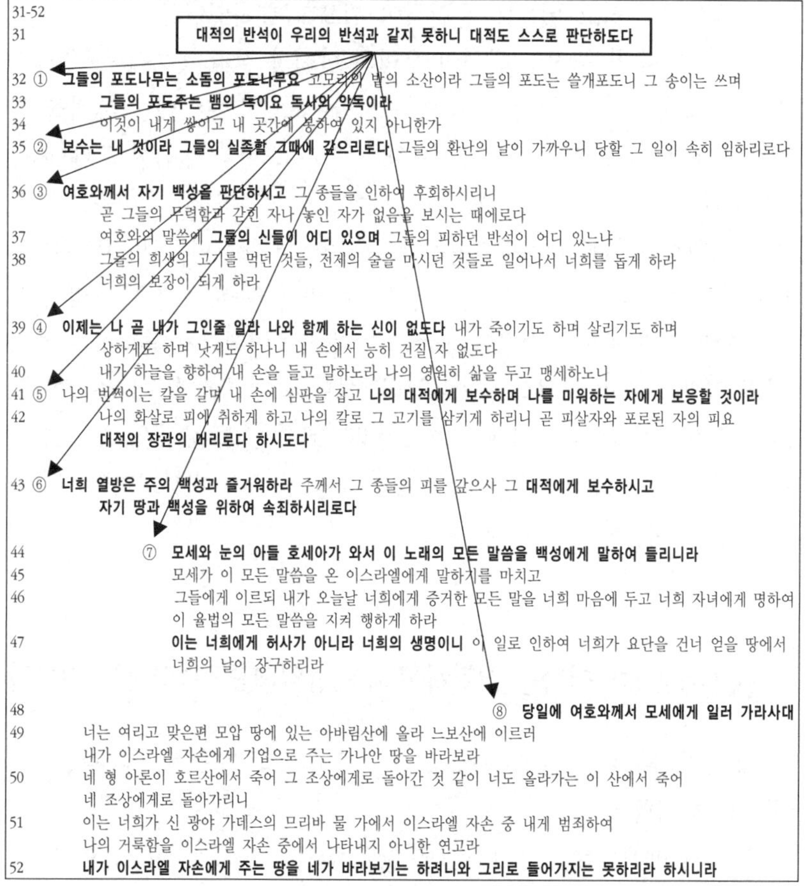

31-52

31 **대적의 반석이 우리의 반석과 같지 못하니 대적도 스스로 판단하도다**

32 ① **그들의 포도나무는 소돔의 포도나무요** 고모라의 밭의 소산이라 그들의 포도는 쓸개포도니 그 송이는 쓰며
33 **그들의 포도주는 뱀의 독이요 독사의 악독이라**
34 이것이 내게 쌓이고 내 곳간에 봉하여 있지 아니한가
35 ② **보수는 내 것이라 그들의 실족할 그때에 갚으리로다** 그들의 환난의 날이 가까우니 당할 그 일이 속히 임하리로다

36 ③ **여호와께서 자기 백성을 판단하시고** 그 종들을 인하여 후회하시리니
곧 그들의 무력함과 갇힌 자나 놓인 자가 없음을 보시는 때에로다
37 여호와의 말씀에 **그들의 신들이 어디 있으며** 그들의 피하던 반석이 어디 있느냐
38 그들의 희생의 고기를 먹던 것들, 전제의 술을 마시던 것들로 일어나서 너희를 돕게 하라
너희의 보장이 되게 하라

39 ④ **이제는 나 곧 내가 그인줄 알라 나와 함께 하는 신이 없도다** 내가 죽이기도 하며 살리기도 하며
상하게도 하며 낫게도 하나니 내 손에서 능히 건질 자 없도다
40 내가 하늘을 향하여 내 손을 들고 말하노라 나의 영원히 삶을 두고 맹세하노니
41 ⑤ 나의 번쩍이는 칼을 갈며 내 손에 심판을 잡고 **나의 대적에게 보수하며 나를 미워하는 자에게 보응할 것이라**
42 나의 화살로 피에 취하게 하고 나의 칼로 그 고기를 삼키게 하리니 곧 피살자와 포로된 자의 피요
대적의 장관의 머리로다 하시도다

43 ⑥ **너희 열방은 주의 백성과 즐거워하라** 주께서 그 종들의 피를 갚으사 그 **대적에게 보수하시고**
자기 땅과 백성을 위하여 속죄하시리로다

44 ⑦ **모세와 눈의 아들 호세아가 와서 이 노래의 모든 말씀을 백성에게 말하여 들리니라**
45 모세가 이 모든 말씀을 온 이스라엘에게 말하기를 마치고
46 그들에게 이르되 내가 오늘날 너희에게 증거한 모든 말을 너희 마음에 두고 너희 자녀에게 명하여
이 율법의 모든 말씀을 지켜 행하게 하라
47 **이는 너희에게 허사가 아니라 너희의 생명이니** 이 일로 인하여 너희가 요단을 건너 얻을 땅에서
너희의 날이 장구하리라

48 ⑧ **당일에 여호와께서 모세에게 일러 가라사대**
49 너는 여리고 맞은편 모압 땅에 있는 아바림산에 올라 느보산에 이르러
내가 이스라엘 자손에게 기업으로 주는 가나안 땅을 바라보라
50 네 형 아론이 호르산에서 죽어 그 조상에게로 돌아간 것 같이 너도 올라가는 이 산에서 죽어
네 조상에게로 돌아가리니
51 이는 너희가 신 광야 가데스의 므리바 물 가에서 이스라엘 자손 중 내게 범죄하여
나의 거룩함을 이스라엘 자손 중에서 나타내지 아니한 연고라
52 **내가 이스라엘 자손에게 주는 땅을 네가 바라보기는 하려니와 그리로 들어가지는 못하리라 하시니라**

셋째 단원의 중심점은, "대적의 반석이 우리의 반석과 같지 못하다"는데 있습니다. 본 단원에는 "대적(對敵)과, 선민 이스라엘"이 계속적으로 대조(對照)되어 등장합니다. 대적에게 내어주어 징벌(30) 하셨던 이스라엘의 죄는 "속죄"(43)하시고, 이스라엘을 정복했던 대적은 보응하신

다는 내용입니다. 그러므로 본문에는 "그들"이라는 말이 10번이나 등장하는데, 이를 대적을 가리키는 것으로 보느냐, 이스라엘로 보느냐에 따라서 해석이 갈리고 있는데 통찰력이 필요한 대목입니다.

도표를 보시면 "대적의 반석이 우리의 반석과 같지 못하다"를 중심으로, ① "그들의 포도나무는 소돔의 포도나무요" 하는데 이는 대적을 가리키는 것으로, ② 그래서 "보수는 내 것이라 그들의 실족할 그때에 갚으리로다" 하고, ③ "여호와께서 자기 백성을 판단하시고 그 종들을 인하여 후회하시리니" 하는데, 이는 하나님의 긍휼히 여기심이요, ④ 그래서 "이제는 나 외에 다른 신이 없는 줄 알라" 하시고, ⑤ "나의 번쩍이는 칼로 대적에게 보수하겠다" 하십니다. ⑥ 이제까지 압박을 당하던 "너희 열방은 주의 백성과 즐거워하라" 하면서, ⑦ "너희에게 증거한 모든 말을 마음에 두고 자녀에게 가르치라" 합니다. ⑧ 32장은, "느보산에 올라 이스라엘 자손에게 기업으로 주는 가나안 땅을 바라보라" 하는 것으로 막을 내립니다.

셋째 단원(31-52) 대적을 심판하시고 백성의 죄를 속하시는 하나님

"대적의 반석이 우리의 반석과 같지 못하니 대적도 스스로 판단하도다"(31) 합니다.

㉠ 서론에서 말씀드린 대로 본 단원에서는 "대적과, 이스라엘"을 대조적으로 말씀을 합니다. 우선적인 대조가, "대적의 반석과, 우리의 반석"입니다. 대적(對敵)에게도 의지하는 "반석"(盤石)이 있다는 것입니다. 그 반석이란 저들의 "우상"을 가리킵니다. 그러면 "우리의 반석"은 누군가?

㉡ 이점에서 유념해야할 점은 구약시대에도 "성부 하나님과, 성신"

(聖神)만 역사하신 것이 아니라, "성자 하나님" 그리스도께서도 함께 하셨다는 점입니다. 그리하여 "여호와 하나님"이라고 지칭(指稱)할 때에도 그 안에 그리스도가 일체(一體)로 나타날 때가 많이 있다는 점입니다. 본문이 그러한 경우인데 엄밀히 말하면, "하나님을 버린 것과, 메시아언약을 배신했다"는 것은 둘이 아니라 하나입니다. 그러므로 저들이 섬겼다는 "다른 신을, 하나님"과 대조(對照)시키는 일은 조심해야만 합니다. 그것은 창조주 하나님, 천지의 대주재자가 되시는 성부(聖父)께 대한 모독이기 때문입니다. 역사서를 상고해보면 유대인들은 "하나님"을 버린 적이 없습니다. 하나님은 저들의 죄를 책망하시면서도, "너희의 무수(無數)한 제물이 내게 무엇이 유익하뇨 나는 수양의 번제와 살진 짐승의 기름에 배불렀다"(사 1:11) 하십니다. 저들은 부지런히 제물을 드렸던 것입니다. 문제가 어디에 있는가? 메시아언약은 망각한 체 우상에게 하듯이 하나님께 제사를 드렸던 것입니다. 그래서 그런 제사는 "우상숭배"(사 66:3)와 다름이 없다 하시는 것입니다.

㉢ 그러므로 "대적의 반석이 우리의 반석과 같지 못하니" 한 표현을, 대적들은 자신들의 우상을 믿고 있지만 우리는 메시아언약을 믿고 의지한다는 뜻으로 이해해야 하는 것입니다. 왜냐하면 주님께서 친히, "이 성경이 곧 내게 대하여 증거하는 것이로다"(요 5:39) 하고 말씀하셨기 때문이요, 신구약시대를 막론하고 "구원의 반석"은 오직 그리스도뿐입니다.

① 이런 문맥에서, "그들의 포도나무는 소돔의 포도나무요 고모라의 밭의 소산이라 그들의 포도는 쓸개포도니 그 송이는 쓰며 그들의 포도주는 뱀의 독이요 독사의 악독이라"(32-33) 하고 말씀한다면, 이는 대적이 섬기는 우상의 제물들을 가리키는 것으로 보아야만 합니다.

㉠ 32절 이하는, "대적의 반석이 우리의 반석"보다 어떤 면에서 못한가 하는 점을 설명하는 문맥입니다. 그러므로 "그들의 포도주는 뱀의

독이요 독사의 악독이라" 한 것은, 13-14절에서, "(우리의) 반석에서 꿀을 빨게 하시고, 또 포도즙의 붉은 술을 마시우셨도다"와 대조적인 면에서 한 말씀입니다. "우리의 반석"이 주는 포도주는, "다 이것을 마시라 이것은 죄 사함을 얻게 하려고 많은 사람을 위하여 흘리는바 나의 피 곧 언약의 피니라"(마 26:27-28) 하고 말씀하시는 "포도주"인데, 이를 "대적의 반석"이주는 우상의 제물에 비할 수가 있단 말인가!

㉡ "이것이 내게 쌓이고 내 곳간에 봉하여 있지 아니한가"(34) 한 표현은, "그 죄는 하늘에 사무쳤으며 하나님은 그의 불의한 일을 기억하신지라 그가 준 그대로 그에게 주고 그의 행위대로 갑절을 갚아주고 그의 섞은 잔에도 갑절이나 섞어 그에게 주리라"(계 18:5-6) 하신, 심판하실 때가 차기를 기다리신다는 뜻입니다.

② 그래서 "보수(報讎)는 내 것이라 그들의 실족할 그때에 갚으리로다 그들의 환난의 날이 가까우니 당할 그 일이 속히 임하리로다"(35) 하시는 것입니다.

㉠ 사도 바울은 본문 35절을 이용하여, "내 사랑하는 자들아 너희가 친히 원수를 갚지 말고 진노하심에 맡기라 기록되었으되 원수 갚는 것이 내게 있으니 내가 갚으리라고 주께서 말씀하십니다"(롬 12:19) 합니다.

③ 반면, "여호와께서 자기 백성을 판단(判斷)하시고"(36상), 즉 그들이 행한 가증한 일대로 징벌을 하셨지만, "그 종들을 인하여 후회하시리니 곧 그들의 무력함과 갇힌 자나 놓인 자가 없음을 보시는 때에로다"(36하) 하시는 것은, "나는 조금만 노하였거늘 (대적) 그들은 힘을 내어 고난을 더하였음으로"(슥 1:15), 즉 "남은 자"가 얼마 남지 않았다는 그런 뜻입니다.

㉠ 그러시면서, "여호와의 말씀에 그들의 신들이 어디 있으며 그들의 피하던 반석이 어디 있느냐 그들의 희생의 고기를 먹던 것들, 전제

의 술을 마시던 것들로 일어나서 너희를 돕게 하라 너희의 보장이 되게 하라"(37-38) 하심은, 자기를 구원한 반석을 발로 차버리고, 이방의 우상을 숭배하다가 참혹한 지경에 이른 "너희", 즉 자기 백성들을 힐책하는 말씀입니다.

④ 그래서 "이제는 나 곧 내가 그인 줄 알라 나와 함께 하는 신이 없도다"(39상) 하시는 것입니다. 이런 뜻입니다. 이제 정신을 차렸느냐? 이제 깨달았느냐? "내가 죽이기도 하며 살리기도 하며 상하게도 하며 낫게도 하나니 내 손에서 능히 건질 자 없도다"(39하) 하십니다.

⑤ "내가 하늘을 향하여 내 손을 들고 말하노라 나의 영원히 삶을 두고 맹세하노니"(40),

㉠ "손을 들고, 맹세한다" 한 것은, 이 일을 기필코 이루시고야 만다는 진정성(眞正性)을 나타내는 표현입니다. 그것이 무엇인가? 41-42절은, 대적을 보수하고 심판하시겠다는 내용입니다. "나의 번쩍이는 칼을 갈며 내 손에 심판(審判)을 잡고 나의 대적(對敵)에게 보수(報讎)하며 나를 미워하는 자에게 보응(報應)할 것이라 나의 화살로 피에 취하게 하고 나의 칼로 그 고기를 삼키게 하리니 곧 피살자와 포로 된 자의 피요 대적의 장관의 머리로다"(41-42) 하십니다. 이 말씀은 이어지는 43절과 함께 그리스도의 초림과 재림에서 성취될 포괄적인 의미를 담고 있습니다.

⑥ 왜냐하면 심판을 의미하는 "보수"(報讎)와, 그리스도의 구속을 의미하는 "속죄"가, 43절 한 절 안에 함께 언급이 되어 있기 때문입니다.

㉠ "너희 열방(列邦)은 주의 백성과 즐거워하라"(43상) 말씀하고 있는데 바울 사도는 이를 인용하여, "또 가로되 열방들아 주의 백성과 함께 즐거워하라"(롬 15:10) 하고, 복음이 "열방"으로 퍼져나가게 될 것을 말씀하고 있습니다. 그러므로 본문에서도 열방이 즐거워하게 될 이유가 "심판" 하고만 결부가 되어있는 것이 아니라, "주께서 그 종들의 피를

갚으사 그 대적에게 보수하시고 자기 땅과 백성을 위하여 속죄(贖罪)하시리로다"(43하) 한, 복음(福音)과 결부가 되어있음을 간과해서는 아니됩니다. 한 절 안에 "보수(報讎)와 속죄"(贖罪)가 함께 들어있는데, "복음과 심판, 구원과 멸망"은 동전 앞뒤와 같은 것입니다.

㉡ 그리고 열방이 주의 백성과 함께 즐거워하리라는 말씀은 42절에서, "대적의 장관의 머리"를 심판하시리라 한 말씀과 결부(結付)하여 해석이 되어야만 더욱 분명히 깨달을 수가 있습니다. "대적의 장관의 머리", 즉 우두머리의 머리를 심판하신다는 것이 무슨 뜻인가? 앗수르나 바벨론의 멸망을 상정할 수 있지만 궁극적으로는 "여자의 후손은 네 머리를 상하게 하리니"(창 3:15) 하신, 사탄을 정복할 원복음의 성취로 보아야만 할 것입니다. 이 복음을 듣게 될 열방이 기뻐하며 즐거워하게 되리라는 종말적(終末的)인 예언으로 모세의 장엄(莊嚴)한 노래는 마치고 있습니다. 얼마나 합당한 노래의 결말인가!

⑦ "모세와 눈의 아들 호세아가 와서 이 노래의 모든 말씀을 백성에게 말하여 들리니라"(44), 모세는 구술(口述)하고 여호수아는 기록(記錄)하였을 것입니다.

㉠ "모세가 이 모든 말씀을 온 이스라엘에게 말하기를 마치고 그들에게 이르되 내가 오늘날 너희에게 증거한 모든 말을 너희 마음에 두고 너희 자녀에게 명하여 이 율법의 모든 말씀을 지켜 행하게 하라 이는 너희에게 허사(虛事)가 아니라 너희의 생명(生命)이니 이 일로 인하여 너희가 요단을 건너 얻을 땅에서 너희의 날이 장구(長久)하리라"(45-47) 하고, 마지막 권면을 합니다.

㉡ 마지막 권면에는 세 가지 요점이 들어 있는데,

㉮ "허사(虛辭)가 아니라", 즉 이것은 진실한 말씀이라는 것입니다.

㉯ "너희의 생명이니", 즉 사활(死活)이 걸려있는 말씀이라는 것입니다.

㉯ "장구하리라", 즉 영원(永遠)하리라 합니다.

ⓒ 그렇다면 이 권면은, "내가 진실로 진실로 너희에게 이르노니 내 말을 듣고 또 나 보내신 이를 믿는 자는 영생(永生)을 얻었고 심판에 이르지 아니하나니 사망(死亡)에서 생명(生命)으로 옮겼느니라"(요 5:24) 한 말씀과 일치하는 것입니다.

⑧ "당일에 여호와께서 모세에게 일러 가라사대 너는 여리고 맞은편 모압 땅에 있는 아바림산에 올라 느보산에 이르러 내가 이스라엘 자손에게 기업으로 주는 가나안 땅을 바라보라"(48-49) 하십니다.

㉠ "네 형 아론이 호르산에서 죽어 그 조상에게로 돌아간 것 같이 너도 올라가는 이 산에서 죽어 네 조상에게로 돌아가리니 이는 너희가 신 광야 가데스의 므리바 물가에서 이스라엘 자손 중 내게 범죄하여 나의 거룩함을 이스라엘 자손 중에서 나타내지 아니한 연고라"(50-51) 하십니다. 얼마나 엄중한 말씀인가? 이를 알았기에 사도 바울은, "그러므로 하나님의 인자(仁慈)와 엄위(嚴威)를 보라"(롬 11:22) 한 것입니다.

㉡ 그런데 여기서 끝이는 것이 아니라, "내가 이스라엘 자손에게 주는 땅을 네가 바라보기는 하려니와 그리로 들어가지는 못하리라"(52) 하고 마치십니다. 구속사의 지평(地平)으로 보면 바라만 보고 들어감을 얻지 못한 것은 모세만이 아닙니다. 신약성경은, "이 사람들은 다 믿음을 따라 죽었으며 약속을 받지 못하였으되 그것들을 멀리서 보고 환영"(히 11:13)했다고 말씀하고 있기 때문입니다.

㉢ 그러므로 이점에서 유념해야할 점은, "약속을 받지 못하고, 멀리서만 바라보았나"는 것은 그리스도를 중심으로 한 말씀이라는 점입니다. 신약의 성도들은 "약속을 받은" 이후를 살아가고 있는 사람들입니다. 또한 들어가지 못하는 사람들이 아니라, "우리를 위하여 휘장 가운데로 열어놓으신 새롭고 산길을 따라, 은혜의 보좌 앞에 담대히 들어가는"(히 10:19-20, 4:16) 사람들입니다. 물론 "들어감"의 완성은 그리스도

의 재림 때에 가서가 완성이 될 것입니다. 이렇게 본다면 모세는 죽음으로 약속의 땅에 "들어가지" 못했지만, 그리스도인들은 "죽음"으로 먼저 "낙원"에 들어가는 것이 되고, 살아남은 자들이 오히려 멀리서 바라보고 있다는 논리가 성립이 되는 것입니다. 그래서 바울은 "우리가 담대하여 원하는 바는 차라리 몸을 떠나 주와 함께 거하는 그것이라"(고후 5:8)한 것입니다.

㉣ 이러한 구속사의 맥락에서 보면 하나님께서 모세에게, "바라보라(49), 바라보기는 하려니와"(52) 하시는 말씀 속에는, "너의 사명은 여기까지다", 즉 "율법이 우리를 그리스도에게로 인도하는 몽학선생"(갈 3:24)이라는 의미가 암시(暗示)되어 있는 것입니다. "출애굽"을 통해서 영적 출애굽을 계시하신 하나님은, 율법의 대명사인 모세의 죽음을 통해서 영적 여호수아가 되시는 그리스도에게로 우리를 인도하시는 것입니다. 아멘. 이것이 "대적을 심판하시고 백성의 죄를 속하시는 하나님"입니다.

⑨ 묵상해보겠습니다.

㉠ 하나님의 선하신 행사를 증거하는 첫째 단원에 대해서,

㉡ 여수룬이 살찌고 발로 찼도다 한 둘째 단원의 배은망덕에 대해서,

㉢ 그럼에도 불구하고 대적을 심판하시고 백성을 위하여 속죄하시리라에 대해서,

㉣ 32장에 등장하는 대적의 반석과 우리의 반석에 대해서.

33장

여호와의 구원을 너같이 얻은 백성이 누구뇨

[3]여호와께서 백성을 사랑하시나니 모든 성도가 그 수중에 있으며 주의 발아래에 앉아서 주의 말씀을 받는도다.

33장은, 모세가 임종머리에서 각 지파에게 행한 축복(祝福)입니다. 크게 세 부분으로 나누어지는데, 구도(構圖)를 보면 축복의 본문(6-25)을 중심(中心)으로 앞부분(1-5)에서는, "여호와께서 백성을 사랑하시나니 모든 성도가 그 수중(手中)에 있으며 주의 발아래 앉아서 주의 말씀을 받는도다"(3) 하고, 한 폭의 그림을 보는 양 말씀하고, 축복을 하고 난 뒷부분(26-29)에서는 "이스라엘이여 너는 행복(幸福)자로다 여호와의 구원을 너같이 얻은 백성이 누구뇨"(29) 하고, 복 받은 백성들의 행복을 말씀하는 구도입니다.

각 지파에 대한 축복은, 야곱이 임종 머리에서 행한 축복과 상통하고 있는데, 이는 단순한 축복이 아니라 하나님께서 야곱이나 모세에게 선지자의 영을 주셔서 행하게 하신 예언적(豫言的)인 축복입니다.

첫째 단원(1–5) **제사장 나라 거룩한 백성**
둘째 단원(6–25) **각 지파에 대한 모세의 예언적인 축복**
셋째 단원(26–29) **이스라엘이여 너는 행복자로다**

첫째 단원(1–5) 분석도표
주제 : 제사장 나라 거룩한 백성

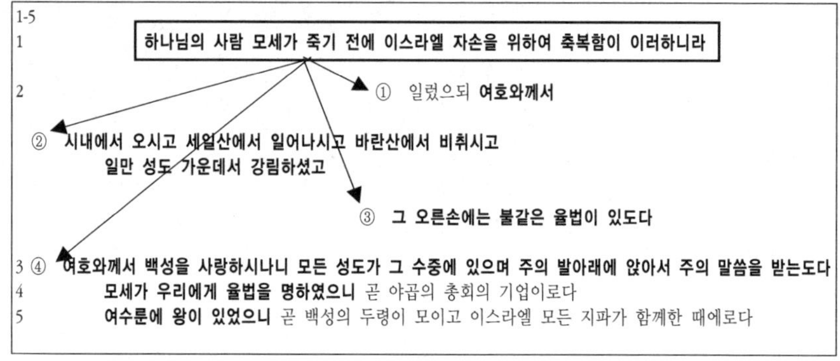

첫째 단원은 이스라엘 민족이 어떻게 해서 축복받은 민족이 되었는가를 진술하는 서문(序文)인데, "너희가 내게 대하여 제사장 나라가 되며 거룩한 백성이 되리라"(출 19:6) 하신, 하나님의 나라, 즉 구약교회의 탄생을 보여주고 있습니다. 이스라엘 백성들이 구속함을 받은 것은 유월절 어린양의 피로 말미암아 애굽에서 되어졌으나, 나라, 즉 구약교회가 형성이 된 것은 하나님께서 시내산에 강림하심으로 되어졌다고 보아야만 합니다. 이점은 신약교회의 탄생이 오순절 성령강림으로 말미암은 것과 대칭을 이루고 있습니다. 나라의 구성요건(構成要件)은 "왕, 백성, 법, 영토"입니다. 본문은 이를 보여주고 있는데,

도표를 보시면, ① "여호와께서", 즉 하나님이 왕(王)이십니다. ② (나라를 세우시기 위해서) "시내(산)에 강림하시어", ③ "율법이 있도다", 즉 법(法)을 제정하시고, ④ "여호와께서 백성을 사랑하시나니" 한, 백성(百姓)이 있고, "모든 성도가 수중에 있으며" 한, 성도들이 여호와의 영토(領土)요, "사랑하시나니" 하고, 하나님의 나라는 사랑의 공동체임을 나타냅니다. 이렇게 해서 바로의 노예였던 야곱의 자손들이 "제사장 나라, 거룩한 백성들"이 된 것입니다. 모세는 이들에게 축복을 하려는 것입니다.

첫째 단원(1-5) 제사장 나라 거룩한 백성

"하나님의 사람 모세가 죽기 전에 이스라엘 자손을 위하여 축복(祝福)함이 이러 하니라"(1),

㉠ "하나님의 사람 모세"라 하십니다. 그런데 이 영광스러운 호칭이 신약에 이르러서는, "오직 너 하나님의 사람아"(딤전 6:11) 하고, 모든 성도들에게 적용이 되고 있는 것입니다. 그 뿐만이 아닙니다. "오직 너희는 택하신 족속이요 왕(王) 같은 제사장(祭司長)들이요"(벧전 2:9) 하십니다. 이점을 지적하는 이유를 아시겠습니까? 우리는 지금 "하나님의 사람, 왕 같은 제사장"의 신분(身分)으로 하나님의 말씀을 상고하고 있다는 점을 환기(喚起)시키기 위해서입니다.

① "일렀으되 여호와께서"(2상),

㉠ 첫마디가 "여호와께서"입니다. 구원계획은 하나님이 계획하시고 추진해나가시는, 주체(主體)가 되십니다. 그런데 어찌하여 "하나님"이라 하지 않고, "여호와"라 부르고 있는가? 이것은 아주 의도적으로 여겨집니다. 왜냐하면 40년 전 하나님께서 모세에게, "나는 여호와로라 내가

아브라함과 이삭과 야곱에게는 전능의 하나님으로 나타났으나 나의 이름을 여호와로는 그들에게 알리지 아니하였다"(출 6:2-3) 하고 말씀하셨기 때문입니다.

㉡ 그러므로 "여호와께서" 한 호칭은, "애굽 바로의 종 되었던 너희를 구속(救贖)하여 자기 백성으로 삼으신" 구원(救援)자시라는 뜻이 함의되어 있는 것입니다.

② "시내에서 오시고 세일산에서 일어나시고 바란산에서 비취시고 일만 성도 가운데서 강림하셨고"(22중) 하고, 출발점을 시내산 강림사건에 두고 있습니다. 신약교회가 오순절 성령강림으로 탄생하였듯이, 구약교회도 여호와께서 시내산에 강림하심으로 탄생된 것입니다.

③ "그 오른손에는 불같은 율법이 있도다"(2하) 하고, 십계명을 돌판에 새겨주신 일을 말씀합니다.

㉠ 서론에서 말씀드린 대로 나라의 구성요소는, "왕, 백성, 법, 영토"가 있어야만 합니다. 그런데 왕(王)이 계시고, 백성(百姓)이 있고, 율법(律法)이 주어졌다면 곧 하나님의 나라가 세워진 것입니다. 가나안 땅은 아직 주어지지 않았지만 하나님의 영토(領土)는 물리적(物理的)인 땅이 아니라, "이스라엘은 그의 영토(領土)가 되었도다"(시 114:2) 하고, 하나님의 백성들이 영토이기 때문입니다. 모세는 이날을 "이것이 곧 네가 총회의 날에 호렙산에서 너의 하나님 여호와께 구한 것이라"(18:16) 하고, "총회(總會)의 날"(4)이라고 말씀합니다. 이처럼 종 되었던 저들을 "구속"하신 일은 애굽에서 일어났지만 하나님의 "총회"는 시내산에서 이루어졌던 것입니다.

㉡ 그런데 "오시고, 일어나시고, 비취시고, 강림하셨다"는 말은 매우 역동적(力動的)인 표현들입니다. 그렇습니다. 하나님은 친히 말씀하십니다. "내가 이스라엘 자손을 애굽에서 인도하여 내던 날부터 오늘날까지 집에 거하지 아니하고 장막(帳幕)과 회막(會幕)에 거하며 행하였나

니"(삼강 7:6) 하십니다. 이 말씀은 다윗이 성전(聖殿)을 건축하려는 소원을 말했을 때에 하신 말씀입니다. 하나님은 부동산(不動産)인 성전에 좌정하고 계신 것이 아니라, 야전군(野戰軍) 사령관처럼 천막(天幕)에 거하시면서 진두지휘하신다는 뜻입니다.

㉢ 이점을 주님은, "내 아버지께서 이제까지 일하시니 나도 일한다"(요 5:17) 하고 말씀하십니다. 하나님은 이제도 행(行)하시는 하나님이십니다. 하나님의 일하심은 계시록 21:6절에 가서, "이루었도다" 하고 선언하실 때에야 완성이 될 것입니다. 하나님께서 왜 시내산에 강림하셨는가? 애굽에서 구속하여 자기 백성 삼으신 자들이 그곳에 있기 때문입니다. 왜 "세일산에서 일어나시고 바란산에 비취시고" 해야만 하셨는가? 자기 백성들을 열조에게 언약한 약속의 땅으로 인도하기 위해서 행진(行進)하고 계시기 때문입니다.

㉣ 그러므로 민수기에서는, "그들이 여호와의 산에서 떠나 삼일 길을 행할 때에 여호와의 언약궤가 그 삼일 길에 앞서 행(行)하며 그들의 쉴 곳을 찾았고 그들이 행진(行進)할 때에 낮에는 여호와의 구름이 그 위에 덮였더라"(민 10:33-34) 하고 말씀합니다. 모세가, "네 하나님 여호와 그가 네 앞서 건너가사, 여호와 그가 네 앞서 행하시며"(31:3, 8) 한대로 앞장서셔서 인도해주시지 않았다면 어떻게 애굽에서 나올 수가 있었으며, "시내산을 출발하여 세일산, 바란 광야"를 통과하여, 요단 동편 모압 평지까지 올 수가 있었단 말인가?

㉤ 시편 68편은 전체가 행차(行次)하시는 하나님을 찬양하고 있는 내용인데 첫 절에서는, "하나님은 일어나사 원수를 흩으시며 주를 미워하는 자로 주의 앞에서 도망하게 하소서" 합니다. 이 말씀이 어디서 인용(引用)한 말인지 아십니까? "(법)궤가 떠날 때에는 모세가 가로되 여호와여 일어나사 주의 대적들을 흩으시고 주를 미워하는 자로 주의 앞에서 도망하게 하소서 하였고"(민 10:35), 즉 유진(留陣)했다가 언약궤

를 메고 출발할 때마다 모세가 간구한 기도입니다. 7절에서는, "하나님이여 주의 백성 앞에서 앞서 나가사 광야(曠野)에 행진(行進)하셨을 때에" 합니다. 24절에서는, "하나님이여 저희가 주의 행차(行次)하심을 보았으니" 합니다.

④ 그러므로 "여호와께서 백성을 사랑하시나니 모든 성도가 그 수중에 있으며 주의 발아래에 앉아서 주의 말씀을 받는도다"(3) 한 장면은, 시내산 기슭에서 십계명을 받던 일을 한 폭의 그림인양 아름답게 표현하는 묘사인 것입니다.

㉠ 백성들이 왕이신 하나님의 "발아래 앉아서 주의 말씀을 받는" 광경을 영상으로 그려보시기 바랍니다. "모세가 우리에게 율법을 명하였으니 곧 야곱의 총회(總會)의 기업이로다 여수룬에 왕이 있었으니 곧 백성의 두령이 모이고 이스라엘 모든 지파가 함께한 때에로다"(5) 합니다. 이 때가 바로 하나님의 나라, 곧 구약교회가 탄생하는 때가 아니겠는가? 이점을 시편에서는 "형제가 연합하여 동거(同居)함이 어찌 그리 선하고 아름다운고"(시 133:1) 하고, 노래합니다. 얼마나 아름다우면 이상적인 나라를 상징하는 "여수룬"이라고 부르겠는가! 이것이 "제사장 나라 거룩한 백성"입니다.

둘째 단원(6-25) 분석도표
주제 : 각 지파에 대한 모세의 예언적인 축복

절수	축복한 내용
6	**르우벤**은 ① **살고 죽지 아니하고** ② 그 인수가 적지 않기를 원하도다
7	**유다**에 대한 축복은 이러 하니라 일렀으되 여호와여 ① **유다의 음성을 들으시고** ② 그 백성에게로 **인도하시오며** ③ 그 손으로 자기를 위하여 **싸우게 하시고** ④ 주께서 도우사 그로 **그 대적을 치게 하시기를 원하나이다**
8-11	**레위**에 대하여는 일렀으되 ① 주의 **둠밈과 우림이 주의 경건한 자에게 있도다** ② 주께서 그를 맛사에서 **시험하시고** 므리바 물가에서 그와 다투셨도다 ③ 그는 그 부모에게 대하여 이르기를 내가 그들을 보지 못하였다 하며 그 형제들을 인정치 아니하며 그 자녀를 알지 아니한 것은 **주의 말씀을 준행하고 주의 언약을 지킴을 인함이로다** ④ 주의 법도를 야곱에게, 주의 율법을 이스라엘에게 **가르치며** ⑤ 주 앞에 **분향하고** ⑥ 온전한 **번제를 주의 단 위에** 드리리로다 ⑦ 여호와여 그 **재산을 풍족케 하시고** 그 손의 일을 받으소서 ⑧ **그를 대적하여 일어나는 자**와 미워하는 자의 허리를 꺾으사 다시 일어나지 못하게 하옵소서
12	**베냐민**에 대하여는 일렀으되 ① **여호와의 사랑을 입은 자는 그 곁에 안전히 거하리로다** ② 여호와께서 그를 날이 도록 보호하시고 **그로 자기 어깨 사이에 처하게 하시리로다**
13-17	**요셉**에 대하여는 일렀으되 원컨대 ① 그 땅이 여호와께 **복을 받아** 하늘의 **보물**인 이슬과 땅 아래 저장한 물과 태양이 결실케 하는 **보물**과 태음이 자라게 하는 **보물**과 옛산의 상품물과 영원한 작은 산의 **보물**과 땅의 **보물**과 거기 충만한 것과 ② 가시떨기 나무 가운데 거하시던 자의 은혜로 인하여 **복이 요셉의 머리에,** 그 형제 중 구별한 자의 정수리에 임할 지로다 ③ 그는 첫 수송아지 같이 **위엄이 있으니 그 뿔이 들소의 뿔 같도다** 이것으로 열방을 받아 땅 끝까지 이르리니 곧 에브라임의 만만이요 므낫세의 천천이리로다
18상	**스불론**에 대하여는 일렀으되 ① 스불론이여 너는 **나감을 기뻐하라**
18-19	**잇사갈**이여 ① 너는 **장막에 있음을 즐거워하라** ② 그들이 열국 백성을 불러 산에 이르게 하고 거기서 **의로운 제사를 드릴 것이며** 바다의 풍부한 것, 모래에 감추인 보배를 흡수하리로다
20-21	**갓**에 대하여는 일렀으되 ① 갓을 광대케 하시는 자에게 찬송을 부를지어다 **갓이 암사자 같이 엎드리고** 팔과 정수리를 찢는도다 그가 자기를 위하여 먼저 기업을 택하였으니 곧 법 세운 자의 분깃으로 예비된 것이로다 그가 백성의 두령들과 함께 와서 **여호와의 공의와 이스라엘과 세우신 법도를 행하도다**
22	**단**에 대하여는 일렀으되 ① **단은 바산에서 뛰어나오는 사자의 새끼로다**
23	**납달리**에 대하여는 일렀으되 ① **은혜가 족하고 여호와의 복이 가득한 납달리여** 너는 서방과 남방을 얻을지로다
24-25	**아셀**에 대하여는 일렀으되 ① **아셀은 다자한 복을 받으며** ② **그 형제에게 기쁨이 되며** 그 발이 기름에 잠길지로다 ③ 네 문빗장은 철과 놋이 될 것이니 네 사는 날을 따라서 능력이 있으리로다

둘째 단원은 각 지파에 대한 모세의 예언적인 축복입니다. 본론(本論)으로 직행하기 전에 먼저 유념할 점이 있습니다. 이는 모세가 축복하는 목적(目的)이 어디에 있는가 하는 점입니다. 모세가 12지파에게 축복하여 잘 먹고 잘 살았다는 말을 하려는 것이 아니라는 점입니다. 모세는 "여호와께서 백성을 사랑하시나니" 하고, "하나님의 나라, 하나

님의 총회"를 위한 축복을 하고 있는 것입니다.

이 축복이 신약의 교회와는 어떤 관계가 있는가? 유념해야할 점은 구약교회와 신약교회를 통치하시는 왕은 동일한 하나님이시며, 신구약을 막론하고 구원은 오직 그리스도의 구속으로 말미암아 가능하여진다는 점이고, 그러므로 구약의 12지파의 맥이 신약의 12사도로 이어져서, 계시록에 이르러 "새 예루살렘의 12문에는 12지파의 이름이 있고, 12기초석에는 12사도의 이름이 있더라"(계 21:12-14) 하고, 하나로 완성(完成)이 된다는 일관성(一貫性)과 통일성을 유념해야만 합니다. 그러므로 모세가 각 지파에 행하는 축복은 개인이나 지파의 영광을 위해서가 아니라, "그의 나라와 그의 의"를 위한 것이라는 점입니다.

믿음 장이라 일컫는 히브리서 11장에서는, "믿음으로 모세는 장성하여 바로의 공주의 아들이라 칭함을 거절하고 도리어 하나님의 백성과 함께 고난 받기를 잠시 죄악의 낙을 누리는 것보다 더 좋아하고 그리스도를 위하여 받는 능욕을 애굽의 모든 보화보다 더 큰 재물로 여겼으니 이는 상 주심을 바라봄이라"(히 11:24-26) 하고 말씀합니다. 주목하게 되는 점은 모세가 받은 고난을 "그리스도를 위하여 받는 능욕"이라고 말씀한다는 점입니다. 그렇다면 12지파에게 하는 축복도 그리스도를 위한 축복이라는 의미가 된다는 점입니다. 이런 논리가 성립이 되는 것은 신구약을 막론하고, 구속 주는 오직 그리스도 한 분이시기 때문입니다.

이런 맥락에서 모세의 축복은 듣기에 좋은 말만 있는 것이 아니라, 책망과 권면 등도 있습니다. 그러므로 구약교회 12지파에게 행한 예언적인 축복과, 주님께서 신약의 7교회에게 보내신 편지, 즉 "칭찬, 책망, 권면, 약속"(계 2-3장) 등을 통해서 현대교회의 건강상태를 진단해 보아야 한다는 것은 합당한 일인 것입니다.

둘째 단원(6-25) 각 지파에 대한 모세의 예언적인 축복

1. 르우벤 지파(6)

① "르우벤은 살고 죽지 아니하고 그 인수가 적지 않기를 원하도다"(6) 합니다.

㉠ 야곱의 축복 중에도 "너는 탁월치 못하리니 네가 아비의 침상에 올라 더럽혔음이로다"(창 49:4) 하고 말씀합니다. 르우벤은 장자인데 어쩌다 이처럼 탁월치 못한 지파로 전락하고야 말았는가? 계시록에 보면 이런 교회가 있었는데, 사데교회입니다. "내가 네 행위를 아노니 네가 살았다 하는 이름은 가졌으나 죽은 자로다"(계 3:1) 하십니다. 주님은 사데교회가 "살고 죽지 않게 되기를" 원하고 계십니다. 그러면 사데교회가 어찌하여 이런 상태에 빠졌는가? 소수의 몇 명 외에는 "그 옷을 더럽혔기" 때문입니다. 자신이 섬기는 교회에는, "아비의 침상에 올라 더럽힘"과 같은, 즉 하나님의 주권을 침해하는 치명적인 문제가 없는가를 심각하게 검토해 보아야만 할 것입니다.

2. 유다 지파(7)

① "유다에 대한 축복은 이러 하니라 일렀으되"(7),

㉠ "유다의 음성을 들으시고",

㉡ "그 백성에게로 인도하시 오며",

㉢ "주께서 도우사 그로 그 대적을 치게 하시기를 원하나이다" 합니다. 이는 양 무리를, "인도하고, 싸우는" 목자(牧者)와 왕(王)적인 축복이 그 지파에게 주어지게 될 것을 의미합니다. 후에 유다 지파에서, "내 종 다윗이 그들의 왕이 되리니 그들에게 다 한 목자가 있을 것이라"(겔

37:24) 하고, "왕이면서, 목자"가 출현할 것을 예언하고 있는데 다윗은 그리스도를 에표하는 인물이었던 것입니다. 야곱도 "홀이 유다를 떠나지 아니하며"(창 49:10) 하고, 그리스도가 유다 지파를 통해서 나시게 될 것을 예언했습니다. 형제가 섬기시는 교회가 많은 사람을 주님께 인도하고 대적을 치는 승리하는 교회가 되시기를 기원합니다.

3. 레위 지파(8-11)

① "레위에 대하여는 일렀으되"(8),

㉠ "주의 둠밈과 우림이 주의 경건한 자에게 있도다", "둠밈과 우림"은 하나님의 뜻을 분별하는 방편으로 주어진 것인데, "주의 경건한 자에게 있도다" 합니다.

㉡ "주께서 그를 맛사에서 시험하시고 므리바 물가에서 그와 다투셨도다" 하는데, 이는 "맛사"에서는 백성들의 원망에 참고 잘 대처하였으나, "므리바"에서는 하나님의 영광을 드러내지 못하고 반석을 두 번이나 친 것을 나타냅니다.

㉢ "그는 그 부모에게 대하여 이르기를 내가 그들을 보지 못하였다 하며 그 형제들을 인정치 아니하며 그 자녀를 알지 아니한 것은 주의 말씀을 준행하고 주의 언약을 지킴을 인함이로다"(9) 하는 것은, 금송아지 우상숭배 사건이 벌어졌을 때에 모세가, "여호와의 편에 있는 자는 내게로 나아오라 하매 레위 자손이 다 모여 그에게로 오는 지라", 그리하여 "각 사람이 그 형제를, 각 사람이 그 친구를 도륙하라" 했을 때에 3000명을 도륙한 일을 나타냅니다. 후에 레위 지파 비느하스도 바알브올에 부속한 남녀를 창으로 꿰뚫어 죽여 하나님의 진노를 그치게 하므로, "그 후손에게 영원한 제사장 직분을 언약"(민 25:13) 하셨던 것입니다.

ⓡ 야곱은 레위 지파에 대하여 "그 노염이 혹독하니 저주를 받을 것이요"(창 49:7) 했는데, "주의 법도를 야곱에게, 주의 율법을 이스라엘에게 가르치며, 주 앞에 분향하고, 온전한 번제를 주의 단 위에 드리리로다"(10) 하고, 저주가 변하여 하나님을 수종드는 제사장 지파가 되게 하셨던 것입니다. ㉮ 하나님의 말씀을 가르치며, ㉯ "분향", 즉 기도하며, ㉰ "온전한 번제", 즉 전적으로 헌신하는, 이것이 바른 교회입니다.

ⓜ "여호와여 그 재산을 풍족케 하시고 그 손의 일을 받으소서 그를 대적하여 일어나는 자와 미워하는 자의 허리를 꺾으사 다시 일어나지 못하게 하옵소서"(11) 하고, 전적으로 하나님만을 섬기는 레위 지파의 물질적인 보장과, 권위를 지켜주시기를 축복합니다.

ⓑ 구속사의 관점으로 보면, 그리스도가 유다 지파에서 나실 것에 대한 예언은 다윗과 같은 "왕적"인 권세요, 레위 지파는 아론과 같은 그리스도의 제사장 직분을 예표하고 있는 것입니다. 그리스도는 우리의 저주를 은혜로 바꿔놓으셨던 것입니다. 성경은 신약의 성도들을 "왕 같은 제사장들"이라고 말씀합니다. 그러면 우리는 유다 지파이면서 레위 지파에 속한 셈입니다. 그러면 우리에게 있는 "둠밈과 우림"은 무엇인가? "너희는 이 세대를 본받지 말고 오직 마음을 새롭게 함으로 변화를 받아 하나님의 선하시고 기뻐하시고 온전하신 뜻이 무엇인지 분별하도록 하라"(롬 12:2) 하십니다.

4. 베냐민 지파(12)

① "베냐민에 대하여는 일렀으되",

㉠ "여호와의 사랑을 입은 자는 그 곁에 안전히 거하리로다" 하는데, 이는 베냐민 지파가 유다 지파 바로 옆에 기업을 분배받음으로, 북이스라엘이 다윗 언약을 배척하고 떨어져 나갈 때에도 유다에 부속하게

될 것을 예시해주는 축복입니다.

㉡ 그래서 "여호와께서 그를 날이 맞도록 보호(保護)하시고 그로 자기 어깨 사이에 처하게 하시리로다", 즉 하나님께서 어깨에 태우시듯이 베냐민 지파는 유다 지파와 고락을 같이 했던 것입니다. 바울은 이에 대한 긍지를 가지고 자신이 "베냐민 지파요"(빌 3:5) 하고 자랑을 했던 것입니다. 형제도 베냐민 지파처럼 어떠한 경우에도 하나님 편에 서서 사랑을 받으며 그 곁에 안전히 거하며, 어깨 사이에 처하게 되기를 바랍니다.

5. 요셉 지파(13-17)

① "요셉에 대하여는 일렀으되",

㉠ 요셉 지파의 축복은 풍성합니다. 육적인 장자는 "르우벤"이요, 영적인 장자는 "유다"에게 돌아갔지만, 기업의 장자권은 "요셉 지파"에게 주어졌기 때문입니다. 그래서 "보물과 복"이라는 말이 8번이나 나옵니다.

㉡ "원컨대 그 땅이 여호와께 복을 받아 하늘의 보물인 이슬과 땅 아래 저장한 물과 태양이 결실케 하는 보물과 태음이 자라게 하는 보물과 옛 산의 상품 물과 영원한 작은 산의 보물과 땅의 보물과 거기 충만한 것과 가시떨기 나무 가운데 거하시던 자(하나님)의 은혜로 인하여 복이 요셉의 머리에, 그 형제 중 구별한 자의 정수리에 임할 지로다"(13-16) 합니다. 성도나, 개인 중에는 이처럼 풍성한 물질 축복을 받는 분들이 있습니다. 문제는 이를 어떻게 활용을 해야 하는가에 있습니다.

㉢ "그는 첫 수송아지 같이 위엄이 있으니 그 뿔이 들소의 뿔 같도다 이것으로 열방을 받아 땅 끝까지 이르리니" 한 것은, 힘이 있는 지파가 될 것을 가리킵니다. 그런데 "에브라임의 만 만이요 므낫세의 천 천

이리로다"(17) 한 것은, 에브라임이 므낫세보다 강성해질 것을 나타냅니다.

㉣ 이처럼 요셉 지파는 기업을 "에브라임과 므낫세" 두 몫을 받음으로 방대한 지역을 차지했습니다. 그런데 그 풍성한 축복과 능력을, "에브라임 자손은 병기(兵器)를 갖추며 활을 가졌으나 전쟁(戰爭)의 날에 물러갔도다 저희가 하나님의 언약을 지키지 아니하고 그 율법 준행하기를 거절했다"(시 78:9-10) 하고 말씀합니다. 무슨 뜻인가? 다윗에게 세워주신 메시아언약을 배신하고 통일왕국을 분열왕국으로 찢을 때에 주도적인 역할을 한 것이 에브라임 지파였던 것입니다. 북 이스라엘의 초대 왕이요, 금송아지 우상을 만들어 섬기게 한 여로보암이 바로 에브라임 출신이었던 것입니다.

㉤ "그 뿔이 들소의 뿔 같도다" 했는데, 그 뿔로 대적(對敵)을 받은 것이 아니라 그리스도가 탄생하실 유다 왕국을 받는데 사용했던 것입니다. 그 결과는 그토록 풍성한 축복을 받고도 앗수르로 끌려가 영영 돌아오지 못하고 흩어지고 말았습니다. 교회 중에는 요셉 지파 같이 큰 교세를 과시하는 교회도 있습니다. 그런데 그 능력으로 하나님께 영광을 돌리는 것이 아니라, 반대의 경우도 있는 것입니다. 라오디게아 교회가 그런 교회인데 주님은 "네 곤고한 것과 가련한 것과 가난한 것과 눈먼 것과 벌거벗은 것을 알지 못하도다"(계 3:17) 하십니다.

6. 스불론 지파(18상)

① "스불론에 대하여는 일렀으되 스불론이여 너는 나감을 기뻐하라" 합니다.

㉠ 이점을 야곱의 축복에서는, "해변에 거하리니 그곳은 배 매는 해변이라 그 지경이 시돈까지리로다"(창 49:13) 한 것을 보면 "나감"이란,

바다를 통한 무역에 종사할 것과 활동적일 것을 가리키는 것으로 볼 수가 있습니다. 그런 교회가 있었습니다. 두아디라 교회인데, "네 산업과 사랑과 믿음과 섬김과 인내를 아노니"(계 2:20) 하신 것을 보면 대단히 활동적인 교회임을 알 수가 있습니다. 그러나 경건에 대해서는 책망을 받았던 것입니다.

7. 잇사갈 지파(18하-19)

① "잇사갈이여 너는 장막에 있음을 즐거워하라 그들이 열국(列國) 백성을 불러 산에 이르게 하고 거기서 의로운 제사를 드릴 것이며 바다의 풍부한 것, 모래에 감추인 보배를 흡수하리로다" 합니다.

㉠ "장막에 있음을 즐거워하라" 한 것은, "나감을 기뻐하라" 한 스불론과는 대조가 되는 표현인데, 스불론이 대외적(對外的)으로 왕성한 활동을 하는 교회를 상징한다면 잇사갈은, "열국(列國) 백성을 불러 (성전)산에 이르게 하고 거기서 의로운 제사를 드릴 것이며" 하는, 내적인 경건에 힘쓰게 될 것을 예시한다 하겠습니다. 그런 교회가 서머나 교회라 할 수가 있습니다. "네 환난과 궁핍을 아노니 실상은 네가 부요한 자니라"(계 2:9) 하고 위로와 격려를 하십니다. 스불론과, 잇사갈을 대하면서, "마르다와 마리아"의 특성을 생각하게 합니다.

8. 갓 지파(20-21)

① "갓에 대하여는 일렀으되",

㉠ "갓을 광대케 하시는 자에게 찬송을 부를 지어다 갓이 암사자 같이 엎드리고 팔과 정수리를 찢는도다"(20) 말씀하는데 무슨 뜻일까? 야곱은 축복하기를, "갓은 군대의 박격을 받으나 도리어 그 뒤를 추격하

리로다"(창 49:19) 한 것으로 보아, 갓 자손의 용맹성을 나타내는 것으로 볼 수가 있습니다.

㉡ "그가 자기를 위하여 먼저 기업을 택하였으니 곧 법 세운 자의 분깃으로 예비 된 것이로다" 한 것은, 모세(법 세운 자)를 통해서 요단 동편에서 기업을 받은 것을 가리키고, "그가 백성의 두령들과 함께 와서 여호와의 공의와 이스라엘과 세우신 법도를 행하도다"(21) 한 것은, 그들이 "형제보다 앞서" 요단을 건너가서 싸운 것을 가리킵니다.

9. 단 지파(22)

① "단에 대하여는 일렀으되 단은 바산에서 뛰어나오는 사자의 새끼로다" 합니다.

㉠ "바산"은 맹수의 서식지인데, 야곱은 "단은 길의 뱀이요 첩경의 독사리로다"(창 49:17) 했습니다. 단은 문제를 많이 일으키는 지파였습니다. 자신들에게 주어진 기업을 차지하지를 못하고 도리어, "아모리 사람이 단 자손을 산지로 쫓아 들이고 골짜기에 내려오기를 용납지 아니하고"(삿 1:34) 합니다.

㉡ 그리하여 거할 땅을 탐지하던 중, 에브라임 산지 미가라는 집에 있는 사신 우상과 제사장을 탈취하여 가지고, 북쪽에 있는 라이스에 이르러 "평안히 거하는 백성들을 칼날로 치고 불로 성읍을 사르고"(삿 18:27) 강탈을 합니다. 그러니 "바산에서 뛰어나오는 사자의 새끼, 길의 뱀이요 첩경의 독사"라는 말을 들을 만한 것입니다.

㉢ 이런 유형의 교회들이 있는 것도 사실입니다. 그래서 바울은, "내가 그리스도의 이름을 부르는 곳에는 복음을 전하지 않기로 힘썼노니 이는 남의 터 위에 건축하지 아니하려 함이라"(롬 15:20) 말씀했던 것입니다.

10. 납달리 지파(23)

① "납달리에 대하여는 일렀으되 은혜가 족하고 여호와의 복이 가득한 납달리여 너는 서방과 남방을 얻을 지로다" 합니다.

㉠ 납달리에게 돌아간 축복은 "은혜와, 여호와의 복"입니다. 12지파에게 분배된 기업을 보면 납달리 지파는 갈릴리의 서방과 남방을 끼고 있는 비옥한 땅입니다. 이것이 "여호와의 복"이라 할 수가 있습니다. 그런데 "은혜가 족하다" 하신 뜻이 무엇일까? 성경은 말씀합니다. "전에 애통하던 자에게는 흑암이 없으리로다 옛적에는 여호와께서 스불론 땅과 납달리 땅으로 멸시를 당케 하셨더니 후에는 해변 길과 요단 저편 이방의 갈릴리를 영화롭게 하셨느니라"(사 9:1) 하고 예언합니다. 바로 이 지역이 복음의 빛이 제일 처음으로 비취기 시작한 곳이었던 것입니다. 그러니 은혜가 족하다 하시는 것입니다.

11. 아셀 지파(24-25)

① "아셀에 대하여는 일렀으되",

㉠ "아셀은 다자(多子)한 복을 받으며 그 형제에게 기쁨이 되며 그 발이 기름에 잠길지로다"(24) 합니다. 이는 아셀 지파가 번성할 것을 가리키는데, 우리들에게는 양적인 부흥으로 적용이 된다 할 수가 있습니다.

㉡ "네 문빗장은 철과 놋이 될 것이니 네 사는 날을 따라서 능력이 있으리로다"(25) 한 것을 보면 양적인 번성만이 아니라, "마귀의 궤계를 능히 대적하기 위하여 하나님의 전신갑주를 입은"(엡 6:11) 교회라 할 것입니다.

㉢ 끝으로 모세의 축복 중에, "시므온 지파"가 보이지 않는 것은, 모

세의 의중에는 시므온 지파를 "유다 지파나, 레위 지파" 속에 포함시킨 것으로 볼 수가 있습니다. 왜냐하면, "시므온 자손의 기업은 유다 자손의 기업 중에서라"(수 19:1) 말씀하고 있고, 야곱은 "시므온은 레위의 형제요"(창 49:5) 하고, 레위와 함께 언급을 하고 있기 때문입니다.

ⓡ 형제가 바란다면 어느 지파에게 주어진 축복(祝福)을 받기를 원하십니까? 모세의 축복을 요약을 한다면, "이스라엘이여 너는 행복자로다 여호와의 구원을 너같이 얻은 백성이 누구뇨(29), 여호와께서 백성을 사랑하시나니 모든 성도가 그 수중에 있으며 주의 발아래에 앉아서 주의 말씀을 받는도다"(3)가 될 것입니다.

ⓜ 본 단원을 마치기 전에 다시 한번 상기시키면서 강조하고자 하는 것은 이스라엘 12지파는, "430년이 마치는 그 날에 여호와의 군대가 다 애굽 땅에서 나왔다"(출 12:41) 한 "여호와의 군대"(軍隊)요, 지금 축복을 받고 있는 백성들은, "이스라엘 자손의 온 회중의 총수를 그 조상의 집을 따라 조사(調査)하되 이스라엘 중에 무릇 20세 이상으로 능히 싸움에 나갈만한 자를 계수(計數)하라"(민 26:2) 하신 병사(兵士)들이라는 점입니다. 그리고 현대교회도 동일하게 여호와의 군대요, 여호와의 병사들이라는 점입니다. 그렇다면 모세가 행한 예언적인 축복이라는 거울에 비춰진 교회와, 나 자신의 모습을 점검하는 계기로 삼아야 할 것입니다.

셋째 단원(26-29) 분석도표

주제 : 이스라엘이여 너는 행복자로다

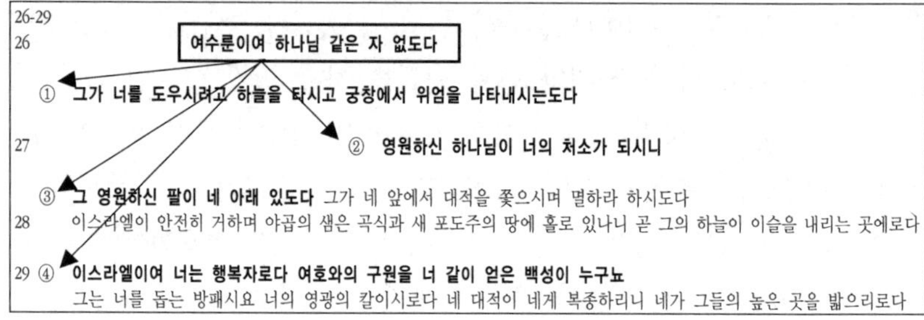

셋째 단원은 각 지파에게 축복을 한 후에, 이처럼 사랑하시고 은혜를 베푸시고 복을 주신 하나님께 송영을 돌리는 결론부분입니다. 한마디로 "여수룬이여, 하나님 같은 자 없도다" 하는 감격입니다.

도표를 보시면 "하나님 같은 자 없도다"를 중심으로, ① "그가 너를 도우시려고 하늘을 타시고 나타내신다", ② "하나님이 너의 처소가 되신다", ③ "영원하신 팔이 네 아래 있도다", ④ 그리고 총 결론은, "이스라엘이여 너는 행복자로다" 하고 끝을 맺습니다.

셋째 단원(26-29) 이스라엘이여 너는 행복자로다

"여수룬이여 하나님 같은 자 없도다"(26상) 합니다.

㉠ 이 송영(誦詠)은, "이스라엘이여 너는 행복자로다 여호와의 구원을 너 같이 얻은 백성이 누구뇨"(29) 한 "구원"과 결부되는 것입니다. 그리고 우리의 구원은 말씀만으로 되어진 것이 아니요, 시내산 언약으로 가능해진 것도 아니라, 우리가 범한 죄책(罪責)을 누군가가 대속을 해주어야만 가능하여진다는 점입니다. 이 대속(代贖)을 출애굽을 통해

서는 "유월절 어린양"이라는 그림자를 통해서 보여주셨고, 새 언약에 이르러서는 자기 아들을 대속제물로 내어주심으로 성취하여주셨던 것입니다. 이것이 열조에게 세워주신 메시아언약입니다. 이를 생각한다면 "여수룬이여 하나님 같은 자 없도다" 하고, 송영을 돌릴 수밖에 없는 것입니다.

① "그가 너를 도우시려고 하늘을 타시고 궁창에서 위엄을 나타내시는도다"(26하) 합니다.

㉠ 우리를 도우시기 위해서 하나님이 출동(出動)을 하신다는 말씀인데, 구속사의 맥락에서 보면 우리를 도우시기 위해서 "나타내심"은 3차에 걸쳐 이루어집니다. 1차는 시내산에서 계시하신 "성막"(聖幕)을 통해서입니다. "여호와의 영광이 성막에 충만하매 모세가 회막에 들어갈 수가 없었다"(출 40:34) 하고 말씀합니다. 이는 모형적인 나타내심입니다.

㉡ 2차는 시온산을 통해서 계시하신, "말씀이 육신이 되어 우리 가운데 거하시매 우리가 그 영광을 보니 아버지의 독생자의 영광이요 은혜와 진리가 충만하더라"(요 1:14) 한 임마누엘 사건입니다. 어찌하여 하나님의 본체이신 그리스도께서 영광을 비우시고 육신의 몸을 입으시고 이 땅에 강림하셨는가? 우리를 도우사 대속제물이 되시기 위해서였던 것입니다. 이는 실체(實體)로 나타나심입니다.

㉢ 이제 세 번째 나타내심이 남아있는데, "내가 너희를 위하여 처소를 예비하러 가노니 가서 너희를 위하여 처소를 예비하면 내가 다시 와서 너희를 내게로 영접하여 나 있는 곳에 너희도 있게 하리라"(요 14:2-3) 하신 재림(再臨)입니다. "볼지어다 구름을 타고 오시리라 각인의 눈이 그를 보겠고 그를 찌른 자들도 볼 터이요 땅에 있는 모든 족속이 그를 인하여 애곡하리니 그러하리라 아멘"(계 1:7) 합니다. 이는 완성(完成)의 나타나심입니다.

② 그래서 "영원하신 하나님이 너의 처소가 되시니"(27상) 합니다. 영원하신 하나님이 우리의 "처소"(處所)가 되신다는 이점이 중요하고도 어려운 일입니다. 왜냐하면 인류의 시조(始祖) 아담 하와가 "에덴"에 거했다는 것은 하나님의, "처소"에 거한 것이었으나, 범죄로 인하여 추방을 당했기 때문입니다. 구원계획이란 하나님을 우리의 "처소"로 삼아주시기 위한 회복의 역사인 것입니다.

㉠ 마지막 책인 계시록에서는, "보라 하나님의 장막이 사람들과 함께 있으매 하나님이 저희와 함께 거하시리니 저희는 하나님의 백성이 되고 하나님은 친히 저희와 함께 계셔서 모든 눈물을 그 눈에서 씻기시매 다시 사망이 없고" 하신 후에, "이루었도다"(계 21:3-4, 6) 하고 선언하는 것이 나오는데, 이것이 어떻게 가능하여지는가 하는 점입니다. 오직 그리스도의 구속으로 말미암아 뿐입니다. 유월절 어린양의 피를 대문에 뿌리고 "그 안에 거함"으로 구원을 얻게 된 것은, 하나님으로 처소를 삼았기 때문인데, 이것이 예표인 것입니다. 이를 생각할 때에 "여수룬이여 하나님 같은 자 없도다" 하고 말할 수밖에 없는 것입니다.

③ "그 영원하신 팔이 네 아래 있도다"(27중) 합니다.

㉠ 이는 "광야에서도 너희가 당하였거니와 사람이 자기 아들을 안음과 같이 너희 하나님 여호와께서 너희의 행로 중에 너희를 안으사 이곳까지 이르게 하셨느니라"(1:31) 한, "안으심"을 가리킵니다. 아기를 안아보십시오. 어머니의 "팔이 네 아래 있도다"가 되는 것입니다. 이는 안전(安全)을 나타냅니다. 그래서 "그가 네 앞에서 대적을 쫓으시며 멸하라 하시도다"(27하) 하는 것입니다.

㉡ 그리하여 "이스라엘이 안전히 거하며 야곱의 샘은 곡식과 새 포도주의 땅에 홀로 있나니 곧 그의 하늘이 이슬을 내리는 곳에로다"(28) 합니다. 이는 1차적으로, "너희가 건너가서 얻을 땅은, 하늘에서 내리는 비를 흡수하는 땅이요 네 하나님 여호와께서 권고하시는 땅이라 세초부

터 세말까지 네 하나님 여호와의 눈이 항상 그 위에 있느니라"(11:11-12) 한 가나안 복지를 가리키는 것이 되지만, 신약의 성도들에게는 그리스도의 구속으로 말미암아 열리게 될 은혜시대를 가리킵니다.

④ "이스라엘이여 너는 행복자로다 여호와의 구원을 너 같이 얻은 백성이 누구뇨"(29상) 하고, 감격해합니다.

㉠ "그는 너를 돕는 방패시요 너의 영광의 칼이시로다 네 대적이 네게 복종하리니 네가 그들의 높은 곳을 밟으리로다"(29하), 즉 승리하리라는 말씀으로 마치고 있습니다. 이처럼 우리의 구원을 위해서 이루어 오신 하나님의 행사를 상고하는 자의 결론은 "하나님 같은 자 없도다" 하는 송영을 돌리게 되는 것입니다.

㉡ 이점을 미가 선지자는, "주와 같은 신이 어디 있으리이까 주께서는 죄악을 사유하시며 그 기업의 남은 자의 허물을 넘기시며 인애를 기뻐하심으로 노를 항상 품지 아니 하시나이다 다시 우리를 긍휼히 여기셔서 죄악을 발로 밟으시고 우리의 모든 죄를 깊은 바다에 던지시리이다" 합니다. 왜 이렇게 해주셨는가? "주께서 옛적에 우리 열조에게 맹세하신 대로 야곱에게 성실을 베푸시며 아브라함에게 인애를 더하시리이다"(미 7:18-20) 하고, 열조에게 세워주신 "언약" 때문이라는 것입니다.

㉢ 사도 바울은 영광스러운 로마서의 교리부분을 마치면서, "깊도다 하나님의 지혜와 지식의 부요함이여 그의 판단은 측량치 못할 것이며 그의 길은 찾지 못할 것이로다" 하면서, "이는 만물이 주에게서 나오고 주로 말미암고 주에게로 돌아감이라 영광이 그에게 세세에 있으리로다 아멘"(롬 11:33, 36) 하고 송영을 돌립니다. 구약의 성도들이 "이스라엘이여 너는 행복자로다, 여호와의 구원을 너같이 얻은 백성이 누구뇨" 하고 감격해한다면, 복음이 밝히 드러난 신약의 성도들에게는 이런 감사와 감격이 더욱 넘쳐야만 할 것입니다. 이것이 "이스라엘이여 너는 행복자로다"의 뜻입니다.

⑤ 묵상해보겠습니다.

㉠ 구약교회와 신약교회의 탄생에 대해서,

㉡ 모세가 각 지파를 축복하는 목적이 어디에 있는가에 대해서,

㉢ 이스라엘이여 너는 행복자로다 한 행복과 이를 누리고 있는지에 대해서.

34장

너희 하나님 여호와는 영원토록 동일하시니라

4여호와께서 그에게 이르시되 이는 내가 아브라함과 이삭과 야곱에게 맹세하여 그 후손에게 주리라 한 땅이라 내가 네 눈으로 보게 하였거니와 너는 그리로 건너가지 못하리라 하시매.

신명기 마지막 장에 이르렀습니다. 본장은 모세가 느보산에 올라 멀리 가나안 땅을 바라본 후에, "그리스도를 위하여 받는 능욕을 애굽의 모든 보화보다 더 큰 재물로 여겼던"(히 11:26) 생애를 마감하는 장입니다. 구속사의 맥락에서 모세의 죽음이 어떤 의미가 있는가를 다시 한 번 생각하게 합니다.

첫째 단원(1-8) **사명을 마치고 구속사의 무대에서 떠나는 모세**

둘째 단원(9-12) **모세 같은 선지자 일어나기를 대망하면서**

첫째 단원(1-8) 분석도표

주제 : 사명을 마치고 구속사의 무대에서 떠나는 모세

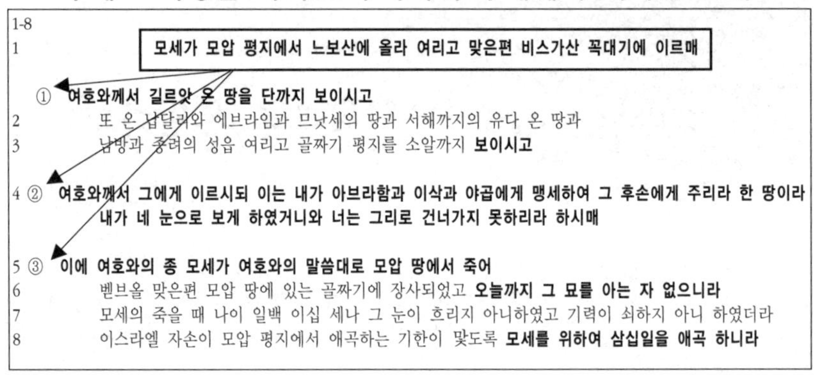
1-8
1 **모세가 모압 평지에서 느보산에 올라 여리고 맞은편 비스가산 꼭대기에 이르매**

① **여호와께서 길르앗 온 땅을 단까지 보이시고**
2 또 온 납달리와 에브라임과 므낫세의 땅과 서해까지의 유다 온 땅과
3 남방과 종려의 성읍 여리고 골짜기 평지를 소알까지 **보이시고**

4 ② **여호와께서 그에게 이르시되 이는 내가 아브라함과 이삭과 야곱에게 맹세하여 그 후손에게 주리라 한 땅이라**
내가 네 눈으로 보게 하였거니와 너는 그리로 건너가지 못하리라 하시매

5 ③ **이에 여호와의 종 모세가 여호와의 말씀대로 모압 땅에서 죽어**
6 벧브올 맞은편 모압 땅에 있는 골짜기에 장사되었고 **오늘까지 그 묘를 아는 자 없으니라**
7 모세의 죽을 때 나이 일백 이십 세나 그 눈이 흐리지 아니하였고 기력이 쇠하지 아니 하였더라
8 이스라엘 자손이 모압 평지에서 애곡하는 기한이 맞도록 **모세를 위하여 삼십일을 애곡 하니라**

첫째 단원은 모세가 임종을 맞이하는 장면입니다. 도표를 보시면 "모세가 모압 평지에서 느보산에 올라"를 중심으로, ① "여호와께서 길르앗 온 땅을 단까지 보이시고", ② "이는 내가 아브라함과 이삭과 야곱에게 맹세하여 그 후손에게 주리라 한 땅이라" 하신 후에, ③ "모세가 여호와의 말씀대로 모압 땅에서 죽었다" 하고 끝맺고 있습니다.

첫째 단원(1-8) 사명을 마치고 구속사의 무대에서 떠나는 모세

"모세가 모압 평지에서 느보산에 올라 여리고 맞은편 비스가산 꼭대기에 이르매 여호와께서 길르앗 온 땅을 단까지 보이시고"(1),

① "또 온 납달리와 에브라임과 므낫세의 땅과 서해까지의 유다 온 땅과 남방과 종려의 성읍 여리고 골짜기 평지를 소알까지 보이시고" (2-3), 합니다.

㉠ "출애굽에서 예루살렘까지" 라는 성지순례 코스에 "느보산"이 있

습니다. 그곳에서 바라보면 요단강 건너 "여리고 맞은 편"이 파노라마처럼 펼쳐집니다. 이를 바라보는 자의 마음은 숙연해지고, 깊은 감회에 잠기게 합니다. 그런데 장본인 모세의 심정이 어떠했을 것인가?

② 그러나 본문에는 그런 감상적(感傷的)인 말씀은 한마디도 없이, "여호와께서 그에게 이르시되 이는 내가 아브라함과 이삭과 야곱에게 맹세하여 그 후손에게 주리라 한 땅이라"(4상) 하는, 하나님의 "맹세", 즉 언약(言約)만을 드러냅니다.

㉠ 다시 상기시킵니다만 신명기는 첫 장에서, "여호와께서 너희 열조 아브라함과 이삭과 야곱에게 맹세하사 그들과 그 후손에게 주리라 하신 땅이 너희 앞에 있으니"(1:8) 한 말씀으로 시작하여, 마지막 장에서 "이는 내가 아브라함과 이삭과 야곱에게 맹세하여 그 후손에게 주리라 한 땅이라"(4) 하는, "맹세"로 마치고 있다는 점입니다. 그리고 시내산에 두 번이나 올라가 십계명의 돌비를 받아다가 전해준 장본인(張本人) 모세는, 신명기를 기록하는 내내 열조에게 세워주신 "언약(言約)과 맹세"를 놓치지 않고 계속적으로 붙잡고 있으면서 이에 근거(根據)하여 권면하고 있다는 점을 유념해야만 합니다.

㉡ 이는 무엇을 말씀해주고 있느냐 하면, 애굽 바로의 종이었던 이스라엘 민족이 구속함을 얻어 하나님의 백성이 된 것도 "아브라함 언약"에 근거한 것이요, 가나안 땅에 들어가게 해주신 것도, 아브라함과 이삭과 야곱에게 맹세한 언약에 근거하고 있다는 점을 말씀해줍니다. 그리고 아브라함에게 세워주신 언약은 "메시아언약"이라는 점입니다. 한 가지를 부언을 한다면 모세가 백성들을 약속의 땅으로 인도하여 들이지 못하고 퇴장하게 되는 것도 아브라함에게 세워주신, "메시아언약"과 관련이 있다는 것이 됩니다.

㉢ 그러므로 "내가 네 눈으로 보게 하였거니와 너는 그리로 건너가지 못하리라"(4하) 하신 말씀은 이런 맥락에서 해석이 되어야 하는 것

입니다. 문자만을 보고, 모세가 40년을 사역하던 중에 한 순간 실수하는 바람에 들어가지 못하고 도중하차(途中下車) 한양 여겨서는 아니 됩니다. 모세가 어떻게 해서 출애굽의 영도자가 되었는가를 생각해보시기를 바랍니다. 모세는 "내가 누구관대" 하고, 피하려고 고집을 했으나, 하나님의 강권에 굴복하여 사명을 맡은 자입니다. 그런 모세를 사명(使命)이 남았는데도 가나안의 문턱에서 하차시키신단 말인가?

㉣ 가나안 땅에 들어가는 것이 허락되지 않았던 모세가, 그리스도께서 변형되시는 변화산상에는, 죽음을 보지 않고 승천한 엘리야와 함께 나타나 주님과 함께, "예루살렘에서 별세(別世)하실 것을 말씀"(눅 9:31)했다는 것은 무엇을 말씀해주는가? 그림자로 주어진 가나안 땅에는 들어가지 못했지만, 영원한 하나님의 나라에 들어갔다는 점을 말씀해주고 있는 것입니다. 율법의 대명사인 모세의 사명(使命)은 요단 동편까지였기 때문에 구속사의 무대에서 퇴장하게 하시고, "예수"의 예표자인 여호수아를 인도자로 세우시는 것입니다.

③ "이에 여호와의 종 모세가 여호와의 말씀대로 모압 땅에서 죽어"(5) 합니다. 모세는 아브라함 같이 "말씀을 좇아"(창 12:4) 일평생을 행하다가 죽을 때에도, "말씀대로" 죽었습니다.

㉠ "벧브올 맞은편 모압 땅에 있는 골짜기에 장사되었고 오늘까지 그 묘를 아는 자 없으니라 모세의 죽을 때 나이 일백 이십 세나 그 눈이 흐리지 아니하였고 기력이 쇠하지 아니 하였더라"(5-7) 합니다. 이는 모세가 죽은 것이 "기력(氣力)이 쇠하여" 죽은 것이 아니라, 사명(使命)이 다하였기 때문임을 암시(暗示)해주는 대목입니다. "이스라엘 자손이 모압 평지에서 애곡하는 기한이 맞도록 모세를 위하여 삼십일을 애곡하니라"(8). 이것이 "사명을 마치고 구속사의 무대에서 떠나는 모세"입니다.

둘째 단원(9-12) 분석도표

주제 : 모세 같은 선지자 일어나기를 대망하면서

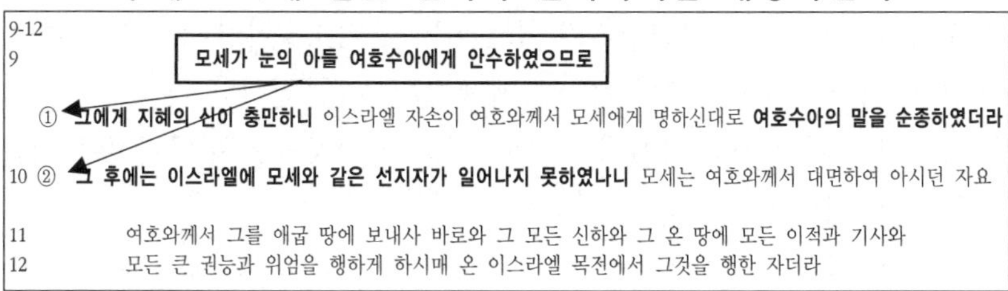
9-12
9 **모세가 눈의 아들 여호수아에게 안수하였으므로**
① **그에게 지혜의 신이 충만하니** 이스라엘 자손이 여호와께서 모세에게 명하신대로 **여호수아의 말을 순종하였더라**
10 ② **그 후에는 이스라엘에 모세와 같은 선지자가 일어나지 못하였나니** 모세는 여호와께서 대면하여 아시던 자요
11 여호와께서 그를 애굽 땅에 보내사 바로와 그 모든 신하와 그 온 땅에 모든 이적과 기사와
12 모든 큰 권능과 위엄을 행하게 하시매 온 이스라엘 목전에서 그것을 행한 자더라

둘째 단원은, 모세가 구속사의 무대에서 퇴장하자, "예수"를 예표하는 여호수아가 등장합니다. 이점을 신약성경은, "율법이 우리를 그리스도에게로 인도하는 몽학선생"(갈 3:23)이라고 말씀합니다. 그래서 34장의 주제를, "너희 하나님 여호와는 영원토록 동일하시니라" 한 것입니다.

도표를 보시면 "여호수아에게 안수하였다" 하는 말씀을 중심으로, ① 여호수아에게 "지혜의 신이 충만하니, 여호수아의 말을 순종하였더라" 하고, 구속사의 수레바퀴는 중단됨이 없이 계속해서 전진(前進)하는 것을 나타내면서, ② "그 후에는 모세와 같은 선지자가 일어남이 없었다" 하고 대단원의 막을 내립니다.

둘째 단원(9-12) 모세 같은 선지자 일어나기를 대망하면서

"모세가 눈의 아들 여호수아에게 안수하였으므로"(9상), 이는 "여호와께서 모세에게 이르시되 눈의 아들 여호수아는 신에 감동된 자니 너는 데려다가 그에게 안수하라"(민 27:18) 하신 말씀을 가리킵니다.

① "그에게 지혜의 신이 충만하니"(9상) 하는 것은, 이제 하나님이, "내가 모세와 함께 있던 것같이 너와 함께 있을 것임이라"(수 1:5) 하신,

"여호수아의 하나님"이 되심을 나타냅니다.

㉠ 그리하여 "이스라엘 자손이 여호와께서 모세에게 명하신대로 여호수아의 말을 순종하였더라"(9하) 한 것은, 여호수아가 자격이나 능력이 있어서가 아니라, 하나님이 함께 하셨기 때문입니다.

② "그 후에는 이스라엘에 모세와 같은 선지자가 일어나지 못하였나니"(10상) 합니다.

㉠ 이 말씀을 표면적으로만 본다면, "모세는 여호와께서 대면(對面)하여 아시던 자요 여호와께서 그를 애굽 땅에 보내사 바로와 그 모든 신하와 그 온 땅에 모든 이적과 기사와 모든 큰 권능과 위엄을 행하게 하시매 온 이스라엘 목전에서 그것을 행한 자더라"(10하-12) 하고, 모세를 부각시키고, 모세가 담당했던 특수한 역할만을 드러내게 되지만, 아닙니다. 당연히 물어야만 합니다.

㉡ 왜냐하면 모세는 분명 하나님께서, "내가 그들의 형제(兄弟) 중에 너와 같은 선지자 하나를 그들을 위하여 일으키겠다"(18:18, 15) 하고 약속(約束)하셨다는 점을 두 번이나 증거했기 때문입니다. 그러므로 "그 후에는 모세와 같은 선지자가 일어나지 못하였다"는 말씀을 구속사라는 맥락에서 보면, 구약시대란 하나님께서 약속하신 "모세와 같은 선지자"가 일어나기를 바라고, 기다리고 있던 시대였다는 뜻이 됩니다. 그런데 구약시대에는 그런 선지자가 나타나지 않았다는 것입니다.

㉢ 누가복음을 보십시오. 기다리고 있는 사람들을 만나게 됩니다. 세례 요한의 아버지는 "다윗의 뿔을 그 종 다윗의 집에 일으키셨다" (1:69) 하고 말합니다. 경건한 시므온은 "내 눈이 주의 구원을 보았다"(2:30) 하고 말합니다. 성전을 떠나지 않고 기다리던 안나는 아기 예수님을 만나자 "예루살렘의 구속됨을 바라는 모든 사람에게"(2:38) 전해줍니다. 엠마오로 내려가던 제자들은, "이 사람이 이스라엘을 구속할 자라고 바랐노라"(24:21) 하고 말합니다. "백성들이 바라고 기다리므로 모든

사람들이 요한을 혹 그리스도신가 심중에 의논"(눅 3:15)했다고 말합니다.

㉣ 이들은 하나님이 약속하신 "다윗과 같은 왕"을 바라고 기다리고 있었습니다. "모세와 같은 선지자"를 바라고 기다리고 있었습니다. 그리하여 이스라엘을 회복하여 줄 것을 바라고 기다리고 있었습니다. 한마디로 메시아를 바라고 기다리고 있었던 것입니다. 신명기가 "그 후에는 이스라엘에 모세와 같은 선지자가 일어나지 못하였다" 하고 마치고 있는 것은, 역설적(逆說的)으로 구약시대란 "모세와 같은 선지자"를 바라고 기다리고 있었던 시대였다는 뜻이 되는 것입니다. 모세도 그 분을 만나지는 못했지만 멀리서 바라보고 즐거워했다는 말씀이 되는 것입니다.

㉤ 그런데 드디어 신약성경에 이르러, "모세가 말하되 주 하나님이 너희를 위하여 너희 형제 가운데서 나와 같은 선지자 하나를 세울 것이니"(행 3:22) 한, 그 분이 나타났다고 증거하고 있는 것입니다. 그러므로 주님은, "그러나 너희 눈은 봄으로, 너희 귀는 들음으로 복이 있도다 내가 진실로 너희에게 이르노니 많은 선지자와 의인이 너희 보는 것들을 보고자 하여도 보지 못하였고 너희 듣는 것들을 듣고자 하여도 듣지 못하였느니라"(마 13:16-17) 하고 말씀하셨던 것입니다.

㉥ 저는 성경을 강해하는 중 "신명기"를 맨 마지막으로 남겨두었습니다. 그것은 그 동안 제가 선한 싸움을 싸웠던 성령의 검 곧 하나님의 말씀과, 붙잡고 달음질 하던 복음의 바통을 젊고 신실한 동역자들에게 물려주고자 하는 심정(心情)에서입니다. 이제 "신명기 파노라마"를 끝으로 "구속사의 관점에서 본" 성경 66권의 강해를 마치면서 저도, "너는 행복자로다 여호와의 구원을 너같이 얻은 백성이 누구뇨, 여수룬이여 하나님 같은 자 없도다"(33:29, 26) 하는 송영으로 마쳐야만 하겠습니다. 아멘.

③ 묵상해보겠습니다.

㉠ 신명기가 열조에게 세워주신 "맹세"로 시작하여 맹세로 끝나는 점에 대해서,

㉡ 가나안에 들어가지 못한 모세가 변화산상에 나타난 구속사적 의미에 대해서,

㉢ 모세와 같은 선지자가 일어나지 못했다는 말씀이 암시하는 바에 대해서.

구속사의 관점에서 본
구약성경 파노라마
신명기

초판 1쇄 발행 2010년 03월 20일
초판 3쇄 발행 2016년 03월 30일

지은이 유도순
펴낸이 유효성
펴낸곳 도서출판 머릿돌

등록번호 제17-240호
등록일자 1997년 5월 20일
주소 서울 동작구 노량진1동 205-7
TEL. 031-607-7678 / Mobile. 010-94728327
http://edendongsan.onmam.com
E-mail yoodosun@hanmail.net / yoohs516@hanmail.net

총판 기독교출판유통
경기도 고양시 일산동구 장항동 585-12
(031) 906-9191

ISBN : 978-89-87600-58-1 (03230)

* 정가는 뒷표지에 있습니다.
* 잘못되거나 파손된 책은 구입하신 서점에서 교환하여 드립니다.